Sie war eine höchst eigenwillige Frau und außerdem ein echtes Multitalent: Erika Mann, die älteste Tochter von Katia und Thomas Mann. Um ihre vielen Reisen zu finanzieren, begann sie zu schreiben – und hatte ungeahnten Erfolg. Ihre Glossen und Schmonzetten waren schon bald begehrt: Texte einer jungen, emanzipierten Frau in der Blütezeit der Weimarer Republik. Sie schrieb über Menschen und Städte, Autorennen und Hotelerlebnisse, Theaterabende und Reiseerfahrungen.

Nach dem Machtantritt Adolf Hitlers am 30. Januar 1933 war alles anders. Was Erika Mann nun schrieb, war von bitterem Ernst geprägt. Ihre Reden und Reportagen dienten der Aufklärung über die Nazi-Herrschaft.

Zum ersten Mal werden jetzt die wichtigsten journalistischen Arbeiten Erika Manns in einem Buch zusammengefaßt. Die Texte, von denen viele bisher ungedruckt waren, spiegeln ein in jeder Hinsicht ungewöhnliches Frauenleben.

ERIKA MANN wurde am 9. November 1905 in München geboren. Sie arbeitete zunächst als Schauspielerin und Journalistin. Anfang 1933 gründete sie in München das Kabarett «Die Pfeffermühle»; wenige Wochen später ging sie mit der gesamten Truppe ins Exil. Ab 1936 lebte sie überwiegend in den USA, als Vortragsrednerin und Publizistin. Während des Zweiten Weltkriegs wirkte sie unter anderem an den Deutschland-Programmen der BBC mit und war Kriegsberichterstatterin für die Alliierten. 1952 kehrte sie mit den Eltern zurück nach Europa. Am 27. August 1969 starb sie in Zürich.

ERIKA MANN

Blitze überm Ozean

Aufsätze, Reden, Reportagen

Herausgegeben von
Irmela von der Lühe und Uwe Naumann

Rowohlt Taschenbuch Verlag

Die englischsprachigen Texte Erika Manns wurden für diesen Band ins Deutsche übertragen von Ernst-Georg Richter, mit Ausnahme des Beitrags «In Lissabon gestrandet», den Claudia Schoppmann übersetzte.

Veröffentlicht im Rowohlt Taschenbuch Verlag GmbH, Reinbek bei Hamburg, November 2001
Copyright © 2000 by Rowohlt Verlag GmbH, Reinbek bei Hamburg
Alle Rechte vorbehalten
Umschlaggestaltung Barbara Hanke
(Foto: Monacensia Literaturarchiv und Bibliothek)
Gesamtherstellung Clausen & Bosse, Leck
Printed in Germany
ISBN 3 499 23107 7

INHALT

TEIL III Seite 109
Hitler: Eine Gefahr für den Weltfrieden.
Texte aus dem Vorkriegsexil
(1933–1939)

TEIL IV Seite 177
Blitze überm Ozean. Kriegsreportagen und Reden
(1939–1945)

TEIL V Seite 329

**An die Vernunft appellieren. Politische und literarische Essays
(1945–1969)**

Ausgerechnet Ich

Fragment einer Autobiographie

(1943)

Ausgerechnet Ich

Was ich schreiben möchte, ist ein sehr persönliches Buch über Dinge von sehr genereller, in der Tat universeller Bedeutung – ein offener und anschaulicher Bericht über meine Erfahrungen und Aktivitäten während der letzten zehn Jahre, von 1933 bis 1943: während des Hitlerjahrzehnts, des kritischsten Zeitraums der modernen Geschichte.

Dieser Zeitraum – der jetzt sein Ende erreicht – ist von dreisten Lügen und zügelloser Gewalt befleckt. Es ist ein alptraumhaftes Jahrzehnt gewesen: das Jahrzehnt der deutschen Konzentrationslager, des Abessinienkrieges, des Spanischen Bürgerkriegs, der deutschen Invasion in Österreich und der Tschechoslowakei; das Jahrzehnt des Appeasements, der Nichteinmischung und des Isolationismus; das Jahrzehnt von Goebbels, Ribbentrop, der Cliveden-Clique, von Vidkun Quisling, Pierre Laval und dem America First Committee; das Jahrzehnt von Warschau, Rotterdam, Coventry und Lidice. Aber es war auch das Jahrzehnt von Dünkirchen und der Schlacht um England, von Stalingrad, Tunis und Sizilien; das Jahrzehnt Roosevelts und Churchills – das Jahrzehnt der Untergrundbewegungen in den von den Nazis besetzten Ländern; das Jahrzehnt von Märtyrern und Helden, der Atlantik-Charta und der Moskauer Deklaration. Kurz, es war ein Jahrzehnt, das dazu ausersehen schien, den schändlichen Selbstmord unserer Zivilisation mitzuerleben – ihr apokalyptisches Ende in Wahnsinn und Anarchie –, aber das statt dessen in letzter Minute ein Wunder erlebte, kurz vor der Stunde Null: ein moralisches Erwachen auf der ganzen Welt; die Geburt eines neuen Willens zum Überleben und zur Läuterung.

Es ist etwas paradox, daß meine «persönliche Geschichte» sich vor allem mit Politik befassen wird, obwohl die Politik keinesfalls mein Hauptinteresse ist. Ich habe nie irgendeiner politischen Partei angehört, noch habe ich mich je um die spitzfindigen Argumente und zwielichtigen Intrigen von Berufspolitikern gekümmert. Meine Sicht der entscheidenden Themen der modernen Gesellschaft ist eher emotional als intellektuell – nicht dogmatisch, sondern menschlich. Ich bin weder eine Partisanin, noch würde ich zum Kreuzfahrer taugen. Meine politischen Ansichten und Handlungen sind stets mehr von meinen persönlichen Erfahrungen und Impulsen als von abstrakten Prinzipien bestimmt worden. Das einzige «Prinzip», an das ich mich halte, ist mein hartnäckiger Glaube an einige grundlegende moralische Ideale – Wahrheit, Ehre, Anstand, Freiheit, Toleranz.

Das mag wie ein ziemlich kindisches Credo klingen. Aber sind sich Kinder nicht instinktiv gewisser moralischer Grundsätze bewußt, die ihre Gültigkeit und ihre Überzeugungskraft für viele Erwachsene verloren haben? Kinder wissen, was schwarz und was weiß ist; sie unterscheiden zwischen gut und böse. Kinder haben ein klareres ethisches Bewußtsein, und sie sind oft intelligenter als unsere hartgesottenen Skeptiker und «Realisten».

Ich glaube, daß Idealismus nicht nur schöner, sondern im Ergebnis auch realistischer als jeder schlaue, zynische «Realismus» ist. Indem die sogenannten Realisten solche einfachen Ideen wie gut und böse, Anstand und Verbrechen ignorieren, sind sie bereit, mit dem Teufel Geschäfte zu machen, der sie natürlich erst recht überlisten und betrügen wird. Realisten meinen, es sei klug, ihre Nachbarn nicht gegen die Aggression böser Mächte zu verteidigen. Wie dumm die Realisten sind! Ihre schlauen Tricks funktionieren nicht. Ihre Politik des «Appeasement», der «Zweckmäßigkeit», des «Isolationismus» scheitert am Ende immer – unvermeidlich und verheerend. Das Böse kann nicht beschwichtigt werden; es muß bekämpft und vernichtet werden.

* * *

Dieser fundamentale Grundsatz – daß Zynismus sich nicht auszahlt und Idealismus resolut, kompromißlos, sogar militant sein muß, damit er nicht untergeht – wird das Hauptthema, der Leitgedanke meiner Geschichte sein. Ich werde versuchen, diesen Gedanken zu beweisen und zu veranschaulichen – indem ich einfach meine persönlichen Erfahrungen und die einiger meiner Mitstreiter darstelle.

Denn dies war mein einziger Ehrgeiz und meine einzige Beschäftigung während der letzten zehn Jahre: Auf meine eigene bescheidene Weise die Mächte des Bösen zu bekämpfen – am krassesten verkörpert vom finsteren Phänomen des Nazismus. Dies war meine Arbeit und mein Abenteuer: den Erzfeind zu demaskieren, lächerlich zu machen, anzuklagen und zu verwirren. Die Botschaft, die ich vermitteln wollte, war immer ein direkter, ungeschminkter Appell an die menschliche Solidarität gegen die unmenschlichen Mächte der Dunkelheit und der Zerstörung. Das ist es, was ich in all meinen Schriften und Reden ausdrücken wollte, in meinen Büchern und Zeitungsartikeln, meinen Geschichten für Kinder, meinen Vorträgen und Radioansprachen. Ich sagte es von hundert Theaterbühnen in Europa, als ich den Kontinent mit meinem kleinen Kabarett «Die Pfeffermühle» bereiste, und ich sagte es von Hunderten von Rednerpulten in den Vereinigten Staaten. Mehr als einmal kam ich wegen meiner kindischen Hartnäckigkeit in Schwierigkeiten. In der Schweiz provozierte ich so etwas wie einen kleinen Bürgerkrieg. In der Tschechoslowakei verteidigten mich die Arbeiter gegen den Nazimob, weil die Polizei es nicht wagte. In Holland wurden meine satirischen Lieder und Sketche der Gegenstand schwerwiegender offizieller Diskussionen und hitziger Kontroversen. Ausgerechnet ich rief zu Aufständen und Auseinandersetzungen auf. Sogar Goebbels wurde nervös und beleidigte mich im Rundfunk. Aber ich verfügte über keinerlei Macht, keine Geheimwaffen, keinen ungewöhnlichen Scharfsinn. Alles, was ich wollte, alles, was ich zu sagen versuchte – offen und einfach –, war, was ich für richtig und wahr hielt.

Weil ich die Wahrheit sagen wollte, mußte ich wissen, was wirklich in der Welt vorgeht: Ich konnte mich nicht auf die Geschichten anderer Leute verlassen, sondern mußte es selbst herausfinden. Ich mußte herumreisen. Und genau das tat ich. Ich kam ganz schön herum in diesen zehn ereignisreichen Jahren; oft genug war ich genau am Ort des Geschehens – in Spanien, während des Bürgerkriegs; in der Tschechoslowakei während der München-Krise; in Großbritannien während der Luftschlacht um England.

Natürlich werden all diese Orte, die Menschen, die ich dort traf, und die Geschehnisse, die ich mit ansah, zu einem wesentlichen Teil meiner persönlichen Geschichte. Jede neue Erfahrung – Reisen, Freundschaften, Gefahren und Niederlagen – war mir eine neue Lehre, oder besser: jedes neue Abenteuer bestätigte, vertiefte und erweiterte eine der Grundwahrheiten, die mich immer geleitet haben.

Ich will keine Theorien entwickeln, aber ich will gewisse Rückschlüsse aus dem ziehen, was ich gesehen und durchlebt habe. Ich habe den häßlichen Triumph brutaler Gewalt gesehen und erfahren, den Bankrott diplomatischer Tricks und Konventionen, das Leiden anständiger, irregeleiteter Menschen. Aber ich habe auch das Erwachen der Opfer gesehen, die Rebellion des einfachen Mannes, seine Tapferkeit und grimmige Entschlossenheit. Ich habe den Krieg der Völker gesehen und dahinter – hinter all seinem Schrecken und Stumpfsinn – die gewaltige Verheißung eines Friedens für die Völker der Erde.

**Vorspiel
August 1943**

Wir sind in Kairo – der Stadt der Pharaonen, der Pyramiden und der Sphinx; der Stadt der Moscheen und Basare. In seinen nach Gewürzen duftenden arabischen Straßen scheint der Lauf der Jahrhunderte schon vor lange Zeit zum Stillstand gekommen zu sein; uralter Traumplatz Kairo, Stadt am Nil, auf dessen grünlichem Wasser die Barken gleiten, jetzt wie zu Zeiten Mose. Das ist Kairo: unverfälscht und häßlich, ein Gesicht ohne Charakter und mit zu vielen Zügen. Unschöne Mischung von vier Kontinenten, Mischling von Ost und West, Bastard des Alten und des Neuen. Dies ist Kairo: Hauptquartier der angloamerikanischen Streitkräfte im Mittleren Osten, eine Stadt der Generäle, eine Stadt der Offiziere, eine Stadt der Diplomaten und Reporter; Gerüchteküche Kairo, Zentrum der Spione, Treibhaus, wo Militärgeheimnisse wuchern, globales Gerede, nationalistische Rivalitäten, internationale Zusammenarbeit, Verwirrung, Koordination und Papierkram – Berge von Papier. Das ist Kairo: das Lissabon des Ostens, gigantischer Wartesaal, Zuflucht der Heimatlosen; eine Stadt der Boten, Verschwörer und Betrüger, voller Gefahren für die Unschuldigen und Chancen für die Ehrgeizigen. Kairo: Rastplatz, Vergnügungspark, Coney Island. Armes Kairo, deine Menschen hungern. Reiches Kairo, deine Menschen tanzen und trinken und feiern – was, das wissen sie nicht. Vor einem Jahr wurden deine Brücken vermint, und 50 000 «Molotow-Cocktails» wurden von deinen an Anzahl unterlegenen Verteidigern bereitgehalten. Damals hättest du jeden Augenblick zerstört werden können, Kairo – versenkt und dem Erdboden gleichgemacht. Rommels Panzer hätten dich nicht lebendig bekommen, wenn sie sich den Weg in deine brennenden Straßen gebahnt hätten. Aber sogar als der Feind vor deinen Toren stand und deine Freunde sich anschickten, die Erde zu verbrennen, auf der du erbaut bist, schienst du dich nicht darum zu kümmern. Du fuhrst fort damit, dein seltsames, dein buntes und widersprüchliches Leben zu leben. Faules, fleißiges, scheußliches, schickes Kairo, protzig und schmutzig, faulig charmant, ermüdend wegen all der Attraktionen, die du so freigiebig anbietest. Dummes Kairo, wie überheblich du bist, und wie fern. Cleveres Kairo, wie schlau du bist, wie bewundernswert aufmerksam. Verblüffendes Kairo, was tue ich – ausgerechnet ich – unter deinem fremden Himmel?

Ich bin allein. Hier haben Offiziere nichts zu suchen. Ich bin ein Offizier. Ich sollte nicht hier sein. Aber eigentlich bin ich kein echter Offizier. Mein Rang ist undefinierbar. Ich bin weder Fisch noch Fleisch. Ich bin ein amerikanischer Kriegsberichterstatter. Die meisten der Männer hier sind Briten. Truppen des Empire, um genau zu sein. Sie bleiben unter sich. Inder sitzen bei Indern, Australier bei Australiern, Südafrikaner bei Südafrikanern. Wir trinken ägyptisches Bier – dünn, flach und bitter – und englischen Gin – stark, aber lauwarm. Arabische Schuhputzer, fliegende Händler und Beschwörer bewegen sich in der Menge. Der «Gally-Gally»-Mann da drüben macht unglaubliche Kunststücke. Das sind ganz sicher keine Jongleurtricks, das ist pure und einfache Zauberei.

«Gally! Gally!» sagt er, und ein amerikanischer Sergeant stößt ein paar Meter weiter einen angewiderten Schrei aus. Wie ist die Schlange nur in sein Hemd gekommen? Macht nichts, es ist eine harmlose Schlange, allerdings kalt, feucht und schleimig, und ein ziemlicher Schock für den Sergeant.

«Brrr!» sagt er und sieht mich an, «das schreit nach einem Drink. Wollen Sie sich nicht zu uns setzen?»

Das tue ich.

Der andere Junge ist einfacher Soldat, sie sind beide Amerikaner. «Wo kommen Sie her?» fragt der Sergeant.

«Aus Kalifornien», erzähle ich ihm, «das heißt, meine Familie lebt dort.»

«Wie kommt es», sagt der Gefreite, «daß Sie einen britischen Akzent haben?»

«Nun, ich habe einen britischen Paß ...»

Der Sergeant schüttelt seinen Kopf. «Wie kommt es», wundert er sich, «daß Sie diese Uniform tragen?»

«Einfach deshalb, weil ich bei den amerikanischen Streitkräften akkreditiert bin.»

«Bißchen seltsam, nicht? Eine Frau mit britischem Paß in der U.S. Army.»

«Well ...», sage ich, aber der Soldat unterbricht mich.

«Wissen Sie was?» ruft er, «das ist auch kein britischer Akzent, es ist ein ganz komischer Akzent – ich weiß nicht, was für einer.»

«Ich bin nicht in England geboren, deswegen!» sage ich.

«Wo kommen Sie denn her? Sie müssen doch *irgendwo* geboren sein!»

«Aber natürlich. Ich bin geboren worden. Sehr sogar. Ich bin in – na, ich bin in München geboren.»

«Doch nicht in München in Deutschland?»

«In München in Deutschland.»

Es folgt eine Pause. Wir trinken unsere Drinks aus. Die beiden scheinen verwirrt.

«Wie kommt es ...», sagt einer von ihnen, bringt aber den Satz nicht zuende.

«Meine Brüder», sage ich bereitwillig, «sind Amerikaner. Sie sind in der Army. Meine Eltern sind natürlich Tschechen – sie sind tschechische Staatsbürger. Aber ...»

«Tschechen!»

Als hätte ich ihm das erlösende Stichwort gegeben, ruft der Sergeant nach dem Kellner.

«Esma! Zahlen bitte!» *

---

* Im Englischen ein Wortspiel: Czech (= Tschechen), Check please (= Zahlen bitte!).

Die beiden gehen eilig.

Eine einheimische Band spielt amerikanische Stücke. Es stört mich, daß ich immer noch Worte höre, die von niemandem gesungen werden. Drei Worte, immer die gleichen dummen drei Silben: «WIE KOMMT ES?»

Und wenn ich nachgeben würde? Wenn ich versuchen würde, diese einfache Frage zu beantworten, die mir meine amerikanischen Freunde mit so unverhohlener Verwirrung stellten – diese komplizierte Frage, die mich verfolgt, jetzt, wo ich wieder allein bin?

Es wird nicht leicht sein, fürchte ich. Die Geschichte, die ich zu erzählen hätte – meine Geschichte –, umfaßt die letzten zehn Jahre, die kritischste Periode der neueren Geschichte. Zwischen den riesigen Kräften und Ereignissen, die dieses Jahrzehnt geformt haben, ist meine eigene winzige Figur kaum auszumachen. Noch hat sie irgendwelche Spuren auf ihrem Weg hinterlassen. Was sollte mich also veranlassen, diesen Weg bis zu seinem Anfang zurückzuverfolgen? Egozentrik? Aber ich bin nicht egozentrisch. Von all den weniger liebreizenden Zügen, die mich verunzieren mögen, ist Egozentrik der geringste. Eigentlich habe ich eher wenig Interesse an mir. Selbstanalyse hat nie eine Rolle in meinen Schriften gespielt, in denen sogar das Wort «Ich» selten vorkommt. Und jetzt – auf einmal?

Die Luft ist voller Rauch. Aus dem Dunst starrt mich mein uniformiertes Ebenbild aus einem entfernten Spiegel an. «Sieh!» sagt das Ebenbild, «du siehst komisch aus! Mehr noch, du hast nicht immer so ausgesehen. Hast du diese Verwandlung selbst bewirkt? Oder bist du nicht eher das Produkt von irgend etwas – ein Effekt, wie unbedeutend auch immer, der einen Grund haben muß?!»

Wir nicken beide. «Richtig!» sage ich, «genau! Und in Wirklichkeit bin ich nicht so sehr hinter mir selbst her; es ist dieser tiefere Grund, dieses «irgend etwas», das an mir nagt und über das ich unbedingt mehr wissen möchte. Was könnte daran so falsch sein, frage ich dich? Nicht viel, anscheinend, obwohl du in deiner dummen Art eine Menge mit meinen Nachforschungen zu tun haben könntest!»

Ich zucke entschuldigend mit den Achseln.

«Nur zu!» sagt das Ebenbild und zuckt ermutigend mit seinen eigenen Achseln. «Du machst das schon, denke ich, solange du darauf bestehst – ehrlich und glühend DARAUF BESTEHST, meine Liebe – daß nichts zählt, weil es dir passiert ist, daß aber so manches zählen kann, weil es passiert ist!»

Teil I: Rückzug
1. Alptraum

Das Erwachen war schrecklich, der Sturz selbst dagegen hatte sich als vergleichsweise schmerzlos erwiesen. Erstaunlicherweise, sollte ich sagen. Aber jetzt fühlte ich mich wacklig auf den Beinen und in einer unheimlichen, ganz verrückt machenden Weise gequält. Nur einmal zuvor hatte ich ähnlich gefühlt. Da war ich vierzehn, mein Bruder Klaus und ich waren auf eine lange, wichtige Radtour gegangen. Wir wollten die Welt sehen, und dies war unser erster aufregender Schritt in diese Richtung. Nach Tagen einer anstrengenden Reise hatten wir einen Berggipfel in den österreichischen Dolomiten erreicht. Wir hatten unsere Räder hinaufschieben müssen – es hatte uns viele Stunden und viel Schweiß gekostet. Selig sahen wir der Fahrt bergab entgegen. Wir würden unsere Füße nicht bewegen müssen; über unsere Lenker gebeugt – halb auf ihnen liegend – würden wir um die Kurven rasen, lautlos, federleicht, nichts fühlend als Geschwindigkeit, Wind und Kühle.

«Großartig!» riefen wir einander zu, als der Flug begann, «prima! Ich fühl mich wie ein geölter Blitz, du nicht?»

Klaus, etwas schwerer als ich, fuhr ein bißchen schneller und war hinter einer Kurve verschwunden, als ich plötzlich merkte, daß mein Rad außer Kontrolle geriet. Meine Bremsen schienen nicht zu funktionieren. Die mit feinem Staub bedeckte Straße war glatt; sosehr ich auch versuchte, langsamer zu werden, näherte ich mich doch der Kurve mit einer Geschwindigkeit von 80 bis 90 Stundenkilometern. Ich würde es niemals schaffen. Die Straße bog scharf nach links ab. Ein häßlicher Abhang gähnte zur Rechten. Aber während der Sekunden kurz vor meinem Sturz – Sekunden, die natürlich wie eine Ewigkeit schienen – bekam ich mit, daß ich nicht dort hinunterstürzen würde. Baumstämme verbarrikadierten den Hang. Ich würde entlangschlittern, genau in diese Bäume hinein. Die Aussicht war alles andere als angenehm, aber ich war nicht wirklich erschrocken. «Hoffnungslos», sagte ich ruhig zu mir, «na, jetzt geht's los.»

Ich muß eine ganze Weile bewußtlos gewesen sein. Klaus war bereits weit unten, als ihm auffiel, daß ich nicht mehr da war, und sein Weg bergauf war eine Sache von eineinhalb Stunden.

Zuerst hatte ich keine Ahnung, was mir passiert war. Ich wußte kaum, wo ich war. Ich stand jedoch auf, und Klaus stellte fest, daß meine Glieder normal funktionierten. Ich blutete nicht einmal, und insgesamt schien ich vollkommen in Ordnung zu sein.

«Was soll das ganze Theater?» fragte er und holte tief Luft. «Du hast hier eine Ewigkeit gelegen!»

«Wirklich?» sagte ich. «Ich weiß es nicht.»

Geheimnisvollerweise war mit meinem Rad alles in Ordnung, und Klaus begann zu vermuten, daß ich versuchte, ihm einen Streich zu spielen.

«Nett von dir!» grummelte er. «So eine Schau mitten in

unserer besten Fahrt abzuziehen und mich für nichts und wieder nichts zurückkommen lassen!»

«Zurück von wo?» fragte ich. «Wo bist du gewesen?»

Klaus lachte böse, während ich versuchte, mein Gedächtnis zurückzuerlangen.

«Hör mal!» sagte ich, und etwas in meiner Stimme ließ ihn mit dem Lachen aufhören. «Ich kann dir nicht genau sagen, was passiert ist, ich weiß es nicht. Aber ich fühle mich nicht wohl. Ich fühle mich schrecklich. Es macht nichts, daß ich laufen kann. Ich kann vielleicht sogar mein Rad fahren. Das macht auch nichts. Ich fühle mich komisch – ich kann gar nicht beschreiben, wie. Willst du mir nicht *bitteschön* glauben?»

Klaus zuckte die Achseln. «Du bist übermüdet», sagte er, «das ist alles!»

Ich hätte heulen können.

«Die Straße ist schlecht», sagte ich, «sie ist sehr schlecht und tückisch. Laß uns nicht so schnell fahren. Ich möchte nicht, daß dir auch diese schreckliche Sache passiert – diese schreckliche, schreckliche Sache – diese schreckliche Sache ...»

Ich konnte meine eigene Stimme wie von außen hören, und ihr anhaltendes Summen erschreckte mich nicht wenig.

«Natürlich nicht, Liebes», sagte Klaus sanft, «sicher nicht! Nun mach dir keine Sorgen!»

Sein hochmütiges Mitgefühl, sein skeptisches Wohlwollen verletzten und beleidigten mich maßlos. Etwas Furchtbares war passiert – etwas, das ich nicht hatte verhindern können, obwohl ich es hatte kommen sehen. Ich hatte vorher keine große Angst gehabt und spürte jetzt keine allzu großen Schmerzen. Aber etwas war nicht in Ordnung, ganz und gar nicht in Ordnung mit mir, und nicht nur mit mir. Die Landschaft um uns herum hatte sich verändert; da war etwas Giftiges im Grün der Wälder, und die goldenen Wolkenränder sahen bösartig und nach Schwefel aus. Die staubbedeckte Straße vor uns war trügerisch. Eine Kurve folgte der anderen, so daß man nie genau wußte, wohin man fuhr, während es doch offensichtlich war, daß man sich in Gefahr befand. Aber Klaus konnte es nicht verstehen. Er wollte nicht einmal *mir* glauben, der das Unaussprechliche tatsächlich passiert war und die ihn anflehte, vorsichtig zu sein, ihn anflehte, auf sich aufzupassen – nicht mehr, nur: auf sich aufzupassen.

Ich war damals vierzehn Jahre alt und natürlich davon überzeugt, daß ich alles wußte, was es über das Leben zu wissen gab. Aber dies – so wurde mir mit einem Schauer klar – war etwas Neues unter meiner Sonne, etwas, das, wenn es mir irgend jemand gestern erzählt hätte, ich nicht hätte fassen können. Die Qual, die mich festhielt, war die Qual des unvermittelbaren Wissens, die Qual einer wichtigen Einsicht, die die Welt zu teilen sich weigerte.

Vom physischen Schock, einer regulären Gehirnerschütterung, erholte ich mich in zwei Wochen, wogegen mich die alptraumhaften Nachwehen für Monate verfolgten. Nur nach und nach, als die Jahre vergingen und das Abenteuer des Erwachsenwerdens mich fast vollkommen ausfüllte, geriet der Zwischenfall in Vergessenheit; so sehr, daß ich, als ich die Erinnerung benötigte, ganz hinten in den überfüllten Schubladen suchen mußte, wo das Gedächtnis das fast Vergessene aufbewahrt.

Das war in der Schweiz, im März 1933.

Es war leicht gewesen, Deutschland zu verlassen. Wenigstens war es nicht schwer gewesen. Keine Entscheidung ist schwierig, wenn es keine echten Alternativen gibt. Und als Hitler an die Macht gekommen war, wußten wir, daß wir gehen mußten. Die Idee, daß wir hätten bleiben können, kam uns nie in den Sinn. Man kann nicht bleiben, wo man nicht atmen kann, und obwohl das, was wir vorhatten, phantastisch und verzweifelt war, war es das einzige, was übrigblieb.

Für mich verschlimmerte sich das Ganze etwas durch die Tatsache, daß ich allein war. Meine Eltern verbrachten zufällig gerade ein paar Urlaubstage in den Schweizer Alpen. Alles, was sie nun tun mußten, war, nicht zurückzukehren. Klaus entschied sich, nach Paris zu gehen, wo er sich ziemlich zu Hause fühlte. Meine vier jüngeren Brüder und Schwestern würden für eine Weile ausharren, bis wir wußten, wo um alles in der Welt wir künftig wohnen würden. Zwei von ihnen, Elisabeth und Michael, waren noch Kinder und unserer Meinung nach nicht in akuter Gefahr. Die beiden anderen, Golo und Moni, waren jung und in den Augen der Nazis noch nicht politisch kompromittiert. Sie alle blieben zunächst, wo sie waren – in ihren Landschulen oder Kleinstadtuniversitäten, während ich nach Zürich abfuhr – allein.

Die Fahrt mit dem Auto dauert ungefähr sieben Stunden. Die Straßen waren vereist, aber während ich mich mit einem Teil meines Kopfes aufs Fahren konzentrierte, beschäftigten mich viele Gedanken und Gefühle gleichzeitig.

Schön, dachte ich, wie ich diese Berge im Schnee liebe. Die Hakenkreuzflaggen sahen schrecklich aus – wie ein Hautausschlag auf dem Gesicht Münchens. Ich hätte meine Schneeketten nehmen sollen. Vorsicht jetzt, wir wollen keinen Unfall, wenigstens nicht auf dieser Seite der Grenze. Bin ich unglücklich? Schwer zu sagen. Alles ist seltsam unwirklich. Das Theater wäre übermorgen fertig gewesen. Mein eigenes Theater! Die Arbeiter sind jetzt drin! Wissen noch gar nicht, daß ich aufgehört habe. Die Kinder wissen's. Sie sind älter als ich, die meisten von ihnen; meine Truppe, meine Kinder. So Gott will, wird ihnen nichts geschehen. Sie sind doch nur Schauspieler und können für den Anti-Nazi-Kram im Programm nicht verantwortlich gemacht werden. Trotzdem würde ich mich besser fühlen, wenn sie mitgekommen wären. Auf lange Sicht werden sie es nicht dort aushalten, soviel steht fest. Wie lang wird diese Sicht sein? In gewisser Weise ist der Reichstagsbrand ein Segen. Und auch die Greueltaten, die auf ihn folgten. Was für ein netter, gütiger Gedanke! Sie foltern Tausende von unschuldigen Menschen, von denen viele deine Freunde sind – pures Glück, daß sie dich nicht erwischt haben – und du nennst es einen Segen! Hör auf jetzt! Du weißt genau, was ich meine, obwohl die Welt diese Lektion kaum brauchte. Diese Tiere haben aus ihren abscheulichen Plänen nie ein Geheimnis gemacht. Sie sind nicht akzeptabel, das ist alles, und sie wären nicht akzeptiert worden, auch ohne diese letzte Untat. Einem Mann, der sagt, daß er morden wird, wird vielleicht nicht geglaubt, wogegen man sich um einen Mann, der gerade seine Frau umgebracht hat, kümmern wird, damit er nicht hingeht und auch noch seinen Nachbarn umbringt. Die Polizei wird ihn einkreisen, wird sie einkreisen, Deutschlands neue Herren. Sie werden in die Ecke gedrängt werden – wirtschaftlich abgeschnürt werden. Es wird leicht sein ... Ich bin ein Flüchtling. Ich hätte das Verdeck schließen sollen; mir ist kalt. Ein Glück, die alten Süsis waren sowieso außer Landes. Allerdings klangen sie am Telefon ziemlich aufgeregt. Nicht wiederzukommen, scheint schwerer zu sein, als zu gehen. Natürlich fühlen sie ganz anders. Sie verlieren so viel mehr – materiell und auch sonst. Ihre Investition ist so viel größer. «Investieren Sie in Deutschland!» Das war einer der Slogans des Krieges. Nun, sie taten es. Ist jetzt alles weg? Glaube und Liebe und Vertrauen und alles übrige? Aber die Welt ... Was für ein vager Begriff! Wer ist die Welt? Frankreich? England? Nicht die Schweiz, nehme ich an! Doch, auch die Schweiz! Denn was gebraucht wird, ist keine Kriegserklärung oder solch ein blutiger Unsinn, sondern eher eine generelle Weigerung, diese deutsche «Regierung» anzuerkennen (es gibt überhaupt nicht genug Anführungszeichen, um den Begriff richtigzustellen!). Da alles, was nötig ist, eine Art allgemeines Nichtakzeptieren ist, zählt jeder – kleine, unbewaffnete Nationen nicht weniger als die großen. Und auf jeden darf man zählen, das ist der größte Trost. Nein, ich bin NICHT unglücklich, und zwar aus folgendem Grund! Die Welt ist mein Verbündeter. Wer bin ich überhaupt, ein Narr ohne Land, ohne Zuhause, ohne Geld? Macht nichts. Egal, wer dein Verbündeter ist – die Welt ist *ihr* Feind, denk daran, bitteschön!

Die Grenze war kein Hindernis. Die Dinge auf der Naziseite waren immer noch in verworrenem Zustand, und alle schwarzen Listen waren noch nicht richtig verteilt worden.

Von der Kälte und von meiner seltsamen Situation leicht betäubt kam ich in Zürich an. Ich wußte nicht, wo ich bleiben sollte, trat aber in die Bar eines eleganten Hotels in der Bahnhofstraße. Der Barmann war eine Art Freund von mir. Irgendwie erwartete ich von ihm, mich als das zu begrüßen, was ich war – ein brandneuer Flüchtling, frisch angekommen im Exil.

«Hallo!» sagte ich aufgeregt, «da bin ich!»

«Guten Abend», sagte der Barmann, «wir haben Sie sozusagen schon erwartet. Ski und Rodel vortrefflich, wie ich höre.»

Ich sah ihn zweifelnd an. Meinte er, was er sagte? Zu Hause war es schnell üblich geworden, Politik zu diskutieren, indem man scheinbar über das Wetter redete.

«In Arosa», fuhr er fort, «ist es in letzter Zeit ein bißchen warm gewesen, aber in St. Moritz sieht es gut aus!»

Ich konnte keine doppelte Bedeutung in seinen Worten feststellen und bestellte einen Kirsch, ohne auf seine Bemerkungen einzugehen.

Ein Herr im mittleren Alter winkte mir von der Bar zu. «Ganz allein?» wunderte er sich und kam zu meinem Tisch. Herr B. war ein eleganter Knabe, sehr reich, Mitglied einer der besten Familien der Schweiz und ein Liebhaber der Künste.

«Wie gefällt Ihnen Ihre neue Regierung?» fragte er nach ein paar einleitenden Floskeln.

«Sehen Sie nicht, daß ich hier bin?» sagte ich. «So gefällt sie mir!»

Er sah mich an, mißbilligend und erstaunt. «Nun mal langsam! Sie wollen mir doch nicht erzählen, daß Sie weggelaufen sind! Sie sind doch keine Kommunistin, oder?»

Was folgte, war die erste Ausgabe der alptraumhaften Unterhaltung, die sich noch Hunderte von Malen und an Hunderten von Orten wiederholen sollte, in vielen Sprachen und über eine Dauer von vielen Jahren. Nur war ich in diesem Augenblick eine Anfängerin – ein Amateur des Leidens, kindisch unwissend, ungeduldig wie ein Narr. Herr B., versuchte ich mich zu trösten, war eine Ausnahme; natürlich war er das – eine jener wohlbehüteten Elfenbeinturmexistenzen, denen egal ist, was um sie herum passiert, solange ihr eigenes Leben und ihre Hobbies scheinbar unbetroffen bleiben. Aber da er ein Mann mit Geld und Einfluß war, mußte er aufgeklärt werden. Ich redete, ich argumentierte. Zum ersten Mal legte ich meinen Fall, unseren Fall, DEN Fall vor der Welt dar. Unnötig zu sagen, daß ich überhaupt nichts erreichte. Weit davon entfernt, meinen Gesprächspartner zu überzeugen, schadete ich mir nur selbst in seinen Augen. Ganz offensichtlich wurde ich ihm verdächtig. Von den zwei alternativen Schlußfolgerungen, die er bei seiner Sicht der Dinge aus meinem Benehmen hätte ziehen können, wählte er zunächst versuchsweise die harmlosere Variante. Ich sei ziemlich aufgewühlt, entschied er, eine Künstlerin, ans Übertreiben gewöhnt, eine Schauspielerin, die sich in den Kopf gesetzt hatte, das Leben zu dramatisieren. Ich war weder Jüdin noch Kommunistin. So weit, so gut. Und doch – hier fühlte ich, wie die weniger harmlose Schlußfolgerung drohte, sein Denken zu erobern – konnte es nicht doch sein, daß etwas mit mir nicht stimmte? Ich war aus meinem Land geflohen, weil ich nicht mit meiner Regierung einig war. Sicherlich war damit etwas nicht in Ordnung! *So etwas tat man nicht*, und egal, was für eine verrückte Künstlerin ich war, sollte man mich besser mit einem gerüttelt Maß an Mißtrauen betrachten.

Wohlerzogen, kultiviert und höflich, wie er war, unterließ es Herr B., seine Gedanken in passende Worte zu fassen. Aber sie spiegelten sich in seinem Gesicht, klangen mit in seiner Stimme, waren Teil jeder seiner Gesten.

«Schönen Aufenthalt!» sagte er zum Abschied. «Unsere Bergluft wird Ihnen guttun, und in ein paar Wochen oder so werden Sie als anderer Mensch heimfahren. Ich bin mir sicher, es gibt keinen wirklichen Grund, warum Sie das nicht sollten!»

Es klang fast drohend – als ob es unangenehm wäre, wenn doch ein «wirklicher Grund» existieren würde, ein Grund, der meinen Aufenthalt hier unabdingbar machen und mich von einem willkommenen Gast zu einem unwillkommenen Flüchtling machen würde.

Mein Kopf war heiß, und ich fühlte mich fiebrig. Außerdem fühlte ich mich, wie man sich fühlt, wenn man gewisse böse Träume hat, aus deren unheimlich bekannter Umarmung man ins Erwachen zu fliehen versucht, die aber darauf bestehen, bis zum bitteren Ende geträumt zu werden. Ich mußte das alles schon einmal durchgemacht haben. Wo? Wann? Unter welchen Umständen war das gewesen? Besinne dich! Grabe tiefer! Da! Gott sei Dank! Und aus den Tiefen der Vergangenheit förderte ich die österreichische Berglandschaft zu Tage, und Klaus, der ärgerlich lachte und sich gegen sein Rad lehnte, und ich selbst, die von der Erde aufstand, und zwischen uns ein Abgrund, bösartiger als der, der zu unserer Rechten gähnte – zwischen uns ein nicht vermittelbares Wissen.

Herr B. war sicherlich nicht Klaus. Auch war ich keine vierzehn Jahre alt. Ich war ein erwachsener Flüchtling, und ganz in der Lage zu ertragen, was auf mich zukam.

Was kam, war zugleich sanfter und härter, als ich es erwartet hatte.

Nach außen hin verlief das Leben fast in der üblichen Weise, und wenn ich erwartet hatte, daß mein gesamtes Dasein sich bis zur Unkenntlichkeit verwandeln würde, wenn ich geglaubt hatte, mich für irgendwelche physischen Qualen wappnen zu müssen, die das Exil mit sich bringen konnte, fand ich mich angenehm überrascht. Ein Kinderbuch, das ich gerade beendet hatte, wurde an einen Schweizer Verlag verkauft, ein paar Artikel von mir erschienen in der deutschsprachigen Presse, und ich lebte weiterhin in wohlgeordneten Bahnen.

Genauer betrachtet war meine Lage jedoch schwierig. Nicht alle meine Schweizer Freunde reagierten und redeten wie Herr B. Aber ich konnte keinen finden – keinen einzigen –, der genauso fühlte wie ich, oder der auch nur ganz verstanden hätte, wie ich fühlte.

Es muß jedoch gesagt werden, daß Enttäuschung Nummer eins (die Welt war nicht *mein* Verbündeter!) gegenüber Enttäuschung Nummer zwei (die Welt war nicht *ihr* Feind!) wenig zählte. Und wie gern hätte ich jedes Mißtrauen geschluckt, jede Feindseligkeit, mit der ich als Deutsche konfrontiert zu werden drohte, wenn «die Welt» nur sie – die Nationalsozialisten – zurückgewiesen hätte, während sie mich ablehnte! In Wirklichkeit träumte niemand davon, irgend jemanden zu verdächtigen, nur weil er Deutscher war, aber jeder dachte, daß Exilierte eine fremdartige, beunruhigende, potentiell lästige Spezies seien. Diejenigen, die Flüchtlinge rundweg ablehnten, waren eine kleine Minderheit. Die Mehrheit tendierte zu einer Mischung aus Toleranz und Vorsicht. Manche waren hilfreich und sehr mitfühlend. Aber auch die Freundlichsten sahen in uns Fremde, die von einem Desaster heimgesucht worden waren und eine schonende Behandlung verdienten. Das Unglück dieser Fremden allerdings war ihre eigene Sache, und nur ihre Sache. Auch durfte man ihre Äußerungen nicht allzu ernst nehmen; in der Düsternis und Einsamkeit ihres Herzens neigten sie dazu, das Übel zu vergrößern, vor dem sie geflohen waren; verständlicherweise versuchten sie, andere in ihre persönliche und nationale Tragödie mit einzubeziehen. Kinder des Unheils, Unglücksraben waren sie, Überbringer schlechter Nachrichten, Propheten des Desasters, und noch dazu unzuverlässige Propheten.

Zürich ist eine der bezauberndsten Städte, die ich kenne: pittoresk, aber sauber; schick, aber gemütlich; uralt, aber komfortabel; international, aber sehr schweizerisch. Der Frühling war nah, und die Luft, eine sanfte Bergluft, roch nach schmelzendem Schnee, jungen Blättern und Alpenwiesen. Der See war frei von Eis, tiefblau und leicht gekräuselt, ein höchst schmeichelnder Spiegel für die Berge, die noch in Weiß gehüllt waren.

Die hübsche Bahnhofstraße, die vom Hauptbahnhof geradewegs zum See führt, war voll von Menschen. Die Skisaison neigte sich ihrem Ende zu, und eine fröhliche Schar von Sportlern war von den Bergen herabgekommen. Spazierengehend, schaufensterbummelnd und in vielen Sprachen sprechend genossen sie die Luft, den Sonnenschein, die Eleganz dieser Straße und die Schönheit der Umgebung; sie waren mit sich und der Welt zufrieden. In gewisser Weise gehörte ich zu ihnen. Auch ich war gesund und sonnenverbrannt. Auch ich schlenderte in meinem Skianzug umher; auch ich blieb gemächlich vor Hugenins berühmten Süßwarengeschäft stehen und sah auf die verlockende Schaufensterauslage, bevor ich für eine süße Erfrischung eintrat.

Ich balancierte mein Tablett mit mürben Schokoladenbrezeln und bunten Petits Fours über den Köpfen der wogenden Menge und sah mich nach einem freien Tisch um. Es gab keinen. Aber ein Stuhl war neben Herrn F. zu bekommen, den ich gut kannte und der dort mit den C.s und einem sehr attraktiven Mädchen saß. Herr F. war der Literaturredakteur einer Zürcher Zeitung, ein kultivierter und intelligenter

Mann. Dr. C. war ein erfolgreicher Anwalt, der sich in den besten Schweizer Kreisen bewegte, obwohl er kein Schweizerdeutsch sprach und deutsch mit einem deutlichen Akzent, der seine osteuropäische Herkunft verriet. Das Mädchen, stellte sich heraus, kam aus England; sie war als Gast der C.s in St. Moritz gewesen.

Ich fing nicht damit an, aber meine bloße Anwesenheit schien die Unterhaltung in politische Bahnen zu lenken.

Herr F. begann mit der Feststellung, die Deutschen seien wirklich eine dynamische Nation – beunruhigend dynamisch, wenn ich gestatten würde. Man könne viel gegen ihr letztes Abenteuer sagen, das jedoch keinesfalls völlig abzulehnen sei. Zunächst sei der Nazismus eine echte Volksbewegung, die aus den deutschen Massen hervorgegangen und ihnen nicht von irgendeiner intellektuellen Clique aufgezwungen worden sei. Der Nazismus spreche die Sprache des Volkes, eine rauhe Sprache, natürlich, ungeschliffen und nicht immer angenehm, aber andererseits dürfe man auch keine Kirschen von einem Pflaumenbaum erwarten, nicht wahr? Außerdem, und was ihn, Herrn F., anbetreffe, so habe er genug von der dünnblütigen Geschliffenheit des europäischen Intellektualismus, der jeden Kontakt mit dem Boden verloren habe, aus dem doch alles Leben sprießt; und während das aus den Ruinen des Reichstags entsprungene Leben wuchernd und unmanierlich sei, während wirklich eine Menge Unkraut zwischen den vielen Wildblumen und Büschen wachse, sei da doch wenigstens Leben – eine Menge davon – jung, ungestüm und vielversprechend.

Er hielt inne und sah mich an. Ich antwortete nicht. Zu viel hätte gesagt werden müssen, und ich wäre vielleicht nicht in der Lage gewesen, es höflich zu sagen. Daß Herr F., ein europäischer Intellektueller par excellence, sich selbstmörderisch gegen den europäischen Intellektualismus wandte, war keine Überraschung. Dieser Hang zur Selbstzerstörung war unter

Menschen seines Schlages seit längerem üblich; viele von ihnen fanden einen masochistischen Stolz dabei, den Geist anzuprangern und alles und jeden zu umwerben, den sie für primitiv, kraftvoll, echt und naiv hielten. Aber daß ein Mann wie F., der sich bei all seinem pervertierten Spiritualismus intellektuell auf einer hohen Ebene bewegte, auf die Pseudo-Revolution des Nazismus hereinfallen sollte, war ein ziemlicher Schock. Und wenn auch sein Gehirn die politische Bedeutung des deutschen Phänomens nicht fassen konnte – mußte sein Herz nicht von der moralischen Verdorbenheit, die in jedem Wort und jeder Tat der Nazis sichtbar war, abgestoßen werden? Aber moralische Erwägungen, so schien es, reichten nicht in seine Bewertung hinein, während nach meiner kindischen Ansicht sie alleine hätten genügen sollen, seine irrigen Gedanken richtigzustellen.

Ich starrte in die Luft und wartete darauf, daß jemand die Unterhaltung wieder aufnehmen würde.

Dr. C., sein intelligentes Gesicht von Zweifeln getrübt, machte pflichtschuldig weiter.

«Ich frage mich», sagte er, «ob das ‹Leben›, das Sie so anrührend preisen, sich nicht als ein bißchen zu ungestüm erweisen könnte. Sie gehen diese ganze Sache vor allem von der ästhetischen Seite an, wie es ihrer erhöhten Position zukommt. Wir Anwälte machen uns nicht viel aus Ästhetik. Wir sind niedrige Realisten. Mehr noch, wir sind gewissermaßen Feiglinge. Rechtlosigkeit ängstigt uns, und obwohl die deutsche Obrigkeit die Dinge ziemlich gut unter Kontrolle zu haben scheint, ist da etwas irgendwie Rechtloses an diesen Obrigkeiten selbst – wenn Sie wissen, was ich meine?»

«Natürlich!» sagte Herr F. rasch, «natürlich tue ich das. Auch möchte ich nicht, daß Sie denken, daß ich eigentlich für diese neue ‹Weltanschauung› bin. Alles, was ich sage, ist, daß man sie aufmerksam betrachten sollte und daß ich sie mindestens so interessant wie verwirrend finde. In der Tat», fügte er hinzu und sah mich an, «wenn ich Sie wäre, wäre ich geblieben, und sei es nur aus Neugier; oder meinen Sie, Sie wären in Gefahr gewesen?»

«Allerdings!» sagte ich. «Außerdem war ich nicht neugierig. Ich wußte, was ich zu erwarten hatte, und ...»

«Wie konnten Sie das?» Doktor C. lehnte sich sehr interessiert nach vorne. «Niemand weiß, was er in einer Situation zu erwarten hat, der es so an Endgültigkeit mangelt. Ich höre von meinen Klienten im Reich, daß sich alles mögliche zusammenbraut, nichts steht fest, die liberalen und konservativen Elemente sind alles andere als tot, die Armee ist im geheimen gegen den Führer-Gefreiten, und ich wäre nicht überrascht, wenn er bald seine Methoden ändern und abmildern würde. Vielleicht muß er es. Vielleicht will er es, gerade jetzt. Sowenig ich den Mann mag, er ist ein zu gerissener Politiker, als daß er weiter den wilden Mann spielt. Wenn der Hausputz erst einmal vorbei ist, stellt er sich vielleicht noch als zivilisiert heraus, meinen Sie nicht?»

Das tat Herr F. und ersparte mir den Ärger, offen zu bekennen, daß ich das nicht tat.

Frau C. seufzte. «Ich persönlich», sagte sie, «verabscheue Politik; schlimm genug, daß wir uns mit unserer eigenen herumschlagen müssen, aber warum sich in die deutschen Angelegenheiten einmischen? Ich würde viel lieber gar nicht über so etwas reden. Wozu soll das überhaupt gut sein?»

«Es ist faszinierend, das ist alles!»

Die Bemerkung kam von dem englischen Mädchen und wurde mit einem netten Lächeln vorgebracht.

«Natürlich bin ich mir nicht sicher, aber ich nehme an, daß die Dinge in Deutschland in letzter Zeit nicht so gut verlaufen sind. Und ich fürchte, wir sind am Scheitern der Republik nicht ganz unschuldig. Wir sind keine große Hilfe gewesen, nicht wahr? Die Deutschen sind ein stolzes Volk, wie ich weiß, und in Versailles haben wir ihren Stolz verletzt. Vielleicht ist dieser Hitler genau das, was der Doktor verschrieben hat. Er mag auch nicht wirklich so aggressiv sein, wie er klingt. Schreit nur, um die Deutschen glücklich zu machen, um ihren Respekt vor sich selbst und all das wiederherzustellen. Er ist allerdings recht amüsant – sogar sehr, finde ich!»

Sie hatte eine richtige Rede gehalten, und nun war sie ein wenig verlegen. Auch schien ihr plötzlich klar zu werden, daß ich völlig ablehnen könnte, was sie gesagt hatte, und weil sie ein nettes Mädchen war, tat ihr das leid.

«Oh Gott!» rief sie aus. «Stellen Sie sich vor, daß ich kleines dummes Ding hier rede, anstatt Leuten zuzuhören, die Bescheid wissen!»

Sie lächelte.

Ich lächelte zurück. Obwohl ihr fröhlicher Beitrag in gewisser Weise der anstößigste war, machte es mir nichts aus. Sie war sauber, unwissend und fröhlich. Und wenn Herr F. und die C.s so sprachen, wie sie es taten, wie konnte man von diesem hübschen Ding erwarten, daß es klüger redete? Sie war ein englisches Mädchen, und England war weit weg.

Draußen in den Straßen war die Dämmerung hereingebrochen. Es wurde noch einmal kalt und winterlich.

Ich ging langsam auf den See zu und fühlte mich verloren und einsam. Sollte ich den Abend mit Peter und seiner Frau verbringen? Sie waren wenigstens zwei Menschen, mit denen ich reden konnte – Schweizer Sozialdemokraten, aufrechte Nazigegner. Sie waren sehr nett zu mir gewesen und hatten den Verkauf meines Kinderbuchs an den Verleger arrangiert, den sie kannten. Aber selbst sie konnten den Alptraum nicht vertreiben, der mich umkrallte und der immer da war, immer triumphierte. War es nicht, als ob ein Zaubersplitter in meinem Auge alles verzerrte, was ich sah? Was war der Name des Jungen in Andersens Märchen vom Zaubersplitter? Kai! Armer Kai, dem das Schöne häßlich erschien und den niemand verstand.

Peter würde mir nicht häßlich erscheinen. Sein ernstes Bauerngesicht ähnelte den holzgeschnitzten Gesichtern der Heiligen in den Schaufensterauslagen der frommen Andenkenläden. Peter trug allerdings eine Brille. Sie ließ ihn wie ein gelehrtes Tier aussehen, ziemlich verstört und anrührend.

Peter war gut; er war vollkommen in Ordnung. Hitler, sagte er, müsse bekämpft werden. Der Nazismus sei böse und trotz all seiner sozialistischen Phrasen eine Gefahr für die arbeitenden Klassen. Reden müßten gegen ihn gehalten werden, viele Reden. Broschüren müßten gedruckt und der Nazipropaganda müsse in jeder nur möglichen Weise entgegengewirkt werden. Es sei wirklich ein Glück, daß Menschen wie ich entkommen seien, um zu helfen, die Wahrheit zu verbreiten. Wir dürften allerdings nicht das Unmögliche versuchen. Auch dürften wir uns nicht in Schwierigkeiten bringen, indem wir offen das Oberhaupt einer befreundeten Regierung angriffen. Um so weniger, als die Schweizer Neutralität ihr höchstes Gut sei. Die Schweizer seien neutral bis ins Mark. Sie mischten sich nie in anderer Leute Streit ein, solange die anderen Leute nicht mit ihnen Streit hatten. Übrigens schien es, als ob England und Frankreich kaum weniger abgeneigt seien, sich in so eine unangenehme Sache hineinziehen zu lassen. Vielleicht könnte der Völkerbund irgendwie intervenieren. Zu schade, daß Deutschland Mitglied des Bundes sei und protestieren könne, sobald man etwas gegen es plane. Die Situation sei hoffnungslos verfahren. Nichts könne offiziell unternommen werden, während inoffiziell ein Wirtschaftsboykott eine gute Sache sei. Wenn doch nur der Sozialismus ein wenig weiter fortgeschritten und das Großkapital nicht ganz so mächtig wäre. Wie es aussah, wäre es dumm zu versuchen, einen Boykott deutscher Waren zu organisieren. Die Großindustrie werde einfach damit fortfahren, mit den Nazis Handel zu treiben, und unsere kleinen Bemühungen wären ganz umsonst.

«Schau nicht so finster!» würde Peter sagen. «Die Dinge liegen gar nicht so schlecht. Bist du nicht wenigstens ein bißchen glücklich, hier zu sein?»

Dann würde ich versichern, ich sei natürlich sehr glücklich und in der Tat sehr dankbar. Worauf Peters Frau uns Kaffee bringen würde.

Je mehr ich darüber nachdachte, desto weniger war mir danach, den Abend mit den beiden zu verbringen. Viel lieber würde ich ins Café Terrace gehen und nur dasitzen, umringt von fremden Menschen und billiger Musik. Das Terrace war kein allzu hübscher Ort. Vielleicht würde der Splitter in meinem Auge weniger weh tun, wenn es keine Schönheit gab, die verzerrt werden konnte. Vielleicht könnte ich etwas schreiben, um mich zu trösten – etwas, um meine eigenen Gedanken zu klären, sie neu zu ordnen und sie annehmbarer für andere zu machen. Sie waren in letzter Zeit nicht sehr beliebt gewesen.

* * *

Nach dem bisher Gesagten könnte es scheinen, als ob ich meine Tage – damals – hauptsächlich in Bars, Süßwarengeschäften und Cafés verbracht hätte. Und dieser Eindruck wäre nicht völlig unrichtig. Ich blieb nicht oft «zu Hause». Ich war ruhelos. Und da war immer diese dumme Idee, daß jeden Moment etwas passieren könnte, etwas Aufregendes, Beruhigendes und Bestärkendes. Ich hatte kein Radio. Ich mußte draußen auf der Straße sein, wenn die Neuigkeiten passierten.

Was machte ich hier? Gab es irgend etwas Bestimmtes, das ich tun wollte? Jedem, der fragte, wurde gesagt, daß ich die Wiedereröffnung meines Kabaretts vorbereiten wolle und hier sei, um mich nach einer geeigneten Räumlichkeit umzusehen. Am Anfang glaubte ich kaum, was ich sagte. Aber dann gewöhnte ich mich an den Gedanken und begann in der Tat, den Neubeginn der «Pfeffermühle» vorzubereiten.

Wir hatten in München am 1. Januar 1933 unsere erste Premiere gehabt. Der Name, den wir uns gegeben hatten, so fröhlich und harmlos er klang, entsprach ganz unseren Absichten. Alles, was wir wollten, war, uns und unser Publikum auf unsere persönliche Art zu amüsieren.

Es gab zwei gute Theater in München, und ich hatte für beide gearbeitet. Die Kammerspiele waren als «modern» und «progressiv» bekannt. Das Staatstheater, Heimat der Klassiker, zog die Tradition der Innovation vor. Aber der uns eigene Geist der kecken Improvisation war an beiden Orten kaum willkommen.

Also kamen wir zusammen – wir waren zehn, alle jung und unternehmungslustig. Von den Schauspielern waren nur zwei schon vorher in München bekannt gewesen. Für mich galt das nicht. Oder wenn ich bekannt war, war meine Schauspielerei kaum dafür verantwortlich. Ich war zuerst einmal die Tochter meines Vaters. Außerdem war es mir nie richtig gelungen, mich zu entscheiden, was ich tun wollte, und meine Aktivitäten waren stets zu vielfältig. Natürlich wollte ich auf die Bühne, und auf die Bühne kam ich – hier und da. Aber ich wollte auch schreiben und an Autorennen teilnehmen und die Welt sehen und Reporterin sein. Seit kurzem und sehr zu meinem eigenen Erstaunen wollte ich mich sogar politisch äußern. In der Tat hatte mich dies schon in eine jener blutigen Streitereien verwickelt, welche die Nazis «Saalschlachten» nannten. Sowohl Stühle als auch Beleidigungen waren mir entgegengeschleudert worden, als ich [im Januar 1932] bei einer pazifistischen Versammlung ein passendes Gedicht vortrug. Ich hatte die Strolche verklagt, worauf die Nazipartei drohte, das Freilufttheater zu boykottieren, wo ich für den kommenden Sommer engagiert war. Nur meine sofortige Entlassung konnte den Boykott abwenden. Die Geschäftsführung gab entweder aus Angst vor den Erpressern oder aus Sympathie für sie nach und löste meinen Vertrag.

Zuversichtlich suchte ich die Hilfe der mächtigen Schauspielergenossenschaft. Dies, dachte ich, war ein Fall ganz nach dem Herzen der Genossenschaft, klar, sauber und einfach. Ich hatte absolut nichts getan, was meine Entlassung gerechtfertigt hätte. Vom juristischen wie auch vom moralischen Standpunkt war die Handlungsweise meines Arbeitgebers nicht zu verteidigen. Sicher würde die Genossenschaft, deren Mitglied ich war, meine Rechte verteidigen.

Ihr Vorsitzender, ein konservativer Liberaler und persönlicher Freund von mir, schüttelte den Kopf, zuckte mit den Achseln und seufzte.

«Armes Ding!» sagte er, «was für ein Schlamassel! Was für ein bedauerlicher Schlamassel!»

«Schlamassel?» wunderte ich mich. «Für mich sieht das ziemlich klar aus. Ich werde sie nicht mal verklagen müssen, wenn mich die Genossenschaft unterstützt.»

«Wenn!» bemerkte er. «Das bezweifle ich. Wir haben eine Menge Mitglieder der NSDAP in unseren eigenen Reihen. Außerdem würde unsere Einmischung sowieso nicht viel helfen. Siehst du nicht, daß das kommen wird – diese Nazigeschichte, meine ich! Wer sind wir denn, daß wir es aufhalten wollten? Wenn ich du wäre, würde ich diese eine bittere Pille schlucken und von jetzt an für immer friedlich sein. Du bist doch Schauspielerin, oder? Solange du dich nicht in die Politik einmischst, hast du nichts zu befürchten. Verklag sie lieber nicht, hörst du?»

Ich bereitete die Klage vor.

Als die «Pfeffermühle» eröffnet wurde – zehn Monate später –, war das Gericht noch nicht zu einem Urteil gekommen. Mir war das eigentlich auch egal. Ich hatte getan, was ich tun mußte. Aber obwohl mein Freund von der Genossenschaft sich beschämend benommen hatte, hatte er in einem Punkt recht: Politik war nicht meine Angelegenheit. Ich war Schauspielerin; oder sonst Schriftstellerin, Rennfahrerin oder Reporterin; und ich sollte mich besser auf wenigstens einen meiner Jobs konzentrieren.

Beim Zusammenstellen des Programms hatten wir uns nach «Nummern» umgesehen. Was wir uns vorstellten, waren «Chansons», Lieder, Dialoge und kurze Stücke, die Leichtigkeit mit Aktualität verbanden. Was wir aber fanden, war entweder vollkommen bedeutungslos oder viel zu düster und plump. Sogar das Zeug, das wir in Berlin hätten kaufen können, wo ein paar Mini-Revuen, wie auch wir sie aufführen wollten, zuletzt erfolgreich gewesen waren, gefiel uns nicht. Erstens war es neues Material, das wir wollten. Und nebenbei schienen die Berliner Nummern, so brillant und komisch sie auch waren, alles ins Lächerliche zu ziehen – sie präsentierten eine kühle, überlegene, leicht zynische Art von Humor.

Ich hatte noch nie ein Lied geschrieben, aber jetzt mußte ich es. Die Zeit war knapp, und etwas mußte getan werden. In unseren Ankündigungen hatten wir die «Pfeffermühle» als «literarisches Kabarett» beschrieben. Ihr irgendeinen politischen Charakter zu geben, war nicht beabsichtigt. Aber kaum hatte ich mich an das Abenteuer des Chansonschreibens gemacht, mußte ich erkennen, daß die Politik ins Spiel kam. Sosehr ich versuchte, mich ans Literarische zu halten und das Kontroverse zu vermeiden, handelten doch die meisten meiner Lieder von der politischen Situation. Auch war es mir nicht möglich, die lächerlichen Figuren, deren Schatten auf meinen Schreibtisch fiel, nur ins Lächerliche zu ziehen. Manchmal lachte ich am Anfang eines Liedes über sie. Aber wenn es daranging, zusammenzufassen, was ich sagen wollte, und die Geschichte ihre Moral bekommen sollte, wurde ich immer ernster.

«Diese Menschen», sagte ich in den Texten, die ich schrieb, «diese Nazis sind komisch. Seht, wie drollig und albern sie sind. Aber sie sind auch böse. Wollen Sie lachen? Tun Sie das! Tun Sie das unbedingt! Aber lachen Sie nicht nur! Kämpfen

Sie! Und kämpfen Sie zusammen! Hören Sie damit auf, untereinander zu streiten, ich flehe Sie an! Stehen Sie zusammen, alle von Ihnen, bevor die Komischen und die Bösen Sie verschlucken!»

Ich dachte mir viele Arten aus, meine einfache Botschaft zu verkünden. Meine lachenden und zugleich flehentlichen Worte legte ich einem Harlekin, einem Schönheitschirurgen, einem Akrobaten oder einem nachdenklichen Arbeiter in den Mund. Aber welche Verkleidung ich auch wählte, hinter der fröhlichen Maske war immer dasselbe ängstliche, aber hoffnungsvolle Gesicht – mein eigenes.

Ein paar leichtere Nummern wurden dem Programm hinzugefügt. Klaus trug einige ernsthafte Stücke bei, alles wurde vertont, und die «Pfeffermühle» war soweit.

Das Programm war ein großer Erfolg. Die Leute mochten es wirklich, was teils an der Popularität einiger unserer Schauspieler und teils an der jugendlichen Frische des Ganzen lag, und sogar die reaktionäre Münchner Presse gab uns ihren Segen. Diejenigen unserer Zuschauer, die von der Dringlichkeit unseres Appells aufgerüttelt wurden, waren stark in der Minderheit. Aber ich neige zu der Ansicht, daß ein Teil unseres Erfolgs auf dem tiefempfundenen Anliegen beruhte, das hinter unseren Späßen steckte. Wenn irgend etwas die «Pfeffermühle» von anderen Angeboten ihrer Art unterschied, war es die menschliche Ernsthaftigkeit, die sich einschlich, ohne daß wir es eigentlich wollten.

Nach zwei erfolgreichen Monaten pausierten wir, um ein neues Programm vorzubereiten. Auch das Theater, in das wir umziehen sollten, wurde für unsere Zwecke umgebaut und würde nicht vor Mitte März fertig sein.

Am 28. Februar 1933 brannte der Reichstag, und zwei Tage später wußte ich, daß wir nie in dem neuen Haus spielen würden. Vorsichtig ging ich daran, unseren Vertrag aufzulösen.

Der Geschäftsführer, dem sehr an seinem Anteil an einem so profitablen Unternehmen gelegen war, weigerte sich, zu verstehen.

«Sie sind verrückt!» stieß er aus. «Bestimmt – das ist meine einzige Erklärung. Aber ich bin nicht verrückt, und es gibt nicht den geringsten Grund, warum ich Sie gehen lassen sollte!»

Ich sagte ihm, was der Grund war.

Er lachte erleichtert.

«Wirklich?» rief er. «Ist das alles? Aber wenn es das ist, bin ich froh, daß Sie's mir gesagt haben. Ich bin doch selbst alter Parteigenosse, und Sie werden jeden Schutz haben, den Sie nur brauchen. Ich besorge Ihnen eine Wache. Zwei SA-Männer – zwei leibhaftige Braunhemden – werden auf Sie aufpassen. Sie werden jede Vorstellung von Anfang bis Ende ansehen, einfach so. Was sagen Sie jetzt?»

Ich war sprachlos. Wenn hier jemand verrückt war, dann ganz bestimmt nicht ich. Die «Pfeffermühle» von zwei leibhaftigen Braunhemden beschützt. Es war unvorstellbar. Und doch meinte der Mann es ernst. So, wie er es sah, war seine eigene Partei endlich an die Macht gekommen. Sie würde keinesfalls sein Geschäft ruinieren. Daß wir ein bekanntermaßen antifaschistisches Programm brachten, das einzige in der Stadt, störte ihn nicht. Er versuchte nicht einmal, mich dazu zu bringen, das Programm zu ändern. Wir waren erfolgreich gewesen, und alles, was er wollte, war, daß wir es weiter sein würden.

Sogar in München waren in den letzten beiden Tagen Dutzende von Menschen verhaftet worden. Warum ich nicht unter ihnen war, wußte ich nicht. Aber die Menschenjagd ging weiter, und allein der Gedanke, die «Pfeffermühle» solle weitermachen, war selbstmörderischer Irrsinn. In Wirklichkeit waren wir ein erhebliches Risiko eingegangen, indem wir das Programm den Februar hindurch weiterlaufen ließen. Direkt unter seiner unförmigen Nase hatten wir es gewagt, den Führer zu beleidigen, und das in der Nacht, in der er in München erschienen war, um seine Antrittsrede als Reichskanzler zu halten. Aber dieser Mann hier, dieser Parteigenosse, machte sich nichts daraus.

Ich starrte ihn für den Bruchteil einer Minute an.

«Recht haben Sie!» sagte ich dann heiter. «Ich bin ein nervöses Geschöpf und zu leicht verängstigt. Aber daß Sie ein Parteigenosse sind, macht einen Riesenunterschied. Gehen Sie und mobilisieren Sie Ihre Wache, während ich meine Truppe mobilisiere. Rufen Sie mich an, wenn das Haus für die Proben fertig ist, ja?»

Ich verließ den Mann und auch das Land. Wenn er es gewußt hätte, hätte er mich auf der Stelle verhaften lassen.

* * *

Das kleine Orchester im Terrace spielte fleißig auf. Seine Angebote ähnelten den süßen und bunten Petits Fours in Hugenins Schaufensterauslage. Es waren unzusammenhängende Stücke von Melodien, mit gefärbtem Zucker überzogen und mit undefinierbarer Creme gefüllt – genau die Art Musik, die man auf Ozeandampfern zusammen mit seinem Tee bekommt. Ich mochte sie ganz gern. Und ich mochte die klare und vogelartige Stimme, mit der die Kellnerin meine Bitte nach einem Bleistift und einem Stück Papier beantwortete.

«Ja, gern», sagte sie; dabei ließ sie ihre Stimme auf dem zweiten Wort ruhen und dehnte den Vokal in unverkennbar Schweizer Art.

An den Nebentischen müssen sie mich für ein wenig seltsam gehalten haben. Noch bevor ich meinen Kaffee bestellte, hatte ich um Notizpapier gebeten, nur um es vor mich hinzulegen und, während ich in die Luft starrte, hin und wieder in langen Abständen ein Wort hinzukritzeln.

«Phantasie!» schrieb ich. «Mangel daran. Politisches Interesse? Kaum ... Moralische Trägheit, Stumpfheit, Flachheit, Teilnahmslosigkeit, Gleichgültigkeit ... Moralisches Scheitern. Wessen? Deins! Auch deines!»

«Matteotti!» kritzelte ich. «Rom! Das Ritz! Kaviar und ein heißes Bad, alles, was du wolltest. Das Rennen zu gewinnen, alles, was du wolltest ... Rizinusöl? Eine Insel, nicht weit von hier, eine Teufels- und Malariainsel? Unschuldige Menschen, die in ihren Tod verschifft werden? Übertreibung! Die Angelegenheit jedes Volksverhetzers, nicht deine ...»

«Das Rennen gewinnen! Eine Stunde ausruhen und zwei Portionen Kaviar – mild und gräulich; stärkt Nerven und Körper! Sechstausend Meilen in zehn Tagen und keine Straßen auf dem Balkan! Autobahnen in Italien! Schöne Autobahnen, auf denen man rechtzeitig ankam. Wie die Züge. Die Züge des Duce. Immer pünktlich! Viva il Duce! A basso? Na gut: a basso il Duce! Komische Visage, häßliche Visage, *was kümmert es mich?*»

Die Kapelle brachte unermüdlich ein Petit Four nach dem anderen an. Jetzt waren amerikanische Stücke dran.

«Nothing is left to me», spielten sie, «of things that used to be!»

Langsam und sorgfältig strich ich die letzten vier Worte, die ich geschrieben hatte, und schraffierte sie mit dicken, entschiedenen Strichen.

«WARUM HAT ES MICH NICHT GEKÜMMERT?» schrieb ich statt dessen. Und als ob ich den Teufelskreis meiner zerfahrenen Überlegungen schließen wollte, fügte ich hinzu:

«Mangel an Phantasie ... Beschämender Mangel an moralischem Elan!»

Mein Manuskript ergab keinen Sinn. Als ich es wieder las, lachte ich ein bißchen in mich hinein. Daß ich etwas hatte schreiben wollen, um meine eigenen Gedanken zu ordnen, und daß dieses zusammenhanglose Geschreibsel alles war, was dabei herausgekommen war, kam mir ein bißchen lächerlich vor. Und doch fühlte ich mich besser – merklich besser. Irgendwie war der Splitter in meinem Auge im Begriff, sich aufzulösen. Endlich war ich in der Lage, ruhig zu denken, ohne mich dabei zu quälen. Tatsächlich hatte ich so die letzte Stunde lang nachgedacht. Hätte ich es jetzt noch immer gewollt, hätte ich ein gutes Stück über «die Lage» schreiben können. «Politik» hätte eine geringe Rolle in dem Essay gespielt, den ich nie schrieb. Statt dessen hätte er sich um moralische Fragen gedreht. Sie, nicht «die Politik» waren der Kern der Sache. War diese Überzeugung kindisch? Aber Kinder sind nicht die dümmsten Menschen auf der Welt, wenn es darum geht, einfache Dinge wie gut und böse zu unterscheiden. Sie unterscheiden deutlicher als die meisten von uns Erwachsenen zwischen richtig und falsch. Sie wissen wenig, aber stellen sich alles vor. Ihre Vorstellungskraft ist grenzenlos, genau wie ihr so leicht hervorzurufendes Mitgefühl.

Sag einem Kind, daß die Menschen in China hungern; daß alles, was sie zum Frühstück bekommen, nichts ist; zum Mittagessen, nichts; zum Abendessen, ebenfalls nichts. Und füge leichtfertig hinzu, daß einmal die Woche – nämlich jeden Mittwoch – ein geflügelter Bote aus Peking ankommt, ein Gnadenengel, der die Fenstersimse nach nahrhaften Brocken absucht, um sie mitzunehmen und die Armseligen damit zu füttern – das Kind wird vor Trauer und Mitgefühl dahinschmelzen. Jeden Mittwoch – solange es daran denkt – wird es heimlich sein Abendessen aufs Fenstersims stellen, und mitten in der Nacht wirst du sehen, wie es aufsteht und auf Zehenspitzen barfuß zum Fenster geht, um sicherzugehen, daß der Bote gekommen ist und seinen Teil für die hungernden Chinesen eingesammelt hat. Es wird nicht viel nützen, wenn du versicherst, daß sein Abendessen ihm gehört, daß es aufessen muß und daß die Hungersnot in China es nichts angeht. Es wird dich ungläubig und vorwurfsvoll ansehen.

«Aber das kann ich nicht!» wird es sagen. «Und das will ich auch nicht! Ich werde nie wieder mittwochs mein Abendbrot essen. Es gehört ihnen. Sie brauchen es. Und wie es sie freuen wird. Stell dir das vor!»

Stell dir das vor! Dieser kategorische Imperativ hätte der Titel meines ungeschriebenen Essays werden können, und er wurde tatsächlich das Leitmotiv der neugeborenen «Pfeffermühle». Daß wir uns nichts vorstellen konnten, war unser Sündenfall. Ohne dies, unser Verbrechen der Unterlassung, hätte die Missetat nicht begangen werden können. Das Böse würde sich nicht ausbreiten und den Kontinent überfluten, wenn nur jetzt die Menschen dazu gebracht werden könnten, sich etwas vorzustellen, wenn sie nur dazu gebracht werden könnten, sich klarzumachen, was nicht *ihre* Wirklichkeit war – noch nicht.

Eine böse Anhäufung von historischen, politischen und ökonomischen Faktoren hatte dem Nazismus den Weg zur Macht geebnet. Eine Menge guter Erklärungen boten sich dem aufmerksamen Beobachter an:

Die Deutschen – das Volk der Dichter und Denker –, denen es an politischem Verstand und an Ausgeglichenheit mangelt und die für irrationale Exzesse anfällig sind. Die Demokratie, die am Ende eines verlorenen Krieges den Unerfahrenen hingeworfen wurde; die deutsche Demokratie, ein Kind der Niederlage, der Sündenbock der Geschlagenen. Die Verarmung der deutschen Mittelklasse; ihr Wunsch nach einer radikalen Veränderung, die jedoch nicht zur extremen Linken führen durfte, wo das Gespenst der «Proletarisierung» lauerte; auch ihre Sehnsucht nach einer «nationalen Wiedergeburt», um die «Schmach von Versailles» auszulöschen. Die Armee, genauso begierig auf solch eine Renaissance, welche die ersehnte Bewaffnung des Landes mit sich bringen würde. Die Großindustrie und die Junker, die sich vor einer sozialen Revolution fürchteten. Die Welt, die sich vor einer sozialen Revolution fürchtete und die mit jeder Art von konterrevolutionärem Deutschland sich anzufreunden bereit war. Geld, das in Hitlers Truhen floß – deutsches Geld, französisches, englisches, amerikanisches Geld. Die zerstrittenen Feinde des «Führers»; ihre Furcht vor dem Kommunismus stärker als die Furcht vor dem Nazismus; ihre gegenseitige Abneigung stärker als beide Ängste; ihr Mangel an sozialer Verantwortung, ihr übermächtig starker Gruppenegoismus und Partei-Isolationismus.

Erklärungen, Dutzende auf einmal, maßgeschneidert für den aufmerksamen Beobachter, der sie sich auch allesamt zu eigen machte.

Aber auf gewisse Überlegungen kam er nie, obwohl ohne sie die Summe seiner Betrachtungen ungültig blieb. Was er nicht sah, war, daß die guten Deutschen Hitlers Diktatur niemals akzeptiert hätten, wenn sie sich vorgestellt hätten, wo sie hinführen würde, ja, hinführen mußte. Sogar diejenigen, die das Regime bewußt mit an die Macht gebracht hatten, hätten die Gefolgschaft verweigert, wenn sie nicht einen derart starken Mangel an Vorstellungskraft gehabt hätten. Woher kam dieser Mangel? Waren die Menschen in Deutschland dümmer als anderswo? Nein, das waren sie nicht. Sogar wenn man ihnen ein gewisses Maß an politischer Unreife zugestand, wie konnten sie die offen erklärte Bösartigkeit ihrer neuen Götter verkennen, in denen das Katastrophale so klar zutage trat? Waren sie selbst bösartig? Jawohl, sagten manche. Sehnten sie sich nach der Katastrophe? Auch dies wurde von manchen bejaht.

Georges Clemenceau – kein Freund der Deutschen, sondern ein Feind, dessen Wissen über ihren Charakter (ein Wissen, das aus Leid geboren war) nicht zu leugnen war, obwohl es vielleicht nur bestimmte Aspekte berührte – sagte über sie:

«Diese Nation verbindet ihren Reichtum an intellektueller Kultur mit einem fundamentalen Mangel an moralischer Kultur.»

Und was ihre Liebe zum Katastrophalen betrifft, konstatierte er:

«Es ist die Natur des Menschen, das Leben zu lieben. Deutschland pflegt diesen Kult nicht. In der deutschen Seele, in der Kunst, der Philosophie und der Literatur dieses Volkes mangelt es an Verständnis dafür, was Leben wirklich bedeutet, was seinen Zauber und seine Größe ausmacht. Und es gibt einen morbiden und satanischen Reiz des Todes. Dieses Volk liebt den Tod. Die Gottheit, die es furchtsam anbetet, aber mit einer Furcht, die mit Ekstase und Rausch vermischt ist, ist der Tod. Woher sie diese Gottheit haben, weiß ich nicht. Lest ihre Dichter noch einmal. Überall der Tod – der Tod zu Fuß, der Tod zu Pferde, immer der Tod. Überlegt gut, was ich euch über die Deutschen sage. Sie lieben den Krieg um des Krieges willen ... Der Krieg ist ein Pakt mit dem Tod. Im Krieg sehen die Deutschen ihren besten Freund.»

Ich finde Monsieur Clemenceaus Charakterisierung auf unheimliche Weise zutreffend. Zweifellos war dieser «morbide und satanische Reiz des Todes», von dem er spricht, eine der Kräfte, die Deutschland zum Nazismus hingelockt haben. Nicht zufällig ist der Totenkopf das Zeichen von Hitlers Elitetruppen, und egal wie gesund und dem Leben ergeben sich die «Bewegung» ausgab, war die Gottheit, «die sie furchtsam anbetete, die mit Ekstase und Rausch vermischt ist», der Tod. Die Naziromantik hatte keinen Platz für das Licht und das Leuchtende. Ihre Geister waren düster.

Und doch war das deutsche Desaster kein bewußtes und absichtliches Kapitulieren vor der Katastrophe, obwohl es eine unbewußte Sehnsucht danach gegeben haben kann. Eher war es der von Monsieur Clémenceau bedauerte «fundamentale Mangel an moralischer Kultur», der die Nation in die Irre führte. Sie mag nicht in der Lage gewesen sein, zu beurteilen, ob Hitlers Politik solide sei. Aber er war das, was jedes Kind einen «bösen Mann» nennen würde; das wußten die

Deutschen und hatten es immer gewußt, seit er seinen falschen Schwur in Leipzig geleistet hatte. Sie wußten auch – denn er hatte es ihnen gesagt –, wie positiv er über Blutvergießen und heimtückischen Mord dachte. Das brüderliche Telegramm, das er einer Rotte seiner Anhänger geschickt hatte, die mutig einen einzelnen Arbeiter umgebracht hatten, war unvergeßlich. Auch war der böse Klang seiner Stimme nicht zu verkennen, einer Stimme, die niemals sprach, sondern ihre Drohungen in die Ohren der Zuhörer schrie, bellte, brüllte. Auch das, was er schrieb – was alle von ihnen schrieben –, mußten die Deutschen als «böse», unmoralisch, antimoralisch und menschlich unannehmbar erkennen. Es kümmerte sie wenig. Dies war eine harte Welt und dazu eine wirkliche. In ihr sollte man besser realistisch sein. Das Böse? So etwas gab es nicht. Die bloße Idee war unsinnig, wo sie nicht zutraf. Im Privaten tat sie das natürlich in gewisser Weise. Daß du nicht stehlen oder töten sollst, war schnell zu verstehen. Aber Politik war unpersönlich. Massenverantwortung gab es nicht. Der einzige Unterschied, der in der Politik gemacht werden mußte, war der zwischen Fehlschlag und Erfolg. Die Republik hatte aus allem einen Schlamassel gemacht, sie war ein Fehlschlag. Aber der Faschismus versprach, ein Erfolg zu werden.

Würde er es wirklich, oder konnte er es? Sogar vorausgesetzt, daß das moralisch Schlechte das praktisch Gute bewirken konnte – mußte dieses spezielle Wagnis, so stolz und grenzenlos in seiner Aggressivität, nicht schließlich zu einem Zusammenstoß mit entgegengesetzten Interessen führen? Würde Hitler nicht zerquetscht werden, bevor er stark genug zum Zuschlagen war? Würde er aber nicht auf alle Fälle zuschlagen, wenn er genug Zeit hätte? War der Krieg nicht sein unvermeidliches Ziel? Und wenn es Krieg geben würde, wer um alles in der Welt würde Deutschland siegen helfen – einem Deutschland, das die anderen Nationen offen verachtete und das herrschen wollte, wo es erobert hatte? Wieviel Vorstellungskraft brauchte man, um vorauszusehen, daß Hitler Krieg bedeutete und daß der Krieg verloren werden würde? Nur ein geringes Maß. Aber wir hatten keine Phantasie. Und der aufmerksame Beobachter hätte gut daran getan, zu seiner Fülle von soliden Erklärungen diese zwei hinzuzufügen:

Deutschland unterlag dem Nazismus wegen der moralischen Trägheit seines Volkes.

Und: Deutschland unterlag dem Nazismus wegen des mangelnden Vorstellungsvermögens seines Volkes.

Und Europa? Würde es zulassen, daß sich das deutsche Desaster auf kontinentaler Ebene wiederholte? Wenn sein Schicksal von seinen Politikern und Unternehmern abhing, gab es wenig Hoffnung. Daß manche von ihnen – und nicht die Unwichtigsten – die Veränderungen im Reich kurzsichtig und zynisch willkommen hießen, war noch nicht offensichtlich geworden. Aber sogar von denen, die das nicht taten, konnte kaum erwartet werden, daß sie die Situation mit anderen als ihren eigenen «professionellen», ihren politischen, diplomatischen oder wirtschaftlichen Augen sahen. Sie würden versuchen, damit auf konventionelle Weise fertig zu werden. Daß das Beispiellose eine beispiellose Antwort erforderte, würde ihnen nie einfallen. Ihre streng «realistische» Weltanschauung würde nie das Phantastische begreifen, die beinahe unvorstellbare Natur des deutschen Phänomens. Realisten glauben nicht an den Teufel. Kinder schon. Und in Zeiten großen und unerklärlichen Unglücks, wenn Sturzfluten das Land ertränken oder die Pest herrscht, tun das sogar Erwachsene. Ganz normale Erwachsene, sozusagen das Volk. Zu ihm müssen wir sprechen. Man muß ihm den Charakter und die Nähe der Gefahr gleichermaßen klarmachen. Seine Trägheit muß besiegt werden, seine Phantasie geweckt werden. Wir, die fürchterlich Erfahrenen, müssen es den Unwissenden sagen.

Ich verbannte das Gespenst des unvermittelbaren Wissens aus meinem Kopf und sah mich mit Augen um, in denen der Splitter geschmolzen war.

Gutmütige Schweizer saßen friedlich an ihren Marmortischen, tranken ihr Bier, lasen ihre Zeitung. Wenn sie phlegmatisch und vollkommen unbeteiligt wirkten, war es einfach, weil sie es nicht besser wußten. Niemand hatte es ihnen gesagt. Und die Ereignisse selbst, so bedeutend sie auch waren, waren noch nicht verstanden worden. Ihre ganze Monstrosität war kaum zu glauben. Aber jedem Nazivergehen würde ohne Frage eine andere und noch größere Gewalttat folgen. Niemals, solange es ihm zu bestehen erlaubt war, würde Hitlers Deutschland damit aufhören, seinen fortschreitenden Wahnsinn zu beweisen. Und die Zeit mußte kommen, wenn die Welt gezwungenermaßen ihr Phlegma aufgeben würde. Zur Zeit war diese Welt nicht, was ich gehofft hatte. Keinesfalls war sie bereits mein «Verbündeter». Ich war jedoch nicht allein. Ich hatte einen Verbündeten, auf den man zählen konnte. Sein Name war Hitler.

Es war spät geworden. Ein verkrüppelter alter Mann erschien zwischen den Tischen und bot die Morgenzeitung an. Der deutsche Kanzler hatte anscheinend eine Rede gehalten.

«Die Reichsregierung», las ich, «wird eine gründliche moralische Säuberung der Volksgemeinschaft vornehmen. Das gesamte Erziehungswesen ... wird als ein Mittel zu diesem Ziel benutzt werden.»

Schön, daß er es gesagt hat, dachte ich. Was er unter einer «moralischen Säuberung» versteht, hat er schon demonstriert. Jetzt erfahren wir, daß die willkürliche Verfolgung von politischen und religiösen Minderheiten weitergehen wird. Mehr noch, «das gesamte Erziehungswesen» wird nazifiziert. Haß und Aggressivität sollen in die Herzen und die Köpfe der gesamten deutschen Jugend eingeprägt werden. Was hat er sonst noch zu sagen?

«Das Heldentum tritt leidenschaftlich hervor und wird in Zukunft das politische Schicksal formen und führen ... Die ... nationale Unsicherheit Deutschlands kann nicht länger andauern ...»

Auch nicht schlecht. Wenn die nationale Unsicherheit Deutschlands nicht länger andauern kann, wird man etwas dafür tun müssen. Und mit dem «leidenschaftlich hervortretenden Heldentum» wird das mit Sicherheit der Fall sein. Deutschland wird sich wieder bewaffnen. Wozu? Dafür – fürs erste:

«In all ihren Handlungen ist sich die Reichsregierung der Verbindung zwischen dem Schicksal aller germanischen Rassen bewußt ... Uns liegt besonders das Schicksal der Deutschen am Herzen, die außerhalb der Grenzen Deutschlands leben ...»

«Seht Ihr?» sagte ich leise und beobachtete meine Nachbarn, während sie die Rede des «Führers» studierten. Und in Gedanken fügte ich hinzu: Hier ist endlich ein ehrlicher Teufel; ein Wolf, der nicht mit sanfter Stimme sprechen kann, sogar wenn er Kreide geschluckt hat, um glauben zu machen, er sei die Großmutter. Es stimmt, er hat schlauerweise davon abgesehen, England und Frankreich anzuheulen. Aber das Stück über «alle germanischen Rassen» ist unverhohlen wölfisch; alle von ihnen, wohlgemerkt, nicht nur die Österreicher und die Sudetendeutschen und die deutschen Schweizer. Die Holländer auch, und vielleicht auch die Norweger. Obwohl sie außerhalb der Grenzen Deutschlands leben, sind sie von der Rasse her trotzdem germanisch. Sehen wir uns das Echo darauf an. Hier ein Zitat aus «Le Temps»:

«Er sprach sehr bescheiden ... Erklärte, daß er mit Frankreich zu einem Kompromiß kommen würde.»

Trotzdem: «Bei Hitlers Reden muß man immer versuchen, zwischen den Zeilen zu lesen.»

Ich schnappte nach Luft. Also hatte die Kreide doch gewirkt. Weil er gesagt hatte, er wolle einen Kompromiß mit Frankreich, konnte er gut die Großmutter sein, und die halboffiziöse Zeitung «Le Temps» fand seine Rede gemäßigt.

Und was war mit London?

Auch dort war die Rede mit wohlwollendem Gleichmut aufgenommen worden.

«Man kann deutlich zwischen den Zeilen herauslesen», schrieb die «Times», «daß seine (Hitlers) Regierung den Geist schätzt, der aus den britischen Vermittlungsbemühungen spricht.»

Für die Engländer, so schien es, *war* Hitler die Großmutter. Er hatte es doch selbst gesagt, wenn auch nur «zwischen den Zeilen».

Ich seufzte. Trotz seiner Bemühungen, mir zu helfen, hatte mich mein Verbündeter im Stich gelassen. Wieder einmal hatte er seine schockierende Stimme erhoben, aber die Welt weigerte sich, schockiert zu sein.

«Geduld!» sagte ich mir müde. «Du darfst nicht erwarten, daß die Dinge so schnell gehen. Sie werden geschehen. Es kann nicht mehr lange dauern.»

Ich faltete meine Zeitung zusammen und sah auf das Datum. Es war der 24. März 1933.

TEIL II

Fahrt ohne Schlaf

Frühe Glossen und Schmonzetten

(1928–1933)

Kinder-Theater

Er hieß «Laienbund Deutscher Mimiker», und am 1. Januar 1917 begründeten wir ihn. Wir: Ricki *Hallgarten*, der jetzt in New York ist und schöne Bilder malt, der Bruder *Klaus* und ich. Wir waren Gründer, Vorstand und Ensemble, Direktor gab es keinen; wir planten alles recht kommunistisch. Auf dem Spaziergang war's uns eingefallen, aber wir gingen gleich nach Haus und hielten Sitzung ab. Ein leeres Rechenheft nannten wir «Mimikbuch», eine Kasse wurde bereitgestellt, ein Stück wollte gefunden sein. Damals waren wir noch fein bescheiden. Als erstes gab es Körners «Gouvernante». Klaus und Ricki huschten und stolperten in Mädchenkleidern über unsere Diele, ich selber verhüllte mich ältlich, da mir die Titelrolle zugefallen war. Wir nahmen es *unsinnig* ernst, probierten um und um, baten auch schließlich das gesamte literarische München hochmütig zu Gast. Der Vater Thomas schrieb, ins Mimikbuch, die Kritik. Sie gehört zu seinen geglücktesten Arbeiten.

Der Erfolg spornte, wir engagierten neue Leute, alle Herzogsparkkinder rissen sich um uns, Gretel und Lotte, Bruno *Walters* schmucke Töchter, wurden verpflichtet, *W. E. Süskind*, der Dichter, sechzehnjährig damals, machte mit, Gerta *Marcks* sollte Regie führen, ihr Vater, der Bismarck-Professor, versprach, mit Josef *Ponten* gemeinsam kritisch für uns tätig zu sein.

Nun spielten wir «Minna von Barnhelm»; der Laienbund kannte keine Furcht. Drei Monate lang probierten wir. Nur mit den Russen möchte ich uns verglichen wissen. Wir ziselierten und feilten, daß es eine Art hatte. Lotte und Gretel waren Minna und Franziska, die *Ivogün* half beim Anziehen,

Klaus war Just und ich war Werner. Spitzenleistung: Golo Mann, elfjährig, als Dame in Trauer. Ratlos saß er vorm Spiegel und besah sich einen dunklen Strich, den der Friseur ihm mitten auf die Brust geschminkt hatte, die Teilung eines Damenbusens listig vortäuschend. Aber dann zierte er sich klagend, weinte er und rauschte er so wunderlich im schwarzen Spitzenkleid, daß erlesenes Publikum drunten den Atem anhielt.

Wir *lebten* für den Mimikbund, was unsern Eltern unlieb war. Ricki malte Programme, Klaus dichtete. Ein Stück von ihm, den «Ritter Blaubart», von Tieckscher Romantik und Hauptmannscher Diktion getragen, brachten wir heraus. «Was Ihr wollt» gaben wir (damals, während ich die Viola spielte, erfand ich für mich das Theater als Beruf). Die Einnahmen flossen irgendwelchen fremden «notleidenden Tonkünstlern» zu. So kommunistisch waren wir.

Nie (Nie!) werde ich ein Theater finden, das dem unsern das Wasser reichen dürfte. Dabei waren wir ganz «echt». Jemand wurde wegen «kindisch-antisemitischen Wesens» aus dem Bunde gejagt. Erregt trugen wirs ins Mimikbuch ein. Wir hatten auch unsere Statuten, Rollen durfte man nur für jede zweite Aufführung beanspruchen, und die Besetzung sollte durch gütliche Wahl besorgt und vom Regisseur und Vorstand, nicht aber von den Eltern gutgeheißen werden müssen. So lauter trieben wir's.

Vor mir liegt das Mimikbuch, wir haben es später gebunden und schön verziert. Nun ist es weiß, mit grünen Clowns auf dem Titelblatt. Es gefällt mir sehr. Und überhaupt, der «Laienbund Deutscher Mimiker» war ein einzigartiges, edles und famoses Institut.

Das kleine Mädchen von Honolulu

Die herrlichsten Palmen, Blumen, Früchte gibt es in Honolulu. Das glüht in allen Farben, blüht in allen Formen, schöner als dort kann es nirgendwo sein. Und hübschere Menschen kann es nirgendwo geben als dort auf Hawaii: die braunen Schwimmer sind so schön – und so schön sind die kleinen Mädchen; so schön die alten Frauen, wenn sie summend und nickend den Takt schlagen zu den Tänzen der Jungen.

Unsere liebste Freundin in Honolulu hieß Louisa, und sie war elf Jahre alt. Man denke sich Josephine Baker – elfjährig – nicht ganz so schwarz, dazumal von hinreißender Bübischkeit. Nie hat sie es gelernt, aber tanzen kann sie: den «Hula-Hula», und im Matrosenanzug kann sie grölen und stolpern und trällern wie der betrunkenste aller «Sailors», und gemeine kleine Songs singt sie, so froh und kindlich, als seien es Wiegenlieder, – dabei weiß sie genau, wie das Volk in der Hafenschenke es gern hat und wie sie sich bewegen muß, damit es den Leuten gefällt.

Louisa aß oft mit uns im «Niumalu-Hotel», in der Waikikibucht (gab es je einen schöneren Namen für ein Hotel?). Manchmal waren auch Fui-Fui dabei und Bulhub, zwei Samoaknaben, die, wie Louisa, abends am Hafen tanzten. Die Gäste des Niumaluhotels sahen das nicht gern. Sie waren feine Amerikaner, und «coloured people» gehörten nicht in ihre Nähe. Dabei: wieviel schöner und liebenswerter unsere dunklen Freunde doch waren als jene eleganten. Am Nebentisch saß ein dummes weißes Kind, ein wenig dick und im rosa Spitzenkleid. Das starrte zu uns herüber, als beköstigten wir zumindest einige Urwaldaffen bei uns. Für solche Fälle hatte Louisa einige ihrer besten Faxen. Sie rollte die Augen, schielte ganz fürchterlich, leckte sich die Nase mit spitzer Zunge, schüttelte das Haar wild in die Stirn und erschreckte durch dieses Gehabe das Nachbarkind aufs grausamste. Hypnotisiert blickte es dem unheimlichen Teufelchen ins Gesicht, rutschte schließlich lautlos vom Stuhl, um am Ende töricht heulend zu seiner Mutter zu laufen. Wieviel begabter, schöner, lustiger, ahnungsloser war Louisa als dies dumme weiße Kind.

Am Abend saßen wir an der Küste mit Fui-Fui und Bulhub und Louisa. Sie sangen und übten und tanzten. Sie hatten Saiteninstrumente und Trommeln. Da war es, daß wir ihnen ein Liedchen beibrachten, welches wir selber erfunden hatten. Es war einfach und ärmlich und uns gesprächsweise eingefallen, kurz nachdem wir von unserem Freund Erich Ebermayer aus Warschau eine Karte erhalten hatten:

Erich Ebermayer reist zwar ziemlich viel,

Doch immer nur kurze Strecken.

Es sollte kanonisch gesungen werden, und wir sagten Louisa und den Buben, sie müßten es wohl oder übel lernen – es sei die deutsche Nationalhymne. – Später hätten wir dann fast geweint vor Rührung. Über ihre Laute gebückt saßen die drei und übten. Die Worte waren so schwer: «Eris Ebamaja …» Aber schließlich ging es ganz manierlich. Sie war ihnen so wichtig, die Hymne.

Eines Tages wird Louisa nach Europa kommen und ein großer Star werden. Ich freue mich schrecklich auf sie. Nur wegen des «Eris Ebamaja»-Liedchens ängstige ich mich etwas. Sie wird dann die richtige Nationalhymne lernen und vielleicht böse auf mich sein.

Hollywood bei Nacht

In Hollywood ist es bei Nacht so still als wie in München. Nach 11 Uhr gibt es auf der Straße keinen Menschen mehr, kaum ein Auto, keinen Hund. Die, die im Kino waren – (wie *sind* die Kinos schön – eines ägyptisch, eines chinesisch zurechtgeputzt, Quellen rieseln im Vorhof, Türmchen nicken, Girls bieten orientalisch vermummt Programmhefte feil – ganz genau so hat jener populäre kleine Moritz Asiens Tempel sich erträumt – «hier sehen die Stars ihre Filme!» steht lockend überm Portal) – die Kinobesucher also sitzen schon daheim am «fireplace» im «cosy home», hören Radio aus New York, trinken, so sie ausschweifend sind, ein wenig schlechten Gin dazu und nennen das Ganze eine «party».

Lokale, in denen man sich verlustieren könnte, gibt es kaum. Da Alkohol offiziell nicht existiert, ist das offizielle Nachtleben gestorben. Anderswo blüht dafür das inoffizielle ein wenig üppiger. Hier sind alle Leute abends so müde. Und am Morgen sollen sie doch wieder schmuck und glatt vor der Kamera stehen.

Auf «Partys» (mit Gin und Radio) trafen wir manchmal mit der wunderbar schönen Greta Garbo zusammen. Sie saß dann irgendwo, mit zerzaustem Haar, gar nicht primadonnenhaft gekleidet, und sagte mit der tiefen Stimme und dem netten nordischen Akzent vor sich hin, daß sie so «fuurrschtbar müde» sei. Anderes habe ich kaum jemals von ihr gehört.

Bei Emil Jannings hatten wir es fein. Dort waren kluge Leute und nette Leute und schöne Leute (ganz zu schweigen davon, *wie* klug, nett, schön Emil und Gussy selber sind), und dort gab es etwas wie eine «angeregte Geselligkeit». Auch bei Ludwig Berger, auch bei Conny Veidt. Aber sonst? Alles ist ja so kompliziert und in kleine Gruppen geordnet dort: Die Deutschen treffen sich, die Ungarn kommen zusammen, die Amerikaner sehen einander, die Italiener haben ihre Gesellschaften. Aber nirgends ist es weniger international als in jenem bunt gemixten Hollywood. Zudem verkehren nur Leute einer Gagenklasse miteinander, und auf einem Fünftausend-die-Woche-Fest ist niemand anzutreffen, der etwa nur fünfhundert verdiente. Daher kommt es, daß immer dieselben zusammen feiern und daß sie sich langweilen auf ihren Festen.

Manchmal begibt man sich nach «Montmartre». Dort speist man relativ angenehm und originell, und dorthin bittet man seine Gäste, so man kein eigenes Heim besitzt. Aber sonderbarer als dort ist es bei «Henrys».

Alles, was da hofft und wartet, sitzt des Abends bei «Henrys» und zeigt sich, fein geschminkt, den Herren Direktoren und Agenten. Die «Girls» und die «Vamps», die schönen jungen Liebhaber mit dem Einheitsbärtchen um die Lippen und die Intriganten, die Schurken. – Eigentlich gehört «Henrys» dem Charlie Chaplin. Aber davon merkt man wenig. Nur manchmal, wenn wir großes Glück hatten, sahen wir ihn dort sitzen, ein kleiner, grauhaariger, unauffälliger Herr mit Augen, von denen man glaubt, daß man sie erkennen würde, auch wenn man nicht wüßte ... doch da irrt man sich wohl.

Ich habe immer gefunden, daß es bei «Henrys» melancholisch ist. Große Filmbörse – aber man muß Kaffee trinken dabei. Man zeigt es nicht, daß man nur wartet und hofft, man tut, als unterhalte man sich gut. Und es gibt so wenig Hoffnung. Sind sie nicht *alle* schön? *Aufzufallen* ist hier fast unmöglich. Kunststück, in Bomst verblüffend zu sein! In Hollywood *fast unmöglich*! Und die Herren, auf die es ankommt, sind so unangenehm. Dagegen haben Berliner Theaterleute ja goldene Herzen!

Nein, wer vom Nachtleben was wissen will, der muß hinunter nach Los Angeles gehen, ins Mexikanerviertel, oder nach «Chinatown». – In Hollywood ist es nachts so tot wie in München, und das will doch etwas heißen.

Student-girls und Student-boys

Wäre man nicht am liebsten ungefähr das, was man ist, man möchte schon ein amerikanischer Student sein. So hübsch, wie die es haben ... Erst glaubt man, die geliebte Atmosphäre der Landerziehungsheime wieder zu atmen, nein, wohlhabender, sorgloser, an Spannungen ärmer ist die Luft. Schöne gepflegte, muntere, selbstsichere, junge Leute in Wandelgängen, auf Golfplätzen, im blauen See (den blauen See hat die Universität geschenkt bekommen, – ein reicher Freund hat einen blauen See verschenkt, hat ihn graben und füllen lassen für die student-boys). –

Am Nachmittag gibt es großes Fußballwettspiel, dazu sind von nah und fern die «girlfriends» der Studenten herbeigekommen, nun sieht man Pärchen, wohin man schaut. Aber während des Spiels, während es da unten so brutal und phantasielos hergeht, daß man sich wundern muß, kümmern sie sich gar kein bißchen umeinander, das girl und der boy, sie starren, sie brüllen, sie springen in die Höhe, – über alles geht ihnen das game (Spiel).

Unerotischer ist keine Atmosphäre als die der amerikanischen Colleges. Kameradschaftlichkeit, – aber auch die ist nicht, wie die unsere. Undifferenzierter, – möchte man sagen. Kennst du jemanden eine halbe Stunde lang und er ist deines Alters, nennt ihr euch auch schon beim Vornamen und seid Kameraden. Aber tiefer geht es nun nicht mehr. Was wir, wenn wir lange schon befreundet und vertraut sind, am Abend bei Wein und Musik zögernd verabreden, das «du» und den Vornamen, dort sind es allgemeine Gegebenheiten, und «Jacky ist mein Freund», das kann heißen: «Ich habe Jacky soeben zum erstenmal gesehen – er gefällt mir nicht schlecht», oder «der Jacky und ich, wir lieben uns seit sieben Jahren», wobei zu bedenken ist, daß in den meisten Fällen weder Jacky noch das Mädchen weiß, warum es den anderen

nett findet, ob, weil sie süß ist, oder hübsch, ob, weil er Fuß-
ball spielt, oder gar klug ist. Am Abend, wenn mein Bruder
und ich unsere Vorträge abgehalten hatten, in den Colleges,
versammelte man sich wohl noch im Zimmer eines Profes-
sors zu Diskussion und Limonade. So hatten wir Anlaß und
Gelegenheit, über die Stellung amerikanischer Jugend zum
Geist nachzudenken. Wir fanden, daß man neugierig und
aufnahmewillig ist, – niemals feindselig – höchstens gleichgültig. Junge Europäer, die nicht «Intellektuelle» sind, hegen
gern einen Haß gegen den Geist (auch «Intellektuelle» tun
dies manchmal, aus Snobismus, und dann ist es noch schlimmer).

Nichts dergleichen bei den jungen USA-Leuten. Geistfreundlich sind die Sportler, und den Bücherschreibern fehlt
der Dünkel. Einen jungen und prominenten Autor trafen wir
bei solcher Geselligkeit in der Universität Princeton. Man
zeigte ihn uns, – dort stand er, schlaksiger blonder Bursche
inmitten seiner Kameraden, lachte, erzählte Witze, niemand
hätte den Andersgearteten, Erfolgreichen aus der Gruppe
herausgefunden. Seine Bücher sollen sehr schön sein, die
Fußballspieler erzählten es uns voll Stolz auf den Schüler
ihrer Anstalt.

Ganz kleine Provinz

Weil ich weiß, was ich mir und meinem Gewerbe schuldig
bin, begebe ich mich, wo immer ich weile oder reise, als erstes
ins Theater. Auch in ganz kleinen Provinzstädten – besonders
wenn ich den «übertragenen Bonvivant» aus frühen Tagen
kenne. Es ist nun aber so, daß ich davon nicht lustiger werde,
sondern nachdenklicher und eher betrübt.

Hat das Schicksal es über dich verhängt, daß du in der ganz

kleinen Provinz leben sollst, so sei ein Schlosser, ein Zahnarzt, eine Schneiderin – aber sei dort nicht Schauspieler! –
Dein Theater hält sich nur mit Not – der Herr, der das dicke
Portemonnaie im Städtchen hat, subventioniert es widerwil-
lig, aber woher nähme er sich die Damen für seine Vergnü-
gung, existierte es nicht? So sitzt er denn breitspurig im Parkett, und du hast, von der Bühne aus, zitternd zu beobachten,
ob er sich unterhält. Lacht er in der Posse, dann ist alles gut,
du darfst dich, wenn es vorüber ist, tief vor ihm verneigen.
Schnarcht er aber, während du oben tragisch bist, dann bebe –
er, der Herr mit dem Portemonnaie, wird dich entlassen, ist er
erst wach.

Es gibt, in der ganz kleinen Provinz, für Schauspieler keine
Stuben. Die Bürger behalten die ihren für sich, wo sollst du
wohnen? Der Herr mit dem Geld hat vorgesorgt (von wegen
der Damen!). Irgendwo ist aufgestockt – alle Akteure hausen
zusammen im Dachgeschoß. Ich besuche meinen Bonvivant
(das ist einer, der «gut lebt») und werde mehr und mehr nachdenklich: Langer Gang, von dem die Zellenzimmer abzwei-
gen. Er ist geheizt – die Zellen nicht –, daher stehen alle Türen
offen. Dort liegt der Liebhaber auf einer Pritsche, hat ein
Pyjama an, eine Wollweste und studiert das Lautenspiel. Ihre
Haare brennt sich summend die Naive – ein Mädchen weint,
ein Junge tanzt – der Charakterkopf lernt seine Rolle –, einer
stört den andern und alle frieren. Aber mein Bonvivant hat
Tee bereitet, er freut sich, weil ich von «draußen» komme und
erzählen kann. Nichts weiß er mehr als diesen Gang mit seinen offenen Türen und diesen Kaufherren und diese Stadt
mit ihrer häßlichen kleinen Industrie, die doch so viel sinn-
voller ist als er mit seinem Theatertalent. Jetzt kichert die
Naive nebenan – sie übt ein kleines Naivengelächter für ihre
nächste Premiere, mein Bonvivant weiß, welche Stelle das ist,
und ekelt sich, weil das nun so geht, tagaus, jahrein, und weil
er manchmal so gern alleine wäre, unbehelligt von den Kol-

legen, deren Lebenslaute er kennt bis in den Schlaf hinein. – Wäre er ein Schlosser, dann dürfte er. Wäre er eine Schneiderin, er säße im Warmen.

Sei nicht Schauspieler in der ganz kleinen Provinz! Mußt du denn unbedingt ein Schauspieler sein?

Hotels

Hotels sind an sich eine wunderbare Einrichtung. Aber daß sie so verschieden sind, ist merkwürdig. Verschieden nicht im Sinn von fein und weniger fein, teuer und weniger teuer – verschieden im Sinn von liebenswert und weniger liebenswert. Woran es liegt, es ist kaum zu sagen:

Sehr wichtig, natürlich, ist der Portier und sind die Boys. Er soll etwas Onkelhaftes haben, gütig, aber nicht ohne Strenge, – darüber, daß bei deiner Ankunft noch keine Post auf dich wartet, hat er erstaunt und betrübt zu sein; führst du Musikinstrumente bei dir, muß er sich freuen, als tätest du's ihm zuliebe. Wenn die Boys hochmütig blicken, wenn sie es bemerken, daß dein Kofferschloß nicht ganz intakt ist und deine Handtasche klafft, – nie wirst du dann dich wohlfühlen können in diesem Hotel.

Die Zimmer sind ja alle gleich, aber es kommt doch sehr darauf an, ob die Lampen richtig verteilt, das Telefon für Bett und Schreibtisch gleichermaßen verwendbar, Kleiderhaken an der Tür und ob die Stühle sympathisch sind.

Bestellst du Tee mit kleinen Kuchen, so möchtest du, daß der Kellner dir einen Zettel hinschiebt, den du bereitwillig unterschreibst. In bar bezahlen tust du nicht gern, – es ist eine Marotte von dir, und Sache eines liebenswerten Hotels ist es, sie zu respektieren.

Sind die Stuben hellhörig, so ist das lästig, da du alles mit anhören mußt, was die Nachbarn treiben. Solange diese aber an deinem Getöse keinen Anstoß nehmen, ist nicht alles verloren. Du lernst die Menschen deiner Umgebung doch kennen, teilst ihre kleinen Sorgen, achtest ihre Gewohnheiten: Dein Nebenan putzt sich nur morgens die Zähne, – «einmal des Tages gründlich ...», denkt er und gurgelt, daß es eine Art hat. – Beim Schlafengehen singt er, er ist gutmütig, denn er wartet eine Stunde lang auf sein Frühstück, ohne den Kellner zu erschlagen. Übrigens hat er Kummer, möchte telefonisch sein Segelboot verkaufen und hat schon zwanzig Prozent des Preises nachgelassen. Wenn er es nur loswürde!

Manchmal empfängt ihr Besuch (jeder interessiert sich für den Gast des andern mehr als für den eigenen, den er ja kennt). Bei solcher Gelegenheit enthüllt das Hotel seine Seele. Ist der Besuch in der Halle angestarrt worden, hat man ihn taxiert, hat man, um ihn zu melden, viermal nach seinem Namen gefragt, so ist alles ganz schlecht, und das Hotel soll sich schämen. Es mag dann fein sein oder das Gegenteil davon, – seine Luft ist unbekömmlich.

Auf die Form kommt es nicht an, auf den Geist kommt es an, auf den Geruch, der überall ein anderer ist, anders in jedem Land, in jeder Stadt, in jedem ihrer netten und unnetten Hotels.

An den Berliner

Lieber Berliner, stattlicher Mensch, der Du es nachgerade dahin gebracht hast, einen Anstrich von angelsächsischer Smartheit mit deutscher Seelentiefe zu vereinen und amerikanische Geschäftstüchtigkeit mit der Leichtigkeit, die in Paris daheim ist, – über Deinen Brief habe ich mich gefreut. Denn was Du sagst, ist schmeichelhaft, und was Du einwendest, läßt sich hören. Nur glaube ich nicht, Berliner, daß Du Deinerseits am Ziel bist: der bist Du fürs erste noch nicht, der Du sein könntest. Höre, Berliner, weshalb bist Du ungezogen? Weißt Du, daß es das schon wieder gibt: Ritterlichkeit? Laß uns nicht warten, aus purer und sogenannter Nonchalance, schau uns ruhig an beim Gutentagsagen (nicht betont nervös, zerstreut und desinteressiert an uns vorbei!), und wenn einer uns was tut, tritt für uns ein, spring in die Bresche, Berliner, ohne Dich darauf zu berufen, wir seien selbständig, keß, vermännlicht und was dergleichen freche Anwürfe mehr sind.

Darfst uns sogar Blumen schenken, wenn Du willst – es müssen ja nicht Zigarettenetuis und Manschettenknöpfe sein.

Höre, Berliner, Du bist sonderbar. Wir hätten es eilig? Wir scharrten mit dem Blick auf die Armbanduhr? Und Du? Zerreiben und zerzupfen läßt Du Dich von Deiner Stadt, bist unterwegs von früh bis spät, aus öffentlichen Telefonzellen (wie unanständig das nun wieder klingt) führst Du gehetzte kleine Gespräche – trinkst Du Tee mit uns, denkst Du an alles, nur nicht an Tee und nur nicht an uns (es kann ja sein, daß Du dafür während der 3 Uhr 30-Verabredung an uns gedacht hast – aber was hilft's?) – ja zum Teufel, Berliner, man ist ja des Nachts nicht sicher vor Deiner geschäftemachenden Unruhe. Sind wir, Berliner unter uns, zusammen eingeladen, «zum diner» nennen wir's, so geht alles gut, solange wir essen. Wir plaudern artig miteinander, Du machst uns aufs scherzhafteste den Hof, zeigst Dich von der ganz charmanten Seite. Was aber tust Du nach Tisch? Zu der Zeit also, die für Charme und Scherz die wirklich geeignete wäre? Mit einer Zigarre und unserm Nachbarn zur Rechten begibst Du Dich abseits und redest, was wir nicht verstehen können, wollen und dürfen: über Geschäfte. Es ist ärgerlich, mit der Dame des Nachbarn zur Rechten und mit Deiner Dame zur Linken plötzlich allein zu sein, Berliner. Die Damen sind meist reizend, aber wenn man nun gerade mit Dir ...?

Dann spiel schon lieber Bridge – dabei kann man kiebitzen, stören und allerseits hinderlich sein. Verstehst Du, Berliner im Smoking?

Übrigens, Berliner in den Knickerbockers: Wenn wir zusammen Auto fahren – hinaus, heidi, ins Frühlingsland, so ergibt sich meist das folgende: Entweder Du kannst fahren, dann fährst Du, läßt uns höchst ungern ans Steuer. Kommt ein Lastwagen sehr sichtbar angeschlichen, so erklärst Du angstbebend, ein Lastwagen käme und mit Lastwagen sei nicht zu spaßen – «langsam, langsam!» sagst Du voller Mißtrauen und «paß doch auf, ein Lastwagen». Kannst Du aber nicht fahren, dann verstehst Du von den Autos gleich gründlich nichts, stehst da, die Hände in den Knickerbocker-Taschen, während wir, von Öl und Müh verdorben, unterm Wagen liegen müssen, die Panne zu reparieren. So bist Du nun einmal.

Weißt Du, Berliner, mein Freund, daß Du manchmal geradezu hysterisch bist? Und Dir darauf so viel einbildest wie die kapriziösesten Fräuleins von ehedem sich auf ihre Launen? Zeigt man Dir Leute, die Du nicht unbedingt goutierst, dann schweigst Du, sprichst nicht mit den Verwirrten, bockst und schmollst, daß es eine Art hat. Und sind sie fort, die Erschrokkenen, so schüttelst Du Dich, behauptest, nun Nesselfieber zu haben, und überläßt es unserer zärtlichen Besonnenheit, Dich zur Raison zu bringen. So ist es – leugne nicht, Berliner, in meinen Augen.

Außerdem: sei nicht so eingeweiht. Denn das ist Dein Snobismus. Wenn wir im Theater waren und es gefiel Dir, so sage, es war gut. Sprich nicht: «Der X. hat sich mal Mühe gegeben» und «wo wäre die Z. ohne ihr Kokain?» Wo sie wäre, ist doch so egal, und die Mühe vom X. kannst Du ja gar nicht ermessen, mein Lieber.

Im übrigen, und nur weil Du davon sprachst: die dumme, dumme Liebe! Ja glaubst Du denn, daß Du das geschickter machst, mein forsch Gehemmter? Sie ist diskreditiert, soviel ist sicher, ob wir nun am Autovolant von ihr schnoddern oder Du beim Gin-fizz. Aber laß nur, dort, wo sie's inniglich meint, wird sie's schon zeigen, mit umgekehrtem Vorzeichen, oder sonst (ganz zu schweigen von den «kleinsten Hütten», wo, scheint mir, heute alles viel direkter und traulicher geht).

Ärgerst Du Dich nun, Berliner? Aber das sollst Du nicht! Du, der Du diese Zeilen liest, Idealgestalt Du, bist ja nicht gemeint. Und schließlich: Was wären wir Munteren ohne unsere charmanten kleinen Fehler, ohne die pikanten Unregelmäßigkeiten, die uns zieren? Öde Halbgötter wären wir, Lichtalben von der penetranten Langeweile des Unantastbaren.

Richtig?

Oktoberfest

Bei uns in München ist große Zeit. Denn wir haben: 1. das Oktoberfest, 2. den Emil Jannings (der nur dieserhalb zu uns kam), 3. das schönste, blaueste Wetter, Sonne, Wind und helle Nächte. Die Festwiese, die größte, glaub ich, der Welt, ist herrlich anzuschauen, alle Münchener sind lustig, diese Stadt ist wie gemacht für Feste; feiert sie, zeigt sie ihr wahres Gesicht. Übrigens tut sie es mit ganzer Seele, keiner denkt in diesen Tagen ernstlich ans Arbeiten, der «Wiesenmagen» heißt die populäre Krankheit, und viele kommen vor Bier ohnedies nicht recht zu sich. Es ist fabelhaft, was man zum Oktoberfest durcheinander ißt, trinkt, fährt, sieht, rutscht, fällt, staunt, tut. Der große Jannings, der in Kalifornien drei

Jahre lang dergleichen entbehrte (was waren ihm die palmen-
umstandenen Ozean-Parks gegen dies hier?), stürzt sich mit
wahrer Riesenkraft und Lust ins Getriebe. Sein Gesicht erkennt das Volk, wo es auftaucht, es schreit und freut sich, keinen erstaunt es, ihn hier zu sehen, er gehört auf ein Volks-
fest, der volkstümlichste Repräsentant der volkstümlichsten
Kunst. So umdrängt man ihn zärtlich, erbittet Händedruck,
Freibier, kleine Ansprachen. Im Bräusaal der Augustiner läßt
man sich endlich nieder. Bier trinken, Rettich, Wurst und
Huhn essen, dazu kolossale Brezeln! So will's das Fest.
«Viermal Augustiner Edelstoff Riesenmaß.» Eine ganze
Sprache gilt es zu beherrschen. Der Edelstoff ist stark, schon
leicht benommen eilt man, den dicksten Brüdern der Welt
den Besuch zu machen. Diese Brüder sind ungewöhnlich und
unerhört dick, wer bestritte es, doch verlockender als sie lachen die Plakate der «Elegantesten Zwergenrevue, ‹Klein,
aber Oho›.» An die dreißig Liliputaner tanzen im gelben Sei-
denhabit den Step und singen dazu, – so anspruchsvoll ist die
Zeit. Zwerg sein allein tut's freilich nicht mehr – gesungen,
getanzt, – *gekonnt* muß sein. Wären da nicht die wohltrai-
nierten Tenorstimmen, man könnte glauben, kleine Jungens
tanzen zu sehen. Die Gesichter freilich tragen auch den un-
glückseligen Zwergenblick. Die verzwergten Damen kommen – ach, wie klein und oho – geradezu in Spaniertracht.
Winzige Carmen, woher nimmst du die winzigen Kastagnet-
ten, woher die Keßheit, woher das unbefangene Wesen? Du
scheinst reizvoll zu sein, für deine Verhältnisse. Bist du begehrt unter den Zwergen, gibt es Streit und Messersteche-
reien deinetwegen, – Selbstmord vielleicht gar?

Wenn wir wieder draußen stehen, auf dem weiten, krei-
selnden Lichterplatz, beraten wir, welche Unternehmung uns
nun am schädlichsten werden könnte. Zunächst: Creme-
Spatzen essen, abscheuliche Schokoladen-Kokos-Tierchen,
die den «Wiesenmagen» gewaltsam züchten. Ein wenig

Zwiebelwurst hinterher, und es kann nicht fehlen. Dann kommt das russische Rad (der Kulminationspunkt ist es, der direkt in den Magen fährt). Dort gibt es den schönsten Blick. Über alle Karussells, Strahlenbündel, Lebkuchen, Mißgeburten, Feuerwerke schaut man in den Himmel, und die Sterne sehen beinahe kümmerlich aus. Die große Orgel, die ganz aus einem tollen und neubayerischen Barock besteht, gellt dir die Schlager des vorvorvorigen Jahres zu, ihre Figuren arbeiten emsig und exakt, in die Leier greift das Mädchen, der abscheuliche kleine Mozart schlägt mit abgehackter Geste den Takt dazu. – Die Münchener jubeln. All ihr Geld geben sie aus. Diese sparen aufs Oktoberfest, wie andere auf die Sommerreise. Eigentlich ist es nett. Die Riesenkrokodile sind achthundert Jahre alt, der Besitzer hat es selbst gesagt. Lohnte es sich da nicht, ihre Sprache zu lernen? (Und, so festlich gestimmt, traut man das Talent sich beinahe zu.) Fein wäre es, aus dem zwölften Jahrhundert sich was vorplaudern zu lassen. – Grün vermoost wie die Steine liegen die gefährlichen Greise in ihrem Tümpel. Derweilen kriechen aus den Eiern die Jungen. Kleine, zarte Feuersalamander – Sehenswürdigkeiten für das Jahr 2700.

Rätselhaft ist die Psychologie des Vergnügens. Instrumente gibt es auf diesem Oktoberfest, Vorrichtungen, von denen ich sicher weiß, daß sie im Grunde Marterwerkzeuge sind und aus dem frühen Mittelalter stammen. (Die Krokodile möchte ich fragen, die wüßten ja Bescheid.) – Da sind die «lustigen Tonnen», in die man sich gern begibt. Mit grauer Sackleinwand hat man sie ausgeschlagen, nun rollen sie dich umher, wie im Märchen die böse Stiefmutter. Zusammen mit den Nagelschuhmenschen liegst du und leidest vergnügt. Es wirft dich (metertief und -hoch), es stößt, kratzt, schädigt dich, deine Uhr ist längst schon dahin, nun blutest du aus hundert Rissen, – wie lustig sind diese Tonnen. Damals, im Mittelalter, hat ein freundlicher Fürst sie abgeschafft, um der lieben Menschlichkeit und Barmherzigkeit willen. Heute besteigt sie zu seiner Belustigung das närrische Volk. Zugegeben: Du siehst Damenbeine, verrutschte Blusen, und die unverhohlenste Verzweiflung. Nur: was fruchtet es dir, während du selbst gedreht wirst?

Um 10 ist das Fest zu Ende. Kinder und Volk gehören um 10 ins Bett. Nun liegt schon der ganze Festgeruch über der Wiese, – von heißer Butter, Bier, wilden Tieren, Maschinenöl, Honig und Menschen. Plump und freundlich hebt die Bavaria den Arm. Allmählich verlöschen die Lichter. Aber morgen geht es weiter, und übermorgen, vierzehn Tage lang. Wohl bekomm's!

Oberammergau mobilisiert

Eigentlich beginnt die Komik schon, wenn man mit dem Auto über Oberau sich nähert. Die Straße, für die seit Jahr und Tag nichts geschah, die schmal und holperig am Hang sich wandt, ist plötzlich von Arbeitern übersät. In wahrhaft unbayerischem Tempo verbreitern sie, walzen, teeren, schuften sie. Sie haben es ganz groß vor mit dieser Straße. Für wen? Für die Amerikaner. Für die Passionslustigen –, elegante Auffahrt dem frommen Spiel.

Der wahre Spaß aber beginnt erst im Orte selbst. Man sitzt beim Schnitzel vor der «Post» und schaut den Leuten zu auf dem Platz. Ein Junge radelt vorbei, dunkler, hübscher Süd-Typ, er hat lange, schwarze Wattelocken, bis auf die Schultern herunter. Verwirrt schaut man ihm nach. Dann geht das Licht auf: Kleiner Passionsstatist, fern sei dir der Friseur. Ein Mann kommt des Wegs –, sollte es unser Herr Jesus selber sein –, Bart und Frisur hätte er dafür. – Gegenüber das Wittelsbach-Hotel wird umgebaut, im Malerkittel steht ein wunderbar schöner Johannes und streicht die Fensterrahmen. Holdselige Erscheinung, stehst du da und pinselst, damit die Amerikaner es säuberlich haben?

Ist man erst einmal aufmerksam, findet man kaum ein Haus, an dem nicht verschönt würde. Die Bilderln, die treuherzigen, bunten, müssen aufgefrischt, die Sprücherln, die lieben, tumben, verstärkt werden. So blöd sind wir nicht, daß wir euch etwa auf fremdländisch kämen, mit «welcome» und «English spoken» –, wir wissen, was uns reizvoll macht, sind urwüchsig boarisch, ein rauhes Bergvolk, lieblich bemalt. Mit unserem Spiel, übrigens, ist es uns wirklich ernst. Wir sind ehrgeizig und fromm –, gastfreundlich und habgierig zugleich. Daß wir uns soviel Mühe geben und unseren lieben, alten Ort vorübergehend in ein ganz künstliches Oberammergau verwandeln, in eins, das besser in Hollywood stünde, ist nicht nur Berechnung. Wir sind stolz auf unser Dorf und möchten es gern tadellos präsentieren. Das ist rührend, obgleich es uns soviel Geld bringen wird. Seht, wir laden euch, unser Spiel zu schauen –, kommt ihr aber herbei, müßt ihr zu jedem Billett ein Bett euch mieten, sonst lassen wir euch gar nicht herein. Seht, wir sprechen mit schwerer Zunge den heiligen Text – ganz aus uns selbst –, nur von Schauspielern geleitet. Wir sind gläubig, nun bezahlt dafür! –

Wunderbar ist der Herbst, der Ort liegt in einer nebeligen Bläue, auf den Bergen gibt es noch Glanz. Malt nur, Kinder, laßt euch Haar und Bart durch die Tische wachsen, seid trübe von Charakter und sackt das Geld ein – es ist so schön bei euch –, selbst der Amerika-Sommer wird euch nichts anhaben.

Wie ich Auto-Monteur
lernte

Zunächst, versteht sich, sind die Jungens mißtrauisch, wenn du im blauen Overall mit Baskenmütze bei ihnen antrittst. Sie achten deiner kaum, liegen verschmiert unter ihren Wagen, rangieren wild um dich herum, bespritzen dich aus Luftpumpen mit dem Ölgemisch, lärmen grausam am Schleifapparat; es ist ein Hexenkessel, in den du dich freiwillig begabst.

Der Vorarbeiter, dem du als Monteurlehrling zugewiesen bist, ist ein großer, blonder, junger Mensch, er führt dich zu einem kolossalen roten Lastwagen, zeigt dir, was zu tun ist, genau: so begibst du dich denn dorthin, wo von heut ab dein Platz ist: Hinunter zwischen die Räder, wo in unübersehbarem Gewirr die Glieder, Gelenke, Eingeweide der Maschine bloßliegen. Du schmierst und ölst, daß es eine Art hat.

Draußen macht der kleinste Bube sich an den Rädern zu schaffen. «Höh, deutsche Jugend», sagt er, und meint sich selber, «heb nur fein dein Rad 'nauf!» Soviel Selbstbewußtsein hat das Kind. Der Wagenführer steht dabei. Es ist ihm lieb, daß man, völlig verschmiert, für ihn tätig ist. So philosophiert er glücklich über deinem Kopf, auf den das Öl tropft: «Das schwache Geschlecht – sonst so zart und fein –, jetzt muß in Dreck einalanga». – Mißtrauisch ist er außerdem, du aber hast es dir sauer werden lassen und bestehst.

Wenn die Jungens sehen, daß du menschenmöglich bist, werden sie zutraulicher. Sie sind alle noch sehr jung, über fünfundzwanzig keiner. Nach außen gibt es Unterschiede in der Stellung, hier innen gibt's das nicht. Ungelogen: in keinem geistigen Beruf habe ich soviel Kameradschaftlichkeit, Nettigkeit, soviel Noblesse, Humor und Pflichtbewußtsein angetroffen wie eben hier. Diese Kinder arbeiten fast neun Stunden am Tag, immer haben sie es mit Kunden zu tun, die eilig sind, weiterwollen – nie werden sie nervös; alles erleichtern sie sich gegenseitig. Wird ein Kunde frech, hören sie mit Lammsgeduld dem Unfug zu; erst wenn er fort ist, kommen die Witze. Manchmal glaubst du, den Karl Valentin zu hören, so komisch können sie sein.

Einer wie der andere hat als großen Wunsch: das Motorrad. Der Vorarbeiter besitzt schon eins, an dem bringt er täglich Verbesserungen an. Die andern arbeiten nur dafür. Sie basteln selbst, sie sparen. Ich weiß von jedem, wie lange es noch dauern wird.

In der Mittagspause, während der «Brotzeit», lösen wir Silbenrätsel, falls wir nicht zur Stadt fahren. Ich kann mich dabei gut einschmeicheln. «Artemis» habe ich gewußt, «eine Göttin der Jagd». Auch «Literatur», die «Gesamtheit geistig niedergelegter Erzeugnisse». Wie soll ein echter Monteur auf so was kommen? Dafür bin ich wieder gut, die ich nur unecht bin.

Chaud, hot, heiß, caliente

Fes, Anfang Juni

Jetzt ist es in Nordafrika natürlich auch tüchtig heiß – 48 Grad, ganz trocken die Luft, und nur ein Wind geht, der aus dem Höllenofen zu kommen scheint, so brennend weht er daher. In den Stuben hockt die Hitze. Sie drückt und preßt, man glaubt, sie brodeln zu hören, aber das sind Fliegen, Brummer mit Libellenflügeln und allerlei kleines Ungetier, das sich wohl fühlt. Am besten fährt man, so geschwind es geht, mit dem Auto durchs Land. Die Bewegung ist angenehm, die Scheiben hat man abmontiert, so kann der Wind ins Haar und ins Gesicht, und ein heißer Wind ist besser als keiner.

Es ist lästig, daß die Heuschrecken noch immer nicht tot sind. Plötzlich surrt ein Schwarm von ihnen hoch, das, was

du zunächst für welkes Laub (wo freilich sind die Bäume?)
gehalten hattest, so bräunlich unbeweglich lag es auf der
Straße, steigt auf, erweist sich als große Zahl langbeiniger,
stieläugiger Geschöpfe, die es leider nicht vermeiden, mit
voller Wucht dir gegen die Nase zu prallen, auch gegen die
Augen im Pechfall, wobei sie eine gelbliche Flüssigkeit aus-
spritzen, die ungewöhnlich weh tut. Eigentlich, hatte man
uns erzählt, sei die Zeit dieser Wesen vorbei, und es ist wahr,
daß wir oft auf tote Schwärme stoßen, die uns unangenehm
unter den Rädern knistern. Früher, vor ein paar Wochen
noch, sei es eine wahre Kalamität gewesen mit ihnen. Kilo-
meterlang haben sie kein Ende genommen, alles haben sie
kahlgefressen, Busch und Baum, zentimeterhoch übereinan-
der seien sie in den Feldern gehockt, und nichts habe sie vertreiben können als großer Lärm. So sei die Kapelle der Frem-
denlegion des öfteren bemüht worden, die mit Trommeln
und Posaunen die Landplage weitertrieb.

Es ist Spanisch-Marokko, durch das unser Auto fährt, der
schmale Strich zwischen Ceuta und Larache. Sonderbar, die
Araber spanische Brocken ausstoßen zu hören, es macht
ihnen solche Schwierigkeit. «Caliente!» rufen sie; sie sagen
statt «Guten Tag» lieber «Heiß, heiß»; einen so heißen Tag
gut nennen zu sollen, widerstrebt ihnen offenbar. Aber wie
dicht sie sich auch kleiden. Alle die bunten Westen, Beutelho-
sen, Burnusse sind aus schwerem Material, dicker Seide, ba-
detuchartigem Rauhstoff. Überm Kopf die Kapuze, kommen
sie daher – «Caliente, caliente!»

Wir fahren von früh bis spät, der Hitze davon. Am Abend
wird es plötzlich schön. Während der Tag noch hell ist, fängt
der Mond schon an zu leuchten, so trocken ist die Luft. Und
gibt es nicht mehr Sterne als bei uns? Sie stehen so dicht auf
ihrem blassen Himmel, daß es wie Schneegestöber aussieht,
wenn man die Augen ein bißchen zumacht; und das muß
man, schon wegen der Untiere.

Wir lesen Leute auf, einen Araber mit Kind, Ölkrug und allerlei Geschirr. Er saß am Wegrand und flehte. Das Geschichtchen, welches er uns erzählte, machte auf Glaubwürdigkeit keinen Anspruch, auch die kleinen Schluchzer nicht, mit denen er es ausstaffierte. «Zahnschmerzen!» wimmerte er, «und das fremde Kind nackt im Busch gefunden. Das letzte Hemd geopfert für den Knaben; wie kalt jetzt die Luft, o, wie weit noch die Stadt!» Er verbeugte sich zu vielen Malen und faltete vor der Stirn die Hände zum demütigen Gruß. Für die Gefälligkeit, die er erbat, glaubte er all solches uns schuldig zu sein. Wir wiederum fühlten uns ihm für seine Darbietung sehr verpflichtet. So hießen wir ihn einsteigen. Im Spiegel beobachteten wir sein Treiben. Konnte er nicht plötzlich von hinten zustoßen, mit spitzem arabischem Gegenstand, und sich auf so mörderische Art in den Besitz unseres mausgrauen Autos bringen? Er aber zählte friedlich Geld, lauter große Scheine. Wollte er sie gar zum Zahnarzt tragen?

Auf unserer Hotel-Terrasse, wo es viele Bäume und wunderbare Blumensträucher gibt, sie zu bewahren, sitzt die Hitze und wartet auf uns. Die Touristen kommen mählich heim. Ganz grau und mitgenommen alle. Chaud, hot, heiß, caliente – man hört kaum ein anderes Wort. Wie sie nur alle so pflichttreu sein mögen? Sie waren aus, bei den Sehenswürdigkeiten, haben maurische Ruinen besichtigt und die Arbeiten der Eingeborenen. Teppiche haben sie gekauft, die schleppen sie nun heim in ihre Herrenzimmer. Was ist den Ländern eingefallen, wieder so mäßige Vertreter auf Reisen zu schicken? Weshalb sind die Amerikanerinnen so laut, spitznäsig, unschön, während wir doch wissen, was für reizende Amerikanerinnen es in Wirklichkeit gibt? Warum sind die Deutschen so schroff, die Franzosen so beamtenhaft? Und zu Hause wohnen die Liebenswertesten. Aber Reisen ist doch eher eine sympathische Angewohnheit, eine neugierige, lebhafte?!

Man trinkt lauwarmes Zeug in großen Mengen, denn Eis ist gefährlich hierzulande. Man sitzt im Dunkeln unterm Sternenhimmel, damit kein Licht die Insekten anlocke. Wir wollen noch ausgehen in die Araberstadt. Dort gibt es starken, süßen Kräutertee, eine Trommelmusik, bärtige Kapuzenleute und die weißverhüllten Damen, die sich Stirn und Kinn so sonderbar tätowiert haben, daß sie ganz erzürnt und spitzbärtig aussehen. Es besteht große Hoffnung, daß die meisten von ihnen nett sind. Denn sie sind ja hier zu Hause, keine Touristen, nicht verreist.

Liebeserklärung an Bayern

Man ist als Kind oft trotzig gewesen, weil man so sehr viele Aufsätze schreiben mußte. Die hießen dann «Naturschönheiten der Schwäbisch-Bayerischen Hochebene», «Die Bedeutung des Ludwigs-Donau-Main-Kanals» und «Der Heimatgau mit seinen Bodenschätzen» (wobei Penz- und Peißenberg eine entscheidende und unausrottbare Rolle spielten). Man beschloß bei sich, das Ganze als eine häßliche Puschel der Schule aufzufassen, fand den Heimatgau *nicht* schön, liebte das Meer mit einem Akzent, der sich unbedingt gegen das Schwäbisch-Bayerische richtete, und flocht, ließ es sich irgend machen, Einschränkendes über die Qualität der Holzkohlen in die Aufsätze ein. Ein paar Jahre hat es gedauert, ehe das überwunden war. Aber wie sehr spricht es für dieses Bayern, daß man nicht länger dazu brauchte.

Heute weiß ich nichts Hübscheres als, von der Reise kommend, irgendwoher, wo es kahl und großartig war, allmählich bayerische Landschaft auftauchen zu sehen, – das Weite, Hügelhafte, Großzügige, Liebliche, Anspruchslose; die Farben dieser Sumpfwiesen, die Wälder, hinter denen man die Berge weiß, das bebaute Feld und die Dörfer, von denen man schon wieder vergessen hatte, wie bezaubernd sie waren. Hatte man nicht geglaubt, man habe Einzigartiges gesehen, unterwegs, Unübertreffliches? Aber dies hier kann es aufnehmen damit, so viel ist sicher. Und wo gab es die Harmonie der Landschaft mit Bauten, Menschen, Trachten in einem so reinen Grade? Wo war sie so unverwüstlich? Es ist sonderbar: aber Bayern scheint einen Schutzgeist zu haben, irgendeinen guten Engel. Nicht Amerikaner, nicht Radio-Apparate, nicht der eigene Spaß am Gewinn können dieses Land verderben. Oberammergau bleibt schön, – Tegernsee ist nicht umzubringen. Wir haben uns daran erinnert, angesichts des Stilbruchs, der so schmerzhaft durch die Welt geht.

Erinnert haben wir uns an Bayern überall einmal. Wenn irgendwo ein Wiesenweg, eine Bergkette, eine Viehweide uns besonders zu Herzen sprach, erkannten wir bald mit dem Heimatlichen die Ähnlichkeit, – «fast wie bei Tölz», – «weißt du noch, Andechs?» – Ein kleiner Wasserfall in Japan (Fichten standen drum herum, und es roch nach Harz), ein Hügelweg in Marokko (schmal, zwischen Schierling und Blumen, die blau wie Enzian waren), – ein Wald bei Boston, durch den man Ski fuhr –, vereiste Holzstraße (man glaubte, den Kutscher auf bayerisch fluchen zu hören – «Ausweichen, Kruzitürken!») –, es ist wahr, daß solche Bilder und Gerüche erinnerungsreich stimmen. Bei André Gide in seiner «Kongoreise» steht der Satz: «Ich nenne diese Landschaft wunderbar, weil sie völlig fremd, völlig ohne Vergleich für mich ist. Sobald die Gegend vertrauter wird, erinnert sie mich an eine ähnliche daheim, und die ist dann jedesmal viel schöner.» (Ich zitiere nicht wörtlich, aber dem Sinne nach genau.) Ich war sehr vergnügt, diesen Satz zu finden, – er bestätigte alle meine Beobachtungen in dieser Richtung. Er gilt für allgemein Europäisches im Vergleich mit dem Afrikanischen –, so will Gide ihn aufgefaßt wissen; wenn er sagt «daheim», meint er Europa. Aber man kann ihn gut spezialisieren, und Gide nennt «Aigues mortes», Namen aus der Provence, aus der Bretagne, lauter französische Worte, wenn er Vergleiche sucht.

Mir fällt eben Tölz ein und Kloster Andechs bei solcher Gelegenheit.

Habe ich nicht gewettet mit meiner Banknachbarin in der Schule? Wollte ich nicht verloren haben, wenn ich jemals über Bayern ein Wörtchen wieder schriebe? Und was steht hier? «Liebeserklärung an Bayern»? Verloren, verloren! Und mit Liebeserklärungen ist es so eine Sache: man ruht nicht, ehe man sie gemacht, und nachher ist es peinlich.

Glückwunsch an den
Großvater Pringsheim

Noordwijk, Ende August 1930

Mein Großvater *Ofei* wird, die «Münchner Neuesten Nachrichten» schrieben das ja schon, morgen 80 Jahre alt. Er ist in Schlesien geboren, hat in Heidelberg und Tübingen studiert, ist dann viel herumgefahren in der Welt, wobei es ihm gelang, meine Großmutter *Offi* von der Bühne zu nehmen, sie den «Meiningern» zu entfremden und heimzuführen, in sein Haus nach München, in dem er nun, wer weiß wie lange schon, wohnt. (Ofei hat 90 Semester an der Münchner Universität gelehrt – und ist der nachgewiesen längstjährige Abonnent der Münchner Akademiekonzerte. Ich glaube, zweite Reihe links – vor ein paar Jahren ist ihm eine Auszeichnung dafür zuteil geworden.)

Ofei also wird 80, – das ist eine phantastische Tatsache. Man muß bedenken, daß er die witzigsten Augen von der Welt hat, einen Mund, der niemals Ruhe gibt, dem die Scherze und die lustigen Associationen nur so entströmen (fast könnte man von einem Mund*werk* reden – aber erstens sind es «Einwürfe», die Ofei tut und keine «Suaden», und dann ist Ofei doch mein Großvater! –), daß er niemals Auto fährt und fast nie Trambahn – den weiten Weg von der Arcisstraße bis zu uns in den Herzogpark macht Ofei stets zu Fuß –, daß er Klavier spielt wie ein junges Blut, daß er noch heute Mathematik treibt in seinem geheimnisvollen kleinen Arbeitszimmer mit der Galerie und den astronomischen Geräten, und daß er kalte Enten brauen kann, Braten tranchieren, Salate würzen, wie ein fünfunddreißigjähriger Fachmann.

Ehe ich nun weiterfahre in meinem Glückwunsch, muß ich etwas von mir erzählen, und zwar etwas eher Lästiges: Ich bin krank. Die Kopfgrippe hat Besitz von mir ergriffen, ich liege in Holland am Meer zu Bett. Ob der Wind schuld ist, ob das kalte Wasser – gleichviel, ich habe Fieber und bin sehr verwirrt, will man mir das zugute halten? Alles, was ich über Ofei sagen werde, soll Hand und Fuß haben. Ist es schlimm, wenn es ein wenig durcheinander kommt?

Jetzt im Augenblick zum Beispiel fallen Ofeis Kleider mir ein. Ofei trägt, seit ich ihn kenne, seine schwarzen Gummizugstiefeletten; dazu hat er einen Pelerinenmantel, etwa wie Kaiser Wilhelm ihn auf dem Weg zur Jagd trug. Nun gab es eine Zeit, in der ich ganz Ofeis Statur hatte (nicht groß, aber wohlproportioniert), vierzehn war ich damals, und man zählte das Jahr 20. Wir gingen im Sommer barfuß (wie müssen wir ausgesehen haben, mit den feschen Vorkriegs-Matrosenanzügen, ohne Strümpf und Schuh!), aber im Winter war das nicht zu machen. Da sprang Ofei in die Bresche. Zum Spott meiner Schulkameradinnen erschien ich in Gummizug und Pelerine, eine würdige Geheimratsenkelin. Ich erzählte niemandem, woher der Prunk stammte. Nur dem Rechenlehrer steckte ich es in der Pause. Was ich erhofft hatte, geschah: der strenge Mensch lachte übers ganze Gesicht – «so ists recht», sagte er, «hoffentlich steckt ein bißchen von der Weisheit in den Stiefeln» – und er behandelte mich milde während der ganzen nächsten Stunden. Trotzdem hat er sich geirrt. Mathematische Weisheit fährt nicht mir nichts, dir nichts in Gummizugstiefel.

Bei Ofei gab es viel Besuch am Nachmittag. Jetzt will mir scheinen, als ob das große Zimmer, wo die Lenbach's und Thoma's an den Wänden hingen, immer angefüllt gewesen wäre von interessantestem Volk. – Schüler kamen, bedeutende Mathematiker ihrerseits. Sie sprachen sonderbare Formeln in ihre Teetasse, und Ofei lachte korrigierend dazu. «Nein», sagte er und nannte die Gegenformel. Dann war auf einmal alles klar. «Natürlich», sagten erleichtert die Schüler. – Sammler kamen, Kenner, die für Ofeis Majolika sich interessierten, für seine Limojen und Gobelins. Ofei knarrte mit seinen Gummizugstiefeln voraus. «Dieses ist auch nett und dies», sagte er und zeigte auf das Phantastischste. Und es kamen die Musiker, die Sängerinnen. Sie spielten vierhändig mit Ofei auf zwei Klavieren, Wagner-Partituren spielten sie, die Ofei selbst bearbeitet hatte – die Notenhefte sahen aus wie Mathematik. Sie sangen, und sie hatten es eilig. «Ja, ich will noch auf einen Akt in den ‹Tristan›», sagten sie. Uns blieb das Herz stehen. Theater und – *freiwillig* – nur ein Akt, das war die Höhe der Erwachsenheit. *So* erwachsen, das fühlten wir, würden wir niemals werden. Und wir haben recht behalten damit.

Das Fieber hat mir einen Streich gespielt, ich bin gänzlich abgeirrt vom Achtzigsten. Ofei ist 80. Der Ofei der Witze, der Mathematik, der Stiefel, der Musik ist nun 80 Jahre alt geworden. Und ich kann nicht hinfahren, dieses Fest mit ihm zu feiern. – Wird man es mir übelnehmen, daß ich dafür hier etwas phantasiert habe über ihn, daß ich mich ein bißchen habe gehenlassen?

Wie ich hoffe, daß man mir verzeiht! Es ist die reine Herzlichkeit gegen ihn, der reine Glückwunsch für den Ofei!

Die Briefangst des Autlers

Natürlich haben heute sehr viele Leute Angst vor der Post. Blaue Firmencouverts hat man nicht gern auf dem Frühstückstisch liegen, gelbe mit Guckfensterchen zieren auch die Mittagstafel nicht. Und wenn zum Tee der Bote seine Einschreibesachen anbietet, dann weiß ich von vielen, die gar nicht zu Hause sind, um ihre Unterschrift zu geben. Es herrscht heute zweifellos eine gewisse Post-Psychose, – ich habe das oft bemerkt.

Ich selber war – gesunde, unnervöse Natur, die ich bin – verhältnismäßig lange Zeit ganz frei davon. Ich las meine Rechnungen mit großem Behagen, ich wußte ihnen Scharm abzugewinnen, hatte Spaß an den skurrilen Wendungen, deren die Schreiber sich bedienen, um dich zu schrecken. Dieses «Es dürfte Ihrer Aufmerksamkeit nicht entgangen sein», dies «über und überfällig» und dies schelmische Drohen mit der höheren Staatsgewalt hat viel Rührend-Nettes. Zudem, versteht sich, man bezahlt gern und ehe es zum Letzten kommt, was man hat. Nun aber, seit einiger Zeit, hat die Postkrankheit auch mich ergriffen. Weinen könnte ich beim Anblick des bunten Briefehäufchens, das sich mir bietet, wenn ich heimkehre von der Reise. (Wo sind die Zeiten, da Morgensterns Palmström sich aus purer Vergnügungssucht «ein Quartal gemischte Post» bestellte und noch dazu im «Warenhaus für kleines Glück» –?) Ich mag die Post nicht mehr, seit ich das Auto habe. Seit ich den Wagen fahre, ist die Post mir verhaßt, und ich bin auch sonst verfolgungswahnsinnig geworden.

Die Wechsel, – mein Gott, die Wechsel müssen sein; ist man schreckhaft, sind sie nicht angenehm, aber darein schickt man sich schließlich. Böser, dümmer, schädlicher bereits ist die Sache mit der Versicherung und vollends die mit der Steuer.

Was aber den Kohl erst wirklich fett macht, das sind die Briefe vom Amtsgericht, die Warnungen, die Vorladungen, Strafen. Ich frage mich immer: kann man dem entgehen? Gibt es Menschen, deren Selbstbeherrschung, Güte und Glücksstern groß genug sind, um sie vorm Amtsgericht glatt zu bewahren? Fahren sie in Unterdoifstetten niemals 40 Kilometer statt 30, – ist Ihr hinteres Schlußlichtchen, das rote, immerzu in Ordnung, gelingt es Ihnen stets, die Trambahn so chevaleresk zu behandeln, wie sie es verlangt und wohl auch verdient? Ich bin nun schon wieder verklagt, soll sechs Tage ins Gefängnis, wegen «fahrlässiger Transportgefährdung», und das alles um der Trambahn willen. Sehr diskret und fein als Zivilisten verkleidet erscheinen die Kriminalbeamten bei mir. Sie schicken ihren Ausweis herein, auf dem sie fotografiert sind, das Mädchen meldet flüsternd und errötend «ein Kriminaler, – es ist sehr dringlich», – der Gast, der's mitanhört, fröstelt. Die Kriminalpolizei, – was mag's da geben, – Diebstahl, Mord und Unzucht?

Es gibt 20 Mark Strafe wegen Überfahren des gelben Lichts am Münchener Odeonsplatz. «Aber es war doch eine Sekunde, ehe das Grün kam, aber das grüne war doch schon so gut wie da.» Beteuern hilft nichts, Weinen, Flirten, Schimpfen, – es hilft alles nichts. Du kriegst deinen Brief vom Amtsgericht in den nächsten Tagen, und der Gast drinnen beunruhigt sich sehr.

Autos, soviel ist sicher, sind nur für nervlich wirklich starke Menschen. Nicht wegen des Fahrens, das kann ein jeder. Nur wegen der Post. Unheimlich, aufreibend, böse ist die Post des Automobilisten. Er hat die größte Angst vor der Post.

Frau und Buch

Es ist kein schlechtes Bild: eine Frau mit einem Buch. Sie sitzt lesend im Garten – sie liest den Kindern vor; während sie liest und sinnt, geht der Mann den unbarmherzigen Geschäften nach. War's nicht so, von alters her? Sie versteht vieles nicht, was die Dichter schreiben, aber sie hat eine Art, es doch zu spüren, sie kann ganz versinken im Buch. Wenn sie ein wenig klüger ist und Verstand für die Sprachen hat, dann kann sie selber Bücher übersetzen. Sie tut es oft besser als die Männer – kraft ihrer Schwäche, ihres Anlehnungsbedürfnisses und -vermögens. Der Mann, vor allem, wenn er selber schreibt oder zu schreiben wünscht, fällt oft in Eigenwilligkeit, sein Stil, der dem Original nicht ähnlich ist, setzt sich hartnäckig durch, der Leser kriegt ein schiefes Bild: die Meinung des einen in der Sprache des anderen.

«Wollen Sie eine reizende Schriftstellerin kennenlernen, dann kommen Sie heute abends ins Romanische Café!» Wer sagte zu solch einer Aufforderung gleich «ja» aus voller Brust? Es scheint eher, daß man «ach» sagt, oder «muß das sein?» oder «reizend?» – Eine Schriftstellerin? Wirklich? – Eine Ahnung von Blaustrumpf und unbefriedigter Intellektualität steigt auf, eine Furcht vor aggressiver Wichtigtuerei und gewinnsüchtiger Betriebsamkeit, die ungerecht ist, bei Gott, sie ist ein bißchen ungerecht, ein kleines bißchen. Es gibt reizende Schriftstellerinnen, und man weiß, daß es sogar gute gibt.

Die Frage, ob die Frau ohneweiters schreiben soll, gleich Bücher schreiben, wenn sie glaubt, daß sie es könnte, steht offen. Aber sicher sollte sie sich den Entschluß härter ankommen lassen als der Mann. Die Chance, daß es gut, die Chance, daß es menschenmöglich wird, ist geringer. Die Persönlichkeit der Frau hat so viele Wege, sich zu äußern, und sie tut es auf so vielfältige Manier. Aber sie muß sehr stark und sehr konsequent sein, diese Persönlichkeit, wenn sie auf dem Papier sich durchsetzen will.

Seit kurzem gibt es einen neuen Typ Schriftstellerin, der mir für den Augenblick der aussichtsreichste scheint: Die Frau, die Reportage macht, in Aufsätzen, Theaterstücken, Romanen. Sie bekennt nicht, sie schreibt sich nicht die Seele aus dem Leib, ihr eigenes Schicksal steht still beiseite, die Frau berichtet, anstatt zu beichten. Sie kennt die Welt, sie weiß Bescheid, sie hat Humor und Klugheit, und sie hat die Kraft, sich auszuschalten. Fast ist es, als übersetzte sie: das Leben in die Literatur, in keine ungemein hohe Literatur, aber doch in eine brauchbare, anständige, oftmals liebenswerte.

Gestern habe ich auf dem Hohenzollerndamm einen Herrn getroffen, mittelalt. Der Herr war ein Träumer, er schaute in den Himmel, und ich hätte ihn mit dem Auto beinahe umgefahren. Er sagte zu mir: «Weibervolk, verdammtes, schert euch in die Küche.» – Diesem Herrn widme ich diesen Aufsatz.

Meckere nicht

Man sitzt auf einer Restaurant-Terrasse über der Havel. Weil Feiertag ist und warmes Wetter, sind ungezählte Boote unterwegs. Dicke und dünne Damen in schwankenden Kanus, alte und junge Herren in kleinen Segelschiffen, Paare und Einzelleute in brummenden Motorkähnen. Die Fahrzeuge heißen: Möwe, Helga und Libelle; Goldfisch, Lorelei und Lohengrin. Eines kommt angeschwommen, ein Herr mit Zwikker und Bauch bedient den popeligen Motor, der an der linken Außenwand des Bootes wie angeleimt aussieht. Er nähert sich langsam und mit beträchtlichem Spektakel. Wir, auf unserer Terrasse, höhnen vor uns hin, obwohl das Ganze uns doch weiß Gott nichts angeht. Warum soll ein Zwicker-Bauchherr nicht in einem lärmenden kleinen Wasservehikel ruckweise die Havel herunterkommen, wenn es ihm doch Spaß macht? Nein, – wir sagen «schick, schick» und lächeln uns recht ironisch an, – «leise», sagen wir, – «elegant und mal wirklich sportlich-schnittig». Es ist gleich da, das Ding, wie mag es heißen? Spottend neigen wir uns vor.

Das Boot heißt «Meckere nicht».

Ist das nun nicht ein genial gewählter Name für ein mieses kleines Schiff? Uns erstickt das Gemecker (denn typisches Gemecker war es doch, was wir bis dahin geleistet) gleich ganz gründlich im Hals, während der Herr auf «Meckere nicht» ganz geruhsam weiterschwimmt. Statt zu meckern lachen wir, und wenn wir mit dem Lachen fertig sind, beginnen wir Betrachtungen über das Wesen des Berliners und über seinen Humor, der in seiner verschmitzten Menschenkenntnis und eigentlichen Menschenfreundlichkeit schon was Herzerquickendes hat.

Man fährt herum am Nachmittag. Berlins Umgebung ist zu klein für Berlin, das ist wirklich wahr. Sie ist überfüllt, die ganze Umgebung, und geht man, platzsuchend, ein bißchen weiter, gleich sitzt man in Leipzig oder in Frankfurt a. O. Will man aber gar übernachten, in dieser Umgebung, will man schlafen, ohne vierzehn Tage vorher für den Festtag gemietet zu haben, so sieht man schweren Stunden entgegen. Erstens sind alle Zimmer besetzt, zweitens gäbe es, für den Fall, daß doch irgendwo noch welche frei wären, allerhöchstens Doppelzimmer. Drittens verdiente man sich, für den Fall, daß wirklich Einzelzimmer da wären, das tiefste Mißtrauen, die Verachtung, ja die letztliche Ablehnung der Wirte, wenn man welche wollte. Uns ist es so ergangen. Wir suchten. Wir, ein Freund von mir und ich, wir suchten zwei Einzelzimmer über den Feiertag, so sind wir nun einmal.

Man schaute uns an, von oben bis unten, man schüttelte angewidert den Kopf, man verwunderte sich so ungläubig, daß wir schließlich von der großen Ungebührlichkeit unseres Wunsches überzeugt waren. Wir schämten uns nicht anders, als seien wir von den schlichten Landleuten auf häßlichem Stadtunanstand ertappt worden. «Nein», sagten diese, «so was können Sie bei uns nicht kriegen!»

Ich glaube, sie hätten uns dergleichen Einzelzimmer nicht gegeben, sogar wenn sie solche gehabt hätten. «Wer feiertags kein Doppelzimmer will, der stiehlt!» – irgend so einen Satz muß es geben, und die Weekend-Vermieter glauben an ihn.

Meckere nicht, am Ende fanden wir zwei sehr liebliche Doppelzimmer. Wem schadet es, wenn wir für harmlose Narren gelten in unserem Hotel?

Fahrt ohne Schlaf

Das ist aber gar nicht leicht – wenn man 24 Stunden gefahren ist und sich demzufolge mit seinem Auto in Genf und nicht mehr in Berlin befindet –, *überhaupt* noch irgendwas Zusammenhängendes zu erzählen. Gefrühstückt zwar hat man endlich, soweit wäre alles in Ordnung, und die Kutsche, das weiß man, steht bewacht in der Garage. Immerhin: wäre es nicht gescheit, scherzeshalber, ein bißchen zu schlafen? Ich bin ein Neuling in der Sache, ich weiß das alles nicht so genau. Beispielsweise hatte ich gemeint, 24 Stunden Genf–Berlin – 1200 Kilometer – Stundendurchschnitt 50 Kilometer –, das sei nicht ausgesprochen langsam. Es ist *gebummelt.* Die Ford-Teams zum Beispiel, unsere Kollegen, waren um 6 Uhr morgens schon da, wie ist denn so was möglich? Andere «liegen jetzt noch weit zurück» und müssen gegen Ende wohl tüchtig «aufdrehen». Ich bin ziemlich stolz auf meine

Rennausdrücke, mein Gott, es wird schon so mittäglich überm Genfer See, sollte ich nicht doch nun schlafen gehen?

Unterwegs war es ja zu sonderbar. Berlin–Saarbrücken, das ging ziemlich ohne Rast. Ein paar Zigaretten, einmal Führerwechsel, tanken, Händewaschen, das waren so die kleinen Abwechslungsvergnügungen. Die Leute unterwegs, Spaziergänger und Benzinmenschen, behandeln uns, als seien wir die lieben Feldgrauen fürs Vaterland. So was an Winken! Eine Tankstelle hat uns Bier geschenkt, wir haben Himbeersaft bekommen, die Stadt Frankfurt am Main wartet gar mit Apfelwein am Wegessaum auf, und Blumen gibt es in Saarbrücken. Der Autoklub dieser komplizierten kleinen Stadt hält Sekt und Brötchen für uns bereit, außerdem eine Plakette – schon jetzt, wo wir nichts weiter geleistet haben, als eine etwas gehetzte kleine Spazierfahrt, sollen wir geehrt werden, um unserer heldenmütigen Pläne willen.

Stört das Wort «kompliziert» vor Saarbrücken? Aber daran müssen wir uns gewöhnen. Europa ist für uns ein Ding zum *Durch*fahren. Von jeder Stadt ist es einzig und allein wichtig, daß sie zurückbleibt, daß sie weit hinter uns liegt – «ja, Genf ...», sagen wir verächtlich in San Sebastian, «das war gestern, – das ist nun weit, weit ... Gott sei Dank!»

Wir haben gar nichts gegen Genf, aber es könnte beinahe so klingen. Dabei sind wir, der Richard Hallgarten und ich, von einer entschlossenen Genußsucht der Landschaft und allem gegenüber, was wir sehen. Passiert uns ein kleiner Umweg, gleich reden wir uns auf die tolle Schönheit grade dieser Straße hinaus, wir sehen wirklich, auch bei 90 Kilometer Geschwindigkeit, und haben, vorläufig, noch was davon.

Es ist phantastisch, die Tageszeiten wechseln zu sehen, in der wechselnden Landschaft. Die Abenddämmerung kommt, Nebel kommt, wir sind im Flachland. Die Nacht ist da, Flüsse kommen, der Morgen dämmert, Gebirge, Grenzen, es ist schon wieder so heiß, – für die nächste Nacht müssen wir uns aber Schals umbinden, in der Früh, kurz ehe die Sonne da ist, wird es ja ganz empfindlich kühl. Penetrante Morgendämmerkühle – man spürt sie, hat man nicht geschlafen, doppelt.

Keiner darf schlafen, auch der nicht, der nicht fährt. Erstens ist das zu verführerisch für den am Steuer, zweitens muß man Karten studieren und schießhundmäßig auf Wegkreuzungen aufpassen. Schlafen … es müßte doch hübsch sein.

Die Stimmungen in uns wechseln nicht weniger oft als die Tageszeiten und Bilder. Wir lachen und schwätzen, wir sind still und nachdenklich im Hinblick auf die nächsten Tage, wir haben zuversichtliche braune Sportsgesichter und unsere Mienen sind verwüstet und vom Öl und vom Schmutz unkenntlich gemacht. Krieg ist Krieg. Wer Blumen haben will und Bier umsonst, der muß eben auch was auf sich nehmen dafür.

Wenn ich jetzt aber, endgültig, schlafen gehe, wird es sein, als hätte ich zuviel getrunken. Alles wird sich drehen, es wird etwas summen in meinem Kopf, ich werde nicht wissen, ob das Motorengeräusch ist oder Bienenbrummen, oder einfach das Summen der Träume. Um 6 Uhr geht es weiter. Bitte denken Sie manchmal, wenn Sie etwa Abend essen oder im Kino sind oder Freunde sehen, oder Geld pumpen, daß *wir* nun fahren, immer fahren wir, wenn Sie nachts im Bett sich auf die andere Seite drehen und während Sie sich rasieren. *Wir* fahren!

Rom? – nur eine
Waschgelegenheit

Rom, 1. Juni

Rom – und man hat geschlafen, das ist alles. Weder der Papst noch die sieben Hügel noch auch irgendein Museum können daneben in Betracht kommen. Man hat geschlafen und gegessen, man ist sogar sauber, beim Friseur gewesen, man ist mit einem Wort so eine Art Mensch, was man acht volle Tage nicht gewesen ist. Ob Sie z. B. glauben, daß wir bis Barcelona – wir waren nach Barcelona fünf Tage und Nächte unterwegs – alles in allem 9,5 Stunden geruht hatten?

Es ist phantastisch und man wird es nicht verstehen, sobald das Rennen aus ist, wie man mit dem Raum um sich schmeißt und wie rasch man sich gewöhnt. Heut nachmittag werden wir hier wegfahren, morgen mittag sollen wir in München sein. Die tausend Kilometer, eine unserer allerkleinsten Etappen, betrachten wir als einleitende Vergnügungsfahrt, denn dann kommt der Balkan.

Von Barcelona hierher haben wir wieder einmal entsetzlich «gebummelt». Es war so schön nach all der spanisch-portugiesischen Öde (nichts gegen den Empfang in Spanien und Portugal, er war ergreifend), differenziertes Europa zu sehen, bebautes, bevölkertes Land, Menschen, deren Sprache man spricht. Herrlich die Riviera, Ventimiglia, altgewohnte Grenze, die wievielte auf dieser verwirrenden Fahrt? – Wir wechseln die Länder weit öfter als die Kleider, wir sprechen von Nimes etwa als von dem Ort «gleich hinter Barcelona, du weißt schon».

In Ventimiglia also war es reizend. Die Italiener, chevaleresk von Natur und an Rennen speziell interessiert, hatten Blumen für uns bereit und kleine Abzeichen sowie freundliche Herren mit hübschen Gesichtern, die uns zu allen möglichen Dingen gratulierten. Natürlich hielten wir uns dort und anderswo viel zu lang auf, aus lauter Freude, aßen in Monte stattlich zu Mittag, blieben gar am Abend stundenlang in Rapallo, weil dort der Bruder Klaus wohnt und sonst noch der und jener.

So war die Nachtfahrt nach Rom ein bißchen gehetzt, zumal es Berge und tolle Serpentinen gibt auf dem Wege nach Pisa. Tagsüber ist es schrecklich heiß, wir sehen aus wie die verkohlten Irren. Nicht Creme noch Hütchen helfen gegen diese Sonne. Nachts tut man gut, sich in Wolle zu hüllen, sogar die Pelzhandschuhe kommen zu ihrem guten Recht.

Wir wissen nie, wie die anderen Wagen im Rennen liegen. Überhaupt: wer am wenigsten weiß über das Ganze, sind die einzelnen Fahrer. Wie viele Wagen sind schon ausgefallen? Wie geht es jenen Leuten, wie diesen? Man kennt sich gegenseitig recht gut nachgrade, freilich nur beim Wagen und nicht bei Namen. Man trifft sich gelegentlich unterwegs, es ist sonderbar, einen in Genua zu sehen, den man in Narbonne zuletzt vorbeibrausen hörte.

Die großen Wagen sind, vorläufig, sehr im Vorteil. Auf graden, langen, guten Strecken laufen sie 150 Std.-Km., das bedeutet Schlaf in der Etappe. Zudem sind sie gemütlich eingerichtet, es ruht sich angenehm in ihnen. Später im Balkan werden wir recht herzlich lachen, in unserem Ford, während die andern ein bißchen leiden müssen. Sehr im Vorteil sind auch solche Menschen, die zu dritt oder viert die Reise tun. Zwei nur dürfen fahren, das ist wahr, aber die übrigen wachen, betreuen Weg und Karte, während ein Fahrer jeweils schlafen darf, ohne die Fuhr zu gefährden.

Wir schlafen niemals; denn wir sind ganz allein. Zu Anfang der Fahrt begab sich an den Etappenenden regelmäßig so etwas wie ein Endspurt, das hat nun ziemlich aufgehört. Wir müssen alle sparen: mit Kräften und mit Nerven und mit dem Geld am wenigsten (toller Ausnahmezustand, nie erlebt). Man hat keinerlei Gelegenheit, welches auszugeben, also streut man es um sich, verliert es, gibt Trinkgelder, die den verdreckten Anzug Lügen strafen, und wohnt in Hotels, in denen man es sonst nur hochstaplerischerweise täte.

Merkwürdig genug ist das Ganze: Es gibt ein Buch, ich glaube, es ist von Morand, das heißt Rien que la terre – «Nichts als Europa» könnte das heißen, was wir schreiben müßten.

Sport und Charakter

Willst du jemand ausprobieren – Dame oder Herrn –, geh nicht ins Theater, auch nicht tanzen und dinieren –, geh auf Reisen, aber auf sportliche, fahre Ski mit dem auszuprobierenden Geschöpf, oder Auto am besten. Nichts decouvriert derart, nichts enthüllt den Charakter so sehr wie der Sport. Eine Nachtfahrt im Auto, und du weißt alles.

Vor deiner Tür fängt es an. Du hast kein Mäntelchen mit, brauchst aber eins gegen die Mitternachtskühle. Schickt man dich nun zurück, dir eins zu holen, so ist das falsch. Man hat dir das eigene um die Schulter zu legen, nicht viel Federlesens, bitte, – nimm es ruhig hin. – Solange ihr in der Stadt seid, darfst du ein leidlich flottes Tempo verlangen; an den Stops müßt ihr zu den ersten zählen, die losfahren, wenn es grün wird. Unerlaubtes tut ihr nicht – ihr haltet euch stets an der äußersten Grenze des Erlaubten. Draußen dann legt ihr los. Der am Steuer braucht nicht zu sprechen. Trotzdem mußt du das Gefühl haben, daß er deine Gegenwart nicht einen Augenblick lang vergißt. Ihr sollt stetig fahren, nicht über 90 Kilometer, doch nie unter 50. Solche, die bald mit 120 brausen, bald, fällt es ihnen bei, einen Witz zu erzählen, auf 35 sinken oder gar schäkernd halten, sind verfehlt und kommen nicht in Frage. Wollt ihr nicht vorwärtskommen zusammen, und könnt ihr's auf so launenhafte Weise?

Sehr wichtig ist das Verhalten den Wagen gegenüber, die von der anderen Richtung kommen. Es gibt da gewisse chevalereske Regeln; eine Landstraßenritterlichkeit ist nötig – wer sie nicht kennt, der ist auch sonst kein Gentleman. Wehe, wenn dein Probefahrer die großen Scheinwerfer nicht rechtzeitig abblendet, zeigt ein Auto sich nur von der Ferne. Du tust am besten, dann gleich auszusteigen, denn des Schlimmsten mußt du gewärtig sein. Wer nicht abblendet, wird dir eines Tages dein Erbteil stehlen und dir auch sonst peinlich auf die Nerven gehen.

Beim Morgengrauen, wenn der Nebel jede Landschaft wunderlich verschönt (und sei es selbst die zwischen Augsburg und Ulm), fahrt ihr dann ein wenig langsamer, – dies ist die einzige Stunde, in der Lyrismen verzeihlich werden. Wenn jetzt gröber Geartete euch überholen, macht das nichts, und dein Geschöpf soll nicht darüber murren. Murren soll es überhaupt nicht. Es ist unbeherrscht und kindisch, jeden Gartenzaun zu beschimpfen und zu den Hühnern «Idiot» zu sagen; Katzen sollen nicht überfahren werden, Hunde erst recht nicht. Der Mensch muß halten, zeigt sich ein Tier.

Falls ihr eine Panne habt, müßt ihr sie reparieren. Du kannst dabei behilflich sein. Schrauben halten, etwas pumpen. Es ist aber das Zeichen eines überheblichen Charakters, wenn dein Fahrer dabei doktrinär wird. Keineswegs soll er alles beim rechten Namen nennen, das Kardan und den Vergaser – erklären soll er dir auch nichts. In Ordnung bringen und sich ein bißchen schämen, daß man in Ordnung bringen kann. So soll es sein.

Sind Einblicke dieser Art irgendsonstwo zu gewinnen? Es ist undenkbar. Nur der Sport kann's zeigen. Und eine Nachtfahrt genügt …

Hotel-Marmelade

Es gibt, in Hotels, zwei Sorten von Marmelade. Rote oder gelbe. Feine Hotels wechseln täglich, einen Tag rot, den anderen gelb, in weniger feinen wird ein 20-Pfund-Kübel hintereinander ausgelöffelt, erst dann gibt's Wechsel. Ich habe nun schon in so vielen Hotelzimmern nach Johannesbeergelee geschrien, oder nach Pflaumenmus, – ich gebe es auf. Es ist zuviel verlangt, und Orangenmarmelade scheint das äußerste zu sein, was durch selbstbewußtes Auftreten irgend zu erzielen ist. (Daß es, im Speisewagen, sowohl Kirschmarmelade als Honig gibt, sei nebenbei, mit einer tiefen Verbeugung gegen die Mitropa, vermerkt.) Sogar in Sommeraufenthalten, wo man Wochen hintereinander sitzt und frühstückt, machen die Hotels keine Ausnahme. Erdbeer, Aprikosen, Aprikosen, Erdbeer. Sie könnten das ja auch mit den Suppen aufführen. Einen Tag Grünkernsuppe, den andern Brotsuppe. Wer ließ es sich bieten?

Ich bin, zugegeben, etwas reizbar in dieser Beziehung, weil ich unlängst, durch puren Zufall, in ein Kurhaus verschlagen wurde, in dem doch Essen das einzig Wichtige ist und bleibt. Das Kurhaus war ‹das hübscheste Hotel am Platz›, und ich mietete mich kerngesund dort ein. Zimmer und Bad, unbeschreiblich viele Damen auf den Gängen, weiße Möbel, grüner Garten, großer Friede. In der Früh klopft es aus meinem Badezimmer an meine Tür. Ein Mann (wie kommt ein Mann in mein Badezimmer?) sagt «Sole, Kohle, Säure?» oder etwas Ähnliches. «Waaas?», «Wollen Sie Sole, Kohle, Säure baden?» – «Sie werden lachen: Wasser!» sage ich und schlafe weiter. Es plätschert. Wie ich aufstehe, ist der Mann verschwunden. Dafür befindet sich einiges lauwarmes Wasser in meiner Wanne. Ich steige fröstelnd ein, will warmes zulassen. Es geht nicht, – kein Hahn weit und breit. Ich klingle. Der Mann kommt. «Steigen Sie aus», sagt er, «nehmen Sie sich ein Badetuch um, dann komme ich herein und mache Ihr Bad wärmer.» – Gesagt, getan, – irgendwo in der Wand gab es verschließbare Geheimhähne, – es war noch keine Stunde vergangen und mein Bad war fertig.

Wer hat Zeit? Damen. Damen, die sich erholen, haben be-ängstigend viel Zeit. Im Winter müssen sie auf Gesellschaf-ten, und Shopping und Bridge, aber im Sommer, falls es keine Sportsdamen sind, schwimmen sie in Zeit. Sie gehen herum, trinken irgendwas, baden irgendwas, krank sind sie nicht, ge-sund auch nicht besonders, es ist erstaunlich.

Keine Zeit haben Herren. Bald nachdem ich dem Kurhaus den Rücken gekehrt, wohnte ich in einem großen Rheinland-Hotel. Ich saß, frühstückend, in der Halle. Herren, soweit das Auge reicht. Herren in Klubsesseln, Herren mit Mappen, mit Plänen, mit Füllfederhaltern. Herren, die mit Bleistiften auf den Tisch klopfen, Köpfe zusammenstecken, sich ereifern. Links und rechts von mir Herren. Ihre Gespräche fliegen fet-zenweise zu mir herüber. «Ist ja alles nur hier so, am grünen Tisch ...» (ich sehe keinen grünen, nur einen Frühstücks-tisch). «... sehen Sie sich das mal in praxi an ...» – «und wer trägt das Risiko ...» – «Lieber Freund, reden wir doch deutsch ...» – «bestellen Sie Ihrem Generaldirektor ...» Mir wird ganz anders bei meinem Tee. Eine Hotelhalle, das ist doch eigentlich ein Platz für flüchtige Geselligkeit, für Reise-flirt und Cocktail. Es gibt doch Büros! Richtige Herren ma-chen Büros aus allem.

«Ein bißchen Stachelbeergelee, Herr Ober, bitte.» – «Be-daure, Erdbeer oder Aprikosen.» – «Gemischt also, mit Meer-rettich.» Die Nachbarn schauen einen Augenblick aus ihren Akten. Der Ober zieht sich gekränkt zurück.

Erste Begegnungen mit Berühmtheiten

Nichts hat man als Kind mehr geliebt als das Theater. Gab es kein wirkliches zu sehen, im rotgoldenen Haus und mit der Musik, für die vorher so herrlich verheißungsvoll gestimmt wurde, so begnügte man sich mit dem, was zu Hause sich bot, man genoß die Gespräche der Eltern, den Empfang der Gäste, ihr Dasein, ihre Gesichter als Theater, man hörte zu, saß feierlich gekleidet beiseite, und tat den Mund nicht auf. Zuhören und Zuschauen war alles.

Es gab Gäste, die wir entschieden nicht mochten, aber nicht, daß sie uns unsympathisch gewesen wären. Nur amüsant waren sie nicht, sie boten nicht genug, es verlohnte sich nicht um sie, und wir gingen vor der Zeit zu Bett, gähnend, wie nach einem mißglückten Theaterabend. Andere liebten wir.

Es war schön, wenn Bruno Walter uns besuchte, er erzählte, daß es eine Pracht war, seine Gespräche waren genau das, wofür wir uns so bereitwillig geputzt hatten, sie handelten vom «Hans Heiling» und vom «Fliegenden Holländer». Es war herrlich, seiner Begeisterung zuzuhören, wenn er von seiner Arbeit an unserer Oper sprach, und es erging ihm dabei wie jener Mutter, die, als man sie fragte, welches ihrer Kinder sie am meisten liebte, antwortete, das, an welches ich gerade denke. Er selber hat das so formuliert. Sänger kamen bei ihm vor, die stolperten in dem Augenblick, da sie den Ton singen sollten, von dem ihr Lebensglück abhing, und Kinderchöre, die falsch sangen (eine Vorstellung, bei der uns heiß und angst wurde). Wenn er dann gar noch dem Klavier sich näherte, wuchs unsere Begeisterung ins Riesenhafte, denn er spielte ganze Opern, sang alle erdenklichen Partien, deutete die Effekte der Regie an, bis man sie sah. So waren wir geneigt, Bruno Walter für das Ideal eines Gastes zu halten, für den Gast schlechthin.

Es gab Gäste, die wir, wiewohl sie nicht ganz so glänzend waren wie er, fast ebenso sehr liebten. Hans Reisiger gehörte zu ihnen, von dem wir wußten, daß er sehr jung war, meist in Tennishosen erschien, trotzdem aber schöne Geschichten schrieb und ebenso schöne aus dem Englischen übersetzte. Das Theater, das er bot, war stillerer Natur, dafür spielte er nach Tisch Räuber mit uns. Heute übersetzt er leibhaftiges Theater, zum Beispiel das Stück von der «Anderen Seite».

Wenn alles ging, wie wir wollten, dann aß Björn Björnson, des großen Dichters produktiver und aufgeräumter Sohn, ziemlich oft bei uns zu Abend. Und nicht genug damit, daß er von Ibsen und Grieg das Intimste zu erzählen wußte, sprach er auch noch das Norwegisch-Deutsch, das wir vergötterten, hatte den weißen Seehundskopf, der uns gefiel, und den Schwung und Scharme, der uns zu den besten Zuhörern machte. Das überhaupt waren wir (so frech und dumm wir sonst gewesen sein mögen).

Wir liebten Bruno Frank, begreiflicherweise. Er war es, der «Des Sängers Fluch» und andere Uhlands mit Donnerstimme vortragen konnte (ganz abgesehen von den Hunden und Staatseisenbahnen, die er uns mitzubringen pflegte, ohne das fatale Aufsehen von ihnen zu machen, mit dem man Kindern Mitbringsel verleidet).

Doch es gab schöne Theaterabende für uns in jener Zeit. Später, als wir größer wurden, verloren solche Begegnungen an Scharme. Sollten wir selber reden und scherzen, wo blieb da der Genuß? Er verschwand oder wich zumindest einem anderen, dem des Mitspielens, der freilich auch seine Vorzüge hat.

Das Meer sahen wir zum erstenmal, als wir schon ganz groß und umgetrieben waren. Wir reisten damals mit den Eltern nach Hiddensee. Dort war es auch, wo wir Gerhart Hauptmann trafen. Er wohnte im selben Hotel mit uns, nur daß er natürlich den ganzen ersten Stock inne hatte, häufig Wandervogel-Deputationen aus Stralsund empfing und des Morgens allein vorm Haus sein Frühstück nahm, wobei die kleinen Esel, die wir liebten, von ihm sich füttern ließen. Wir frühstückten derweil neiderfüllt mit den übrigen Gästen auf der Glasveranda. Am Abend, wenn Hauptmann Freunde und Verehrer beim Weine versammelte, durften wir, so recht erwachsen, dabei sein. Und es ist wahr, daß wir es genossen. Die naturgewaltige Persönlichkeit mit dem weißumlohten Königshaupt hat man zu oft schon schildern hören. Aber es ist verwunderlich, daß noch die Jüngsten und Schnoddrigsten sich ihr nicht entziehen können und mögen, trifft sie sie erst persönlich. (Und wir waren sehr jung und sehr schnoddrig in Hiddensee.)

Aber neugierig waren wir vor allem. Es war schön, «kennenzulernen», wenn es auch jetzt bereits galt, sich zusammenzunehmen dabei, verständig zu sein und nicht so frech zu gähnen, wenn etwas langweilig war.

München ist eine gute Durchreisestadt, und so hatten wir viel Besuch. Die Wiener kamen, Jakob Wassermann erschien zum Tee. Er konnte düster sein und zugleich schelmisch, wir fanden, daß er rührend und bedeutend wirkte, ein beunruhigter Märchenerzähler. Da wir wußten, daß er um die Jugend sich besonders bekümmerte – junge Leute kommen so oft und so liebenswürdig bei ihm vor –, hörten wir gut zu, wenn er sprach.

Immer noch war Zuhören unsere Taktik. Wir hörten zu, wenn Ludwig Hardt uns besuchte, den wir über die Maßen verehrten. Er war der erste Vortragskünstler, der uns vorkam, aber auch der beste. Er kam, tanzte, fuchtelte, hatte knallblaue Friesenhemden an, er kopierte, raste, war klein, berserkerhaft, pfiffig, zärtlich, ernsthaft. Ihm verdanken wir die intimsten Eindrücke, er las uns, als erster, Prosa von Franz Kafka vor, die Manier, in der er ihn vermittelte, war von unheimlicher Eindringlichkeit, – der «Landarzt», – die «Elf Söhne», – wir träumten von ihnen.

«Zum ersten Male.» Die Zeit war lustig, in der alles zum ersten Male passierte. Der erste Schauspieler (er verjagte uns vom Schnürboden, als wir heimlich und lebensgefährdet einer Probe beizuwohnen gedachten), der erste «Intellektuelle» (er ertappte uns beim schwunghaften Handel mit persönlichen Freikarten), der erste Causeur großen Stils (er hieß Fürstenberg, und wir genossen seine Anekdoten unsäglich, ohne zu wissen, daß er so berühmt für sie war).

Die Zeit war lustig, und man hat sie sich gut gemerkt, diese ersten Begegnungen.

Geht die Kunst nach Brot?

Freilich geht sie nach Brot. Sie läuft mit langen Schritten her hinter dem Brot, und die Frage ist nur, wie oft sie dabei stolpert. Man kann nämlich nichts berechnen. Das heißt: hat einer eine richtige, zünftige Geldverdienebegabung in der Kunst, dann kommt das Brot zu ihm, und er braucht nichts zu tun als zu schreiben, zu malen, zu schauspielern, wie's ihm in den Sinn kommt. Ist aber einer spröde, abseitig, schwierig in seiner Art, dann wird er, sobald er, bewußt und zynisch, «nach Brot geht», weit übers Ziel hinaus ordinär und meist so platt, daß jeder gekränkt ist, dem er's zumutet. Man kann nicht «herabsteigen». Ein ernster Mann, der eines Tages verkündete: «Ich schreibe jetzt ein rechtes Publikums- und Reißerbuch, das mir goldene Berge bringen soll», könnte mir leid tun. «Konzessionen» fallen immer häßlich auf. Wer also nun einmal ein Träumer ist, der tut besser, aus seinen Träumen gerade Brot zu backen, als zu versuchen, aus dem ihm ungelegenen Gegenteil welches herzustellen. Hübsche Träume werden immer noch gern gekauft. Es kommt aber der Tag, wo für den Künstler die Kunst aufhört und wo er, außerhalb seiner eigentlichen Arbeit, beginnen muß, nach Brot zu gehen. Das ist für den Kleinen so und für den Großen, für den Berühmten und den weniger Berühmten.

Ein prominenter Dramatiker reist in ungezählte kleine Städte, von Ostpreußen bis ins Rheinland, und hält Vorträge. Er führt, plötzlich, ein gehetztes, unangenehm zerfahrenes Leben, das ihn völlig aus seiner Arbeit reißt; er muß das, weil diese Arbeit ihn ein Jahr lang ohne Brot läßt und weil er leben will.

Ein Landschaftsmaler sieht sich genötigt, das häßliche Kind unmöglicher Herrschaften zu porträtieren, ein Auftrag, der ihn anwidert. Die Herrschaften zahlen nicht einmal so gut – das Kind sei doch schließlich noch sehr klein und wiege keine fünfzehn Kilo. Der Maler, der ins Gebirge fahren möchte, um ein großes Schneebild zu malen, fabriziert das Konterfei und ist froh um jede Krone, die es ihm einbringt.

Der Schauspieler greift nach jeder Rolle, die sich ihm bietet, er läuft und springt, wenn der Rundfunk ruft, der Tonfilm winkt. Hat einer gewisse Möglichkeiten nach mehreren Richtungen, wie zum Beispiel ich, muß er lavieren und einteilen, daß es eine aufreibende Art hat. Will es mit dem Theater nicht klappen, gleich muß man zur Feder greifen, um nur irgendwie zu Geld zu kommen. Und auch innerhalb der Künste, denen man sich ergeben: darf man die Rollen nicht spielen, die man sich wünscht, nimmt man auch die komische Alte dankbar hin. Soll man das nicht schreiben, was man möchte, schickt man halt Berichte, schildert Hotels, die viel zu teuer sind, als daß man in ihnen wohnen könnte, und Autobusverbindungen von Ort zu Ort, wobei es darauf ankommt, sich und damit den Leser einigermaßen bei Laune zu erhalten. Denn tut man es mißmutig, bringt es ja wiederum kein Geld. Circulus vitiosus. Ich bin kein sehr typischer Fall, aus vielen Gründen. Immerhin: Zeichner schreiben und Schriftsteller filmen, – alle versuchen alles, – um nur existie-

ren zu können. Und wenn man mich bäte, vor einer größeren
Zuschauermenge mit dem Auto eine Turmtreppe hinaufzu-
fahren, wobei ich Maria Stuart zu deklamieren und gleichzeitig einen kleinen Bericht, meine «Eindrücke» bei diesem
Unternehmen betreffend, zu verfassen hätte, – ich würde es
gewiß versuchen.

Fremdes Nordland

Abends um sieben fährt man weg von Stockholm, – aber der
Himmel ist heller als bei uns um die Mittagsstunde. Schiff-
chen «Heimdal» ist nicht groß, aber ich bewundere den ersten Steuermann. Denn erstens hat er persönlich den Transport meines Autos aufs Boot geleitet, – hat es, das wie eine
gute blaue Kuh in die Höhe gezogen wurde, am Halfter ge-
lenkt und richtig zwischen die Paketpost an Bord niedergelassen, – und zweitens steuert er jetzt uns kreuz und quer durch
die Schären, als wäre es nichts. Stockholm bleibt hinter uns, –
klare helle Silhouette am Wasser, – «nordisches Venedig», –
ich glaube, es heißt sogar so.

In Schweden gibt es eine Sorte von Prohibition, die den
Ausländer am kränkendsten trifft. Der Einheimische nämlich
führt sein Alkoholbüchlein, er kriegt ab und an sein gerüttelt
und geschüttelt Maß behördlich zugeteilt. Wir kriegen gar
nichts – oder doch nur zum Essen ein bißchen – vorher
nichts, nachher nichts. Auf dem «Heimdal» wird das anders.
Die Bar ist belagert, alle wollen Cocktails und Whisky sehen.
Die Schären und felsigen Zwerginseln liegen im Wasser, wie
die Walrösser, man meint, ihre runden Rücken sich bewegen
zu sehen. Wach sollte man bleiben die Nacht durch, in der es
ohnedies nicht dunkel werden will. Die jungen Schweden
trinken erheblich. Einer sagt immerzu: «Goethes Verse sind

wie Musik, aber die Heringe der Ostsee sind dünner als diejenigen der Nordsee.» Das ist aus seinem deutschen Übungsbuch, man merkt es gleich an der klugen Art, in der die Sätze einander folgen. Nur Wochenschauen und Fibeln bringen so was zuwege.

Zwanzig Stunden fährt man durch ein ruhiges Meer. Ehe Helsingfors auftaucht – «die weiße Stadt des Nordens» –, kommt wieder viel kleines Inselzeug, auf dem wie Seehunde Menschen liegen und sich sonnen.

Die finnischen Beamten am Hafen sehen aus wie Paul Wegener. Ganz seine Backenknochen, seine östliche Schädelform. Aber ihre Augen sind von der nordisch starken Bläue, die sie zu Brüdern der Schweden macht, und sie haben dieselbe schlaksige Artigkeit, die uns drüben so gefiel.

Helsingfors macht ein bißchen den Eindruck einer russischen Provinzstadt. Nicht nur die alten Einsitzer-Pferdedroschken sind daran schuld, und auch nicht etwa das Hotel Kamp, das so viel Stuck, Vorkriegsmusik, alt-prunkhafte Weitläufigkeit bietet, daß man die russischen Offiziere tanzen und kartenspielen zu sehen glaubt, während man an die Fürstenzimmer denkt im ersten Stock und an die Stuben weiter oben, die für Fürsten gewiß gar nichts wären. «Grand-Hotel» in Moskau, – es ist ganz derselbe Stil. In den Straßen die Häuser wechseln: es sind die Bauarten des alten und neuen Rußland, die einander ablösen. Weißer Stuck, Zierat und Türmchen auf der einen, – Eisenkonstruktion, Glas auf der anderen Seite. Helsingfors hat, in einem Haus, das den neuen Stil aufs glücklichste repräsentiert, die «größte Buchhandlung Europas». Ob sie das wirklich ist, ob es noch eine größere gibt, – als diese «Akateminen Kirjakauppa»? Jedenfalls hat sie vier enorme Schaufenster und geht durch zwei Stockwerke. Alle europäischen Literaturen sind reichhaltig vertreten, – wir kaufen das «Tempo» und ein Buch von Gide.

Es ist sehr still in Helsingfors, trotz dem lebhaften Verkehr. Plötzlich merkt man, woran es liegt: niemand hupt, niemand klingelt. Es ist absolut verboten. Schweigend biegen die Autos um die Ecken, sucht die Trambahn ihren Weg. Nun, da man weiß, man darf nicht, leidet man. Man fährt wie ein Dilettant, – steht ständig auf der Bremse.

Am Abend gibt es Freilichtoperette, – russisches Ballett tritt auf, – so gut habe ich kaum je tanzen gesehen. Das Publikum: finnische Soldaten, schwedische Matrosen, – junge Leute von Helsingfors. Die, mit denen wir zusammen sind, sprechen sämtlich fünf Sprachen: Schwedisch, Finnisch, Deutsch, Englisch, Französisch. Nichts schwerer als Finnisch, sagen sie – es gibt dort 18 Fälle zum Beispiel, – 18 verschiedene «Fälle» für die Substantiva.

Wir fahren durchs Land – 300 Kilometer nordöstlich, weite, weite unbebaute Gegend, schmale Straßen, denen in der Mitte Kies- und Sandbänke eignen und deren Kurven und Abhänge überraschend kommen. Schnell fahren verboten – über 65 Kilometer die Stunde verboten! Fünf Blockhütten sind ein Dorf – Dörfer alle 40 Kilometer eins. Das Gut, wohin wir reisen, liegt am Ruowesi-See vor der Nasjarvi-Seen-Gruppe, deren Wasser so eisenreich ist, daß wir goldene Beine und Arme haben beim Schwimmen. Es gibt Krebse zum Abendessen, Hunderte von Krebsen – die routinierten Finnen essen ihrer 40 in kurzer Zeit; dabei sind die Tiere so groß wie anderswo die Hummer.

Um zwölf ist es noch nicht finster. Rötliche Streifen im Westen zeigen, wohin die Sonne gegangen ist. Derweil fängt sie schon an, den Osten zu färben, und betrügt die Welt um eine Nacht.

Vor der Premiere

Der lange Nachmittag, der dem Premierenabend vorausgeht, enthält jedesmal wieder eine Mischung aus zwei verschiedenen Seelenverfassungen und Stimmungen: Die eine ist weihnachtlich-freudiger Natur, sie hat ganz die Unruhe, die Erfülltheit, die schwebende, bangende Wartelust, die uns als Kinder bestürmte, bis der Christbaum angezündet wurde. Die andere kennt man aus Erfahrung kaum, aber so muß sie sein und nicht anders: Die Laune des Verurteilten, wenige Stunden vor der Hinrichtung. So muß er die Dinge mustern, so «zum letztenmal», so muß er herumgehen, so muß sein Herz klopfen, so muß er die Minuten bewachen, wie sie zerfließen, und die Stunden, wie sie zäh zergehen, wie sie unwiderruflich versinken in die fürchterliche Tiefe, auf deren Grund das Schafott ihn erwartet.

Der Schauspieler hat Wochen hinter sich, in denen es Besinnung nicht gab. Er hat von früh bis spät gearbeitet und getobt, seine Gedanken, Bemühungen, Lebensäußerungen galten ganz der Erfüllung seiner Rolle. Trat er am späten Nachmittag aus dem Dunkel des Theaters auf die Straße hinaus, blinzelte er wie ein Nachtvogel ins Licht, hockte er wie eine Eule beim schwarzen Kaffee, war er für nichts und niemanden verwendlich, war er präokkupiert, in einem Grade, der rührend für seine Freunde, verdrießlich für seine Bekannten, unverständlich für Fremde blieb. Rief man ihn an, wollte man etwas wissen von ihm, antwortete er bestenfalls mit Brocken aus dem Stück, verteidigte er seine Auffassung der Rolle, die er spielen würde, schimpfte er auf einen Kollegen – «der Kerl steht an der Rampe und schreit!» sagte er, würgende Bitterkeit in der Kehle – «ein Ellenbogenschauspieler ist das, nichts weiter! Und *meine* Nuancen, die stilleren, feineren, weißt du, die fallen in den Souffleurkasten!» So äußerte er sich, wenn man Glück hatte. Wahrscheinlich aber machte sein Apparat tu, tu – und er ging überhaupt nicht ans Telefon.

Das geht so, bis nach der zweiten Generalprobe. Da ist noch einmal gründlich der Teufel los, da fliegen noch Perücken, flattern Kostüme, da schreit es und da kracht es, da ist der Riesenstunk mit dem Souffleur, da weint es, da raucht es und da tanzen grüne Flammen der Erregung, des Zornes, des Ehrgeizes, der Verzweiflung vor den Augen des bedrohten Schauspielers.

Aber dann? Dann ist Durchsprechprobe – eine leise, alberne, plauderhafte, letzte Rekapitulierung des Textes, ohne Kostüm, ohne Beleuchtung. Die Schauspieler lachen viel, sie werfen sich die bedeutsamsten Sätze zu wie Glitzerbällchen, der Regisseur selbst hat den Todesernst vergessen: ist er derselbe noch, der gestern so grauenhaft gewütet? Mild und andächtig horcht er, was seine Kinder, galgenhumorhaft verklärt, vor sich hin murmeln. «Adieu, erholt euch!» ruft er, wenn alles vorbei ist, – «schlaft schön, – auf Wiedersehn – heut abend!»

Und dann kommt er, der weihnachtliche Vorhinrichtungsnachmittag, der stille, zähe, leere Wartenachmittag vor der Premiere.

Man könnte lesen, man könnte mit der Rolle auf dem Sofa liegen – ach, man hätte so viel Briefe zu schreiben – sollte man nicht wirklich schlafen?

Nichts! Nichts! Nichts! – das Telefon läutet – um Gottes willen, keinen Menschen! Die Uhr tickt – warum ist man so allein? Wie fängt die Rolle an? Vergessen! Du liebe Güte, absolut, endgültig vergessen! Trinkt man einen Schnaps? Das macht müde. Einen Kaffee? Der regt auf! Im Zimmer herumgehen, die Zelle durchwandern. Was ist mit dem Magen los – heiser ist man auch – es lebe die Hysterie! Wie wird es werden? Langsam, langsam kriecht der Abend in die Welt. Wenn man nur erst in der Garderobe wäre! Wenn nur der erste Satz erst ...

Ich schaue auf die Uhr. O, wie Schreiben doch die Zeit vertreibt! Ich habe ihn überlistet, den Nachmittag, ich habe ihn hinter mich gebracht, während ich ihn tückisch beschimpfte; er ist vorbei, versunken, ich darf aufhören – der Abend fängt an und mit ihm die Premiere. Weihnachten, Weihnachten ... ich verlasse das Haus, ich trete ein in meine Garderobe ... wie die Schminke mein Herz beruhigt, wie die Perücke es besänftigt ... nun klingelt es bald ... husch, husch, aufs Schafott!

Der «Dennoch»-Fasching Münchens

Die Einladungen, die der Münchner Fasching für diesmal verschickt, fangen großenteils so an: «Trotz der schweren Zeit haben wir uns entschlossen ...» «Trotz dem Ernst der Lage ...» Es ist genau wie im Krieg, bloß, daß heute niemand sich einfallen läßt, Lage und Zeit auch noch «groß» zu nennen.

Fährt man dann im schlichten Selbstfahrer auf die Feste, sagen die Taxi-Chauffeure «Weibsstück» zu mir, «nimmst uns das Brot weg». Man betritt also, im vollen Ernst der Lage, den Ballsaal.

Das Sonderbare fängt an. Nichts hat sich hier verändert seit Jahren. Das gleiche Bild, heut wie 1914. Außer der Welt liegen die Feste, es fließt, als sei nichts geschehen, der Sekt, es tanzen fern, fern der «Wirtschaftskrise» die Paare daher, die Pierrots, die Matrosen, die Inderinnen. Etwas nackter die Männer als die Frauen, das ist der ganze Unterschied. Die alte, unverbindliche Zärtlichkeit, Frechheit, Aufgelöstheit liegt in der Luft.

Leute kommen, die man nie gesehen. Sie sagen triumphierend: «Du bist die X., ich weiß!» und sie tun so, als läge schon darin eine Beleidigung, die sie sich aber heute, weil Fasching ist, Gott sei Dank, leisten können. «Heut kann ich dir's ja sagen, du nimmst mir das, heute, doch nicht übel!» – «Weil Fasching ist! ...» Das sind die Redensarten von großer Gültigkeit.

«Fasching.» Wer erklärt es sich? Erwachsene Menschen, denen zur Lustigkeit der kleinste Grund fehlt, gehen verkleidet und gegen hohen Eintrittspreis in Gesellschaft und legen lachend ihr letztes Geld auf den Tisch.

Man turnt herum, von einem zum andern, trinkt nicht viel, aber alles durcheinander. Man tanzt mit einem ganz berühmten Nazi – plötzlich fällt einem das ein. Während man wütend bremst, flüstert er begütigend. «Laß doch», sagt er, «laß doch, Affe – Fasching.» Und er hat recht, so albern es klingt. –

Ein junger Maler kommt. Schwarzes Gelock in der niederen Stirn. Er sagt: «Ich sitze *irgendwie* bei dir», und das tut er dann auch, bis man ihm wegläuft. Seine Freundin sei ein Roman, sagt er, ein ganzer Roman, «aber davon kann man nicht leben». Die niedere Stirn verfinstert sich, für eine Sekunde blitzt die Wirtschaftskrise in den Anachronismus der Landschaft ...

Dann geht der Tanz weiter. Wer zählt den Sekt? Irgendwer aus einer Loge. Ein Herr im Frack, eine Dame im Abendkleid. Ein Berühmter rauscht herein, ein ganz Prominenter. Die Schreckschüsse der Fotografen knattern durch den Saal. «Herr auf dem Gespensterfest.» – Zu spät, als daß einer noch zuhören könnte, treten Leute auf und singen Aktuelles. Mädchen tanzen auf Klavieren. In den Logen geht es hoch, aber unverbindlich her. Das herzt sich und das lacht sich zu. Wie heißt du? Weiß nicht. Wann sehn wir uns? Nie ...

Wo kommen denn auf einmal die Weißwürste her? Ist es schon so früh? Kommt ihr noch mit zu uns, oder zu uns, oder zu uns zum Kaffee? – Nach Hause!

Die Taxis sind weg. Weibsstück haben sie, ungerechter-

weise, gesagt. Der Wagen sieht aus wie eine Hexenhütte, so
sehr hat es geschneit. Der Himmel ist dunkelgrau vor
Schnee. Wieso ist denn das Auto voll von Leuten? Der junge
Maler sitzt irgendwie, sein Roman daneben. Zwei Schauspie-
lerinnen desselben Fachs hocken enggeschmiegt. «Wir wohnen weit draußen», rufen sie einmütig, «das macht doch
nichts?»

Man fährt und fährt, kreuz und quer durch die verschneite
Stadt. Wenn man vor der eigenen Tür hält, ist man nüchtern
geworden, und der Tag ist da.

TEIL III

Hitler: Eine Gefahr für den Weltfrieden

Texte aus dem Vorkriegsexil

(1933–1939)

Unterwegs mit der Pfeffermühle

Über Herkunft und Hoffnung des kleinen Zeittheaters.

Meine Damen und Herren,
darf ich Ihnen zunächst sagen, wie sehr ich mich freue, hier
und heute in Ihrer Mitte zu sein. Ich freue mich tatsächlich
ganz besonders, und ich weiß sehr wohl die besondere
Freundlichkeit zu würdigen, daß ein tschechischer Klub vom
Rang des «Přítomnost» mich zu sich bittet, damit ich einen
Vortrag halte. Beim Aussprechen des Wortes «Vortrag» freilich wird meine Freude ein wenig durch Angst verschleiert.
Ich kann nämlich gar keinen Vortrag halten, – ich habe noch
nie im Leben einen gehalten, und ich weiß buchstäblich nicht,
wie man es macht.

Zu der freudigen Angst aber, die mich erfüllt, weil ich hier
sprechen soll, gesellt sich noch ein weiteres Gefühl: Der
Kummer nämlich darüber, daß ich es nicht tschechisch tun
kann. Ein alter Freund von mir hat neulich gesagt: «Es ist
merkwürdig, meine Frau ist mir so sympathisch, – aber ich
beherrsche sie nicht.» So und nicht anders ergeht es mir mit
Ihrer schönen Sprache, – sie ist mir so sympathisch, aber ich
beherrsche sie nicht, – zu meinem Kummer.

Zerrissenen Gefühls also, zwischen Freude, Angst und
Kummer, fange ich an, ein bißchen zu erzählen.

«Unterwegs mit der Pfeffermühle. Über Herkunft und
Hoffnung des kleinen Zeittheaters», kein Vortrag von Erika
Mann.

«Die Pfeffermühle» ist kein Emigrationskind, vielmehr ist
sie älter und ehrwürdiger als etwa das Dritte Reich. Wir
gründeten sie schon im November 1932, um sie am 1. Jänner

1933 in der Münchner «Bonbonniere» zu eröffnen. Wir, – das waren ein paar junge Münchner Künstler, – vor allem die Giehse, Therese Giehse, der Stolz damals der Münchner Kammerspiele und unser Stolz noch heute, Magnus Henning, unser Musikant, mein Bruder Klaus und ich.

Wir hatten zwei Hauptgründe, so eine Pfeffermühle aufzustellen. Es ging bergab mit dem Theater. Seit langem befriedigte es den Schauspieler, der sich ihm verschrieben hatte, so wenig wie das Publikum. Woran es eigentlich lag, wo die Wurzel dieses Niederganges versteckt war, – wir wußten es nicht zu sagen, – er demonstrierte sich uns in einem Gemisch aus schlechten Stücken, törichtem Geschäftsgebaren, überzahlten Stars, unbezahlten Ensemblemitgliedern, – und, alles in allem, in einer Atmosphäre, die weder mit Kunst mehr viel zu tun hatte noch mit dem sogenannten Leben, – wenn Sie mir diese falsche Gegenüberstellung erlauben wollen, – denn wirkliche «Kunst» auf der Bühne hätte ja Leben enthalten, – und wirkliches «Leben» auf der Bühne hätte Kunst bedeutet. Das war der eine Grund, – wir waren nicht glücklich im Theater. Sogar die Giehse nicht, obwohl sie *alles* spielte, was gut und teuer war – und wir hatten die größte Lust, etwas anderes zu probieren, – etwas, das weniger kostspielig und leichter beweglich wäre als das Theater. Aber davon später.

Die zweite Erwägung, die es uns aussichtsreich erscheinen ließ, eine Pfeffermühle zu bauen, lag in München selbst verankert, in der aparten Situation, die diese Stadt in diesen Monaten inmitten des Reiches innehatte. Es ging bergab mit dem Theater, – überall, – aber es schien bergauf zu gehen mit München um diese Zeit.

München war dem aufstrebenden Nationalismus durchaus abhold, – man kannte das, man selber war als Brutstätte mißbraucht worden, hatte es sich zutraulich gefallen lassen, aber nun hatte man es ziemlich satt. Man war nicht übertrieben geistfreundlich von Natur, – das hätte sich mit dem dunklen Bier nicht vertragen – aber man sah im Geiste mit Recht einen Gegensatz zum, eine Waffe gegen das Nazitum. Und so ergab sich das Seltsame, daß in diesen Monaten Leute des freien Geistes von Berlin nach München zu emigrieren begannen. Leopold Schwarzschild traf ein, um das «Tagebuch» in München zu redigieren, manch anderer folgte seinem Beispiel.

Genug: Ein guter Wind wehte für unsere Pfeffermühle. München ist reich an Tradition. Brettl und höhere Kabarettkunst hat dort Triumphe gefeiert, ehe wir noch in der Welt waren. «Die elf Scharfrichter», Wedekinds und seiner Kameraden Gründung, müssen herrlich gewesen sein, – an ihren Gedichten sich zu schulen, war fruchtbar und lehrreich; aber auch etwas später noch, als wir immerhin schon Schulkinder waren, gab es in der Bonbonniere Kabarettvorstellungen von großem Glanz. Gussy Holl sang die Lieder von Kurt Tucholsky, und von einem Tänzer namens Ingo weiß man in Schwabing noch heute, daß er unvergleichlich gewesen ist.

Die «Pfeffermühle» begann am 1. Januar 1933 mit einem Programm, das diese Tradition nicht verleugnete. Von einem eigenen Stil war noch wenig zu spüren, wir tappten munter in den großen Spuren umher, wobei wir den Versuch machten, die Dinge als lächerlich hinzustellen, die uns lächerlich vorkamen, und für die zu werben, um die es uns zu tun war. München freute sich herzlich mit uns – die urreaktionären «Münchner Neuesten Nachrichten» waren völlig hingerissen.

Am 30. Januar wurde Hitler Reichskanzler, und als er, nebenan, im Hofbräuhaus, seine Antrittsrede hielt, hatten wir schon ein neues Programm. Wir spielten gegen ihn an, Wand an Wand mit ihm und unter dem Jubel seiner Untertanen, oder vielmehr der «Geführten», wie das jetzt heißt. Erst nach dem Reichstagsbrand veränderte München sein Gesicht. Wohl unter dem Einfluß des dunklen Bieres fand man es dort von den Kommunisten tatsächlich dermaßen häßlich, den Reichstag angezündet zu haben, daß nun wirklich etwas zu geschehen hatte. Die Wahlen verliefen wie man weiß, Ritter von Epp zog ein in München, schon erfolgten die ersten Verhaftungen aus den Kreisen des freien Geistes. Der Herr Wirt wollte, daß wir weiterspielten, unter SA-Schutz, es sollte uns gewiß nichts passieren.

Wir reisten dann ziemlich plötzlich.

«Die Pfeffermühle» draußen wieder zu Leben zu erwecken, war nicht ganz leicht. Nachdem wir uns ein halbes Jahr lang vergeblich gemüht hatten – erst war Paris uns geeignet vorgekommen –, fanden wir in Zürich ein kleines Kutscherlokal an verrufenem Platz in der Altstadt, den «Hirschen». Das war im September '33. Wir warben ein paar neue Leute an, auch Schweizer waren dabei, Österreicher, ein Russe, und führten fort, was wir in München begonnen hatten. Die Goslar kam hinzu. Wir waren alle ziemlich fleißig und leidenschaftlich bei der Sache, unserer Sache. Dabei entfernten wir uns unwillkürlich mehr und mehr von der Sache unserer Vorbilder, – der Elf Scharfrichter oder der kleinen Revuen, wie wir sie aus dem Nachkriegsberlin kannten.

Wir hatten es schwer bei der sogenannten Programmgestaltung. Alles, was wir sagen wollten, mußte allgemein verständlich gesagt sein, einem jeden zugänglich. Wir durften nichts voraussetzen an irgendwelchen literarischen oder politischen Kenntnissen oder Sympathien. Es sollte für Zürich ebenso möglich sein wie für Bratislava, so sehr wie für Amsterdam. Das zu machen, was man Programm nennt, war uns streng verboten, – übrigens hätte es sich mit unseren Vorstellungen von der künstlerischen Seite unserer Sache kaum vertragen. Alle Anspielungen auf die Verhältnisse des Landes etwa, wo wir uns gastweise aufhalten durften, waren verpönt, – wir sahen uns vor die Aufgabe gestellt, mit kleinsten Mitteln, fast ohne dekorative Beihilfe (denn dafür hatten wir

weder Geld noch Platz), zu siebt oder acht, wie wir waren, etwas auf die Beine zu stellen, das unserer Überzeugung, unserem Grimm und unserer Hoffnung Ausdruck verlieh, – einen
indirekten, ins Künstlerische übersetzten Ausdruck, – keinen
grell plakathaften, der unerlaubt gewesen wäre, vor den be-
hördlichen wie vor den künstlerischen Gesetzen.

Vor allem hatten wir den Wunsch, nicht exklusiv zu sein, –
nicht nur zu denen zu sprechen, die «es» ohnedies schon wissen, sondern ein breites, unbefangenes Publikum zu interessieren, weil wir etwa wollten, daß die Bauern in den kleinsten
schweizer Dörfern und die Angelverkäufer in den holländischen Nestern die Dummheit hassen sollten, wie wir sie hassen; und weil wir wußten, daß es nichts nützen würde, wenn
wir ihnen nur vorsagen: «Haß du, bitte die Dummheit», –
stellten wir ein Scheusal her, ein übergroßes und mächtiges
Gespenst, das alles in apokalyptisch-heroischem Unsinn redete, wie wir ihn von der Dummheit zu hören gewohnt sind,
und das dermaßen greulich und ekelerregend war (Sie erinnern sich vielleicht, – die Giehse hat das dargestellt, ganz in
rosa und mit einer abstoßenden Engelperücke), daß jedem,
der es sah, die Lust auf Dummheit bis auf weiteres verging.

Oder wir versuchten es mit den alten Märchen, indem wir
ihren volkstümlich anerkannten Inhalt, ihre volkstümlich
anerkannte Moral auf die Dinge des heutigen Lebens bezo-
gen. Dilettantismus, Größenwahnsinn und Verbrechen wollten wir an den Pranger stellen? Aber da gab es doch das
Grimmsche Märchen von des Fischers Fru, Ilsebill, die so
lange aufstieg, König, Kaiser und Papst wurde, bis der Himmel sie zerschmetterte, da sie nämlich Gott selber werden
wollte, in ihrer unvergleichlichen Hybris. Unvergleichlich –
aber wir verglichen mit einem Lebenden in aller Stille, und
das Publikum, in schweigendem Übereinkommen mit uns,
verglich ebenso.

Verzeihen Sie mir bitte, wenn ich auf solche, gewiß unbedeutende Einzelheiten hinweise, – aber mir liegt daran, die Methode zu beleuchten, nach der wir unsere Versuche, «Gesinnung» darzustellen, ausführen. Die Fischerin übrigens werden wir gleich nachher für Sie aufführen als Illustration quasi für die unter Ihnen, welche sie noch nicht kennen, und für die, denen sie schon bekannt ist, als hoffentlich nicht unerwünschte Reminiszenz.

In die C.S.R. kamen wir vor etwa einem Jahr zum ersten Mal, – wir hatten damals schon eine holländische und drei schweizer Touren hinter uns. Sie wissen, wie freundlich man uns hier aufgenommen hat, und daß von Anfang an auch so viele anderssprachige Menschen – Tschechen, Ungarn etc. – zu uns kamen, darüber waren wir ganz gerührt und glücklich. Auch sonst ist viel Anlaß, glücklich und gerührt zu sein in diesem Lande, – wir gingen in der alten Stadt spazieren, im Hradschin und in den Gassen, die hinaufführen, – man kam sich ganz verzaubert vor dabei, Sie wissen es besser als ich.

Ein großes Erlebnis war es, Voskovec und Werich zum ersten Male zu sehen – ich war von dem, was sie spielten, überzeugt und gefangen nach den ersten fünf Minuten. Das kam so nahe unserer Vorstellung von einem Theater, wie es heute sein muß und im Grunde sehr viel anders gar nicht sein darf. Da war all das, was wir suchen, – die lebendige Buntheit, die auf ein breites Publikum zu wirken imstande ist, – die schauspielerische Persönlichkeit, die, was sie spricht und tut, gültig erscheinen läßt, die Haltung und Gesinnung, die ins Volk gebracht wird, während es sich nur belustigt glaubt, die Direktheit, mit der dieses Volk angesprochen wird, und dabei die Luft von künstlerischer Kühnheit, die über dem Ganzen liegt. Es war alles danach angetan, um glücklich und gerührt zu werden – wieder einmal – in Prag, und es war, um nachdenklich zu werden und um Antwort zu suchen auf Fragen, die wir uns selber stellen und die von außen her oft genug an uns gestellt werden. Kunst für Theater, – Kunst also für die schaulustige Menge, – ist sie heute gut und richtig, wenn sie keine Beziehungen zu den Dingen unseres Lebens hat, wenn sie keinerlei entfernte Beziehungen aufweist, – sagen wir ruhig, – zur Politik? Zur Politik im weitesten Sinne wohlverstanden, – zur Politik, wie sie täglich und stündlich hineinspielt in unser Leben, in das Leben jedes einzelnen, und wie sie schlechthin nicht wegzudenken ist aus diesem Leben. Ich habe es zum Beispiel nie verstanden, wie ein Mensch sagen kann, etwa, das deutsche Ding berühre ihn nicht weiter, denn er sei unpolitisch. Aber es ist das menschlich Allgemeinste, worum es hier geht, und die menschlich allgemeinsten Werte und Errungenschaften sind es, die sich in großer Gefahr befinden!

Unpolitisch? Gewiß, – von Natur sind wir es alle, das Leben wäre hübscher, leichter, verantwortungsloser, wenn wir es hätten bleiben dürfen. «Ich wollte, die Revolution wäre erst gemacht, damit man endlich mit der Literatur wieder anfangen dürfte», das hat ein junger Franzose gesagt, der jetzt tot ist, René Crevel, ein Poet seines Zeichens: Er starb freiwillig, und ich glaube, daß es ihm zu lange gedauert hat, – er hätte so gerne gleich mit der Literatur wieder angefangen, – aber die Revolution, wie er sie meinte, lag noch in allzu ungreifbarer Ferne.

Eine andere Frage, – und es ist die, die solche Stimmen aus dem Publikum am häufigsten an uns richten: Glauben wir an eine Erfolgsmöglichkeit? An die Chance einer wirklichen Einflußnahme auf diejenigen, die uns zuhören? Man muß bescheiden sein, und jeder kämpfe mit der Waffe, die ihm zur Verfügung gestellt ist. Einflußnahme im Sinne von Bekehrung? Im Sinne von sich-auf-die-Brust-schlagender Einkehr und Reue auf seiten des zu Bekehrenden? Gewiß nicht! Aber wir haben kein Propagandaministerium und nicht das, was «dort» in beinahe schon belustigendem Zynismus ein «Ministerium für Volksaufklärung» genannt wird. Wir haben nichts als unsere eigene Stimme und Person. Wenn diese Stimme und Person glaubwürdig wirkt, auf die Menschen, wenn es nur gelingt, dem Gesprochenen und Dargestellten die Autorität zu verleihen, die von jeder ehrlichen Bemühung ausgeht, daß sie durch ein wenig Talent und Können gestützt ist, wenn täglich nur einige Wenige nachdenklich werden und sich besinnen, an all den vielen Abenden des Jahres und in allen den vielen Städten und Städtchen, die wir bereisen, – man muß bescheiden sein, – und die «Pfeffermühle» wäre glücklich, wenn sie ihr winziges, – winziges, – winziges Teilchen dürfte beigetragen haben zum Sieg der Besinnung und der Vernunft in Europa.

Hitler: Eine Gefahr für den Weltfrieden

Meine Damen und Herren, –
all unsere Zusammenkünfte und Versammlungen, Versammlungen von Freunden der Zivilisation und des Friedens – und das ist gleichbedeutend mit Versammlungen der Feinde des Faschismus –, all unsere Versammlungen, ob «linksgerichtet» oder konservativ, ob jüdisch oder nicht, sollten vor allem mindestens ein Merkmal haben, das sie deutlich von den Treffen unserer Gegner drüben auf der anderen Seite unterscheidet. Bei unseren Versammlungen soll und darf niemals gelogen werden. Unsere Situation ist günstiger. Wir haben einen großen Vorteil auf unserer Seite, obwohl er keinesfalls offensichtlich ist. Die Wahrheiten, die uns wichtig sind, sind mächtiger und überzeugender als alle Unwahrheit, die von einem Propagandaministerium nur zu einem Zweck geschaffen und erdacht wurde: nämlich zur Verbreitung der Unwahrheit.

Mein heutiges Thema lautet – und es ist ein weites Feld, das ich unmöglich umfassend in der kurzen mir zur Verfügung stehenden Viertelstunde erschöpfend behandeln kann: «Die Frau im Dritten Reich». Und da es meine erklärte Absicht ist, die Wahrheit und nichts als die Wahrheit zu sagen, auch wenn diese Wahrheit unbequem ist, muß ich einen Punkt gleich zu Beginn zugeben: Es waren die Frauen, die Hitler gewählt haben.

Es würde zu weit führen, den Stellenwert und die Gefahren des Frauenwahlrechts zu erörtern, aber es ist eine Tatsache, daß das emotionale Element gerade im Fall von stimmberechtigten Frauen eine große Rolle spielt, und ihre Gefühle entschieden sich in diesem Fall für den gestutzten Schnurrbart, die Schaftstiefel und die haltlosen Versprechungen – ihre Gefühle glaubten, was ihnen schmeichelte. Alle Frauen liebten ihn; sie waren von Anfang an seine wahren und begeisterten Anhänger, aber sie sind weit bitterer als jede andere Gruppe in jenem so stark enttäuschten Land enttäuscht worden.

Die erste Forderung, die der nationalsozialistische Staat an die Frau stellte, war keine geringere als diese: Sie sollte aufhören, ein vernunftbegabtes Individuum zu sein – aufhören zu studieren und außerhalb des Hauses zu arbeiten, ihren Ehrgeiz mit dem Mann zu teilen, kurz: Sie mußte in den Schoß der Familie zurückkehren, die sie würdevoll auf dem Pfad der Ehrbarkeit geleiten sollte. Die Familie – wenigstens ist es das, was Hitler versprach, als er dieses zerbrechliche Wort Tag für Tag in all seine Mikrophone brüllte – die Familie sollte einmal mehr blühen und gedeihen. Sie mußte gehegt und wiedergeboren werden, diese so kostbare Einheit, die von Marxisten und Materialisten schon halb zerstört worden sei (und es hätte sich sicher niemand gewundert, wenn er zufällig auch die Surrealisten in seiner Verbrecherliste aufgezählt hätte, denn er wählt seine Fremdworte nicht

immer glücklich, und dieses muß in der Tat höchst verführerisch gewesen sein).

Die Frauen, die schon vom gestutzten Schnurrbart und
den Schaftstiefeln getäuscht worden waren, glaubten die Ver-
sicherungen, die ihnen entgegengebellt wurden. Aber was ist
tatsächlich aus der Familie im Dritten Reich geworden? Was
ist aus dem würdigen und behüteten Dasein geworden, das
das Los der Frau hatte werden sollen?

Wie Sie alle wissen, hat der totalitäre Staat einen gesunden
und kräftigen Magen. Er verschlingt sie alle, einen nach dem
anderen: den Vater, die Tochter, den Sohn. Da gibt es den
Kriegsdienst, den freiwilligen Arbeitsdienst und noch viele
andere Mittel, die Familie auseinanderzubringen und den
Mann von seiner Frau, den Sohn von seinem Vater, die Tochter von ihrer Mutter fortzureißen. Ein Beispiel: Alle Mädchen, die das fünfzehnte Lebensjahr erreichen, müssen sich
in Deutschland für eineinhalb Jahre im freiwilligen Arbeitsdienst abrackern – das bedeutet weg von zu Hause, auf dem
Land, im Haus von vollkommen fremden Bauern oder Land-
besitzern. Und dort arbeiten sie für eineinhalb Jahre wie
Landfrauen. Um vier Uhr früh müssen auch die zartesten
und künstlerisch begabtesten kleinen Mädchen zum Ausmi-
sten in den Stall. Eine kleine Freundin von mir, fünfzehn
Jahre alt, Tochter eines bayerischen Adligen und ihres Zeichens Harfenistin, schreibt mir in tiefster Verzweiflung, daß
alles hoffnungslos sei: Alles Üben sei umsonst gewesen, die
Arbeit vieler Jahre, die Opfer, die ihre Eltern auf sich genommen haben, um ihre Studien möglich zu machen – denn nun
kommt eine Unterbrechung von eineinhalb Jahren und, was
noch schlimmer ist, eine Unterbrechung, die ihre Hände mit
Sicherheit ruinieren wird. «Leb wohl, Musik!» schreibt das
Kind, «lebt wohl, alle meine Hoffnungen und Pläne», und das
ist der Beginn ihres Lebens, das Leben einer Frau im Dritten
Reich.

Nun, wie wir alle wissen und wie Hitler schon sagte, ist eine Karriere nichts für eine Frau; sie soll Mutter sein; sie muß um jeden Preis Mutter werden, auch wenn sie selbst noch ein halbes Kind ist und kein Vater da ist, der die Verantwortung übernimmt – was soll's? Soldaten müssen her – oder zumindest potentielle neue kleine Soldatenmütter. Die Frau im Dritten Reich ist eine Zuchtstute, und wie jeder und alles andere auch muß sie nur einen Zweck erfüllen: die Vorbereitung und Ermöglichung des Krieges. Wozu noch Würde? Ein respektables Dasein? Alle überkommenen Werte werden hoffnungslos durcheinandergebracht. Was ist «Liebe» – gibt es überhaupt noch «Liebe»? Ein junges Mädchen weiß, denn soviel hat man ihr bei der «Eheberatungsstelle» – was für ein Wort! –, deren Aufsuchen ihr die Regierung eindringlich «vorschlägt», eindrucksvoll beigebracht – ein junges Mädchen weiß: Ich, die ich brünett mit einem länglich-schmalen Gesicht bin, muß mich im Bund der Ehe fortpflanzen, um Kinder mit blondem, kantigem Kopf hervorzubringen, obwohl ich sündigerweise und verdammenswerterweise jemand ganz anderen begehre. Ich liebe diesen anderen, aber ich würde ins Gefängnis, in die Nervenheilanstalt oder sogar ins Konzentrationslager geworfen, wenn ich meine Gefühle offenbarte, denn dieser andere ist ein Halbjude. Und wenn ich mich heimlich mit ihm treffen würde, zitternd, an irgendeiner dunklen Ecke, müßte ich mit der Wahrscheinlichkeit leben, daß mein eigener Bruder mich an die Geheimpolizei verraten würde, denn er ist der Kommandeur einer kleinen Sturmtruppeneinheit und möchte höher hinaus, Gruppenführer oder sogar Bezirksleiter werden.

Meine Damen und Herren: Sie alle wissen von diesen Dingen, aber es ist ein Unterschied, etwas zu wissen und es zu begreifen – zwischen dem Begreifen und der Fähigkeit, sich solche Dinge plastisch vorzustellen, liegt ein weites Feld. Die Unfähigkeit der meisten Menschen, sich Dinge plastisch vorzustellen und sie nachzuempfinden und sie nur für einen Moment mitzuerleiden, hat es Deutschland – ganz Deutschland – ermöglicht, denen in die Hände zu fallen, die es heute noch regieren und die so angestrengt versuchen, ihre gottlosen Methoden über die ganze Welt zu verbreiten, sofern der Rest der Welt das Unglück hat, die Tatsachen nicht rechtzeitig zu sehen und zu begreifen. Zum Glück unterstützen uns die Machthaber in Deutschland ein wenig und helfen unserer schwachen Phantasie auf die Sprünge, denn sie veröffentlichen Dinge und erklären sie in aller Unschuld für legal, von denen sie wissen müßten, daß sie eine erhellende Wirkung haben müssen und dazu dienen, der Welt die Augen zu öffnen.

Ich besitze ein Exemplar der «Nürnberger Gesetze», ein Reichsgesetzbuch «zum Schutze des deutschen Blutes und der deutschen Ehre», und ich möchte nicht versäumen, ein paar kurze Auszüge daraus zu übersetzen. Jeder wird zugeben, daß wir nicht zu lügen brauchen, wenn uns solche Wahrheiten zur Verfügung stehen. Um beim Inhaltsverzeichnis anzufangen: «Übersicht bestehender Hindernisse, deutsch-jüdische Ehen wegen rassischer Unterschiede zu verhindern». «Ehen zwischen einem Juden deutscher oder anderer Nationalität und einem einheimischen – das bedeutet deutschen – jüdischen Mischling mit einem Großelternteil (Vierteljude) sind verboten.» – «Weiterhin sind Ehen zwischen einem einheimischen jüdischen Mischling mit einem jüdischen Großelternteil (Vierteljude) und einem anderen jüdischen Mischling mit einem jüdischen Großelternteil verboten.»

Dies mag streng klingen, aber es gibt auch mildere Paragraphen. Ausländischen Vierteljuden ist es beispielsweise erlaubt, Deutsche zu heiraten, und die Tatsache, daß deutsche Vierteljuden ausländische Arier heiraten dürfen, ist noch beruhigender. Und all dies ist im «Reichsgesetz zum Schutze der deutschen Ehre» aufgeführt! Wir lesen nichts über Gesetze, die Ehen zwischen ausländischen Vierteljuden untereinander regeln, und wir sind ein wenig über das Schicksal ausländischer Achteljuden besorgt, die vielleicht eine Braut heimführen wollen, die einheimische Sechzehnteljüdin ist. Es gibt so viele von ihnen, und wir können kein einziges Wort über sie finden.

Andererseits gibt es in den Nürnberger Gesetzen reichlich Material über Hausangestellte. Zum Beispiel wird erlassen, daß Reichsdeutsche oder Personen artverwandten Blutes unter keinen Umständen in jüdischen Haushalten beschäftigt werden dürfen. Aber es ist eine komplizierte Frage, zu entscheiden, was es genau bedeutet, «in einem jüdischen Haushalt beschäftigt zu sein». Wir lesen wörtlich folgendes:

«Mit dem Haushalt verbunden und folgerichtig verboten ist regelmäßige Arbeit, wie etwa im Garten, Versorgung der Kinder durch eine Gouvernante usw. Dies schließt vor allem Putzfrauen und Zugehfrauen mit ein, deren Arbeit jedoch nicht tagsüber verrichtet werden muß, wie beispielsweise im Fall der Wäsche. Die Arbeit einer Näherin, Friseurin oder Masseurin usw. ist andererseits gestattet.»

«Im Fall der Untervermietung möblierter Zimmer an Juden steht der Beschäftigung einer weiblichen Haushilfe deutschen Blutes nichts im Wege, wenn der Untermieter nicht Teil des Haushaltes ist. Wenn der Untermieter jedoch am Familienleben des Vermieters teilnimmt, und besonders, wenn er seine Mahlzeiten gemeinsam mit der Familie des Vermieters einnimmt, dann gehört er zum Haushalt. Haushilfen deutschen Blutes dürfen dann nicht beschäftigt werden.»

Ich gebe zu, daß all dies eher komisch als gefährlich klingt – in Wirklichkeit ist es weit gefährlicher als komisch. Welch seltsamer, alles Ehrgefühl vergessender Irrsinn spricht aus diesen Erlassen, und wie schrecklich ist die Tatsache, daß sie angeblich zum Schutz der deutschen Ehre verfaßt wurden, die in unseren Augen seit vier Jahren so sehr befleckt worden ist!

Wie schon gesagt, es ist von höchster Wichtigkeit, die ganze Welt darüber zu informieren, was der Nationalsozialismus wirklich ist. Und zu diesem Zweck gibt es keine bessere Lektüre, keine, die wärmer empfohlen werden kann, als die Nürnberger Gesetze. Möge dieses hilfreiche kleine Buch tausendfach auf der New Yorker Weltausstellung verteilt werden – es wird dazu beitragen, die Atmosphäre der deutschen Schreckensherrschaft besser zu verdeutlichen, als es eine Wachsfigur je könnte, und kein Botschafter wird es wagen, seine Stimme zur Beschwerde zu erheben.

Meine Damen und Herren, ich habe gesagt und mußte es zugeben, daß die Frau mit ihrer gefühlsbetonten Vorstellungswelt nicht davon freigesprochen werden kann, beim Aufstieg des mörderischen Ungeistes mitgeholfen zu haben, den sie für Macht und Stärke hielt. Sie hat für ihr in die Irre geführtes Gefühl teuer bezahlen müssen – sie wird die Wahrheit einsehen, wenn sie es nicht schon getan hat. Dieses Gefühl zu betrügen ist jedoch gefährlich, und ich bin überzeugt, daß die deutsche Frau ihre Rolle bei den einschneidenden Veränderungen spielen wird, die zweifellos kommen werden.

Wir aber, die wir in Freiheit leben – wir, die wir das Glück haben, die Wahrheit zu erkennen, *bevor* es zu spät ist – wir müssen alles, wirklich alles in unserer Macht Stehende tun, mit all unserem Verstand und mit unseren Herzen, *um der Menschheit beim Erkennen der Wahrheit zu helfen*, so daß sie ihren Feind eindeutig sieht, den Erzfeind der Zivilisation, des Fortschritts und aller menschlichen Würde – Hitlers Faschismus!

Aufruf zum Boykott
deutscher Waren

Was bedeutet der Boykott deutscher Waren im Ausland? Welchen praktischen Effekt müßte es auf das Hitlerregime haben, wenn Produkte deutscher Herkunft nicht mehr, – gar nicht mehr, – gekauft würden? Lassen Sie mich das in primitiven Zügen erörtern, und lassen Sie mich vorweg sagen, daß ein konsequenter Boykott deutscher Erzeugnisse zur unmittelbaren Vernichtung des nationalsozialistischen Regimes führen würde.

Deutschland sah sich von jeher genötigt, eine große Reihe von Rohstoffen einzuführen, – selbst in den seligen Zeiten, da wir «unsere Kolonien» noch hatten, war das nicht viel besser. Deutschland hat zuwenig Stahl, keine Baumwolle, keinerlei südliche Erzeugnisse, – um nur ein paar wichtige Dinge zu nennen. Das Deutschland von heute hat aber, auf der andern Seite, auch sehr wenig Gold; das Naziregime hat mit den Goldvorräten des Landes gewüstet, wie es mit allen Gütern gewüstet hat, die es vorfand, mit den physischen und moralischen Kräften des deutschen Volkes, und mit seinem ideellen und materiellen Eigentum. So ist man also, wie Sie wissen, trotz aller Kompliziertheit der heutigen Wirtschaftsführung zu im Grunde primitiven Sitten und Gebräuchen zurückgekehrt, – will sagen zum Tauschhandel. Das Nazireich *braucht* Stahl und Baumwolle, – es *hat* im Überfluß gute Medizinen, schlechte Filme (movies) und kriegerisches Kinderspielzeug. Nur falls es loswird, was es produziert, kann es einführen, was es braucht: den Stahl und die Baumwolle. Das ist einfach. Bekommt aber Hitler seinen Stahl und seine Baumwolle nicht (um bei diesen zufällig gewählten Beispielen zu bleiben), dann kann er nicht fortfahren in seinen fieberhaften Rüstungen; kann er aber in seinen Rüstungen nicht fortfahren, dann ist a.) die Kriegsgefahr verringert, b.)

aber stellt die Rüstungsindustrie im weiteren Sinne den einzig florierenden Zweig am Hitlerischen Wirtschaftsbaum dar, – Hitlers einzigen Erfolg. All sein Lebensinhalt und Lebenszweck wäre vernichtet, und er selber müßte sich eines Morgens sagen, daß er überflüssig und sinnlos geworden sei: Hitlerdeutschland ohne die Möglichkeit, den Krieg vorzubereiten, das wäre wie ein Schlachtfeld ohne Soldaten.

Sie sehen, wohin es praktisch führen würde, wenn der Boykott aller deutschen Erzeugnisse in allen außerdeutschen Gebieten konsequent durchgeführt werden könnte und wenn die maßgebenden Wirtschaftsstellen aller außerdeutschen Regierungen sich in diese Richtung einigen dürften. Da dergleichen zu hoffen aber zweifellos hybride wäre, bleibt die Initiative dem privaten Einzelwesen überlassen, dem Leiter der Einkaufsfirma, – dem Käufer auf der Straße. Jede Flasche Kölnisch Wasser, die Sie kaufen, gnädige Frau, weil es so erfrischend riecht (als ob Yardley Lavender das nicht auch täte!), bedeutet ein Quentchen Stahl für Hitler, – ein Stückchen Flugzeug, das Bomben auf Ihre Kinder werfen wird, so bald wie irgend möglich. Jedes Bayer-Aspirin, das Sie schlucken, mein Herr, weil es so berühmt ist (als ob die amerikanischen Droguen das nicht auch wären!), bedeutet ein wenig Baumwolle für die Hosen des Hitlerschen Militärs, – erinnern Sie sich daran und handeln Sie danach!

Neben diesen rein praktischen und sachlich belegbaren Erwägungen aber existieren noch andere, die in ihrer Art vielleicht ebenso wichtig sind: Bei allem, was wir gegen Hitler tun und planen, sollten wir immer seine Psyche, seine hysterisch-verletzliche, manisch-labile Gemütsart mit in Betracht ziehen. Das Nazi-Reich steht und fällt mit Hitler. Hitler selber aber steht und fällt mit seinem Selbstbewußtsein, mit der Überzeugtheit davon, daß er, – Hitler, mächtig, herrlich glücksbegünstigt und weithin geachtet, nun einmal dazu berufen sei, nach Deutschland die ganze Welt seinem diktatorialen Willen zu unterjochen. Hitler ist ungebildet, – er versteht von keiner Sache etwas, – er kann weder Deutsch noch sonst das Primitivste, – der erfolglose Anstreichergehilfe aus Österreich hat kein Talent außer dem einen, daß er – liegt alles halbwegs günstig, – sich und andere glauben machen kann, er sei ein großer Mann.

Mißerfolg aber, *Mißtrauen* und *Nichtachtung* sind sehr dazu geeignet, das Selbstgefühl der aggressiven Mimose ins Wanken zu bringen, – denn es ist auf Sand gebaut. Oft genügen Vorkommnisse von scheinbar indirekter Bedeutung. Die Tatsache der Verleihung des Friedens-Nobelpreises an den deutschen Pazifisten Carl von Ossietzky, der bei Hitler im Lager saß, genügte, um den «Führer» fürchterlich aufzuregen und tagelang zu verstören. Wäre es geglückt, gar die Olympischen Spiele von Berlin fernzuhalten, Hitler wäre gewiß geschwächt aus seinem Wuttaumel über solche Kränkung hervorgegangen, – und sollte es gelingen, durch konsequenten Boykott der deutschen Waren dem Nazimachthaber zu zeigen, daß die Welt nichts von ihm hält und daß sie wünscht, er möge sich entfernen, das wäre bereits ein großer und wichtiger Schritt in Richtung dieser Entfernung, – daran ist kein Zweifel.

Die Zeit drängt, und nur das Allgemeinste ist gesagt. Lassen Sie mich wiederholen: Der Boykott deutscher Erzeugnisse bedeutet eine entscheidende Schädigung des Dritten Reiches, das ohne Ausfuhr seiner eigenen Produkte die Rohstoffe nicht einführen kann, die es braucht; die es *nicht* dazu braucht, um sein Volk zu ernähren und dessen Lebensstandard menschenwürdig zu halten (das Volk hungert, und sein Lebensstandard ist auf Kriegsniveau gesunken!); sondern die es benötigt, um die Schlachten vorzubereiten, mit denen es den Frieden der Welt bedroht.

Boykottiert deutsche Waren, und Ihr dient dem Frieden!

The European Scene

Meine Damen und Herren, –
nach einem Winter, den ich hier in Ihrem Lande, friedlich
und entrückt den europäischen Sorgen, verbracht hatte, kam
ich diesen Sommer nach Europa zurück. Es ist merkwürdig,
wie vertraut und traulich den Europäer seine Heimat anmutet und gleichzeitig, wie beängstigend und beklemmend. Der
Gedanke an den Krieg, der gewiß auch hier in der Luft liegt, –
dort wird er von allen Menschen gedacht, er beherrscht buchstäblich die European Scene.

Wir betreten das Gelände der Pariser Weltausstellung
ganz befangen von den beiden Grundgefühlen des heimkeh-
renden Europäers, dem der Vertrautheit und dem der Beäng-
stigung. Die reizende Anlage an der Seine, eine Szenerie, wie
geschaffen als festlicher Treffpunkt der Nationen, ist beherrscht, – wie die wirkliche große europäische Bühne, – von
dem gewaltigen Gegensatzpaar: Deutschland – Rußland. Die
beiden Pavillons der beiden feindlichen Großmächte stehen
sich wie drohend gegenüber, – vom Dache des russischen
scheint ein riesiges Menschenpaar aus Stein mächtig auf den
Beschauer zuzuschreiten, – während auf der Höhe des deutschen Baues der Reichsadler sich gefährlich zum Fluge duckt.
Beide Pavillons sind überfüllt von lebhaft diskutierenden
Menschen, und es ist deutlich, daß es sich hier nicht bloß um
die sachliche Neugierde von wißbegierigen Ausstellungsbe-
suchern handelt, sondern darum, daß beunruhigte und ge-
ängstigte Europäer erfahren möchten, von woher die Gefahr
kommt und wie sie aussieht. Wer wird den Krieg beginnen,
vor dem wir alle zittern? Und wird er die Auseinanderset-
zung darstellen zwischen den beiden Extremen Faschismus
und Kommunismus, – oder wird es vielmehr ein Krieg sein,
der zwischen Diktatur und Demokratie die Entscheidung
fällt?

Wir befinden uns noch im ersten Akt des europäischen Schauspiels, und noch scheint es uns möglich, daß die Gruppierung, welche wir augenblicklich beobachten, trügerisch ist. Augenblicklich wollen die faschistischen Mächte nur gegen den Kommunismus verschworen erscheinen, – die Demokratien sollen untätig bleiben, da sie, angeblich, nicht betroffen sind. Uns aber scheinen die Gegensätze Demokratie–Diktatur tiefer, echter, entscheidender zu sein als die Gegensätze Faschismus–Kommunismus. Vieles ist den Diktaturen gemeinsam, vieles bindet sie aneinander, in vielem wollen sie sogar dasselbe. Diktatur und Demokratie aber sind verschieden voneinander wie Schwarz und Weiß, Nacht und Tag, Tod und Leben.

«The European Scene»: wir gehen zwischen diesen Pavillons hin und her und erwägen in unserem Herzen die Situation der Länder, die sie repräsentieren auf der europäischen Bühne. Da ist Frankreich selber, die gewiegte, politisch erfahrene Republik, – gefährdet durch innere Unruhen, Streiks und die wirtschaftlichen Nöte der Gegenwart, – geeinigt aber doch nach außen, hochgerüstet und durchaus bereit, sich und die Demokratie zu verteidigen, – auch mit den Waffen, wenn es sein muß. Da ist das demokratische England, Frankreich zur Seite, abwartend, zögernd, stets darauf bedacht, Europa im Gleichgewicht zu halten, gleich abgeneigt beiden Extremen, dem kommunistischen wie dem faschistischen, – überzeugt immerhin, daß vom Faschismus her Gefahr im Anzug ist, rüstend also auch, – spät, aber heftig. Da ist Spanien, auf dessen blutig umkämpfter Erde eine Art Generalprobe abgehalten wird für den Fall, daß unser Schauspiel als Tragödie enden soll und Europa im Kriege. Der Faschismus, der sich hier in unseren Pariser Ausstellungstempeln so friedlich gebärdet, hier in Spanien zeigt er sein wahres Wesen. Es ist expansiv und explosiv, dieses Wesen, es ist in sich aggressiv, und es drängt zur Aktion, an allen Ecken unserer Szenerie wird es deutlich. Es gab drei Kriegsschauplätze in diesen letzten Jahren, und auf allen dreien waren es die faschistischen Diktaturen, die angriffen: im italienisch-abessinischen Krieg, im Spanischen Bürgerkrieg und beim Einfall der Japaner in China.

Spüren wir nun, warum so viel Nervosität sich in die Festesstimmung der Pariser Ausstellung mischt? Die kleinen Länder, – Holland, Belgien, die Schweiz, Österreich, die Tschechoslowakei, die Balkanstaaten, – sie alle sind Darsteller im europäischen Drama. Österreich, in gefährlicher Nähe des mächtigen Deutschland, wirtschaftlich unselbständig, politisch zerrissen, weiß sich dauernd bedroht. Starke Anti-Nazi-Strömungen in der katholischen Bevölkerung machen den Erfolg des Nationalsozialismus dort unwahrscheinlich; – aber die Bauern erhoffen ihn, und falls Hitler angriffe und Europa zusähe, wäre es gewiß schnell um Österreich geschehen. Die Schweiz und Holland, wirtschaftlich gesünder, aber trotzdem tief beunruhigt durch die Nähe des aggressiven Nazi-Nachbars, ausgesetzt seiner unterminierenden Propaganda, halten mit aller Kraft an ihren demokratischen Überlieferungen fest. Noch ist dort alles intakt, noch ist die Gefahr nicht akut. Aber sie existiert, sie lauert im Hintergrund. Sie lauert im Hintergrund auch für die Tschechoslowakei, die obendrein vermittels ihrer starken deutschen Minderheit den faschistischen Aufrührer geradezu im Lande selber hat.

Das ist die Szene, – und, um es kurz zusammenzufassen, – so sieht sie aus: der faschistische Block, also Deutschland, Italien, Ungarn (und, falls wir Asien einbeziehen wollen, Japan) beherrschen als die Angreifer, als die in sich Aggressiven das Bühnenbild. Die westlichen Demokratien, Frankreich, England und die kleinen Staaten, versuchen, notgedrungen, Schritt zu halten mit den Rüstungen der Faschisten, um sich doch wenigstens wehren zu können, falls diese zum direkten Angriff übergehen sollten. Diesen direkten Angriff aber sucht man mit allen Kräften zu vermeiden. Ja, man scheint bereit, an indirekten Angriffen eine erstaunliche Menge hinzunehmen, um nur das Schlimmste hinauszuschieben (siehe Abessinien, Spanien, China!). Rußland, das gewissermaßen eine Gruppe für sich bildet, versucht zur Zeit, sich der demokratischen Gruppe zu nähern, sowohl innen- als auch außenpolitisch geht dahin sein Kurs. Ob er freilich von Dauer sein kann, dieser Kurs, und ob nicht vielmehr die Diktaturen sich zwangsläufig einander nähern werden mit der Zeit, ist eine Frage, von der vieles abhängt für das Wohl oder Wehe Europas.

Wir unsererseits, die wir als Zuschauer gekommen sind, finden uns plötzlich befangen inmitten des Schauspiels. Und wir ergreifen Partei, wie ein naiver Zuschauer Partei ergreift, wenn das Stück spannend ist. O daß doch die Demokratien siegen mögen! rufen wir aus, – o daß doch *sie* die Oberhand gewinnen mögen in diesem Kampf um die Macht in Europa! O daß sie doch stark genug sein möchten, den Angreifer in Schach zu halten, – o daß er zurückgedrängt und kampfunfähig gemacht werden möge, ehe er das Blutbad anrichten darf, in dem der Erdteil ertränke. Und während wir rufen und hoffen, wissen wir, daß «unsere» Seite einen mächtigen Freund besitzt, einen, der jetzt nicht auf der Szene ist, weil diese Szene Europa heißt, aber dessen Größe und Stärke den Ausschlag zu geben verspricht und auf den wir uns verlassen können: Amerika. Es wird nicht tragisch enden, unser Stück, die Welt wird nicht zerstört werden durch den faschistischen Generalangriff, – denn man wird es zu diesem Generalangriff nicht kommen lassen. Dafür bürgen die Demokratien Europas, dafür bürgt die stärkste Demokratie dieser Erde, – die Vereinigten Staaten von Amerika.

Hilfe für Österreich

Meine Damen und Herren, –
auf dieser ganz langen Reise, die mein Vater durch Ihr großes
und herrliches Land gemacht hat, habe ich ihn begleitet. In all
den großen und kleinen Städten des Ostens, des Mittelwestens und Ihres schönen Westens habe ich mit ihm auf der
Plattform gesessen, während er Situation und Hoffnung der
Demokratie auf Erden diskutierte; und nach dem Vortrag
habe ich für ihn auf englisch, – wenn Sie das, was ich voll-
führe, Englisch nennen wollen, – die Fragen der Zuhörer für
ihn beantwortet, deren Lösung er mir auf deutsch zumur-
melte.

Die Fragen der Zuhörer, das war für uns mit das Interes-
santeste an der ganzen Reise. Woran sind die Amerikaner interessiert, – was möchten sie wissen, was fragen sie? Es ist typisch und schön, daß sie, fast überall und mit brennender
Neugierde und Leidenschaft, das folgende gefragt haben: Erstens: Wie können wir verhüten, daß die faschistische Barbarei auch in unserm freien Lande Wurzeln schlägt? Zweitens:
Wie können wir helfen, daß sie sich in Europa nicht weiter
ausbreitet, – wie können wir dort helfen, wo bereits die Luft
der Diktatur weht, in der freie und ehrliche Menschen phy-
sisch nicht atmen können, in der sie früher oder später zugrunde gehen müssen? Ich sage nicht zuviel, wenn ich Ihnen
erzähle, daß diese Anteilnahme der amerikanischen Öffentlichkeit uns ergriffen hat. Ist es nicht erschütternd, daß dies
Land, das geographisch durch ein Weltmeer getrennt ist vom
Ansteckungsherd und ideell durch mehr als ein Weltmeer, ist
es nicht ergreifend, daß dies Land, als einziges beinahe auf
unserer Erde, sich wirklich erschüttert, wirklich betroffen
zeigt, – daß es Amerika ist, das genug Phantasie, genug Vorstellungskraft besitzt, um über Räume und Jahre hinweg zu
begreifen, wie schaudervoll es aussieht in der von Hitler er-

oberten Welt, – und wie schaudervoll es aussehen würde, wenn jemals (aber das werden Sie verhüten) dies oder etwas Ähnliches den Vereinigten Staaten zugefügt werden sollte.

Es ist kein Zufall, daß unter allen Staatsleuten der Erde Ihr verehrter Präsident Roosevelt es gewesen ist, der sich um das Los der Hunderttausende von Flüchtlingen besorgt zeigte, – daß Ihr honorabler Secretary of the State Hull die Welt gewarnt hat, Amerika würde nicht nur den Flüchtlingen helfen, – es halte auf internationale Fairneß und, im Interesse dieser Fairneß, ohne die die zivilisierte Welt nicht weiterbestehen könne, verbitte es sich die gesetzwidrigen Räubereien gewisser Staaten. Es ist nicht anders: Seitdem England sich so seltsam, so überaus sonderbar benimmt, repräsentiert Amerika das Gewissen der Demokratie, und welch ein Glück für die Demokratie, daß hinter der amerikanischen Regierung ein Volk steht von größter, demokratischster Selbständigkeit und Aktivität, ein Volk, das handeln wird, nun, da es not tut.

Die beiden Fragen, die aus dem Publikum immer wieder an meinen Vater gerichtet worden sind: Wie können wir verhüten, daß hierher der Faschismus kommt? Und wie können wir denen helfen, die bereits zu seinen Opfern wurden? Es sind zwei uramerikanische Fragen, – hilfsbereit, aktiv und intelligent. Die Antwort ist vergleichsweise einfach: Wir müssen wachsam sein und tätig, schon gegen die harmlosesten, die scheinbar kindischsten Anfänge der Weltgefahr. Und wir dürfen kleine Opfer nicht scheuen, wo es gilt zu verhüten, daß wir eines Tages alles opfern müßten, – unsere Freiheit und unsere Ehre.

Meine Damen und Herren, – die Lage in Österreich ist unbeschreiblich, – unbeschreiblich in des Wortes direktester Bedeutung. Meine Heimat ist Süddeutschland, Bayern, München, – aber ich habe viel in Wien gelebt, und tiefvertraut ist mir die heitere, die musikalische, die gutgläubige, unkämpferisch abwartende Gemütsart der *lieben* Österreicher. Sie sind wie Kinder, die man im Schlaf überfallen hat, die man gekidnappt hat und die man sadistischerweise martert, während man versucht, möglichst viel Geld aus dem Verbrechen zu schlagen. Wenn Sie sich vorstellen, daß all diese friedlichen Demokraten – Liberalen, Juden, Katholiken, Hocharistokraten – ahnungslos und freudig für das legale Plebiszit ihrer legalen Regierung rüsteten und daß derweil die deutschen Bombenflugzeuge und Tanks schon unterwegs waren, zur «blutlosen Durchdringung» des Nachbarstaates! Wenn wir uns vorstellen, daß Menschen, die seit Jahren Deutschland gemieden hatten, weil sie die Freiheit liebten, eines Morgens aufwachten und in Deutschland waren, wo man sie umbringen wird, wegen ihrer Liebe für die Freiheit, – wenn wir an all die harmlosen, unpolitischen, unschuldigen Menschen denken, die dort geschunden und erniedrigt werden, – so wird der Wunsch zu helfen übermächtig, und ich weiß, daß jeder einzelne von Ihnen alles tun wird, was in seiner Macht steht, um sein Teil beizutragen.

Meine Lieben, – ich bin für Sie keine Autorität, ich habe kein Amt, – ich bin nicht einmal, – noch nicht –, ein amerikanischer Bürger. Ich habe nichts als meine Person, meine Stimme und meine Erfahrungen, die entsetzlich sind, und die vielleicht meinen Worten ein *wenig* Glaubwürdigkeit, – ein wenig Gewicht verleihen. Meine Freunde, – in Wien springen die Leute in wahnsinniger Angst, in Abscheu und Verzweiflung aus den Fenstern, weil ihnen zu einer schöneren Selbstmordart die Zeit fehlt! Einer meiner Freunde, ein hochberühmter österreichischer Schriftsteller, Alfred Polgar, schreibt uns aus Zürich, wohin er sich eben noch retten konnte: «Gestern kamen unsere Freunde zu unserer namenlosen Freude aus Wien hier an. So wie sie aussahen, stelle ich mir Menschen vor, die im Bergwerk tagelang verschüttet waren. Und es noch nicht glauben können, daß es wieder Luft zum Atmen gibt. Hier sitzt schon eine ganze Kolonie von

Flüchtlingen beisammen, die wenigsten haben so etwas wie eine Existenzmöglichkeit. Ihr wißt ja aus der Zeitung genug von den österreichischen Dingen, aber es ist alles tausendmal ärger, als die Korrespondenten zu berichten die Möglichkeit haben. Rache, Sadismus, Roheit und Räuberei toben sich hemmungslos aus ...» And so on.

Meine Damen und Herren, – es ist das erstemal in meinem Leben, daß ich auf einem Podium stehe und die Zuhörer bitte, Geld zu geben. Es ist das erstemal, daß ich überhaupt vor Ihnen stehe, und ich wünschte, der Anlaß wäre heiterer. Aber ich bitte Sie, – ich bitte Sie, so sehr und so dringend und so inbrünstig ich kann: geben Sie, – geben Sie, *was* Sie können! Der volle Ertrag dieser Sammlung wird dem Kampf gegen den Faschismus zugute kommen, – es versteht sich von selbst, ich erwähne es aber, um Mißverständnisse auszuschalten –, der ganze Ertrag wird in diesem Kampf verwendet werden. Und ich bin besonders glücklich, Ihnen sagen zu können, daß ein Drittel dessen, was Sie in Güte und Vernunft uns heute abend geben werden, – daß ein Drittel dieser Summe direkt den Flüchtlingen aus Österreich zufließen wird. Ein Drittel dieser Summe wird direkt und auf schnellstem diplomatischen Wege nach Prag und Zürich geschickt werden, – Menschenleben werden gerettet werden, – es wird möglich sein, Menschen vor Selbstmord oder Folter zu bewahren, – *mit Ihrer Hilfe!*

Ich danke Ihnen.

Reisebrief aus Spanien

Wir waren gewarnt worden. In Paris hatten unsere Freunde (und nur wer es gut meint mit der spanischen Republik, zählt zu unsern Freunden!) aufs inständigste abgeraten. «Geht nur jetzt nicht hin!» hatten sie gesagt, – «Ihr kommt in den schrecklichen Augenblick der Demoralisation, der Auflösung, – die internationalen Truppen strömen zurück von den Fronten, – größte Verwirrung und Verzagtheit wird herrschen, – nicht zu sprechen von der Gefahr, in die Ihr Euch mutwillig begebt!» Noch fünf Minuten vor Abgang des Zuges baten sie: «Steigt aus, – tut uns die kleine Liebe, und bleibt weg von Spanien!»

Es ist merkwürdig, daß Wissen und Sich-vorstellen-Können zwei so grundverschiedene Dinge sind. Ich wußte, daß diese Freunde unrecht hatten. Daß weder Demoralisation noch Auflösung herrscht im überfallenen Spanien, – daß hier, allen Schwierigkeiten, allen Niederlagen zum Trotz, mit einer Entschlossenheit gekämpft wird, die Ehrfurcht erweckt, daß dies Volk mit einem Mut, der beinahe unbegreiflich ist, sich bis zum letzten verteidigt und daß es fest und innig davon überzeugt ist, das letzte werde der Sieg sein, – der Sieg der spanischen Demokratie über die faschistischen Eindringlinge. Trotzdem blieben die Worte der Freunde nicht ohne einen herabstimmenden Einfluß auf mich. Was ich über Spanien wußte, das wußte ich eben nur, – entfernt war die Realität. Was die Freunde sagten, war hier und jetzt. Ich schlief nicht in dieser Nacht zwischen Paris und Perpignan. Seit zwei Jahren hatte ich Spanien nicht gesehen, – wie völlig, wie grauenvoll mußte es sich verändert haben und wie anders würden die Spanier sein, – entnervt, gereizt und, – zu Recht, – unfreundlich gegen Fremde; mir graute vor der Grenze, die das friedliche und reiche Frankreich von dem Lande trennt, auf das man die Hölle losgelassen.

Man braucht die Erlaubnis dreier Länder, um Spanien betreten zu können: die französische, diejenige des Landes, dessen Staatsbürger man ist, und, endlich, die spanische. Grenzwächter und Soldaten prüfen den Ausländer eingehend und korrekt, – aber sie sind von entgegenkommendster Liebenswürdigkeit. Denen, die uns halfen, unser Gepäck aus- und umzuladen, boten wir von unserer Reiseschokolade an. Die Männer schüttelten ernst die Köpfe. «Behalten Sie es lieber», – sagten sie, – «Sie werden es brauchen, – in Barcelona.»

Reinlich bebaute Felder, zweiräderige Wagen holpern des Weges, – Frauen kommen, Säcke und Krüge auf dem Kopf balancierend. Frieden und arbeitsamer Alltag. Fünfzehn Kilometer etwa nach der Grenze liegt das erste bombardierte Dorf. Große, säuberlich zusammengekehrte Steinhaufen, auf denen in der Sonne die Glasscherben blitzen, säumen plötzlich die Straße. Die Reste eines Hauses muten an wie Kulissen, – wie ein halb abgebrochener Filmbau aus Hollywood. Kinder spielen vor der vernichteten Heimstätte, in der vielleicht ihre Eltern ums Leben gekommen sind. Nebenan hat ein Töpfer vertrauensvoll seine zerbrechliche Ware ausgelegt. Bunte Krüge und Schalen stehn malerisch im Fenster und draußen auf dem Pflaster. Ich schaue hinauf zum Himmel, Vögel fliegen vorbei. Sie sehen aus wie die Flugzeuge, die zum Symbol des Grauens und der Zerstörung geworden sind. Wir fahren weiter. Die Straße ist in gutem Zustand, – gäbe es nicht die vielen Militärtransporte, man könnte schon wieder vergessen, daß Krieg ist. Draußen auf dem Meer liegt ein Kriegsschiff. Aber die Besatzung ist an Land geschwommen. Wohl hundert Burschen tummeln sich in Badehosen und Matrosenmützen auf dem Bahndamm. Sie lachen und winken. Dies hier ist wirklich für sie, – dies blaue Meer, diese Sonne, diese ihre Jugend. Daß sie vielleicht sterben müssen, wissen sie nur. Er hat keine Realität für sie, der Tod.

Die Stadt Barcelona ist lebendig, arbeitsam und gefaßt. Die Menschen auf den Straßen sind nicht finster und nicht verängstigt. Sie sind, wie sie immer waren, – gelassen, meist gutaussehend und fröhlich. Aber die «Zermürbungstaktik» der faschistischen Angreifer hat psychologisch eine Wirkung gehabt, eine einzige: Sie hat den Willen zur Verteidigung stark werden lassen, – sie hat selbst die wehrlosen Zivilisten mit Abscheu und Wut erfüllt, sie hat die Überzeugung unerschütterlich gemacht, daß es besser ist zu sterben, als lebendig denen in die Hände zu fallen, die aus feiger Höhe den Tod schicken, – in kluger «Zermürbungstaktik». Noch ist das Aussehen der Leute kaum reduziert. Die Frauen sind hübsch und adrett gekleidet, – sie geben acht auf sich, das sieht man, – und ihre Kinder putzen sie niedlich heraus, – so farbenfreudig und südlich-phantasievoll wie eh und je. Es sind, von den Ruinen abgesehen, drei Dinge, die das Stadtbild gegen früher verändern: 1. Das viele Militär auf den Straßen. 2. Der relativ geringe Autoverkehr. 3. Die gefährlich überfüllten (weil in der Zahl verringerten) Straßenbahnen. Wie Trauben hängen die Menschen an der Außenseite der Wagen, – vorne stehn sie, – hinten sitzen sie auf den Puffern, seitlich klammern sie sich an die Rahmen der Fenster. Es sind gewiß über hundert Menschen, die an jedem Wagen kleben. Kinder und Soldaten machen sich ganz natürlich in dieser schwanken Situation. Aber auch Frauen, ältere Männer und Schutzleute lassen sich solcherart befördern. Ich habe einen Herrn mit steifem Strohhut und Spazierstöckchen so fahren sehn, – ein Bein gegen eine Leiste gestemmt, das andere in der Luft, mit einem Arm sich am Vordermann festhaltend, mit dem andern balancierend, – es war ein seltsamer Anblick.

Das Hotel ist äußerlich unverändert. Der Lift funktioniert nicht, man hat keinen Starkstrom mehr in Barcelona, und es ist eine Strafe, im sechsten Stock zu wohnen, wie wir es tun. Eine Strafe nicht nur wegen des Kletterns, sondern auch wegen der Bombardements. Man fängt ganz schnell an, in diesen Begriffen zu denken. Im übrigen ist es beschämend, wie wenig man weiß, oder vielmehr, wie ungenügend die Vorstellungskraft arbeitet bei allem Wissen. «Das Essen ist knapp», – dies hat man gewußt. Und da man acht Jahre alt war, als in Deutschland der Krieg ausbrach, hat man das auch gekannt:

Lebensmittelknappheit. Trotzdem ist man erschrocken, wenn es zum Frühstück ein bißchen schwarzen Kaffee gibt, der wie arge Medizin schmeckt und, dunkelgrau, ziemlich alt und hart, ein halbes Brötchen. Sonst nichts. Keine Butter, keine Milch, – natürlich kein Ei, Zigaretten gibt es gar nicht. Auch Kartoffeln gibt es nicht; gelbe Erbsen sind Hauptnahrungsmittel, – ab und zu taucht ein wenig Fisch auf, oder ein kleines Stückchen sehr schlechten Fleisches, fettlos auf dem Rost zubereitet. Landwein ist noch da, und Kirschen. Und plötzlich, wie aus der Versenkung gestiegen, sind sie alle wieder lebendig da, – die Erscheinungen unserer Kindertage: einer hat ein bißchen Butter im Kleiderschrank versteckt, – irgendwoher, – vom Bauern. Gegen ein Päckchen Zigaretten ist er bereit, davon abzugeben. Liebevoll in feuchte Tücher gehüllt wird ein wenig alter Käse ins Restaurant mitgenommen, aber nun hat man wieder kein Brot. Der elegante Speisesaal ist voll von Kellnern, die beinahe nichts zu servieren haben. Alle Fenster sind kreuz und quer mit Papierstreifen verklebt, – das Glas springe dann weniger leicht, wenn bombardiert wird. Viele von den Streifen sind bunt und in hübschen Mustern, wie zum Schmuck angebracht. Wir sitzen am Tisch mit ein paar Journalisten und schämen uns, weil wir Neulinge sind und uns nichts vorstellen können. «Heute nacht war es ruhig», sagt einer, – «ich kann schon beinahe nicht mehr schlafen, wenn es ruhig ist, – ich warte auf die Sirenen.» Fünfzehn Nächte lang ist Barcelona jetzt wieder bombardiert worden, – fünfmal Nacht für Nacht. Wir erkundigen uns, was zu tun sei, wenn die Sirenen heulen. «Ich trete auf den Balkon und schaue zu», sagt eine Dame und blickt erfolgheischend um sich. Der Direktor des Hotels erklärt uns, daß man da keine Ratschläge geben könne, – «jeder hat seine eigene Manier zu reagieren», meint er. – «Sie werden selbst bald herausfinden, welches die Ihre ist. Manche Leute kriechen unter die Betten, obwohl das natürlich keinen Sinn hat, – viele versuchen, in die Luftschutzkeller zu gelangen, andere bleiben liegen und ziehen die Decken über die Ohren. Das Ganze ist Glückssache, versteht sich, – und alle haben Angst, alle, – ob sie es zeigen, oder nicht.» Dann schildert er, wie die Flugzeuge es machen, – die italienischen und die deutschen. Die italienischen fliegen eiligst in die Höhe, sobald die Abwehrkanonen ihre Tätigkeit beginnen. Die deutschen dagegen sind viel zäher und systematischer. «Wenn sie 49 Kinder getötet haben, kommen sie zurück, um das fünfzigste umzubringen. Die junge Dame, die immer auf den Balkon geht, klagt ein wenig, weil man ihr Auto zerstört hat. Es ging auf offener Straße in Flammen auf, kaum war sie ausgestiegen. Sie lag platt auf dem Pflaster, und ihr geschah nichts. Aber ein Pferd, das neben ihr stand, wurde zerrissen. Es zersprang in mehrere Teile, und ungeheure Ströme von Blut flossen aus seinem zerstückelten Körper. «Jetzt habe ich kein Auto mehr», sagt sie, – als sei dies der Hauptärger an dem Erlebnis.

Übrigens ist es wirklich schwer, sich umzutun ohne Wagen, da die Trambahnen nicht praktikabel sind, und an Taxis ist nicht zu denken. Wir wandern stundenlang umher in der demolierten Stadt, – die Sonne sticht des Tages, und nachts ist es stockfinster. Die Straßenbeleuchtung ist abgeschafft, – wer schlau ist, führt ein Taschenlämpchen mit sich, wir haben keins und stolpern in die Löcher und über die Steinhaufen, die von den Bomben herrühren. In vielen Gegenden ist die Zerstörung fürchterlich. Ganze Häuserblocks sind auf die unheimliche Art verwüstet, die vom Menschen kommt, – kein Erdbeben haust ähnlich. Wir schauen in die zertrümmerten Zimmer. Von einem der fünf Stockwerke zum andern führt ein Treppengeländer, – aber da ist keine Treppe mehr. Die Tapeten sind noch fest an den Wänden, – eine rote, eine gelbe, eine geblümt, – die Feuerleiter hängt, verbogen und zerquetscht, vom Dach ins Leere hinein, – diese Bombe war ein Volltreffer, sie hat in die Mitte des Hauses geschlagen, alle

fünf Mittelstuben haben dasselbe klaffende und zerrissene
Loch im Fußboden. Es ist grausig und rührend zu sehen, wie
hier noch ein kleines Bild an der Wand hängt, unbeschädigt
und friedlich, – wie dort ein schmuckes, grüngekacheltes Badezimmer einladend bereit steht, zu dem kein Weg mehr
führt. Im Nachbargebäude ist alles vernichtet, nur das Par-
terre ist verschont geblieben. Großer Kaffeehausbetrieb
herrscht dort, – ein Orchester spielt, eine Fülle von Menschen
sitzt heiter plaudernd beisammen, aber aus den leeren Fen-
sterhöhlen über ihren Köpfen blickt nur der abendliche Himmel und das Grauen.

Wir haben mit vielen Menschen gesprochen, während dieser ersten Tage in Barcelona, – mit Kellnern, Journalisten, La-
denbesitzern, Kindern, Soldaten und Staatsmännern. Einer
unter ihnen ist der Außenminister der spanischen Republik,
Alvarez Del Vayo. Wir besuchten ihn in seinem Ministerium
und verbrachten eine Stunde mit ihm, die ungemein sympathisch und eindrucksvoll verlief und die dazu angetan war,
uns hoffnungsvoll zu stimmen. Alvarez, ein grauhaariger
Mann Ende der Fünfziger, hat ganz den Typus, der uns vor-
schwebt, wenn wir nach einem guten Repräsentanten der demokratischen Idee Ausschau halten. Will sagen: er ist beides,
aktiv und klug, ein Mann der Tat sowohl als des Gedankens.
Masaryk etwa war ein Politiker dieser Art, – Roosevelt ist es,
Beneš halten wir dafür. Der spanische Außenminister übrigens spricht vom Präsidenten der tschechoslowakischen
Republik mit besonderer Herzlichkeit und Wärme. Er fühlt
sich ihm brüderlich verbunden, – er vergleicht die Situation
dort mit derjenigen hier. «Wenn die Tschechen standhalten, –
wie wir es tun», sagt er, – «werden sie siegen. Sogar die
Österreicher hätten siegen können. Schon nach ganz kurzer
Zeit, – eine Woche würde genügt haben, – wäre man ihnen zu
Hilfe gekommen. Gegen den Faschismus gibt es keine Politik
der Nachgiebigkeit, – sondern nur und ausschließlich eine

Politik der Stärke.» Alvarez spricht vorzüglich Deutsch und Französisch. Mit einer Lebhaftigkeit, die äußerst intelligent und warmherzig wirkt, diskutiert er die internationale Situation. «Man hat sich in uns getäuscht», ruft er aus, – «wir geben unsere Sache nicht verloren, ehe sie nicht verloren ist, – und sie ist weit davon entfernt, es zu sein. Was haben wir gelernt in diesem Krieg! An unsern Niederlagen noch haben wir gelernt! Unsere Intellektuellen, unsere Arbeiter, all jene, von denen man hätte glauben können, sie seien für den Krieg nicht gemacht, – wie haben sie sich entwickelt! Und unsere Zivilbevölkerung, – all die Männer und Frauen, von denen Unwissende meinten, sie wären leichtsinnig und verspielt, – dem Tanz und der Musik zugeneigt, – unorganisierbar im Grunde, – wie groß sind ihre Möglichkeiten!» – Wir erzählen, daß wir in der Tat vom Zustand der Bevölkerung einen vorzüglichen Eindruck haben. Während man zum Beispiel in den andern Großstädten Europas – in Zürich oder Paris – das Gefühl der Nervosität niemals los wird, – während dort eine gewisse sehr quälende Stille vor dem Sturm herrscht und während dort alles, noch das Erniedrigendste, geschieht, um nur diese Stille nicht zu stören, – ist hier die Luft klar und wohltuend, – es ist die Luft während des Gewitters, – aber hier und dort gibt es am Himmel schon wieder etwas Blau. Alvarez stimmt zu. «Ein überstandener Sturm ist besser als keiner», sagt er, – «und wir werden diesen Sturm überstehn, es gibt dafür mehr als ein Anzeichen. Wir werden, – vielleicht, – noch schwere Niederlagen haben, – vorher. Die Ungleichheit der Kräfte ist enorm, – die sogenannte ‹Nicht-Intervention›, die uns von allen Hilfsmitteln abschneidet, während sie den Angreifern freies Spiel gewährt, läßt dies möglich erscheinen. Aber die Moral unserer Truppen und unseres Volkes ist beinahe unüberwindlich, – es geht um Spanien, das weiß bei uns jedes Kind. Francos spanische Soldaten aber merken, daß sie Sklaven der Italiener und der

Deutschen geworden sind; und die Deutschen und Italiener selber erkennen, daß sie für die zweifelhaften Vorteile kämpfen, welche ihre Herren und Meister sich hier versprechen. Das ist die Wahrheit, und sie wird uns helfen.»

Wir verlassen Del Vayo ergriffenen Herzens. So soll es sein, denken wir. So mutig soll man sein und so menschenfreundlich zugleich. So aristokratisch und so volkstümlich. Wir können siegen, – das fühlen wir deutlicher denn je, – das Recht und die Idee sind allein bei uns. Aber siegen werden wir nur, wenn wir bereit sind zum großen Einsatz, – zum Einsatz aller Kräfte, zum Einsatz des Lebens, das wertlos würde, opferten wir ihm die Freiheit.

An der spanischen Front mit ‹Hans›

«Bis hierher reicht unser Gebiet», sagt unser Begleiter und fährt mit dem Bleistift auf der Landkarte umher. «Dies ist der Ebro-Fluß, dort liegt Tortosa, das er durchfließt und das zu drei Vierteln uns gehört, zu einem Viertel haben es die andern.»

Alle Menschen hier – Spanier und Nichtspanier – haben eine Art, «wir» zu sagen und «unser», die ein starkes und rührendes Gefühl der Gemeinsamkeit erzeugt. «Unser Fluß», «unsere Befestigungen», «einer von uns».

Es ist klares und schönes Wetter, da wir an die Front fahren, die jetzt etwa 110 Meilen von Barcelona entfernt liegt. Alle 8 bis 10 Meilen halten Wachtposten uns auf. Es ist schwer, durchzukommen, wenn man eine Frau ist. Ungläubig mustern die Uniformierten meine Legitimationspapiere. Viele Lastautos sind in rasender Fahrt unterwegs – 80 Meilen die Stunde, das ist eine Kleinigkeit für Front-Camions. Erstens haben sie es de facto eilig, erklärt man uns, aber zweitens fahren sie schnell aus Angst vor den Bomben; sie kommen daher wie gejagt. Während der vier oder fünf Stunden Fahrt hat man Zeit, sich innerlich vorzubereiten, sich Rechenschaft abzulegen über Gefühle und Gedanken. «Ich bin Pazifist», weiß man, «ich glaube nicht an den Krieg als an ein Aushilfsmittel. Er ist menschenunwürdig und gemein, er repräsentiert einen argen Rückfall in Zustände, die wir überwunden hofften!» So denkt man freilich – aber man ertappt sich dabei, daß man die verständigen Gedanken immer wieder herbeirufen muß; sie sind nicht eigentlich gegenwärtig und zwingend. Zwingen muß man sich vielmehr, sie zu fassen. Was man fühlt, ist das folgende: «Kampf, es wird gekämpft, wir kämpfen. Hier wird nicht gekuscht, nicht verschleiert, nicht gelogen und feige zurückgewichen. Man ist überfallen worden. Unser Feind, der der Feind der Menschheit ist, der dort droht, erpreßt und wühlt, der da ein Land diebisch in die Tasche steckt, der überall in der Welt seine Finger in einem Spiel hat, das unheimlich und schmutzig ist – hier hat er sein wahres Gesicht gezeigt. Mit deutschen Flugzeugen und italienischen Geschützen ist er dahergekommen und hatte gehofft zu siegen, kampflos, wieder einmal, gestützt auf eine unfaire Übermacht. Er ist enttäuscht worden – «wir» kämpfen. Und uns bewegt die Freude, sie erfüllt unser Herz bis zum Rande, die Freude darüber, daß dies existiert, dies Stück Spanien, auf dessen bedrohten Wiesen und Hügeln («unsern Wiesen», «unsern Hügeln») gekämpft wird für die großen Ideen der Menschheit, Freiheit, Wahrheit und Recht.

Der Kommandant der 45. Division, Führer von 14 000 Soldaten, heißt Hans. Er ist Deutscher wie wir. Emigrant wie wir, Demokrat wie wir, Intellektueller wie wir. Jorge Hans, der, ein halber Knabe noch, für Deutschland in den Krieg zog, hat das Land, für das er gern gestorben wäre, verlassen, kaum daß Hitler dort allmächtig wurde. Wie wir hat er gearbeitet, hat versucht, mit friedlichen Mitteln, mit den Mitteln des Verstandes, des Charakters und des Talents gegen die Krankheit anzugehen, die unser Volk befallen hat und die ansteckend ist. Als sie in Spanien zu wüten begann und als erwiesen war, daß die sanfte Waffe der Vernunft nicht genügte, um sie auszutreiben, griff er zur Kriegswaffe, die zu handhaben man ihn gelehrt hatte. Er war zum Pazifisten geworden nach dem Weltkrieg, aber er glaubte nicht, daß ihm erlaubt wäre, es jetzt zu bleiben. Da half er mit, Spaniens Armee aufzubauen, wurde Kommandant eines Bataillons, einer Brigade, einer Division. Es sind 10 000 Spanier, die seiner Führung folgen, und etwa 4000 Freiwillige vieler Nationen – Deutsche, Österreicher, Italiener, Tschechen, Franzosen, Amerikaner.

Wir treffen ein bei seinem Stab (das Quartier ist idyllisch am Wasser gelegen, zwei kleine Villen und ein paar Schuppen bilden die Unterkunft), und der «Teniente Coronel Hans» tritt uns entgegen, ein großer und blonder Norddeutscher, in der graugrünen Einheitsfront der spanischen Volksarmee. Er hat die zusammengenommene und korrekte Haltung des preußischen Offiziers – die Nazis wären stolz, gehörte er zu ihnen. Da er aber zu uns gehört, finden wir in seinem Gesicht nicht bloß die Entschlossenheit und Härte, die man braucht als Soldat, und in seiner Stimme nicht bloß den entschiedenen Klang, der Gehorsam fordert. Dieser Mensch liebt die Dinge, für die er kämpft, und nicht den Kampf, zu dem er sich aufgerufen weiß – die Dinge des Aufbaus und des Friedens. Wir sprechen mit dem Coronel über Bücher und Bilder, über gemeinsame Freunde, über das Theater in Zürich. Er hat den lässigen und gelockerten Charme und die freundliche Gesittung des «Sohnes aus gutem Hause». Aber er ist hier, in diesem fremden Land, nicht, um für die Privilegien seiner Klasse zu streiten, sondern für die menschlichen Privilegien, die gefährdet sind.

Coronel Hans ist ein guter Gesellschafter. Da er uns mit

seinen Offizieren bekannt macht, stellt sich heraus, daß er zumindest vier Sprachen spricht. Auf deutsch, französisch, englisch, spanisch sagt er ihnen, daß wir vor allem zu essen haben müssen. Wir haben nichts im Magen seit geraumer Zeit, und in Barcelona vorm Aufbruch hat es auch nichts gesetzt als ein wenig Bohnen in schlechtem Öl. Den Soldaten geht es besser, sie vor allem müssen bei Kräften bleiben. Hier gibt es Brot, Corned Beef, sogar Kartoffeln. Wir sitzen am langen Tisch – zum ersten Mal in unserem Leben in einem «Offiziers-Kasino». Der «Intendant» (dem die Lebensmittel der Division unterstehen) ist Wiener und ein Scherzbold. Man merkt gleich, daß er gewohnt ist, Heiterkeit zu erregen. Auch wenn er Spanisch spricht, klingt es wie unverfälschtes Wienerisch; er freut sich, weil wir lachen. Mit ihm und dem Chefarzt, einem jungen Tschechen, bereden wir die Lage im Osten Europas. Da wird auch der Scherzbold ernsthaft – er weiß nichts mehr von seinen Eltern und Freunden in Wien, verschollen und verloren sind sie alle. «Und wenn man nur gekämpft hätte in Österreich», sagte er, «es wäre gegangen, wenn man sich Spanien zum Vorbild genommen hätte; ich weiß, daß wir gesiegt haben würden!» Ein spanischer Junge («zweiter Stabschef» schon und erst 25 Jahre alt) versichert dem Tschechen: «Wenn sie euch überfallen, und wir hier haben gesiegt, dann werden wir euch zu Hilfe kommen, um euer Land zu verteidigen!» Wir erkundigen uns bei dem jungen Stabschef, ob seine Eltern noch leben und ob es ihnen recht ist, daß er sich gestellt hat. «Sie wissen es nicht», sagt er, «und ich weiß nicht, ob sie leben. Sie sind drüben bei Franco gewesen, als es ausbrach, ich habe nie wieder von ihnen gehört. Wir waren vier Brüder und sind alle gleich an die Front gegangen. Jetzt sind wir nur noch drei.»

Ein Posten kommt und meldet, daß Flugzeuge am Himmel sind, und auf der Stelle verwandelt die angeregte und internationale kleine Tischgesellschaft sich in eine konforme

Truppe schlagbereiter Soldaten. Wir springen auf. Es ist unser Freund Hans, der gleich die beiden Küchenmädchen in die schützenden Unterstände schickt, dann erst gibt er seine Weisungen den Offizieren. Die fünf Aeroplanes, die mit bloßem Auge im klaren Blau zu erkennen sind, kommen schleunig näher. Die Abwehrgeschütze donnern, und dann fliegen die Bomben. Rauchwolken steigen. Brennen die Häuser drüben oder am Wasser? Es wohnt dort beinahe niemand mehr, und wir hören später, daß ein Maulesel getötet worden ist, und eine alte Frau hat man leicht verletzt. Jede von den Bomben, die wir hier fallen sehen, kostet 500 Dollar, erfahren wir – aber die dort drüben werfen fünf, zehn, fünfzehn Bomben. Es kommt ihnen nicht darauf an. Die Apparate nehmen Richtung auf uns. «Unsere ‹Refugios› sind ziemlich gut», sagt Hans, der fürchtet, wir möchten uns fürchten. Aber wieder geht es wie auf der Herfahrt schon; die vernünftigen und sinnvollen Gedanken, die auf Flucht und Rettung gerichtet sind, müssen herbeigeholt werden. Was von selber kommt, ist das Gefühl der Wut, des Widerstandes und des Aushaltenwollens an der Stelle, auf der man steht, ganz als diente man schon damit der Sache.

Am Abend fahren wir nach Tortosa. «The city that was Tortosa» hat ein englischer Korrespondent seinen Bericht überschrieben, nachdem er die Stadt gesehen, die 60 Stunden lang von den Faschisten bombardiert worden war. Die Straße, die von hier nach Tortosa führt, liegt in der Schußlinie. Sie des Tags zu befahren, wäre Selbstmord, auch des Nachts ist größte Vorsicht geboten. Langsam, im Finstern (kein Licht am Wagen und auch der Mond ist verhüllt, das ist günstig) nähern wir uns den Ruinen. Von drei Seiten her flammen drüben über dem Ebro Scheinwerfer auf, die Tageshelle verbreiten. Sie drehen sich im Kreise, sie sind auf der Suche nach etwas, nach Opfern, nach uns. «Wir haben nicht genug Scheinwerfer», sagt Hans. «Die drüben haben alles im Über-

fluß, höllisch, sie sind mit dem Teufel im Bunde. Da, jetzt
sind wir im Lichtkegel!» (Keine Angst in unseren Herzen,
keine Lust davonzulaufen. Nur Wut und etwas wie Freude
darüber, hier zu sein!) Ein paar flache Schüsse fallen, wir passieren die «Todeskurve», die nur der schmale Ebrofluß vom
Feinde trennt. Da sind die ersten Häuser der Stadt. Zu Fuß,
leise, ohne zu sprechen, gehen wir hinein nach Tortosa. Hier
lebt keiner mehr. Was noch übriggeblieben war nach den ersten Bombardements, ist evakuiert worden. Zehntausende
von Flüchtlingen sind ins Land zurückgeströmt oder halten
sich in den Bergen versteckt. Jetzt gibt es hier nur noch Soldaten, die eingegraben auf Wache liegen, und uns, die wir
zwischen den Trümmern daherkommen – Geister in einer
Geisterstadt. Die leeren und zerrissenen Kulissen der Häuser
wären so unheimlich nicht, gäbe es nicht die Reste des Lebens, die verzweifelten Überbleibsel der Menschen, die hier
gehaust und gearbeitet haben. Da liegt eine kleine Ziehhar-
monika zwischen Schutt und Steinen, hier steht in der Nacht
ein Stuhl aus einem Frisiersalon, da weht aus einem Fenster
ein Stückchen Vorhang im Wind. «Unsere Leute liegen im alten Castilio», erklärt man uns, «paßt auf, wir müssen über
die Trümmer klettern.» Steine, Bretter, Löcher, aus denen
undefinierbar grausig die Spuren der Menschen schauen,
zerbrochene Lämpchen, ein Kinderkleid, ein Buch, das ver-
kohlt ist. Das alte Schloß hat dicke Mauern und unterirdische
Gänge, die ausgebaut und befestigt sind. Es ist ein Uhr
nachts, und die Soldaten schlafen, bis auf jene, die Wache halten. Tief unter der Erde sind ihre Matratzen ausgebreitet,
Hunderte von ihnen (ein französisches Bataillon) liegen in
dieser Gruft. Wo der Gang sich erweitert, haben sie versucht,
sich ein bißchen einzurichten. Schwer und verwunderlich
lehnt eine eichene Standuhr am Felsen, gerettet aus einem
zerschossenen Haus und heruntergeschleppt in dies finstere
Quartier. Wir erklettern den Aussichtsturm und sind nun

wieder den Scheinwerfern ausgesetzt, die unentwegt ihre gefährlichen Kreise ziehen. Wir werfen uns nieder ins Geröll. Nur im Dunkeln können wir übers Mäuerchen schaun, hinüber in die Häuser der anderen, der Feinde, die dort auf der Lauer liegen. Hassen wir sie? Ach nein, nicht sie sind es, die wir hassen. Nicht die Burschen dort drüben, die tun, was man ihnen befiehlt. Auf dem kleinen Balkon des Bischofspalastes, den wir jetzt betreten (ehrwürdiger alter Bau mit zerrissener Fassade und verwundeten Wänden), sind wir nur noch 50 Meter entfernt vom Feind. Der stille Fluß fließt daher, unter zerschossenen Brücken, Artilleriefeuer in der Ferne. Lastwagen fahren drüben im Dunkeln, eine ganze Kolonne. Hans gibt seine Weisungen – ein Maschinengewehr ist anders zu postieren, die Zahl der Lastwagen soll morgen gemeldet werden. Er spricht sehr leise, man kann uns hören bei den Faschisten. Wir schauen ihn an. Ist er derselbe noch, mit dem wir vor ein paar Stunden gelacht und geplaudert haben? Der Pazifist, der kultivierte und reizvoll gescheite Intellektuelle? Ist er einer von uns? Sein Blick kommt zurück vom andern Ufer. «Ich werde Zivil anziehen und nie wieder Soldat sein, sobald dies hier in Ordnung ist», sagt er, «freilich, in Ordnung muß es erst sein, hier und überall.» Wir nicken. «Er ist einer von uns», spüren wir, und «er hat recht: dies muß in Ordnung sein. Beschämend und schrecklich, daß es Maschinengewehre gibt. Aber da es sie gibt und da sie ruchlos verwandt werden im Dienste des Schlechten, muß das Bessere sich wehren, mit Maschinengewehren, wenn es denn anders nicht geht.» Freilich, wir wissen, daß viele von den anderen, manche von den Burschen in Francos Diensten auf ihrer Seite meinen, für «das Bessere» zu stehen. Anders wirkt die Landschaft, erlebt man sie vom drüberen Ufer des Ebro – und was uns gut scheint, jenen scheint es schlecht.

Während wir im Dunkelgrau des anbrechenden Tages «heim» fahren ins Quartier, bedenken wir (zum wievielten

Male?) Sinn und Ziel dieses Kampfes. «Es wird sich gelohnt haben», sagt einer von uns, «all dies Grauen wird sich gelohnt haben, wenn es der Menschheit, endlich, zu einer Ruhe hilft, deren sie sich nicht zu schämen braucht, wenn der Frieden, der dem Sturm folgt, ein rechter Frieden ist, absolut recht, nicht nur recht am einen Ufer des Flusses und unrecht am andern.»

Sehr gedämpft kommt aus der Ferne das schlimme Grollen der Geschütze. Sonst gibt es nichts als die friedlich-natürlichen Geräusche der Dämmerung – auch Vogelstimmen sind jetzt schon dabei.

Brennpunkt Valencia

Es ist ein kleines Flugzeug, das uns von Barcelona nach Alicante bringt. Die kurze Reise ist ein Unternehmen von der schwierigen Sorte, – weder Zug noch Wagen sind als Transportmittel möglich, denn zwischen hier und dort, wie man weiß, liegt ein Streifen Franco-Gebietes, – Katalonien ist von Andalusien und Kastilien praktisch so gut wie abgeschnitten. Natürlich, es gibt Schiffe, – aber wie leicht stößt den Faschisten da ein Mißverständnis zu. Auch die Flugzeuge sind lieber vorsichtig. Weit fliegen wir aufs Meer hinaus, klüglich vermeiden wir es, uns vor Francos Leuten blicken zu lassen. Zwischen zwei Feuern, – dem faschistischen Mallorca und der blutig umstrittenen Levante-Front – führt der Weg durch die Luft. Wir sind allein – kein Passagier außer uns tut heute die sonderbare Fahrt. Unten im Tiefblauen ist kaum ein Schiff zu sehen, – es ist tags nicht geheuer auf diesen Wassern.

Im Hafen von Alicante liegt ein zerstörtes Handelsschiff – halb ragt das Wrack aus dem Wasser – es ist ein großes und reiches Boot gewesen, das Lebensmittel in das ausgehungerte Alicante hätte bringen sollen. Jetzt zeigt sein zerschmetterter und verbrannter Leib nur noch die Stelle, an der die toten Matrosen auf dem Meeresgrund liegen.

Die Stadt Alicante ist schön gewesen. Ein südlich heiterer kleiner Hafenplatz, – mit Gäßchengewirr gewirkt und ein paar reizenden Plätzen: Barockhäusern und alten Torbögen. Das Hotel «Palace» ist, wie beinahe alle Hotels im republikanischen Spanien, vom Staat übernommen worden. Für Passanten und Touristen ist es schwer unterzukommen, auch die warmen Mahlzeiten werden nur gegen Ausweis verabreicht. Für fünf und zehn Peseten (nach legalem Kurs etwa 12 und 27 Cents) erhält man ein wenig gelbe Erbsen (Garbanzos genannt und Hauptnahrungsmittel der Bevölkerung), in unraffiniertem Öl gekocht, – und ein Stückchen Fisch (auch etwas Wein, zum ‹feineren› Menu). Kein Brot, keine Kartoffeln, – nichts sonst. Der Spaziergang durch die Stadt ist von großer Traurigkeit. Fast völlig in Trümmern die Hafengegend, die tot und verlassen ist. Alle paar hundert Meter ein «Refugio», – Zufluchtskeller vor den Bomben der Junkers- und Fiat-Flugzeuge. «Refugio Nr. 64», lesen wir, aber das vornehme alte Palais, das diese Inschrift trägt, erscheint als «Refugio» schon wenig einladend – seine schlanken Säulen sind zerbrochen, – ein gähnendes Loch klafft vorm Portal im Pflaster, Schutthaufen sperren den Eintritt zum Keller. Gott gebe, daß niemand hierher sich geflüchtet hatte, als die Bombe fiel. – Viele Kinder sind in allen Straßen unterwegs, – sie spielen vor ihren vernichteten Heimstätten, sammeln Zigarettenstummel vom Boden der Kaffeehäuser auf und verkaufen sie für teures Geld (drei winzige Stummelchen eine Pesete, etwa 2 ½ ¢) an die tabakhungrige Bevölkerung.

Wann der Zug geht, der uns von hier nach Valencia bringen soll, kann keiner uns sagen. «Am späten Nachmittag», – Genaueres ist nicht zu erfahren. Aus guten Gründen nicht.

Mit Vorliebe werden Züge bombardiert, und man tut besser, die Eisenbahn ganz im geheimen und zu den verschiedensten Dämmerstunden abfahren zu lassen. Kaum eine Bahnstation zwischen Alicante und Valencia ist intakt. Vor den Trümmern hält der Zug oft lange; Verwundeten- und Truppentransporte sind abzuwarten. Die Reise dauert mehr als fünf Stunden und wäre leicht in der Hälfte der Zeit zurückzulegen. Gegen 11 Uhr am Abend laufen wir im dunklen Bahnhof von Valencia ein.

Schon während wir im Hotel «Viktoria» unsere Meldezettel ausfüllen, gibt es wieder Alarm. Das klagende und wirklich ungeheuer alarmierende Sirenengeheul fährt auch denen in die Knochen, die nun seit zwei Jahren an seinen Klang gewöhnt sind. Und immer aufs neue ist es ein seltsam rührender und schrecklicher Eindruck, wenn die große Stadt sich, wie ein einziges verängstigtes Tier, ganz in sich zurückzieht, wenn in Sekundenschnelle die Lichter verlöschen, die Menschen von den Straßen verschwinden, – wenn es nichts mehr gibt als Angst und Finsternis. Zwei oder drei Sekunden nach dem Alarm fahren die Scheinwerfer durch den Himmel, und dann setzt der Lärm ein, – das Dröhnen der Abwehrkanonen, das Fauchen und die krachenden Einschläge der Bomben. Valencia ist in den drei Tagen, die wir dort verbrachten, fünfmal bombardiert worden. Freilich, meist galt es dem Hafen, – aber der Hafen ist nah. Im «Refugio» des Hotels hockten wir mit ein paar Frauen und Kindern. Ein junger Soldat, der eben auf einen Urlaubsabend von der Front gekommen war, geriet ganz außer sich vor Wut. Er hatte ausgehen wollen mit seinem Mädchen, – fünf Minuten war er erst hier, und schon ging es los. Die Kinder liefen lustig zwischen den Sandsäcken hin und her, – besorgt horchten die Mütter auf den Lärm, in dem nun das Surren der niedrig fliegenden Maschinen bedrohlich zu vernehmen war.

Als der Soldat hörte, daß wir aus Barcelona kämen, wollte

er wissen, wie es in Badola jetzt aussähe (einem Vorort, der eben bombardiert worden war) und ob wir die Totenliste gelesen hätten. «Neunzig hat man umgebracht», sagt er, – «ich weiß aber nicht, ob meine Eltern und Geschwister dabei waren, – und der Ort ist so klein ...»

Dann erzählt er von der Front, zu der er morgen früh zurückkehren wird. Er wird keinen weiten Weg haben, – sie ist nur einige dreißig Kilometer entfernt von hier, – «aber sie werden Valencia nicht bekommen», sagt der Junge, – «wir haben gute Truppen jetzt, und das Terrain wird uns helfen.» Wir kennen das Terrain, – es ist hügelig und bietet viel natürliche Befestigung. Wir wissen auch, daß zwischen hier und dem Feind die Stadt Sagunt wie eine Festung gelegen ist, die man lange verteidigen kann. Trotzdem, die Gefahr ist furchtbar, und sie ist sehr nahe. Die Bevölkerung von Valencia kennt sie. In einem leidenschaftlichen und ergreifenden Aufruf hat der Gouverneur seiner Stadt gesagt, daß die Stunde da sei und kämpfend sterben besser sei als in Schanden untergehen. «Zu den Waffen!» hat er ausgerufen, – «und vergeßt nicht: wenn der Feind hier ist, wird jeder Baum in unserem geliebten Valencia ein Schießstand sein, jede Straße ein Schützengraben, jedes Haus eine Barrikade!» Ruhig und in gelassener Selbstverständlichkeit leben die Leute von Valencia dem Entsetzlichen entgegen.

Als wir den Keller verlassen, merken wir, daß alle mit dem Gruß der Republik grüßen, – dem «Salud», das halb-militärischen, jedenfalls aber decidiert kämpferischen Charakter hat. – Auch die Frauen in Valencia sagen «Salud», noch jetzt sagen sie es, nach zwei Jahren des Krieges, die sie müde gemacht haben könnten, – wenn nicht widerspenstig gegen diese Regierung, die einen ehrlosen Frieden nicht will. Man ist nicht müde, – darüber soll kein Zweifel herrschen, – und man wird nicht nachgeben. Das Wunder der antifaschistischen Einheit, – der Zusammenfassung aller Kräfte, die zum

Kampfe tauglich erscheinen, – dies Wunder, auf das in unseren Reihen untätig zu warten ein gefährlicher Irrtum wäre, – hier hat es gewirkt: weil man sich einig weiß, hält man aus.

Man ist kämpferisch in Valencia, außerdem lebhaft, ja lustig. Wir hatten gelesen, alle Theater hier wären geschlossen worden, die Kaffeehäuser dürften den Betrieb nur ein paar Stunden am Tag offen halten, auch Kinos, die spielten, gäbe es nicht mehr. Nichts von alledem trifft zu. Eine große Menge vergnügter Menschen schlendert vom Mittag bis in den späten Abend auf den Hauptstraßen einher, sitzt beim ungezukkerten Erdnuß-Kaffee in den Hauptlokalen, füllt die Säle der Theater und Lichtspielhäuser. Viele Soldaten, zu kurzem Urlaub entlassen oder unterwegs aus Madrid zur Levantefront, werfen freigebig mit Peseten um sich, viele Mädchen, einladend geschminkt und farbenfreudig geputzt, fangen sie auf. Sogar in der Operette sind wir gewesen, man spielte ein Stück, das den Joseph von Ägypten zur Hauptfigur hatte, das überfüllte Haus jubelte, wenn der keusche Knabe sich drollig züchtig zierte und tat wie eine feine Haushälterin, der man zu nahe tritt. Die anspielungsreichen Refrains sangen wir alle mit. Operette in Valencia, aber der Hintergrund ist dunkel, wie für eine große Tragödie.

Auf dem bunten Blumenmarkt gibt es die schönsten Blumen zu kaufen; in aller Sorge, Mühsal und Todesnähe kaufen Menschen, die hungrig sind, ein paar Rosen und Nelken, damit schmücken sie ihr Haus, das abends in Trümmern liegen kann. Irgendwo an einer Ecke ist ein kleiner Auto-Zusammenstoß passiert, ein Lastwagen hat die Kotflügel eines Militär-Autos zerbeult. Schaulustig und sensationsgierig drängen Hunderte von Leuten sich zu dem bescheidenen Schauspiel, ganz, als gebe es hier nie Großartigeres zu sehen. Dies Seltsame, daß das Leben weitergeht, im Grunde unverändert weitergeht, was immer geschieht, hier wird es besonders auffällig.

Die Universität Valencia arbeitet, als sei Frieden. Wir erhalten zwei Broschüren, in denen wir die Resultate des Jahres 1937 aufgeführt finden und einen umfassenden Bericht über die Vorträge und Kurse, die man abgehalten hat. Das Leben geht weiter.

Zum Hafen fahren wir mit einem greisen Pastor aus Lausanne, einem Calvinisten, der seit vielen Jahren hier lebt und leidenschaftlich Partei ergreift für die spanische Republik. Übrigens gehe es den Protestanten weit besser jetzt als zur großen Zeit der katholischen Kirche; damals seien sie völlig unterdrückt gewesen –, berichtet er. Heute gilt es zu zeigen, daß es nicht die Religion selber ist, die ausgerottet werden soll, sondern die Übermacht der Bischöfe. Das Volk soll seine Religion behalten, ein Regierungserlaß spricht auch den katholischen Soldaten das Recht auf geistlichen Trost ausdrücklich zu, und es gibt jeden Tag sechs baskische Messen in Barcelona.

Als man uns darauf hinweist, daß es nicht unbedenklich ist, den Hafen zu besuchen (was wäre «unbedenklich» in Valencia?), erklärt der Pastor in frommer Selbstgefälligkeit, daß er ein Kind Gottes und daher nicht gefährdet sei, und er versichert uns des göttlichen Schutzes. Beim Anblick des Hafens freilich kommen selbst ihm Bedenken. Es ist ein entsetzlicher Anblick auch für den, der das Grauen schon kennt. Hier wohnt keiner mehr, das Viertel ist evakuiert worden, aber wieviel Menschenopfer hatte es schon gekostet. Der ganze großzügig und schön angelegte Platz (wichtigster Hafen neben Barcelona) liegt in Schutt und Asche. Wir klettern zwischen den Trümmern eines Etablissements umher, das ein eleganter Schwimm- und Wassersportklub gewesen ist. Zehn schwere Bomben haben hier eingeschlagen, obwohl es sich doch gewiß nicht um ein «militärisches Objekt» gehandelt hat. Vom Sprungbrett, auf dem wir stehen, überblickt man ein großes Stück des Hafens: das Wasser ist voll von Schiffsleichen, es muß schwer sein, einen Kahn durchzusteuern durch den Wald von versenkten Schiffen. Irgendwo sind ein paar Arbeiter mit dem Ausladen von Säcken beschäftigt, sie allein repräsentieren das Leben auf diesem Platz des Todes. «Refugios» gibt es hier alle achtzig Schritte weit, kein Arbeiter verstünde sich dazu, hier zu sein, hätte er nicht wenigstens diese Chance. Freilich, er weiß: gegen die 200-Kilogramm-Bomben, die man nun auch gelegentlich schon ausprobiert hat, bilden die Luftschutzkeller keinen Schutz. Die Deformation bombardierter Lastautos oder durch Bomben zerstörter Krane bietet einen durchaus phantastischen Anblick. Die verkrümmten Stahlgerippe, aus deren Wunden das Öl tropft, lassen von Zweck und Bestimmung nichts mehr ahnen. Nur daß sie gemordet worden sind, erkennt man deutlich.

Mehr Schiffe als früher legen jetzt in Gandia an statt in Valencia, auch der englische «Destroyer», der uns zurückbringen soll nach Barcelona, liegt dort vor Anker. Weißgekleidet, chevaleresk, hochgemut und elegant nimmt Seiner Britischen Majestät Marine sich aus, und das stolze, schwerbewaffnete 2000-Tonnen-Schiff hat, so sollte man meinen, gewiß nichts zu fürchten. Trotzdem, und obwohl Mannschaft, Fracht und Passagiere (es sind ihrer nur sechs, – englische Untertanen oder internationale Diplomaten, – ich bin die einzige Frau unter ihnen) seit dem frühen Mittag fahrtbereit sind, läßt man die Dämmerung einbrechen, ehe man zur Abfahrt das Signal gibt. Auch in Barcelona, wo wir beim Morgengrauen eintreffen, wird das Kriegsschiff liegen bleiben, bis es dunkel ist. «Haben Sie denn vielleicht Angst?» frage ich einen der Offiziere. «Aber nein», sagt er und zuckt hochmütig die Achseln, «nur in Unannehmlichkeiten möchten wir keinesfalls kommen.» Gegen diejenigen, die allein Ursache solcher «Unannehmlichkeiten» wären, kennt der freundliche und sorglose Junge keinen Groll. In Nacht und

Nebel, wie ein verfolgtes Schmugglerboot, zieht der gefährliche Zerstörer seine Bahn.

Schulen für Soldaten

Die Erziehung des spanischen Volkes ist größte Sorge und vordringlichste Aufgabe der spanischen Republik. In dem furchtbaren und heroischen Kampf gegen die faschistische Invasion hat dieser Staat nur eine Waffe. Da ihm von außen nennenswerte Hilfe nicht zukommt, da die zivilisierte Welt untätig zuschaut, wie der internationale Faschismus unter Heranziehung der wilden Mauren das Land verwüstet, baut die legale Regierung auf dies eine: auf den Mut, die grenzenlose Opfer- und Einsatzbereitschaft des spanischen Volkes, – und sie baut nicht auf Sand.

Alles Heldentum aber, alle Leidenschaft und noble Unbedingtheit wären vertan, – sie böten auf Sieg keine Aussicht, wenn die Erziehung versagte, – wenn dies Volk, das stark individualistische Neigungen hat und in dem es von jeher eine große Anzahl von Einzelgängern, ungefügigen Sonder-Existenzen, – außerdem Analphabeten gegeben hat, nicht hätte zusammengefaßt werden können zu einer geordneten Einheit. Während dieser zwei Jahre des Krieges ist das Erstaunliche geleistet worden: Nicht nur gibt es heute in Spanien eine wirklich durchorganisierte Armee, – Männer, die am Anfang des Kampfes oft völlig unwissend waren, die weder von den Dingen des Krieges, vom Kartenlesen, Gräbenbauen, Flugzeuglenken etwas verstanden noch von den friedlichen Dingen des Geistes, – sie haben gelernt. In zahllosen Schulen für Soldaten aller Grade sind sie belehrt worden. Heute wissen sie nicht nur, wie man Krieg führt, – sie kennen auch die Geschichte ihres Landes wie ihre persönliche, – sie haben einen Überblick über die Begebenheiten der Welthistorie, sie befassen sich mit philosophischen Fragen so sehr wie mit politischen.

Die Offiziersschule, die der deutsche Schriftsteller Ludwig Renn an der Ostfront (zwischen Barcelona und Tortosa) leitet, haben wir besucht. Wir fanden etwa dreißig uniformierte Burschen unter Olivenbäumen sitzend in einem Garten, der sich bis hinunter ans Meer erstreckt. Sie lauschten einem jungen Offizier, – einem Dichter und Intellektuellen, wie wir später erfuhren. Er heißt Barbudo und hat soeben seinen ersten Novellenband veröffentlicht, der Aufsehen erregte. Der Vortrag, den er hielt, fesselte die Zuhörer sehr, – es ging um Napoleon, und die spanische Situation von damals wurde lebendig, da man sie mit der von heute verglich. Barbudo sprach eine volle Stunde lang, – seine gescheiten und leidenschaftlichen Ausführungen popularisierten die Geschichte, machten sie faßlich für die jungen Leute, ohne sie zu vulgarisieren oder gar zu fälschen.

Es war heiß an diesem Nachmittag im spanischen Juli, – einer der jungen Leute hatte sein Uniformhemd abgelegt, – den nackten und gebräunten Oberkörper hielt er über das Schreibheft gebeugt. Der Chef der Schule, Ludwig Renn, tadelte ihn deswegen. «Es geht nicht», sagte er, «daß du es dir bequem machst, wenn du in Uniform bist. Wir müssen Haltung bewahren, unter allen Umständen, – wir sind keine Wanderburschen, und dies ist kein Sommeraufenthalt.» Der Bursche wurde sehr rot. «Ja», – sagte er, – «ich hätte daran denken sollen.» Als wir Renn (der während des Weltkrieges Generalstabsoffizier im deutschen Heer gewesen ist) um seine Gründe fragten für solche Strenge, erklärte er uns, daß diese Bauernburschen alles von Grund auf zu lernen hätten, – auch Manieren, und daß Manieren wichtiger wären im Kriege, als man wohl glauben möchte. «Es ist die innere Haltung, – die Fähigkeit, sich zusammenzunehmen, die den guten Soldaten macht», – sagte er, – «aber die Jungens wissen das jetzt schon, – sie passen gut auf und lernen erstaunlich schnell.»

Eine andere Schule – für Unteroffiziere – untersteht dem Corps des berühmten Generals «Campesino». Mit ihm gemeinsam wohnten wir einer Unterrichtsstunde dort bei. Er selber prüfte die Schüler, – ließ sie Karten zeichnen, stellte ihnen militärische und weltanschauliche Fragen. Während ein kleiner Spanier – er war 19 Jahre alt und hatte erst hier lesen und schreiben gelernt – Auskunft gab über die Zusammensetzung eines Maschinengewehrs und über die Situation an der Levante-Front und über die Entwicklungsgeschichte des Faschismus, sprach ich mit einem französischen Offiziersanwärter, – einem kultivierten und gebildeten jungen Menschen. «Den dort hätten Sie sehen sollen vor einem Jahr», sagte er mir, «er hat nichts gewußt, – wirklich gar nichts! Aber die Energie dieser Spanier ist unvorstellbar, – wenn sie etwas wollen, schaffen sie es, – sie sind zäh und klug, dabei völlig anspruchslos. Ich bewundere auch ihr Gedächtnis, – der kleine Alvarez weiß heute schon in vielen Dingen besser Bescheid als wir.» Alvarez wurde zum Unteroffizier ernannt vom hohen Chef für seine klugen und temperamentvollen Antworten. Er wurde ebenso rot vor Freude, wie der Junge in Renns Schule es vor Scham geworden war, als er vergessen hatte, daß man ein Hemd anhaben muß als Soldat.

Außer der beispielhaften und wissenschaftlich belehrenden Methode, die Armee heranzubilden, gibt es eine andere, und sie ist nicht weniger wirksam. Das Erziehungsministerium selbst hat ein Buch herausgegeben, das eine Art von «Struwwelpeter» für Soldaten ist. Der Held des Bilderbuches heißt Canuto, und er soll ein warnendes Beispiel sein für alle, die Canutos Un-Geistes sind. Canutos Torheiten und Missetaten sind schnell ungeheuer populär geworden. Er selbst, eine Mischung etwa aus dem tschechischen Soldaten Schwejk (aber der ist viel verschlagener, und er will im Grunde nicht) und der amerikanischen Mickymaus, ist unvergeßlich für jeden, der ihn kennt. Canuto ist schmutzig, ängstlich und unbelehrt. Er kann nicht schwimmen, nicht aufpassen, sich nichts merken. Canuto kann weder lesen noch schießen. Ist es da zu verwundern, daß er stets die allergrößten Unannehmlichkeiten hat, wiewohl er es herzlich gut meint? Er ist keineswegs bös, Canuto. Er weiß sehr wohl, daß er Soldat sein muß, weil sein Land in Gefahr ist, und er tut sein Bestes, um es retten zu helfen. Sein Bestes aber ist ganz schlecht, das sehen wir drastisch im Bilde. – «Canuto», hat man ihm gesagt, – «flugs fährst du auf deinem Motorrad mit wichtiger Meldung zur 88. Brigade!» Canuto, nach seiner Art, träumt auf der Landstraße, auch hat er leider die Nummer der Brigade schon wieder vergessen. Bums, – da rast er gegen einen Meilenstein, – die Maschine ist hin, die beiden Räder sehen aus wie zwei große Achter. «Heißa!» ruft Canuto, dem erstaunlicherweise nichts Ernstliches passiert ist, – «da haben wir's! Achtundachtzig, – das war's!» – Ihm passiert nie etwas Ernstliches. Aus allen Schrecknissen geht er leidlich intakt hervor (und eben darin erinnert er in erheiternder Weise an Mickymaus, mit der er auch die einfallsreich-sinnwidrige und eifrig-phantasievolle Narretei gemein hat.) – Die Soldaten lachen viel über Canuto, – und immer wieder gibt es neue Geschichten über ihn. Aber so wenig wie ein Kind, das seinen Struwwelpeter liebt, sein möchte wie er, so wenig wollen die jungen spanischen Militärs ihrem Canuto ähnlich sein – und sie versuchen energisch, sich seine Fehler abzugewöhnen, soweit sie die ihren sind.

«Alle, die schon erzogen sind, helfen mit, die Unerzogenen zu erziehen», sagte uns der Schriftsteller Rafael Alberti, dessen schöne und anspruchsvolle Gedichte die Soldaten lieben wie Kriegslieder. «Wir haben da die Einrichtung der ‹Politkommissare›, die den Intellektuellen die Möglichkeit gibt, gute Arbeit zu tun. Jede Brigade hat ihren Kommissar, – der nur dafür da ist, den Soldaten Sinn und Bedeutung der Befehle zu erklären, die an sie ergehen, – und der dafür sorgen muß, daß sie wissen, warum sie dies tun und etwas anderes lassen sollen. Wir wollen Disziplin, und es versteht sich, daß unbedingter Gehorsam zu herrschen hat in unserer Armee. Aber den ‹blinden Gehorsam› wollen wir nicht, dessen die Faschisten sich mit soviel Selbstgefälligkeit rühmen. Beinahe alle unsere Schriftsteller und Intellektuellen sind heute als Kommissare tätig, – sie kümmern sich um die Lektüre der Soldaten und darum, daß sie geistig nicht verkommen; oft hängt die Truppe mehr am Kommissar als an irgendwem.»

Es wird ungeheuer viel gelesen in Spanien, – das haben wir feststellen können; – neben den vielen Zeitungen der verschiedensten Richtungen gibt es literarische Zeitschriften (wie die ausgezeichnete «Horad d'Espana»), – auch das Buch spielt eine bedeutende Rolle. Die junge spanische Literatur hält europäisches Niveau, – ist übrigens mit den Arbeiten der französischen, holländischen, englischen Kollegen durchaus vertraut. Besonders zwischen der literarischen Avantgarde Frankreichs und der spanischen besteht ein intimer und produktiver Kontakt.

Der Gegensatz zwischen Faschismus und liberalem Sozialismus, wie er im republikanischen Spanien herrscht, kann nicht besser charakterisiert werden, als indem man den Gegensatz aufzeigt, der zwischen dem faschistischen Prinzip der Volksverdummung besteht, bei der Demagogie und Propaganda Pate gestanden haben, und dem pädagogischen Ernst, der in Spanien am Werk ist, wo neben den ungeheuren und dringlich-direkten Aufgaben, die der Verteidigungskrieg dem Lande stellt, der Pflicht gelebt wird, das geistige Niveau des Volkes zu heben, die Masse zu bilden und zu belehren. Die Faschistenführer wünschen sich nichts mehr als eine ahnungslose Masse, die ganz ihr Instrument wäre. Die spanische Regierung, deren Macht nicht auf dem Besitz von Maschinengewehren beruht, weiß, daß nur ein einsichtiges, ein wissendes Volk tauglich ist zum Kampf, – zur Bewältigung der großen Aufgaben des Friedens.

Spaniens Kinder

Das Schreckliche und das Ergreifende der spanischen Situation – nirgends wird es deutlicher als angesichts der Kinder. Die Tragödie des überfallenen Volkes, – in den hungrigen Gesichtchen der Kinder steht sie zu lesen, – aus ihren zerlumpten Kleidchen spricht sie, und sie bestürmt unsere Herzen, wenn wir die Vertriebenen schlafen sehn, in den dunklen Stationen der Untergrundbahnen, unter den Brücken, – in den «Refugios».

Es gibt so viele Kinder in Spanien, – so viele Babies; auch jetzt noch, während des Krieges, werden sie zu Tausenden geboren, – die Erneuerungskraft und der Lebenswille dieses Volkes kennt weder Angst noch Kleinmut. Wenn die Väter gefallen sind und die Mütter gestorben, – auf der Flucht aus den zerstörten Städten, dann sind die Kinder allein, – sie irren herum, tagelang oft, auf den heißen Landstraßen, – in den kahlen Bergen, – bis man sie findet, – oft sind sie halb verhungert und krank vor Angst und Verlassenheit, – oft sind sie verwundet, – ein Granatsplitter hat sie getroffen, oder ein Stein aus einem Haus, das zusammenbrach.

Das Problem der Kinder, – ihrer Rettung und Bergung, ihrer Ernährung und Erziehung ist brennend, die Republik kennt kein Wichtigeres. Man hat Heime eingerichtet, – Schulen, Kinder-Restaurants. Aber von den etwa 450 000 Kindern, die ohne Wohnung sind, leben erst etwa 60 000 in der Geborgenheit von Unterkunftshäusern, Sanatorien, Landschulen. Die andern sind den Zufällen und Gefahren des Krieges preisgegeben, viele von ihnen dem Hunger.

Die Kinderheime werden von der Regierung unterhalten, – oder von der Bevölkerung, – oder von ausländischen Wohlfahrtsorganisationen, – oder von den Soldaten der spanischen und internationalen Brigaden. Wir haben Heime gesehen, die ganz von den Soldaten lebten, – ihren Monatslohn geben diese Männer freiwillig und zu einem bedeutenden Teil den Kindern, für deren Zukunft sie kämpfen.

Die Heime sind schön gelegen, meist hat man die prächtigen Villen und Paläste flüchtiger Faschisten verwandt. Es ist seltsam zu sehen, wie in einer einzigen riesenhaften, elegant gekachelten Badestube zehn kleine Betten stehen, – wie das pompöse Eßzimmer des vornehmen Ehepaars, das hier gehaust hat, zum Versammlungssaal für 300 Kinder wurde und wie der Ankleideraum der Dame Platz schafft für eine ganze Schulklasse.

Wir sind in vielen Heimen gewesen. Kinder sind glücklich von Natur, – sie vergessen ganz schnell das Schreckliche, was hinter ihnen liegt. Daß sie in wirklichen Betten schlafen, daß man ihnen zu essen gibt, daß sie Lieder und Tänze lernen, daß sie Briefe an die Soldaten schreiben können, die ihnen dies Heim geschenkt haben, – all dies macht sie lustig, eifrig und gefügig.

Eine Gruppe von zehn- bis zwölfjährigen Buben und Mädchen hat Gymnastik-Unterricht, als wir eintreten. Es ist ein sehr anmutiger und figurenreicher andalusischer Volkstanz, den sie lernen, – seltsam, wie alle Volkstänze aneinander erinnern, wenn etwa der Bursch sich auf die Knie niederläßt und an der einen erhobenen Hand das Mädchen führt, das sich um ihn herum im Kreise dreht, dann wäre eine Schuhplattler-Melodie als Begleitung ebenso passend wie diese spanische, die freilich schwermütiger ist und schon viel von der grenzenlosen Traurigkeit der afrikanischen Wüste enthält. Die Kinder sind sehr bei der Sache, – dies ist eine Art Generalprobe, – denn am nächsten Nachmittag werden Soldaten von der berühmten und geliebten dreiundvierzigsten Division erwartet (die sich, nachdem sie ihre Stellung zwei Monate lang gegen ein ganzes feindliches Armeekorps verteidigt hatte, als die Munition zu Ende war, bis zur Grenze durchschlug; wobei sie alle Bauern des Gebietes, mit Frauen, Kindern und Vieh, in Sicherheit brachte. In Frankreich ließ man die 12 000 Menschen abstimmen, ob sie zu Franco oder in die Republik zurückwollten. Zu 99 Prozent, – ehrlichen 99 Prozent, denn diese Abstimmung war frei, – entschieden die Flüchtlinge sich für Barcelona). – Für das Fest, das die Kinder den Heimgekehrten geben wollen, probieren sie nun mit großer Hingabe. Da heulen die Sirenen. Das Klavier verstummt, – die tanzenden Kinder lassen die Arme sinken. Das Haus hat keinen Keller, der als «Refugio» in Frage käme, – aus allen Zimmern strömen die Kinder, – sie laufen in den Garten, wo sie sich unter den Büschen und Bäumen verstecken. Aber sie haben keine Angst, – fast ist es, als spielten sie «Räuber und Prinzessin». Der Gedanke ist abscheulich, daß hier eine Bombe einschlagen könnte, – daß all diese Kleinen, die man gerettet hat, evakuiert aus den gefährdetsten Städten, hereingeholt von den Straßen, geborgen aus den Trümmern, nun ermordet werden könnten in ihrer neuen «Heimat». Es geht gut, diesmal. Wenn der Alarm vorüber ist, begeben sie sich wieder in ihre Positionen, die schwermütige andalusische Melodie setzt ein, die Kinder tanzen.

Andere Kinder zeichnen. Das Thema ist frei, – man darf die Sonne abmalen, oder einen Apfelbaum. Von 30 Kindern zeichnen 23 einen Fliegerangriff auf eine Stadt. Aus allen Häusern schlagen Flammen, Bomben fallen aus einem roten Himmel, – in einem felsigen «Refugio» stehn zwei winzige Kinder Hand in Hand – sie sehen, wie eine Frau zusammen-

bricht, die wahrscheinlich ihre Mutter ist. Viele tote Männer
liegen, steif wie Marionetten, auf den Straßen. Mit gräß-
licher Eindringlichkeit sprechen die bunten Bildchen von
dem *unvergeßlich* Scheußlichen des Überfalles auf Wehrlose.
Die Kinder sind lustig, während sie zeichnen, aber dies ihr
selbstgewähltes Thema, «Bombardement», das sie mit so viel
kindlicher Genialität abzuwandeln wissen, beherrscht ihr Leben. Wir unterhalten uns lange mit der Leiterin in einem der
Heime, – sie erzählt uns von diesem Zweijährigen, das hier
seine ersten Gehversuche macht, daß keiner seinen Namen
kennt. «Wir wissen auch nicht, wie alt es ist. Nur daß der Vater gefallen ist, bei Castillon, das wissen wir. Die Mutter war
in Tortosa, als die Stadt drei Tage und drei Nächte lang bombardiert wurde. Darüber ist sie wahnsinnig geworden. Das
Baby hat man uns gebracht – es war blind vor Hunger. Jetzt
geht es ihm schon wieder gut.» – Aber die hellen Augen des
Kindchens sind immer noch schwärzlich verklebt von der
Salbe, mit der man die Hungererblindung behandelt. Wir
fragen nach den Schicksalen der andern Kinder, – alle haben
sie ähnliche Geschichten. Ein etwas älterer Junge ist aus dem
von Franco besetzten Gebiet hierher entflohen. Den Vater
hatte man erschossen, – die Mutter arbeitete in einem Hos-
pital. Als wir den Buben (er war hellblond und sah aus wie ein
kleiner Norweger, – viele Katalanier haben diesen Typus)
fragten, warum er denn das getan hätte, sagte er mit großer
Selbstverständlichkeit: «Aber ich bin Republikaner.» Es
klingt wie aus einem Märchenbuch für Antifaschisten, und
ist wahr dabei.

Die 17 Kinderheime im gouvernmentalen Spanien, die unter dem schweizerischen Patronat stehen, beherbergen
augenblicklich 750 Kinder. 36 kleine Mädchen, die ganz von
der Menschenfreundlichkeit der Schweizer leben, haben wir
besucht. «Es genügt», erklärte man uns, «wenn wir für jedes
Kind pro Monat 15 Schweizerfranken bekommen, – oder

vielmehr Lebensmittel im Wert von 15 Schweizerfranken. Davon kann ein Kind hier leben, – denn, natürlich, ein wenig gelbe Erbsen und etwas Brot gibt es außerdem.» Drolligerweise empfinden die spanischen Kinder, denen man gesagt hat, daß sie in einem «Schweizer Heim» wohnen, sich ganz als Schweizer. Da es ihnen so gut ging, daß sie neben dem bescheidenen Frühstück und den kargen Mittag- und Abendessen auch noch am Nachmittag eine Tasse Kondensmilch mit Wasser bekommen konnten, hatte man die Kinder gefragt, ob sie damit einverstanden wären, wenn diese Tee-Mahlzeit von nun ab ausfiele und dafür Kinder in einem «Spanien-Heim» die Wassermilch am Morgen bekämen. Alle Kinder hatten zugestimmt. «Und jetzt», – erzählten sie uns stolz, – «jetzt haben die spanischen Kinder wenigstens was zum Frühstück!»

Die vielen, armen, hübschen, rührenden, hilflosen spanischen Kinder! Wir haben viele von ihnen beisammen gesehen in einem der neuen Kinder-Restaurants, die von der Regierung eingerichtet worden sind. In einem einzigen dieser Restaurants, von denen es jetzt schon viele gibt (zwei in Barcelona allein und zwei weitere sind dort im Aufbau), essen täglich zweitausend Kinder. An winzigen fichtenen Tischen sitzen sie auf Stühlchen, die aussehn wie aus «Schneewittchen und die sieben Zwerge», und bekommen ihre eine Mahlzeit am Tag, die freilich besser ist als das, was man uns im Hotel zu bieten hatte. Ein großer Teller von «Garbanzos» (gelber Erbsen), die sogar durch ein halbes hartes Ei verzaubert werden, steht vor jedem Kind, – dann gibt es ein Stückchen Fleisch und zum Nachtisch eine ganze Semmel (von grüngrauer Beschaffenheit) und ein Stück Schokolade. Freundliche und appetitlich aussehende Wärterinnen in hellblauen Kattun-Schürzen betreuen die Mahlzeit. Die Kinder sind artig und ganz versunken in die herrliche Betätigung des Essens. Draußen vor der Tür auf der Straße und an den Fen-

stern stehen zu Hunderten die Mütter, von denen viele vielleicht hungrig sind, an diesem Tage, und schaun zu, wie ihre
Lieblinge satt werden.

Die Städte und Dörfer der spanischen Republik haben viel
Entsetzliches erlebt, – und viel menschlich Ergreifendes, viel
Großartig-Rührendes trägt sich dort zu. Nichts aber ist so
fürchterlich, nichts erregt Mitleid und Empörung so unmittelbar wie das Schicksal der spanischen Kinder. Und nichts
kann schöner sein, – nichts erschütternder und hoffnungs-
voller als die opferfreudige Liebe, die den Kindern zugewandt
ist und die helfen muß, ihre Leben hinüberzuretten in eine
befreite Zukunft.

Frauen im Exil

In dem Flüchtlings-Meer, das sich, aus den Diktaturländern
kommend, über die Erde ergießt, finden sich viele Frauen. Es
sind mehr Frauen unter den Flüchtlingen, als dem Prozent-
satz entspräche. Denn nimmt man an, daß, außer den aus
Rassegründen in Deutschland (und nun auch in Italien) Verfolgten, in der Hauptsache die politisch Aktiven es sind, die
von den Diktatoren die Kerker- oder Todesstrafe zu fürchten
haben, und bedenkt man ferner, wie wenige Frauen (wiederum prozentual) offiziell aktiv politisch tätig waren, dann
überrascht die Zahl der weiblichen Exilierten durch ihre
Größe. Überdies gibt es unter den exilierten Männern viele,
die auf Zureden ihrer Frauen die Heimat verließen. Und fast
scheint es, als ob die Frauen im allgemeinen schneller und
gründlicher als die Männer zu der Erkenntnis gekommen
seien, daß in der faschistischen Diktatur zu leben qualvoll
und schändlich sei.

Man hat gesagt, Frauen seien wie Kinder, – viele von ihnen

seien «verspielt», – sie steckten voller «Phantasien» und entbehrten häufig einer starken und bindenden Beziehung zur Realität. Daran mag Wahres sein. Vielleicht aber ist es gerade dies, – dies Niemals-völlig-Gebundensein an das Jetzt und den Augenblick, das den Frauen die Möglichkeit gegeben hat, sich eine Zukunft vorzustellen, die so völlig anders, so gänzlich verschieden von dem war, was sich augenblicklich Realität nannte. Ein Mann, der – nehmen wir an – seit 30 Jahren an ein und derselben Universität tätig ist, kann sich nicht vorstellen, seinen Platz zu verlassen, – er kann es sich auch dann häufig noch nicht vorstellen, wenn ein hoher «Führer» plötzlich von ihm, dem Mathematiker, verlangt, er solle vor aller Öffentlichkeit bekunden, daß 2 und 2 gleich 5 sei. Die Frau dagegen – auf Grund ihrer leichteren Körperlichkeit, auf Grund ihrer Phantasie, die man «verspielt» oder begabt nennen möge – kann sich das Verschiedenste vorstellen. Sie wurzelt in der Realität des Augenblicks nicht so unbedingt, nicht so erdenschwer wie der Mann. Dafür kann es sein, daß gewisse menschliche Begriffe, gewisse Vorstellungen in ihr tiefer wurzeln als beim männlichen Partner.

So ist es, um ein praktisches Beispiel zu geben, sehr selten vorgekommen, daß eine «arische» Frau ihren Mann verließ, weil er jüdisches Blut hatte und weil das deutsche Gesetz also verlangte, daß sie ihn verlasse. Wie viele von den «Arierinnen» sind lieber mit ihren «anrüchigen» Gatten in die Verbannung gegangen, als sich von ihm zu trennen. Ja, es gab bei den meisten von ihnen kaum eine Überlegung. «Aber ich liebe ihn doch» – das war alles, was in Beantwortung dieses «Problems» zu sagen war. «Arische» Männer dagegen *haben* ihre «nichtarischen» Gattinnen verlassen, und zwar Zahllose unter ihnen. Mag sein, daß der Mann, der an seinem Beruf hängt, ein Recht hat, weniger «gefühlvoll», weniger «verspielt» zu sein als die Frau. Uns aber kommt vor, als ob es auf dieser Welt nur *eine* «Treue» gäbe und als ob also einer, der –

aus Berechnungen realistischer Art («ich verliere meine Stellung, – ich mag nicht weg von dem Ort, an dem ich so lange gelebt habe») – einem Menschen, den er zu lieben vorgibt, die Treue bräche, auch sonst – seinen Idealen, seinem Berufe, seinem Lande gegenüber – die wahre Treue nicht kennte.

Wie dem auch sei: Unter uns Exilierten sind viele Frauen. Und unter uns exilierten Frauen sind viele «business and professional women», oder doch viele, die daheim, in Deutschland, Österreich, der Tschechoslowakei, einen Beruf gehabt haben. Wie nun ergeht es diesen Frauen? Welches sind ihre Nöte, ihre Hoffnungen? Wie sieht es für sie aus, das Leben in der Verbannung?

Das Schicksal einer Menschenmenge entzieht sich der Darstellung. Darstellbar sind Einzelschicksale, – und darstellbar sind die Gesetze, denen das Einzelschicksal untersteht. Wie sind diese Gesetze geartet für die «professional women» in der Emigration? Fassen wir einen Fall ins Auge.

Eine Frau im Wien von heute entschließt sich – koste es, was es wolle – ihre Heimat zu verlassen und anderswo zu leben und zu arbeiten, – irgendwo, wo es die Freiheit noch gibt und das Maß an Gerechtigkeit, ohne das sie nicht atmen zu können meint. Welches sind die Schwierigkeiten, die sich ihr entmutigend entgegentürmen? Zählen wir sie auf, eine nach der andern:

1. Sie muß die Erlaubnis haben, Deutschland zu verlassen. Zu diesem Ende muß, vor allem, ihre «Steuer» in Ordnung sein; das heißt in Hitler-Deutschland, sie muß hergeben, was sie besitzt, und muß auf sehr mühsame Art die offizielle Genehmigung erkämpfen, dies zu tun.
2. Sie muß versprechen, nie wieder zu kommen.
3. Sie muß die Erlaubnis irgendeines Landes haben, sich vorläufig dorthin zu begeben. Wenn dies andere Land aber erfährt, daß sie versprochen hat, ihr eigenes Land nicht wieder zu betreten, wird diese Erlaubnis kaum zu bekommen

sein (da für das Gastland dann keine legale Möglichkeit besteht, die Frau – wohin? – auszuweisen).

4. In dem europäischen Gastland, in das sie, unter zermürbenden Schwierigkeiten, gelangt ist, darf sie nicht arbeiten. Dort arbeiten hieße das schwerste Verbrechen begehen, dessen ein Emigrant sich in Europa schuldig machen kann. Geld hat sie keines. Sie darf aber auch der öffentlichen Wohlfahrt nicht zur Last fallen. Vor allem jedoch darf sie nicht *bleiben*. Ihr ganzes Streben muß darauf gerichtet sein, ein neues Gastland ausfindig zu machen, wohin sie sich, für ein Weilchen, wenden könnte, – um auch dort ihren drei wichtigsten Pflichten zu genügen: nicht zu arbeiten, nicht der öffentlichen Wohlfahrt zur Last zu fallen und nicht zu bleiben.

In den europäischen Ländern, deren Emigrantengesetzgebung ich aus eigener Erfahrung genau kenne – will sagen, in der Schweiz, in Frankreich, Holland und der Tschechoslowakei – ist es heute völlig unmöglich für die Exilierten, dauernde Aufenthalts- oder gar Arbeits-Erlaubnis zu erhalten. Ein wenig besser scheinen (oder schienen, bis vor kurzem) die Chancen in den nordischen Ländern zu stehen, – aber auch dort sind sie entschieden im Abnehmen begriffen.

In den Vereinigten Staaten von Amerika, auf die, heute mehr denn je, die Hoffnungen aller Flüchtlinge sich konzentrieren, darf, wer eingewandert ist, prinzipiell arbeiten. Es ist selbstverständlich, daß bei dem enormen Andrang von Exilierten in dies einzige freie Land der Erde die Bedingungen für die Einwanderung streng sein müssen und daß ihre genaue Einhaltung von den Immigrations-Behörden unbedingt gefordert wird. Diejenigen aber, denen es einmal gelungen ist, diesen Bedingungen zu genügen, begegnen hier einer Grundeinstellung dem Phänomen «Emigration» gegenüber, die sie überrascht und beglückt. Nichts von dem Mißtrauen, das uns in Europa das Atmen verleidete, nichts von dem Aus-

gestoßensein, von dem am Rande-geduldet-Leben, das in den
Ländern des alten Kontinents noch die Heitersten unter uns
zu bedrückten und gehetzten Kreaturen gemacht hat, ist hier
unser Teil. Und nicht genug damit, daß die Luft, die Atmosphäre, die uns hier entgegenschlägt, anders und besser ist als
die drüben, – und nicht nur, daß uns von privater Seite Er-
munterung und Hilfe aller Art oft genug zuteile werden, – es
gibt auch Organisationen, die sich unsrer annehmen; dem
Sinn und Inhalt dieses Berichtes gemäß spreche ich hier nur
von den Institutionen, die ihren Rat und Beistand den «business and professional women» leihen (und auch unter ihnen
werde ich nur von zweien sprechen können), während de
facto eine große Zahl von Committees und Organisationen
für die verschiedensten Zweige und Typen der gesamten
Emigration aufs großherzigste tätig sind.

Von der Arbeit der «International Federation of Business
and Professional Women» erzählte mir Miss Lena Madesin
Phillips, die gewiß berufen ist, über diese Arbeit auszusagen.
Miss Phillips verfügt, als President der «International Federation», über eine große Summe von Erfahrungen, und da sie
außerdem ein lebhaft fühlendes Herz und einen aktiven und
klaren Geist besitzt, brauchte ich ihr nur zuzuhören, um
meine eigenen Erfahrungen durch eine wichtige und beglük-
kende bereichert zu sehen. Die «International Federation» –
eine Business-, keine «Welfare»-Institution – hat sich während dieser letzten fünf Jahre das Schicksal der emigrierten
berufstätigen Frauen besonders angelegen sein lassen. Miss
Phillips schildert, wie von den 25 Branchen, welche die Federation rund um den Erdball organisiert hatte, mehrere aufge-
löst werden mußten; die faschistischen Länder haben der
«Federation» ihre Türen versperrt. Aber gerade für die Opfer
dieser Länder ist der Verband unermüdlich tätig. Er versucht
seinen Mitgliedern – den berufstätigen Frauen – die Wege zu
ebnen, ihnen Einreise-Bewilligungen und Stellungen zu ver-

schaffen und ihnen, während der ersten schlimmen Wochen der Arbeits- und Mittellosigkeit, finanziell zur Seite zu stehen. Miss Phillips, deren männlich energisches Gesicht große Weichheit zeigt, wenn sie von all den Schicksalen erzählt, die um sie her ihren gefährdeten Ablauf haben, sagt: «Oft, – wissen Sie, – *können* wir tatsächlich *nicht* helfen. Oft ist es uns nicht möglich, irgendwo in der Welt – in Finnland oder in Australien (und unsere Freundinnen würden ja überall hingehn, – auch auf den Mond, wenn wir es nur ermöglichten!) – eine Stellung oder eine Arbeits-Erlaubnis zu bekommen. Dann versuchen wir, wenigstens persönlich irgendwie trostreich und freundlich zu sein. Sie glauben nicht, wie sehr manche von unseren Schutzbefohlenen ein bißchen Freundlichkeit, ein bißchen kindness nötig haben!» Ich sage, daß ich dies sehr wohl glaube, – ja, daß ich *weiß*: oft genügt ein Hoffnungsschimmer, zur rechten Zeit in eine schon verzagende Seele geworfen, um den Menschen weiterleben, weiterkämpfen zu machen, der müde und am Ende war.

Während der halben Stunde, die ich mit Miss Phillips verplaudere, klingelt zum wiederholten Male das Telefon, – weibliche Stimmen am andern Ende der Leitung erbitten Rat, Hilfe, Beistand, – für sich, für Freunde, – in Prag, München, Berlin. «Es ist schwer», sagt Miss Phillips, «und dabei wäre es leicht, den Frauen zu helfen, – wenn die Umstände nur ein wenig günstiger wären. Frauen sind so anpassungsfähig – sie lernen so schnell, – sie adaptieren sich an eine neue Umgebung weit geschickter als die Männer. Sogar fremde Sprachen lernen sie leichter!»

Ich erkundige mich, ob es bestimmte Berufszweige, bestimmte Stellungen gibt, in denen sich für exilierte Frauen besondere Chancen böten. «Was raten Sie Ihren Schutzbefohlenen so im allgemeinen, – gibt es einen Ratschlag, der sich für alle schickt?» – «Nein, das gibt es nicht, – oder, doch, warten Sie, das gibt es. Aber nicht, wie Sie glauben, in bezug auf besonders chancenreiche Berufe, – sondern mehr in Bezug auf besonders chancenarme Orte. Ich rate all meinen Freundinnen aufs allerdringlichste, sich nicht auf die großen Städte des Ostens zu versteifen; die meisten unter ihnen wollen, coûte que coûte, in New York bleiben und glauben schon, man schickt sie aufs Land, wenn man sie nach Chicago versetzt. Der einzige Rat, der allgemeingültig ist, ist der: verteilt euch, – geht, vereinzelt, – weit weg, – in die entferntesten Orte des Mittelwestens, und: fürchtet euch vor keiner Sorte von Arbeit! Dann wird es wahrscheinlich irgendwie gutgehen mit euch; – sonst nicht!»

Da ich weiß, daß viele von den Emigrantinnen in Amerika zunächst als Hausangestellte untergekommen sind, frage ich, ob die «Federation» auch solche Stellungen vermittelt. Miss Phillips schüttelt den Kopf. «Nicht doch», sagt sie, «mißverstehen Sie mich nicht! Wir sind überhaupt kein Stellenvermittlungsbüro. Aber wir sind in Verbindung mit 100 Employment-Agencies hier im Lande; dort melden wir die Wünsche unserer Schützlinge an; oft, das ist richtig, muß eine junge Anwältin sich zunächst als Köchin verdingen; aber wir suchen weiter, und meist glückt es uns nach einiger Zeit, das Richtige zu finden.» Ich erkundige mich, ob die «Federation» auch mit den Colleges und Universitäten Verbindungen unterhält, und erfahre, daß dieses Feld von einer anderen Organisation «gecovered» wird, – von der «International Federation of University Women».

In ihrem schönen hellen Office in Barnard-University empfängt mich Dean Virginia Gildersleeve, Präsidentin der «International Federation of University Women». Ich weiß, mit welcher Verehrung die Studentinnen von Barnard an Dean Gildersleeve hängen, und welche wichtige Rolle überhaupt die bedeutende Frau im geistigen Leben der weiblichen Jugend dieses Landes spielt. Um so mehr rührt mich zu sehen, daß die Vielbeschäftigte ein Gutteil ihrer Zeit und ihrer

Kräfte «unseren Sorgen», – das heißt dem Schicksal der exilierten Frauen zuwendet. Sie sagt: «Natürlich versuchen wir, alles für unsere unglücklichen Kolleginnen zu tun, und gerade in unserm Beruf, – in der akademischen Laufbahn, – sind den Frauen in Deutschland ja alle Chancen genommen; heute ist der Rückgang im Frauenstudium in Deutschland schon so groß, daß vielleicht in kommenden Jahren nur noch wenige studierte weibliche Exilierte hier eintreffen werden. Im Augenblick aber wollen gerade die Akademikerinnen alle weg von Deutschland – denn dort sind sie zum ‹Berufstod› verurteilt, wie die Nazis das so ausdrucksvoll nennen.»

Ich erkundige mich, ob die «International Federation of University Women» sich mit den Problemen der Exilierten befaßt, und höre, daß sich ein eigenes Committee gebildet hat, – ein «Emergency Committee for the Aid for University Women». «Natürlich ist auch dieses «Emergency Committee» nicht ausschließlich mit Emigrantinnen befaßt», erklärt mir Dean Gildersleeve – «es kümmert sich um Emergency-Fälle aller Art. Freilich: die meisten Emergency-Fälle ereignen sich in der Welt der Emigranten heutzutage.»

«Darf ich noch zwei Fragen stellen, ehe ich, schleunigst, gehe?»

Dean Gildersleeve nickt freundlich.

«Erstens: Bei der Unterbringung von Leuten, – was ist Ihre Hauptschwierigkeit? Ich meine, was macht Ihnen dabei am meisten Kopfzerbrechen?»

Die Präsidentin zögert einen Augenblick. Dann sagt sie: «Am schwersten fällt mir, zu entscheiden, ob den sehr Jungen oder den Älteren, Verdienten vor allem geholfen werden muß. Es sind doch immer nur einige wenige Chancen, die wir für unsere Schützlinge wahrnehmen können. Sollen wir nun die Jungen vorziehen (damit nicht der ganze exilierte Nachwuchs verkümmert), oder ist es besser, zunächst die Älteren unterzubringen, die schon viel geleistet haben und deren Allgemein-Chancen im Leben trotzdem geringer sind?» – «Und wie haben Sie sich entschlossen?» – Dean Gildersleeve zuckt lächelnd die Achseln. «Wir wechseln ab», sagt sie, «wir tun, was wir können, für die Jungen *und* für die Älteren. Wollten Sie noch etwas wissen?» – «Ja», sage ich, «wie arbeitet es sich mit den Emigrantinnen, – haben Sie eine an Barnard-University, – und wie hat sie sich eingelebt?» – Ich erfahre, daß Classical Archeology in Barnard von einer Exilierten gelehrt wird, – sie heißt Margarete Biber, und Dean Guildersleeve findet, daß Miss Biber eine sehr gute Kraft ist. «Sie spricht auch ausgezeichnet Englisch», sagt sie, «und scheint sich, alles in allem, sehr zu Hause hier zu fühlen.»

Zu Hause! Was für eine Fülle von Sehnsucht und Traurigkeit, von unwiederbringlich Verlorenem liegt für uns in diesem Wort «zu Hause». Werden wir je auf dieser Welt wieder «zu Hause» sein? Sind wir nicht die *Fremden* in aller Herren Länder, gejagt, rund um einen Erdball, der so dicht mit Kanonen, Tanks und Kriegsgerät bepflanzt ist, daß für die Menschen kaum mehr Raum zu sein scheint, – und gewiß nicht für die «Fremden», die nirgends auf ihm «zu Hause» sind?

Amerika ist unsere Hoffnung, – im Allgemeinen wie im Persönlichen. Denn wenn ein Land, ein einziges, auf dieser Welt eine Chance hat, ohne Blutvergießen und Missetat der Zukunft Herr zu werden, dann ist es diese große, reiche und freie Demokratie. Wir aber, die wir das Glück haben, hier leben zu dürfen, werden uns bemühen, nützlich zu sein, mitzuarbeiten an der Gestaltung dieser Zukunft, – damit wir einmal mit Recht werden sagen können, wir seien hier «zu Hause»!

TEIL IV

Blitze überm Ozean

Kriegsreportagen und Reden

(1939–1945)

Eine Nacht in London

Meine Wohnung ist in die Luft geflogen, meine Schreibmaschine ist zerstört und fast alle meine Manuskripte und Notizen sind verbrannt; trotzdem will ich versuchen, eine einfache Darstellung der Nacht zu geben, in der all dies geschehen ist. Bis jetzt machten fast alle meine Freunde dieselben Erfahrungen, ganz zu schweigen vom Londoner Osten, dessen Abenteuer viel ernster gewesen sind.

Ich war nicht zu Hause, als die Decke einbrach und Feuer mein Zimmer in Brand steckte. Unten in unserem Keller passierte nichts Besonderes. Die Fenster waren natürlich in Splitter gegangen, und unsere ganzen Verdunkelungsvorrichtungen lagen zertrümmert in der Küche: Bretter, Rollläden, Spiegel und Sand. Niemand war verletzt. Unser Hausherr, ein älterer Engländer von großer Würde, war der einzige, der ein wenig erregt war, weil er wissen wollte, ob sein Kanarienvogel im Nebenzimmer noch lebte. Nach ein paar Minuten Verwirrung und Ungewißheit erschienen die Feuerwehrleute und retteten das Haus vor völliger Zerstörung. Trotzdem konnten wir nicht bleiben. Es war noch immer Gefahr, daß es zusammenbrechen würde; außerdem flogen ständig kleine Schrapnellstücke durch die schwarzen Löcher, die unsere Fenster waren, herein.

Sehen konnten wir in der rauchigen Dunkelheit nichts. Ich ging auf die Straße. Sie bot das gewohnte Schauspiel eines von explodierenden Granaten zerrissenen Himmels. Der Osten war in rote Flammen gebadet wie von der aufgehenden Sonne. Ich hörte das unheimliche Konzert, an das wir schon so sehr gewohnt waren – das dumpfe Rollen der Flugabwehrgeschütze, das in seiner Dauer fast beruhigend wirkte, das

Pfeifen der fallenden Bomben, Einschlag und Widerhall der Explosion kurz danach.

Ein Taxi ist während der Nachtangriffe nicht zu finden. So entschloß ich mich, zu einem Hotel, das zwölf Straßen entfernt war, zu Fuß zu gehen. Das Surren der Bomber über dem Kopf ist beängstigender als irgend etwas anderes – diese Frechheit der tödlichen Schmeißfliegen, gegen die man wehrlos ist. Ist einmal eine Bombe im Niedersausen, kann man Verschiedenes tun: nach dem Geräusch urteilen, wo sie explodieren wird und sinnloser Weise auf die andere Straßenseite springen, oder man wirft sich nieder oder tut, was immer ein geheimer Instinkt einem befiehlt.

Aber der Lärm der mörderischen Maschinen in den Wolken droht weiter. Außerdem macht er einen wütend. Hoch oben über den Wolken verstecken sich Herrn Görings folgsame Helden. Sie laufen bei diesen nächtlichen Angriffen so gut wie keine Gefahr. Allerdings können sie nicht richtig zielen, denn unsere Abwehr hält sie in beträchtlicher Höhe. Aber wollen sie denn überhaupt zielen? Ihre Absicht ist ja nur allgemeine Zerstörung. London ist groß, und irgend etwas wird immer zerstört, wo eine blindlings geworfene Bombe hinfällt.

Ich ging über das Schlachtfeld der Straßen, ungenügend ausgestattet. Zinnhelme schützen zwar gegen Schrapnellsplitter, sind aber augenblicklich nicht käuflich. Das erste Hotel, in dem ich vorsprach, war gerade von Bomben schwer beschädigt worden. Ich ging weiter und bemerkte plötzlich, daß ich seit zwanzig Minuten über Glas gegangen war. Das feine Geräusch von zerbrechendem Glas unter den Füssen ist unangenehm deutlich. Man hört es durch allen sonstigen Tumult durch.

Das zweite Hotel war überfüllt. Zwei holländische Matrosen und eine Frau, anscheinend eine Polin, hatten gerade die letzten Zimmer bekommen. Aber sie zogen es vor, im Treppenhaus zu sitzen, und unterhielten sich in einem seltsamen, rauhen Französisch. Sonst war hier nichts geschehen, außer daß die Bar in Trümmern gegangen war; der Fußboden schwamm in einem vielfarbig schillernden Meer ausgeflossenen Alkohols. Man sagte mir, ich könne im Keller bis zum «Alles frei»-Signal warten. Da dies seit vielen Wochen immer erst beim Morgengrauen zu ertönen pflegt, beschloß ich statt dessen, auf das «Schlachtfeld» zurückzukehren und einen Weg aus diesem besonders belebten Stadtteil zu suchen.

Auf meinem Weg sprach ich viele Leute – Luftschutzwächter, Feuerwehrleute, Polizisten, Soldaten und heimatlose Wanderer wie ich. Niemand schien nervös oder erschreckt. Der stärkste Ausdruck der Mißbilligung, den ich hörte, war: «Frankly, I do not like it». Er kam von einem jungen Beamten, der hinzufügte, daß ihm anfangs das ganze überhaupt nichts ausgemacht hätte, aber daß er seit vierzehn Tagen kaum Schlaf gehabt habe, was – ihn leicht zu ärgern beginne. Als ich endlich in ein großes Hotel im Zentrum der Stadt kam, floß Blut an meinem Bein herunter, und in meinen Schuhen war zuviel Glas, um bequem zu gehen.

Es war ein Uhr früh. Im Keller spielte eine Jazzband. Tanzende Paare, die durch Explosionen in der Nähe oft dicht gegeneinander gepreßt wurden, schienen bester Laune zu sein. Sie waren froh, daß die lärmende Musik manches von dem Kriegsgetöse draußen verschlang. Einige Zeit blieb ich am Eingang des Tanzsaales stehen und fragte mich: Bewundere ich diese gleichgültige Fröhlichkeit, oder hielt ich sie etwa nicht doch für ein wenig zynisch? Ich entschied mich dafür, daß das Ganze zum mindesten eindrucksvoll war.

Hotelgäste, die weder die Gefahr hinwegtanzen noch die Nacht im Keller verbringen wollten, hatten aus irgendeinem Aberglauben ihre Matratzen und Bettdecken auf die Korridore gebracht. Es war eine erstaunliche Szene: mehr ein überfülltes Feldlazarett als ein elegantes Hotel. Der totale

Krieg bringt die sonderbarsten Begleiterscheinungen hervor: niemals zuvor ist eine Stadt derartig nerventötenden Angriffen ausgesetzt gewesen. Nicht einmal Rotterdam mit seiner sieben Minuten dauernden Verheerung und seinen 20000 Toten, nicht einmal Warschau oder die Städte des loyalistischen Spanien hatten ein solches Maß erschreckender Gleichmäßigkeit des Grauens zu ertragen wie London, das zehn Stunden jede Nacht bombardiert wird. Ein paar Stunden Schlaf kann man zwar stets gegen Morgengrauen finden, aber Ruhe und Aufwachen sind die eines Kranken, dem man nach einer fiebrigen Nacht voller Schmerzen und Wahnvorstellungen mildernde Tabletten gegeben hat, um ihn zu beruhigen. Er ist erschöpft, aber glücklich. Doch selbst in seinen freundlicheren Träumen wacht die Ahnung, daß die Ruhe nicht anhalten wird, daß der Kampf gegen den Tod nicht vorüber ist.

Der Kampf hat kaum erst begonnen. Jeder ist sich dessen bewußt, aber niemand – ich glaube wirklich: *niemand* – träumt von Kapitulation. Die Rückwirkungen auf die breiten Massen sind mannigfaltig, und was man «Moral» nennt, drückt sich verschiedenartig aus. Aber weder Hysterie noch Furcht, noch die leisesten Anzeichen von Panik sind irgendwo zu finden. Ich beobachtete einen Mann, dessen Haus in seiner Abwesenheit von Bomben zerstört worden war. Er stand vor den Ruinen, schüttelte den Kopf und wiederholte in dem Ton eines höchst zivilisierten Mannes, der zum ersten Mal gewahr wird, daß Bestialität unter Menschen existiert: «Aber das ist ja wirklich abscheulich!»

In Lissabon gestrandet

Es ist nicht leicht, in Lissabon ein Zimmer zu finden. Lissabon ist so überlaufen wie eine Stadt, in der eine Weltausstellung stattfindet oder in der berühmte Festspiele Tausende von Besuchern aus aller Welt anziehen. In allen Straßen scheint ein sehr reges, fröhliches Treiben zu herrschen, und die Preise, die in den Hotels und Restaurants für den geringsten Service verlangt werden, sind enorm. Die Leute in den Straßen und Restaurants unterhalten sich in allen europäischen Sprachen – ganz so, wie es sich für einen internationalen Treffpunkt gehört. Es ist merkwürdig, wie traurig fast alle Menschen aussehen und wie ärmlich sie gekleidet sind. Und ein Hauch von Angst, Bösem und extremer Nervosität liegt in der Luft, was bei «internationalen Treffpunkten» normalerweise nicht üblich ist.

Lissabon, der einzige freie und neutrale Hafen in Europa, ist zum Treffpunkt und zur Wartehalle all derer geworden, die vor Hitler fliehen. Denn weder eine Weltausstellung noch Festspiele haben die Menschen in diesen Straßen angelockt. Verbannte sind es, Heimatlose, die hier versammelt sind; ihre Zahl schwankt, aber immer sind es Tausende: ohne Gepäck, ohne Geld, oft ohne Ausweispapiere kommen die Flüchtlinge hier an – und was können sie hier tun? Nur eines: *bleiben*, solange wie man es ihnen erlaubt. Nur warten – auf was? Auf das rettende Schiff, das sie fortbringen soll, *irgendwohin*, nur weg, weiter vom Feind, der ihnen auf den Fersen war, wo immer sie auch hingingen. Er hatte sie durch ganz Europa gejagt, und nun warten sie auf das Rettungsschiff.

Ich war von England nach Lissabon geflogen; Ende Oktober war es, ich war voller bewegender und großer Eindrücke vom «Kampf um London».

Diese Monate, September und Oktober, waren nicht einfach gewesen, für niemanden, der sie in London verbrachte.

Und dennoch waren sie auf eine unvergeßliche Weise schön gewesen. Dort wurde um einer großen Sache willen gekämpft. Der Kampf ist gut, wenn der Feind schlecht ist, und wenn man auf die eigene Stärke und Unbesiegbarkeit vertraut.

Hier, in diesem Flüchtlingslager in Lissabon, wurde nicht gekämpft. Hier wartete man nur trübsinnig, hier herrschte nur hilflose Angst und bedrückende Schwüle; die Wolken hingen tief über der Stadt, und die Flüchtlinge liefen sinnlos durch die Straßen; sie konnten gar nichts tun und kaum etwas erhoffen.

Obwohl meine Papiere in Ordnung waren und der Clipper mich in ein paar Tagen «heim» nach Amerika bringen würde, mußte ich doch wegen meiner «Ausreiseerlaubnis» zum Polizeirevier für Ausländer gehen. «Nur eine reine Formsache», erklärte mir der Portier in meinem Hotel, «Sie gehen einfach hin, lassen sich die Papiere stempeln, das ist alles.»

Ich ging. Das Taxi hielt an der Tür des Gebäudes, aber ich mußte etwa acht Minuten lang all die Straßen zurücklaufen, an denen wir gerade vorbeigefahren waren, um meinen Platz in der wartenden Menge zu finden. Dort war eine scheinbar endlose Schlange. Sie zog sich über mehr als vier oder fünf Häuserblöcke und folgte schließlich einer gewundenen Straße um zwei Kurven. Diejenigen, die am Anfang standen, mußten bereits viele, viele Stunden gewartet haben, und diejenigen am Ende konnten kaum darauf hoffen, an diesem Tag noch an die Reihe zu kommen. Dennoch nahm ich am Ende der Schlange meinen Platz unter den Wartenden ein.

«Worauf warten Sie?» fragte ich denjenigen, der gerade vor mir stand. Ich sprach französisch, aber da er mich nicht verstand, wiederholte ich meine Frage auf englisch, spanisch und deutsch. Er verstand Deutsch, war aber, wie sich später herausstellte, Norweger. «Warten Sie auch auf Ihre Ausreiseerlaubnis?» fragte ich. Der Mann schüttelte den Kopf.

«Nein», erwiderte er, «ich warte auf meine Aufenthaltserlaubnis; die meisten hier warten auf ihre Aufenthaltserlaubnis. Mit einer Ausreiseerlaubnis können die wenigsten etwas
anfangen, leider.» Ich hatte erst wenige Minuten dort gestanden, und schon hatte sich eine Schlange hinter mir gebildet.
Ich drehte mich um und sah ein vertrautes Gesicht. Das letzte
Mal, als ich dieses Gesicht gesehen hatte, ragte es gebräunt
aus einem spanischen Uniformkragen hervor, und die Mili-
tärmütze saß lässig auf dem dunklen, gewellten Haar. Das
war in Valencia, im Sommer 1938. «Juan!» rief ich, «was um
alles in der Welt ...?»

Juan war Brigadeleiter in der Armee der Loyalisten gewesen. Nach dem Zusammenbruch wurde er eingesperrt, aber
schließlich gelang es ihm zu fliehen, wie ich jetzt erfuhr. Er
bat seinen Vordermann, ihm seinen Platz freizuhalten, und
stellte sich neben mich, um Neuigkeiten austauschen zu können. «Ich habe nur noch eine Hoffnung», sagte er, «und ich
bin verloren, wenn es schiefgeht. Ich versuche ein Visum für
einen der südamerikanischen Staaten zu bekommen. Mein
Bruder lebt dort, er könnte sich zuerst um mich kümmern
und für mich bürgen. Der Konsul heißt X. Alles hängt von
seinem guten Willen ab. Wenn der Konsul mich nicht rettet,
bin ich verloren, und ich habe es noch nicht einmal geschafft,
bis zu ihm vorzudringen.»

Zufälligerweise kannte ich den Konsul. Ich versprach,
mich bei ihm für Juan einzusetzen.

«Es ist merkwürdig hier», sagte Juan, «schau dir nur die
Leute an, die hier stehen. Die meisten wissen kaum, wie sie
hierher kamen und warum sie fliehen mußten. Bei mir ist das
etwas anderes, ich bin spanischer Demokrat und habe gegen
die Faschisten gekämpft, ich bin ein erklärter Gegner der Faschisten. Aber all diese Leute hier, die belgischen und dänischen und norwegischen Männer, Frauen und Kinder, wurden vom Feind in ihren Heimatländern überrascht wie von

einem Erdbeben oder einer Überschwemmung. Plötzlich war
alles zerstört und verloren, plötzlich waren sie heimatlos und
verfolgt und ausgestoßen, und plötzlich sind sie hier und
warten. Das ist sehr merkwürdig.»

Er sprach ruhig und ohne Aufregung, ja ohne anzuklagen,
nur ungeheuer erstaunt.

Die Zeit verging. Nur sehr langsam bewegte sich die
Schlange vorwärts.

Ich entschloß mich, das Warten für heute aufzugeben und
statt dessen ein Treffen mit dem wichtigen Konsul des südamerikanischen Landes, der allein Juan retten konnte, zu ar-
rangieren.

Der Konsul war knapp und freundlich am Telefon. Er versprach, um fünf Uhr in dem kleinen Café am Hauptplatz zu
sein. Dort sollte ich ihn treffen.

Auf dem Weg zurück zum Hotel kam ich am Visa-Büro
des amerikanischen Konsulats vorbei. Und wenn ich die War-
teschlange vor dem Polizeirevier für Ausländer schon lang
gefunden hatte, so sollten mir bei diesem Anblick die Augen
übergehen. Denn die Schlange vor der amerikanischen Botschaft schien gar kein Ende zu haben. Die ganze Straße, ja das
ganze Stadtviertel schien geradezu schwarz vor Menschen zu
sein.

Ich ging schnell vorbei. Angst ergriff mich angesichts dieser unendlichen und hilflosen Not. Und wieder dachte ich an
London zurück, wo der Feind Elend, viel Elend gebracht
hatte. Doch trotz all dieser Not war es ein ganz großer Unterschied zwischen dem hoffnungsvollen, aktiven, mutig-zuver-
sichtlichen Leben der Menschen in England und der passiven,
unglücklichen Existenz der Wartenden hier.

Kurz vor fünf betrat ich das kleine Café auf dem Hauptplatz. Ich mußte auf den wichtigen und allmächtigen Konsul
warten. Das Café war zum Bersten voll. Um genau zu sein,
war hier alles überlaufen. Diejenigen, die hier saßen und den

bitteren, scharf gerösteten Kaffee tranken, wie er nur in Südfrankreich, Spanien und in Portugal zubereitet wird, legten
oftmals ihren letzten Escudo auf die verschmutzten Marmor-
tische. Einen Besuch dieses Lokals konnten sie sich gar nicht
leisten. Trotzdem kamen sie immer wieder; lieber würden sie
sich ein warmes Abendessen oder eine Übernachtung im Hotel entgehen lassen als ihre Schicksalsgenossen zu verpassen,
die sie mit Sicherheit hier treffen würden. Menschen, die dieselbe Sprache sprachen, saßen zusammen, die Franzosen mit
den Belgiern, die Deutschen mit den Österreichern und
Tschechen; die Norweger und Holländer, von denen die meisten Französisch und Deutsch neben ihrer Muttersprache
konnten, sprachen miteinander in einer anderen, nicht der
eigenen Sprache. Die Luft war rauchverhangen und abge-
standen vom Atem der vielen Menschen. Die meisten Flüchtlinge trugen dieselbe Kleidung, in der sie ihr Land verlassen
hatten oder das Land, das ihnen Aufnahme gewährt hatte;
ihre Kleidung war abgetragen und schmutzig, oft zerrissen.
Der Geruch schmutziger Lumpen hing in der Luft. Ich saß allein und hörte all den Unterhaltungen zu, die an den Tischen
in jeder denkbaren Sprache geführt wurden. Bruchstücke
dieser Unterhaltungen schwebten im Raum und machten die
Luft noch schwerer; man konnte sie kaum atmen, diese Luft
in dem kleinen, schrecklich «internationalen» Café in Lissabon.

«Meine Aufenthaltsgenehmigung ist abgelaufen», sagte
jemand am Nachbartisch auf französisch, «sie läuft morgen
ab, ich darf nicht länger als bis morgen bleiben. Aber wohin
soll ich gehen? Werden sie mich nach Spanien deportieren?
Dort werden sie mich einsperren, und wenn Hitler es verord-
net, werden sie mich an ihn ausliefern. Wohin soll ich gehen?» wiederholte er, wohl wissend, daß es auf diese Frage
keine Antwort gab. «Ich habe für *kein* Land ein Visum, und
übermorgen muß ich weggehen ...»

Jemand kam herein, und noch beim Eintreten sagte er, sich gewissermaßen an alle Anwesenden richtend: «Die spanische Grenze soll dicht sein, beide Grenzen, die französisch-spanische und die spanisch-portugiesische; mein Gott, und meine Frau ist noch in Südfrankreich, ich habe ihr Geld zum Reisen geschickt, sie wollte noch fliehen, heute oder morgen, und jetzt sind die Grenzen geschlossen!»

Ungeheure Aufregung folgte, alle redeten durcheinander, aber alle sagten sie dasselbe. «Mein Gott», riefen sie, «die Grenzen sind zu, der letzte Fluchtweg für meine Frau, für meinen Mann, Bruder und Sohn ist abgeschnitten, die Grenzen sind zu, mein Gott, und die Unsrigen in der Todesfalle!»

Der Überbringer der alarmierenden Neuigkeit hatte französisch gesprochen, aber er war, wie sich herausstellte, Tscheche. Jetzt saß er mit einer Gruppe von Deutschen und Österreichern und sprach mit ihnen auf deutsch über seine Ehefrau. «Meine Frau ist Deutsche, aus Süddeutschland», sagte er, «sie ist eine aufrechte Demokratin und eine gute Katholikin, eine sehr fromme Katholikin. Als Hitler anfing, die Katholiken zu verfolgen, und die Nazis Kardinal Faulhaber in München steinigten, floh sie nach Österreich. Dort habe ich sie dann getroffen. Sie war Kindergärtnerin, und sie kümmerte sich um die Kleinkinder in einem katholischen Waisenhaus. Ich war Korrespondent für eine tschechische Zeitung. Als Hitler nach Österreich kam, mußten wir beide fliehen. Wir flüchteten in meine Heimat, nach Prag. Dort haben wir auch geheiratet. Viele Monate lang waren wir glücklich, ja, unser Glück dauerte fast ein halbes Jahr, vom März 1938 bis Oktober; dann überfiel Hitler das Sudentenland, und wir wußten: die Tschechoslowakei ist verloren. Vom 3. Oktober 1938, dem Tag von München, bis zum 15. März 1939, dem Tag, an dem die Nazis in Prag einmarschierten, haben wir kaum etwas anderes getan, als auf die Katastrophe zu warten. Natürlich haben wir auch gearbeitet. Aber die Arbeit und sogar das Leben zu Hause und in Frieden waren unwirklich geworden. Echt war nur das Warten auf das Unheil, das Warten auf die wohlbekannte Katastrophe. Als Hitler auf dem Hradschin war –»

Für einen Moment unterbrach der Tscheche seinen Bericht. Er schluckte, dann sah er sich im Kreis um, böse und fragend blickte er in die Gesichter derjenigen, die am Tisch saßen. «Als dieser Hitler auf dem Hradschin war ...», wiederholte er schließlich. Ich wußte, daß dieses Bild: Hitler auf dem Hradschin, als Herrscher über die Tschechen in Prag regierend, Hitler, der fremde Sklaventreiber auf seiner tschechischen Zitadelle – ich wußte nur zu gut, daß allein die Vorstellung schrecklich genug war, um bei jedem tschechischen Patrioten Übelkeit zu erregen. Mein Nachbar fühlte sich offensichtlich krank, sooft er nur daran dachte. Er sah sich nach dem Kellner um und bestellte sich einen Kognak. Dann schaute er in sein Portemonnaie und nahm seine Bestellung für den Kognak zurück. «Danke», sagte er, «entschuldigen Sie, ich habe mich geirrt, ich möchte keinen Kognak.»

Ich war stark in Versuchung, ihm einen Kognak zu bestellen, aber ich wagte es nicht. Würde er ihn annehmen? Hatte er sich denn bereits genügend an die Armut gewöhnt? Er war kein Bettler, er war ein bekannter tschechischer Journalist, freilich völlig mittellos. Er fuhr fort und sagte:

«Als Hitler auf den Hradschin kam, mußten wir weggehen. Natürlich hatten wir von Anfang an gewußt, daß wir dann das Land verlassen müßten. Wir flohen nach Polen. Zuerst hatten wir nichts zu essen, denn ich hatte keine Arbeit, da ich nicht mehr für die tschechischen Zeitungen schreiben konnte. Irgendwie hat uns meine Frau durchgebracht; sie gab polnischen Kindern privat Deutschunterricht. Es war nicht einfach, aber viele Monate lang waren wir fast glücklich, ja, es dauerte fast ein halbes Jahr. Als Hitler in Polen einmarschierte, mußten wir fliehen. Diesmal war es sehr schwer; in

Kriegszeiten ist eine Flucht schwierig und gefährlich. Zuerst flohen wir nach Warschau. Dort wurde ich während einer Bombardierung verwundet. Nichts Ernstes, ein Schrapnellsplitter im Bein. Ich konnte nicht laufen, aber wir mußten dennoch fliehen. Manchmal mußte mich meine Frau fast tragen. Es gelang uns, nach Rumänien und mit einem Boot nach Südfrankreich zu kommen. Dort wurde meine Frau wegen ihrer deutschen Abstammung interniert. Sie waren sehr nervös und verwirrt in Frankreich. Ich blieb in Freiheit und durfte sie einmal wöchentlich besuchen. Von einem tschechischen Hilfskomitee erhielt ich etwas Geld. Das Leben war nicht sehr schön, aber viele Monate lang, ja, es war fast ein halbes Jahr, waren wir nicht allzu unglücklich. Die Tatsache, daß wir in einem Land waren, das sich im Krieg mit Hitler befand, daß wir in einem Land waren, das dazu beitrug, die Menschheit von ihrem Erzfeind zu befreien, ermöglichte es uns, nicht wirklich unglücklich zu sein. Als Hitler in Paris einmarschierte, mußten wir fliehen. Das heißt, wir hätten *fliehen sollen.* Aber meine Frau konnte nicht. Sie war interniert und konnte nicht fliehen. Natürlich wollte ich auch bleiben. Aber sie hat es nicht zugelassen. ‹Nur von draußen kannst du mir helfen›, versicherte sie mir wieder und wieder, ‹und ich werde nur Ruhe finden, wenn du aus all dem raus bist.› Das überzeugte mich. Ohne Ausreiseerlaubnis floh ich aus Frankreich und fast ganz ohne Geld durch Spanien. Ihr kennt die Berge, die ich besteigen mußte, ich brauche euch weder etwas über diese Berge zu erzählen noch über die elende Zeit in Spanien. Im Grunde genommen brauche ich euch überhaupt nichts zu erzählen, ihr kennt den ganzen Schrecken, so wie ich ihn kenne, ihr habt dasselbe durchgemacht. Warum rede ich überhaupt soviel?»

Und noch einmal streifte sein böse fragender Blick die Runde vor ihm.

«Es ist ja nur», sagte er, sich scheinbar bei seinen Schicksalsgenossen entschuldigend, «es ist ja nur, weil die Grenzen geschlossen sind und meine Frau in die Hände des Feindes fallen wird, und sie ist doch so ein Halt für mich gewesen, sie trug mich fast, damals in Polen, und verdiente Geld für uns beide, und vor ein paar Tagen haben sie sie aus dem Lager entlassen, und ich schickte ihr Geld für die Reise, das ich hier in Lissabon hatte auftreiben können, und nun sind die Grenzen dicht...»

Die Menschen am Tisch nickten nur. Sie hatten dem Tschechen zugehört, wie man einer traurigen, aber wohlbekannten Melodie lauscht. Sie hatten jeden Ton erkannt, es war ihr Lied, das der Tscheche vorgetragen hatte, das Lied vertriebener, verfolgter Menschen, der Gesang der Opfer.

Der Tscheche schämte sich für seine Schwatzhaftigkeit. «Ich hätte euch mit meiner Allerweltsgeschichte nicht belästigen sollen», wiederholte er noch einmal.

Er war ein nett und intelligent aussehender Mann; schmale Augen, eine breite, nicht sehr hohe Stirn und hohe Wangenknochen, unter denen die Wangen eingefallen waren, wiesen auf seine slawische Herkunft hin. Er war nicht groß, aber breitschultrig und gut gebaut. Daß er hier sitzen mußte und nichts tun konnte, daß er nicht kämpfen konnte, auch nicht für seine Frau und nicht gegen den Erzfeind, daß er hier sitzen mußte und nicht arbeiten durfte, ja, daß er weder bleiben noch weggehen konnte und daß er zu arm war, um sich einen Kognak zu kaufen, wenn er einen brauchte, machte ihn völlig hilflos. Noch einmal schluckte er. Ich glaube, er hätte gerne seinen Kopf auf den schmutzigen Marmortisch gelegt und geweint. Aber er war tapfer. Und um etwas Lustiges, etwas Ermutigendes zur Unterhaltung beizutragen, wandte er sich an die ihm gegenübersitzende Person, ein Mädchen, offensichtlich eine Holländerin, mit der er jedoch französisch sprach.

«Sie haben's gut», sagte er und brachte sogar ein Lächeln

zustande, «Sie mit Ihrem amerikanischen Visum in der Tasche. Sie sollten zu stolz sein, um mit uns visalosen Pechvögeln an einem Tisch zu sitzen. Sie sollten zu stolz und zu hochmütig sein. Wann legt Ihr Schiff ab?»

Einige der am Tisch Sitzenden hatten nichts von dem amerikanischen Visum der Holländerin gewußt. «Was?» riefen sie, «ein Visum? Was ist es, ein Einwanderungsvisum oder ein Notvisum, wie haben Sie es bekommen, *wo* haben Sie es bekommen? Hier sicherlich nicht? Wann fahren Sie?»

Sie freuten sich alle über das große, unbegreifliche Glück der jungen Holländerin, und alle waren sie neidisch.

«Ja, wann fahre ich?» sagte das Glücksmädchen traurig, «und fahre ich überhaupt? Die American Export-Line ist auf Monate hinaus ausgebucht; auch der Clipper, den ich mir nebenbei nicht leisten kann, ist auf lange Zeit ausgebucht. Meine einzige Hoffnung ist ein griechisches Schiff. Aber wenn zwischen Italien und Griechenland Krieg ausbricht, wird das griechische Schiff nicht mehr fahren, und mein Visum – ach, es ist alles andere als ein Einwanderungsvisum – läuft aus, bevor ich weg kann.»

Wieder nickten alle, als ob sie eine sehr traurige und wohlbekannte Melodie gehört hätten. Dann begann der Tscheche den Refrain, der zwangsläufig folgen mußte. «Das Visum wird auslaufen», sagte er, «und Ihre Aufenthaltserlaubnis hier wird ungültig werden, und wohin können Sie dann gehen?»

Ja, wohin konnte diese jungen Holländerin gehen, wohin der Tscheche ihr gegenüber, wohin jeder einzelne in diesem Raum, jeder hier in dieser Metropole der Verfolgten?

Draußen auf dem Platz dämmerte es, und in dem Raum, in dem wir saßen, gingen die Lichter an. Es kam mir immer noch sonderbar vor, wenn es Abend wurde und nicht gleichzeitig verdunkelt wurde. Es schien mir unnatürlich, daß es bei einbrechender Dunkelheit Licht in den Fenstern geben

sollte und daß die Straßenlampen angezündet werden würden. Es war verblüffend, daß man sich nicht vor den Nazi-
Bombern fürchten mußte. Aber war ich darüber *froh*? Fühlte
ich mich in der abendlichen Helligkeit Lissabons wohler als in
der Dunkelheit Londons? Und die, die mit mir hier saßen, die
Flüchtlinge um mich herum, ja selbst die portugiesischen
Flüchtlinge, von denen, nebenbei bemerkt, nur sehr wenige
in diesem Café waren, waren sie *glücklich*, ging es ihnen *besser* als den Menschen in den bombardierten Städten Englands? Sie waren nicht glücklich, und es ging ihnen nicht besser. Denn schlimmer als die Katastrophe selbst ist die Angst
vor der drohenden Katastrophe, der man hilflos ausgeliefert
ist. Und den Feind zu kennen, ihn zu fürchten, zu verab-
scheuen und zu wissen, daß er ganz nah ist, ohne kämpfen zu
dürfen, ist sehr viel schlimmer als der Kampf selbst. Wer sich
erfolgreich verteidigt, ist nicht unglücklich, wer um einer, *der*
guten Sache willen in den Kampf geht, ist nicht unglücklich;
wer weiß, daß er siegen wird, ist nicht unglücklich und fürchtet sich nicht vor der Gefahr.

In London war ich glücklich gewesen. Aber hier war ich
unglücklich.

Wo steckte nur der Konsul? Mächtige Leute sollten entge-
genkommend sein und die Machtlosen nicht unnötig warten
lassen. Ich hatte bestimmt schon fast eine Stunde gewartet.
Sicher: wie viele, die um ein Visum ersuchten, mochten an
diesem Nachmittag in seinem Büro gewesen sein, und vielleicht hatte er seine Bürostunden aus lauter Freundlichkeit in
den Abend hinein ausgedehnt, damit die traurige hilflose
Riesenschlange nicht vergebens warten mußte.

Oder saß er vielleicht bereits seit einiger Zeit in der
Menge, und ich hatte ihn übersehen?

Ich sah mich im Raum um, aber vom Konsul fehlte jede
Spur.

Irgendwo an der Wand, etwa sieben Tische von mir entfernt, saß ein Mädchen vornüber gebeugt und schrieb. Sie war schon bei meinem Eintritt dagewesen. Das Mädchen war allein. Sie trug eine tief in die Stirn gezogene Mütze, und da sie von ihrem Schreibblock nicht aufsah, hatte ich ihr Gesicht noch nicht gesehen. Sie war völlig in ihre Tätigkeit versunken und schien den Krach um sie herum nicht zu bemerken. Gerade ging jemand dicht an ihrem Tisch vorbei und streifte mit dem Ellbogen eine der eng beschriebenen Seiten, die vor ihr ausgebreitet lagen, so daß sie zu Boden fiel. Das Mädchen sah auf, und ich war mir wirklich nicht sicher, ob das, was ich sah, wirklich existierte oder nur ein Gespinst aus Zigarettenrauch und Phantasie war.

«Toni!» rief ich und ging auf das Mädchen zu, «Toni, bist du's wirklich?»

Mein aufgeregtes Verhalten fiel in dieser Umgebung kaum auf. Es war gar nicht ungewöhnlich, daß Leute, die sich gegenseitig verloren glaubten, sich plötzlich wiederfanden; Szenen der Freude – oder der Tränen – folgten, denn der Widergefundene sah so krank, so verändert aus und brachte schlechte Nachrichten von anderen Verlorenen.

Toni starrte mich sekundenlang mit einem bestürzten und verwirrten Ausdruck an. Schließlich wurde ihr klar, daß ich es war, die hier wie aus blauem Dunst erschienen war. Auch sie sprang auf, wir faßten uns an den Schultern, und Toni schüttelte mich kräftig, als ob sie einen letzten Beweis für die Echtheit meiner Person benötigte.

Viele Jahre lang waren Toni und ich sehr eng befreundet gewesen. Wie ich selbst kam Toni aus München, ihre literarische Begabung war von großer Reinheit und Originalität. Ihre Gedichte, Loblieder auf die bayrische Landschaft, kleine Liebeslieder und fromme und bezaubernde Verse, die der Himmlischen Mutter Gottes und allen Heiligen gewidmet waren, waren in Deutschland berühmt. Toni war ganz und gar «unpolitisch», sie hatte nicht den geringsten «politischen» Kontakt mit den Katholiken. Als die Nazis an die Macht kamen, wäre es für sie ein Leichtes gewesen zu bleiben, «Blut-und-Boden»-Lyrik für die neuen Machthaber zu schreiben und die Stardichterin der «Partei» zu werden.

Es hätte ganz einfach sein können. «Es war unmöglich», erzählte mir Toni, als wir uns nach vielen Jahren in Paris wiedersahen, «es war wirklich ganz und gar unmöglich. Man kann nicht dort leben, arbeiten und Gedichte schreiben, für die man sich nicht zu schämen braucht, es geht einfach nicht. Wenn ich geblieben wäre, hätte ich angesichts all der Ungerechtigkeit ersticken müssen, die dort täglich und stündlich um mich begangen wurde. Oder ich hätte aufschreien und die Mörder mit meinen Versen anklagen müssen. In dem Fall hätten sie mich schon bald umgebracht.»

Ich hatte Toni zuletzt im September 1938 in Paris gesehen. Damals fürchtete man allgemein den Ausbruch des Krieges, und Toni war verzweifelt, weil sie ihren Bruder in Deutschland zwingen würden, *gegen* uns zu kämpfen, gegen die zivilisierte Menschheit, *für Hitler*, und für ihn zu sterben. «Er *haßt* die Nazis!» hatte sie immer wieder gerufen, «und sie werden ihn zwingen!»

Am Ende der gemeinsam verbrachten Nacht – wir redeten, überlegten und machten uns Sorgen – hatte Toni eine Entscheidung getroffen. «Wenn es jetzt Krieg gibt», hatte sie erklärt, «werde ich nach München fahren und Franz holen. Irgendwie werde ich ihn schon rausholen. Sicher, er ist im militärtauglichen Alter und wäre ein ‹Deserteur›, wenn er jetzt ginge. Aber durch sie darf er nicht zum Verräter werden, zum Verräter an allem, woran wir glauben, an den Anstand und die Würde und die Menschlichkeit. Ich verspreche es dir und mir selbst, ich werde hingehen und ihn holen, wenn es jetzt zum Krieg kommt.»

Ich wußte, daß sie ihr Versprechen halten würde, und hatte Angst um sie. Die Nazis hassen niemanden mehr als jene, die sie gern gehalten hätten, die «Arier» und die «politisch Einwandfreien», deren Gaben und Talente sie ausbeuten wollten, um so etwas Glanz und Achtung in der Welt zu erreichen. Die Nazis haßten Toni. Und jetzt wollte sie dorthin, um ihren Bruder zu holen, der zum Sterben für die Nazis bestimmt war.

Seit dieser denkwürdigen Nacht Ende September 1938 hatte ich sie nicht wiedergesehen. Ich war fast sicher gewesen, daß man sie in Nazideutschland gefangengenommen und ermordet hatte.

Und hier stand sie nun vor mir, in diesem Café in Lissabon, und schüttelte mich an den Schultern.

Sie hatte sich sehr verändert. Ihr früher so sanftes Gesicht, das nach einem Bild der Jungfrau Maria geschnitzt zu sein schien, war hart und schmal. Unter ihren hellen Augen waren dunkle Schatten, und ihr einst voller Kindermund schien zum Strich geworden. Sie trug einen verwaschenen Regenmantel, der sich öffnete, als sie sich setzte, und ich konnte sehen, daß sie kein Kleid darunter trug.

«Franz ist in Spanien», sagte Toni. «In Madrid haben sie ihn eingesperrt. Wie du weißt, ist er ein Deserteur; Hitler kann um seine Auslieferung ersuchen, und dann wird er erschossen.»

All das sagte sie merkwürdig ruhig. Offenbar hatte sie so oft und so angestrengt an diesen Schrecken gedacht, daß sie recht nüchtern darüber reden konnte. Ich konnte nur «Toni!» sagen.

Die Flucht aus Deutschland, so erfuhr ich schließlich, war nach unzähligen Schwierigkeiten und Gefahren gelungen. Franz und Toni waren nach Frankreich entkommen, wo sie einen langen Winter durchhungerten. Nach dem Ausbruch des Krieges wurden sie beide interniert. «Natürlich in getrennten Lagern», sagte Toni. «Seitdem habe ich ihn nicht mehr gesehen. Daß du mich erkannt hast!» rief sie plötzlich,

«ich sehe fürchterlich aus, das kommt vom Typhus. Ich hatte so lange Typhus, das hat mich völlig verändert. Das Schlimmste aber war, daß ich nicht wußte, in welchem Lager Franz war. Jetzt weiß ich's. Es war ein Lager nahe der spanischen Grenze. Ich war dort, ich kam dort auf meiner Flucht vorbei, und ich wußte es nicht und habe ihn nicht gesehen, das ist das Schlimmste, das Allerschlimmste.»

Jetzt war ich es, die nickte, als ob ich einer traurigen, wohlbekannten Melodie lauschte. «Die Grenzen sind zu», sagte ich, «wie können wir ihn rausholen?»

Toni war zuversichtlicher als ich. «Ich habe ihn aus Deutschland rausgeholt», meinte sie, «und er flüchtete aus Frankreich, er wird auch aus Spanien fliehen, wenn sie ihn nicht umgehend ausliefern!»

Ich konnte nicht antworten; in meiner Kehle spürte ich eine irritierende Rauheit, und meine Gedanken waren ein einziges Durcheinander. «Toni», dachte ich, «deine schönen, anmutigen Verse und Lieder, verloren und verbrannt; dein kindliches, vom Typhus verwüstetes Madonnengesicht, kein Kleid unter deinem ausgewaschenen Regenmantel, und dein Franz in Madrid eingesperrt, um erschossen zu werden, dein Franz, weil sie uns keine Zeit geben ... *Warum?*» dachte ich, «warum muß das alles sein? Was hast du getan, daß dein Leben so schrecklich vertan wird. Du bist unschuldig, Toni, und du warst glücklich – früher einmal!»

Tonis plötzliches leichtes Lachen riß mich aus meinen Gedanken. «Es ist schrecklich hier», sagte sie, noch immer sanft lachend, «es ist einfach so furchtbar, daß man lachen muß. Und das Erschreckendste am Ganzen, das undenkbar Schreckliche an der Sache ist, daß dieser Platz hier, dieses verrückte Lissabon, keine Ausnahme ist. Hier ist das Elend vielleicht konzentrierter, sichtbarer als sonstwo in Europa, aber grundsätzlich ist überall das gleiche Elend. Und wenn Hitler diesen Krieg gewinnen sollte», fügte sie fast träumerisch hinzu, «wenn Hitler diesen Krieg gewinnen sollte, dann wird es in der ganzen Welt nicht viel anders als hier aussehen. Wir dürfen ihn nicht gewinnen lassen», sagte sie, und jetzt klang es nicht hoffnungslos, «wir können einfach nicht zulassen, daß er siegt. Wo wir auch sind, wir müssen unser Äußerstes tun, damit er besiegt wird. Wo wir auch sind, und so wenig es auch sein mag, wir müssen tun, was wir können.»

«Ja», sagte ich, und wie durch dichten Nebel sah ich die bombardierten Straßen Londons und die Champs-Élysées in Paris, wo Hitler marschierte, «ja, das müssen wir.»

An den Nachbartischen war eine leichte Bewegung zu spüren. Der Konsul, der wichtige, allmächtige Konsul des südamerikanischen Landes, der Mann, auf den ich so lange gewartet hatte, war eingetreten.

Viele der Flüchtlinge kannten ihn, unruhig drehten sie die Köpfe und streckten die Hälse, wie Tiere im Käfig, wenn der Aufseher mit den Schlüsseln klappert.

Der Konsul machte eine kleine vage Verbeugung zu den Versammelten hin. Dann ging er an die Bar, um seinen Whiskey zu trinken.

Gastgeber Amerika

Meine Damen und Herren, –
als ich vor einigen Wochen versuchte, mich auf diese Ansprache vorzubereiten, waren gerade die Feierlichkeiten zur erneuten Amtseinführung von Franklin Delano Roosevelt in vollem Gange. Ich hatte beschlossen, die Berichte darüber in der Zeitung abzuwarten, weil ich nicht an einem arbeitsreichen Montagmittag zwei Stunden lang Radio hören wollte. Doch ich blieb nicht bei meinem Entschluß. Ich fühlte, daß dieses Ereignis zu großartig, zu aufregend und zu bewegend

war, als daß ich nur in den Zeitungen darüber lesen wollte, anstatt daran teilzuhaben. Und ich nahm daran Anteil. Als Mr. Roosevelt – als Ihr Präsident, als unser Präsident – seinen feierlichen Amtseid abgelegt und die Worte «So wahr mir Gott helfe!» gesprochen hatte, spürte ich einen ziemlich dikken Kloß im Hals. Und als nach der Ansprache des Präsidenten die Nationalhymne gesungen wurde und ich dabei mitsummte, war ich immer noch heiser – so wie jeder, den dieses Ereignis zu Tränen gerührt hatte. Alles war so rührend, so wunderbar und so ermutigend.

Aber was konnte mir das andererseits bedeuten, wo ich doch in diesem Land noch immer Gast bin – geboren in München, in Deutschland, ohne deutsche Staatsbürgerschaft, durch Heirat britische Staatsangehörige, vor etwa vier Jahren in die USA emigriert – und offensichtlich nirgendwo hingehöre, weder in mein Vaterland noch in irgendein anderes Land oder auf einen anderen Kontinent. Gab es eine emotionale und intellektuelle Rechtfertigung für meine Gefühle während dieser Feier, die mich doch gar nichts anging? Um ehrlich zu sein, habe ich mir diese Fragen nicht wirklich gestellt. Denn ich wußte sehr gut, warum ich so empfand – und auch, warum ich nicht nur so empfinden durfte, sondern es sogar mußte.

Das Ereignis, das ich mitangehört hatte, war nicht bloß von nationaler Bedeutung. Menschlich und politisch gesehen hatte es die größte, die wichtigste Bedeutung für jedes Land, für jede Nation auf der Erde. Es bedeutete Freude, Hoffnung und Trost für alle Demokraten, ob frei oder vorübergehend versklavt, und einen bedrohlichen Schatten des Untergangs für alle Tyrannen und Aggressoren. Das große Volk der größten existierenden Demokratie hatte in einer freien und friedlichen Wahl seinen Willen bekundet, und es hatte einen Mann gewählt, der als ihre höchste ausführende Gewalt die Sache der Demokratie auf Erden aufrechterhalten und verteidigen würde.

In seiner Ansprache wies Mr. Roosevelt auf den «enger werdenden Erdkreis» hin. Und der Erdkreis wird in der Tat enger. Die alten Grenzen scheinen nicht mehr zu stimmen. Sie werden einerseits von roher Gewalt und andererseits von den sanfteren Mächten des Geistes und der Ideen überwunden. Es ist nicht mehr unsere technische oder unsere rechtliche Zugehörigkeit zu einem Land, die uns zu einem wahren Bürger dieses Landes macht. Vor dem Gesetz mag man Engländer sein und dennoch weit davon entfernt, ein loyales Mitglied des britischen Commonwealth zu sein. Lord Hawhaw ist Engländer, nehme ich an; er hat seinen schönen britischen Paß in der Tasche, während er seine landesverräterischen Nazireden von Bremen aus hält. Herr Fritz Kuhn ist amerikanischer Staatsbürger, aber ich, Ihr Gast, die freiwillige Emigrantin aus Nazi-Deutschland, der Flüchtling aus dem kriegsgeschüttelten Europa, betrachte mich bei aller Bescheidenheit als ein viel besserer, ehrlicherer und dankbarerer Amerikaner als dieser «Gentleman».

Im enger werdenden Erdkreis haben die Ereignisse und Entwicklungen des letzten Jahrzehnts – so beunruhigend sie auch waren – eine bestimmte Klärung und Vereinfachung unseres Standpunkts mit sich gebracht. Sie haben die Menschheit nämlich in zwei Lager geteilt. In einem Lager befinden sich diejenigen, die die Welt mit Gewalt und wahlloser Aggression erobern und regieren wollen – diejenigen also, die verkünden, daß Macht vor Recht kommt und daß Recht ebensowenig existiert wie objektive Wahrheit, Freiheit, Gerechtigkeit, Vertrauen und Anstand. Im anderen Lager findet man diejenigen, die in einer Welt von Ordnung und Gesetz leben möchten, wo Macht nur dazu da ist, um das Recht durchzusetzen – diejenigen, die die Verhältnisse auf der Welt verbessern möchten, indem sie ohne Unterlaß für mehr Gerechtigkeit, mehr Freiheit, mehr Wahrheit für alle Menschen kämpfen, und die bereit sind, ihre christliche Zivilisation gegen jeden Angreifer zu verteidigen. Alle Menschen, die derartige Wünsche teilen, sind Bürger dieses zweiten Lagers.

Während ich den Feierlichkeiten vor acht Tagen zuhörte und feststellen mußte, daß ich mich nicht wie eine Ausländerin, sondern wie eine loyale Mitbürgerin der jubelnden Massen fühlte, dachte ich an das spontane, lebhafte Mitgefühl aller meiner amerikanischen Freunde, wann immer in den letzten Jahren eine Demokratie bedroht, verletzt oder ausgelöscht wurde. Ging die tschechische Demokratie, ging das winzige Holland, ging das unglückliche Frankreich die Amerikaner unmittelbar etwas an? Natürlich ging es sie etwas an. Denn einmal abgesehen von der Tatsache, daß Finnland immer seine Schulden bezahlt hat, wurden die verrückte Machtlüsternheit der jetzigen deutschen Machthaber und die höchst effektive, todbringende Kriegsmaschinerie der Nazis offensichtlich eine Bedrohung für die Welt, und damit auch für die USA.

Ich weiß allerdings, daß es nicht hauptsächlich die Sorge um sich selbst war, die meine amerikanischen Freunde zu ihrer Parteinahme für die Opfer und gegen die Aggressoren veranlaßte. Es war vielmehr ein Gefühl der Solidarität, das alle Kinder von Demokratien vereint – das alle von ihnen verletzt, wenn eines verletzt wird, und alle von ihnen tröstet, wenn einer Grund zur Freude hat. Die Kinder dieser Familie sind keinesfalls alle gleich, und das sollten sie auch nie sein. Sie unterscheiden sich auf manche Weise – in ihrer Rasse, in ihrem Glauben, in ihrer Sprache und in ihrer Tradition. Aber sie gehören zusammen, und das weiß niemand besser als ihr gemeinsamer Feind, der ganz logisch darin handelt, alle von ihnen gleichzeitig anzugreifen. Denn entweder werden sie alle zusammen sterben, oder sie werden alle zusammen überleben und nach ihrem siegreichen Kampf besser, klüger und mächtiger werden.

Gastgeber Amerika, ich habe deine Freundlichkeit und

Großzügigkeit nun seit viereinhalb Jahren genießen dürfen. Wenn man mich fragt, wo ich mich in diesem Land niedergelassen habe, antworte ich meistens: «In einem unteren Schlafwagenbett» – das stimmt, und ist keineswegs so traurig gemeint, wie es vielleicht klingt. Denn während ich beinahe pausenlos herumgereist bin, habe ich meinen Gastgeber kennengelernt und glaube, daß ich mit seinen vielschichtigen Charaktereigenschaften mittlerweile vertraut bin: seiner Freundlichkeit, seiner Offenheit, seinem Sinn für Humor und seiner Lernbereitschaft, denn er ist jung und gesund, mein gutaussehender Gastgeber. Vielleicht fehlen ihm noch ein paar bittere Erfahrungen, die ihm dabei helfen könnten, den steilen und gefährlichen Weg, der vor ihm liegt, zu meistern. Es kann aber genausogut sein, daß gerade seine Unschuld und seine Naivität ihn schützen werden und ihm einige Schicksalsschläge ersparen werden, die seine älteren Brüder und Schwestern ertragen mußten.

Im Herbst 1936 kam ich nach Amerika.

Ich hatte Deutschland im März 1933 verlassen, gleich nachdem Hitler an die Macht kam. Natürlich hätte ich auch bleiben können – oder besser gesagt, ich hätte mich in den vorangegangenen schweren Jahren so benehmen können, daß ich 1933 weniger Schwierigkeiten bekommen hätte. Da Hitler jedoch der Hauptfeind der deutschen Demokratie gewesen ist, seit er an die Öffentlichkeit trat, hatten ihn Menschen unseres Schlages jahrelang bekämpft. Als unser Kampf dann verloren war, blieben drei Möglichkeiten, von denen nur eine wirklich annehmbar war. Wir hätten entweder dableiben, um Vergebung bitten und uns völlig in den Dienst des Tyrannen stellen können. Wir hätten auch einfach so dableiben und uns umbringen lassen können. Oder wir konnten das Land verlassen, um zu versuchen, den Kampf von der freien Welt außerhalb unseres dunkel gewordenen Landes aus fortzuführen. Also gingen wir.

Dreieinhalb Jahre lang, vom März 1933 bis zum September 1936, war eine Reihe von europäischen Ländern mein Gastgeber: die Schweiz, Österreich, die Tschechoslowakei, Holland, Frankreich und das winzige Luxemburg. Ich mochte sie alle, und ich bin ihnen allen dankbar. Und doch bin ich dort immer ein Gast, ein Fremder, ein Ausländer geblieben. War das meine Schuld? Ich glaube nicht. Denn nichts hätte mich glücklicher gemacht, als ein Gleichberechtigter, ein Freund und Mitverteidiger der bedrohten Demokratie von diesen Ländern akzeptiert zu werden, in denen ich eine Weile bleiben durfte. Nichts wäre befriedigender als ihre Erlaubnis gewesen, mich wie zu Hause zu fühlen. Seit ich am 12. März 1933 Deutschland verließ, habe ich nirgendwo zu irgendeinem Zeitpunkt das Gefühl gehabt, wirklich zu Hause zu sein – bis ich am 19. September 1936 in die Vereinigten Staaten einreiste.

Man kann in kein europäisches Land einwandern – so wie man es in die USA kann, solange die jeweilige Länderquote nicht erfüllt ist. Man darf in Europa als Besucher einreisen und bleibt ein Besucher, wer man auch ist und was man auch tut. Wenn man sehr viel Glück hat, darf man aus gewissen Gründen und für gewisse Zeit für den «Gastgeber» arbeiten, aber im allgemeinen geht das nicht. Die drei wichtigsten Bestimmungen für alle Ausländer in allen europäischen Ländern sind folgende: Erstens darf man nicht bleiben. Zweitens darf man der Allgemeinheit nicht auf der Tasche liegen. Drittens darf man kein Geld verdienen. Für einen Zauberer ist das vielleicht ein kleines Problem, aber für uns normale Menschen ist es ziemlich schwierig, besonders, wenn man – wie es uns allen ging – sein Hab und Gut in Nazi-Deutschland, in Nazi-Österreich, in der Nazi-Tschechoslowakei oder im restlichen Nazi-Europa verloren hat.

Ich hatte das Glück und durfte arbeiten. Was ich zu bieten hatte, wurde als meine Spezialität angesehen, die keine Konkurrenz für das einheimische Handwerk darstellte. Das kleine Kabarett, das ich gegründet hatte und dessen Autorin, Direktorin und Zeremonienmeisterin ich war, hieß «Die Pfeffermühle». Es machte mir Spaß, mit meiner Truppe von zehn jungen Künstlern durch Europa zu reisen, obwohl es traurig war, daß wir nirgendwo länger als vier Wochen bleiben durften. Oft mußten wir unser Engagement abbrechen, obwohl wir noch ein volles Haus hatten, nur weil unsere Aufenthaltsgenehmigung nicht verlängert wurde. Dennoch gab «Die Pfeffermühle» insgesamt 1034 Vorstellungen in sechs Ländern, und alle Probleme mit Aufenthaltsgenehmigungen, so ärgerlich sie auch waren, waren nicht meine größte Sorge. Was mir in diesen Jahren das Leben schwer machte, war die generelle Haltung meiner verschiedenen Gastgeber – vor allem der allgemein anerkannte Grundsatz, Ausländern das Recht auf freie Meinungsäußerung zu verbieten, bereitete mir großen Kummer. Hatte ich nicht darum Deutschland verlassen, weil ich es nicht ertragen konnte, dieses Recht zu verlieren? Und jetzt wurde es mir von der freien Welt vorenthalten, die mich eine «Ausländerin» nannte!

«Die Pfeffermühle» war ein unpolitisches Theater. Aber es stand im generell humanen Sinn für die Ideale der Demokratie, während es gleichzeitig die Methoden der Diktatur geißelte. Alle meine Gastgeber ließen sich die Texte im voraus zeigen, und keiner von ihnen konnte irgend etwas Politisches darin finden. Doch die Anhänger der Schweizer «Nationalen Front» sahen es anders. Eines Abends stürmten sie unser kleines Theater in Zürich und störten die Vorstellung durch Schüsse und andere kleinere Unmutsbekundungen. Die Polizei griff ein. Immerhin wurde infolge des Zwischenfalls die «Pfeffermühle» nicht sofort geschlossen. Da die mutigen Schützen aber brave Schweizer und die Angegriffenen nur «Ausländer» waren, durften wir nie wieder in Zürich auftreten.

Diese Erfahrung und ähnliche, die folgten, machten mich ganz krank. Ich begann mich zu fragen, ob es denn nirgendwo auf der Welt einen Ort gibt, wo ein Mensch als Mensch anerkannt wird – wo man nach seinen Taten, seinen Talenten und seinem Charakter beurteilt wird und nicht nur nach seinem Paß.

Amerika schien solch ein Ort zu sein. Mehr noch – Amerika war besser informiert über die Nazi-Bedrohung, folglich auch aufmerksamer und aktiver als die meisten europäischen Länder. Meiner Meinung nach rechtfertigte diese Gefahr alle Aufmerksamkeit, alle moralische Entrüstung und alle wachsame Solidarität, die die bedrohte demokratische Welt aufbringen konnte. Es war schrecklich, das verschlafene und selbstzufriedene Nichtstun meiner europäischen Gastgeber mit anzusehen. Sie weigerten sich aus einer Mischung von vager Furcht und halbabsichtlichem Unwissen heraus, etwas zu tun, und bezichtigten jeden der Panikmache, der sie mit den offensichtlichsten Tatsachen konfrontierte. Im Gegensatz dazu schien Amerika aufgerüttelt zu sein. Natürlich gab es keinen Grund und auch keine Möglichkeit für die USA, etwas zu unternehmen, solange Hitlers eigene Nachbarn das nicht taten. Aber wenigstens schien sich die öffentliche Meinung Amerikas, die sich in der Presse und in den Reden amerikanischer Führungskräfte widerspiegelte, um die Ereignisse in Deutschland zu kümmern und erkannte die wachsende Bedrohung.

Die Luft in Europa war kaum noch zu atmen. «Europe Going, Going, Gone!» ist der treffende Titel eines kürzlich veröffentlichten Buches von Graf Czernin, einem österreichischen Emigranten. Und es war das Gefühl, daß Europa tatsächlich den Bach hinunterging, ohne daß irgend jemand und ganz bestimmt kein «Ausländer» auch nur eine Warnung äußern durfte, das unser Leben in jenen Jahren vergiftete.

Der Sommer 1936 war nicht besonders ereignisreich. Nichts besonderes – noch gab es keine akute Kriegsangst und keine schreckliche Nazi-Räuberei. Wir waren mitten im Frieden, und mein eigenes kleines Unternehmen, «Die Pfeffermühle», war in Zürich zwar verboten, aber auf dem Gipfel seines internationalen Erfolgs.

Am Ende hielt ich jedoch diesen trügerischen Frieden nicht mehr aus und entschied mich zum großen Erstaunen meiner Familie und meiner Freunde, nach Amerika zu gehen, wo ich kaum jemanden kannte, wo niemand mir Arbeit angeboten hatte und wo ich nicht einmal gleich welche annehmen konnte, da ich kaum Englisch sprach.

Zwar würde ich eine Weile von meinen Ersparnissen der «Pfeffermühlen»-Zeit leben können und nebenher Englisch lernen – immerhin war ich Schauspielerin und hoffte, von meinem Nachahmungstalent zu profitieren.

Dennoch schien meine Entscheidung, nach Amerika zu gehen, seltsam und nicht gerade sinnvoll.

Als mich nach meiner Ankunft in New York ein paar Journalisten fragten, ob ich hierbleiben und amerikanische Staatsbürgerin werden wolle, antwortete ich eher ausweichend, weil ich fürchtete, nicht bleiben zu dürfen, wenn ich gleich diesen Wunsch äußerte. Nun, sagte ich, ich sei mir noch nicht sicher, und ich würde sie bitten, diesen Punkt nicht in der Zeitung zu erwähnen. Zu meinem Erstaunen sahen die Burschen darauf enttäuscht und sogar verletzt aus. «Wieso nicht?» riefen sie. «Gefällt es Ihnen hier nicht?» Ich sagte Ihnen, daß ich noch nicht so gut Englisch spräche, aber mir sicher wäre, daß es mir trotzdem hier gefallen würde.

Ich *war* mir sicher, und ich habe mich nicht geirrt. Dieses erste Aufeinandertreffen mit der amerikanischen Einstellung gegenüber Ausländern war typisch für das, was folgte. Wo jeder europäische Journalist einen Ausländer, der vielleicht die Absicht hatte zu bleiben, mißtrauisch beäugen würde, wollten die Amerikaner, daß man blieb, und wurden nur mißtrauisch, wenn man das *nicht* wollte.

Würde ich behaupten, daß alles von Anfang an ein Kinderspiel war, wäre das dennoch übertrieben. Es war schwerer, Englisch zu lernen, als ich es mir vorgestellt hatte – ich mußte viel üben und mir manchen Gedanken darüber machen. Aber ich ließ mich nicht entmutigen. Und ich zweifelte nicht eine Sekunde, daß dies der richtige Platz für mich sei, egal, wie groß die Schwierigkeiten sein würden. Es ist keineswegs übertrieben, wenn ich sage, daß ich meinen Gastgeber von Beginn an liebte und daß ich mich bei ihm augenblicklich zu Hause fühlte.

Alles, wonach ich mich in den Jahren als «Gast» europäischer Demokratien gesehnt hatte, wurde mir jetzt großzügig gewährt: Chancengleichheit; das Recht, zu zeigen, was ich konnte; und das Recht, zu jeder Zeit und zu jedem Thema frei sprechen zu dürfen. Obwohl ich im ersten Winter 1936/37 noch nicht viel sprechen konnte, war es mir möglich, mich deutlicher als in allen deutschsprachigen Ländern auszudrükken, die ich kannte. Sobald ich mir einen kurzen Text auf englisch merken konnte, durfte ich ihn bei einem Club, einem College oder einer Universität vortragen; ich konnte meine Erfahrungen einbringen und meinen neuen amerikanischen Freunden von ihnen berichten. Natürlich war es peinlich, wenn ich nach dem durch mein Nachahmungstalent überzeugend klingenden Vortrag mit Fragen bombardiert wurde, die ich nicht verstehen und schon gar nicht beantworten konnte. Aber auch dieses Problem wurde schließlich gelöst, und mittlerweile fühle ich mich in Ihrer schönen Sprache fast so zu Hause wie in Ihrem schönen Land. Ich schreibe auf englisch und kann jede Frage verstehen, die Sie mir stellen. Ob ich sie auch beantworten kann, hängt natürlich von der Frage ab. Weder weiß ich, ob Hitler eines natürlichen Todes sterben wird – ich wünschte, ich wüßte es –, noch kann ich erklären, warum Mr. Willkie nach England gefahren ist. Das überlasse ich ihnen.

Viereinhalb Jahre sind vergangen, seit ich zum ersten Mal hier an Land gegangen bin, und die Zeiten haben sich geändert. Viele tausend Flüchtlinge sind in dieses Land geströmt, begabte und weniger begabte, angenehme und weniger angenehme – Flüchtlinge aller Länder, Glaubensrichtungen, Rassen und Überzeugungen. Manchmal scheint es, als wäre unser Gastgeber Amerika der vielen Gäste ein wenig überdrüssig. Außerdem kann er zu Recht anführen, daß er sich bei aller Gastfreundschaft auch um seine eigenen Kinder kümmern muß, um die Bürger dieses Landes. Ausländer können keine Arbeit bekommen, die auch von Einheimischen verrichtet werden kann – nichts darf der Familie weggenommen werden, um es unter den Fremden zu verteilen. Andererseits hat es mancher «Gast» geschafft, vielen Amerikanern Arbeit zu geben, und nichts wäre falscher als die Annahme, daß alle Flüchtlinge oder auch nur die Mehrheit von uns so etwas wie ein öffentliches Ärgernis für dieses Land darstellen. Denn obwohl es immer nützliche und weniger nützliche Menschen in jeder größeren Gruppe gibt, muß man sagen, daß diese spezielle Gruppe, nämlich die Flüchtlinge aus Nazi-Europa, zumindest ihre Freiheitsliebe und ihre Abscheu vor der Tyrannei bewiesen haben, indem sie ihre Heimat, ihren Besitz und ihre Sprache aufgegeben haben, um die Freiheit wiederzuerlangen.

Sie mögen mir entgegnen: «Na ja, die meisten von ihnen sind sowieso vertrieben worden; sie haben nicht wirklich solche Überzeugungen und kamen her, weil sie eben mußten.» Das ist nur teilweise richtig. Von allen Flüchtlingen, die seit 1933 hier angekommen sind, sind etwa sechzig Prozent Juden (während ihr Anteil im letzten Jahr auf vierzig Prozent zurückging); und man kann mit Sicherheit sagen, daß mindestens die Hälfte dieser sechzig Prozent ihre von den Nazis besetzten Länder auch ohne die spezielle Verfolgung ihrer Rasse durch Hitler verlassen hätte. Weiterhin läßt sich über die restlichen vierzig Prozent der Flüchtlinge mit Sicherheit sagen, daß sie alles für ihre Überzeugungen zurückgelassen haben – was meiner Ansicht nach kein geringes Opfer ist.

Hier antwortet mein Gastgeber Amerika: «Aber es gibt haufenweise ‹Flüchtlinge›, die gar keine sind, sondern heimliche Spione – von Hitler, Stalin und wem auch immer –, also muß man ziemlich vorsichtig sein.» Und das muß man auch. Man sollte jedoch nie vergessen, daß die wirkliche Gefahr nicht von den ausländischen Spionen und auch nicht von den ausländischen Agenten ausgeht. Die Hauptgefahr ist vielmehr die «Fünfte Kolonne», die schon immer ein hausgemachtes Problem gewesen ist. Francos General Mola meinte die Spanier, als er sagte, daß er mit vier Kolonnen auf Madrid zumarschieren würde, daß er aber eine fünfte Kolonne in der Stadt habe und diese seinen Sieg garantieren würde. Und Quisling, der Schuft, der Norwegen an die Nazis ausgeliefert hat, ist ebensogut ein Norweger, wie Laval ein Franzose ist. Was ist ein Angehöriger der Fünften Kolonne – und wer gehört ihr an? Zur Fünften Kolonne gehört derjenige, der bereit ist, sein Land an den äußeren Feind auszuliefern. Er muß nicht vom Feind bezahlt werden und den Feind nicht einmal als Feind ansehen. Es mag lediglich sein, daß seine Sympathien dem Feind gehören und daß er mit ihm kollaborieren will; vielleicht will er sogar überhaupt nicht mit dem Feind kollaborieren, tut es aber trotzdem, indem er einfach nach den Wünschen des Feindes handelt.

Ich kenne die Fünfte Kolonne seit mehr als zehn Jahren und habe sie beobachtet – erst in Deutschland, dann in ganz Europa und schließlich hier im Hause meines Gastgebers Amerika.

Überall wendet die Fünfte Kolonne der Nazis zwei wesentliche Methoden an. Erstens versucht sie, innerhalb eines Landes Zwietracht zu säen – indem sie die Menschen des Landes aufgrund rassischer, religiöser, kultureller oder sprachlicher Unterschiede in feindliche Gruppen spaltet. Ein ständiger unterschwelliger Krieg im Innern des Landes und eine lähmende Unordnung sollen erreicht werden. Zweitens schürt sie in dem jeweiligen Land den Wunsch nach Frieden um jeden Preis. Während die Nazis in ihrer Heimat alle Pazifisten als Vaterlandsverräter verfolgen und umbringen und an nichts anderes als an Kriegsvorbereitungen denken, finanzieren sie in ganz Europa tatsächlich große Friedensorganisationen. Dafür gibt es umfassende Beweise. Und die Gründe sind leicht nachzuvollziehen. Um ein Land ohne große Gegenwehr überrennen zu können, müssen die Nazis sicher sein, daß es von internen Streitigkeiten geschwächt ist und nicht kämpfen will. Es ist die Aufgabe der Fünften Kolonne der Nazis in Amerika wie auch anderswo, diese notwendigen Vorbedingungen zu schaffen.

Und seit der Unterzeichnung des Hitler-Stalin-Paktes hat sich in Amerika und anderswo zur Fünften Kolonne der Nazis auch noch Stalins Fünfte Kolonne gesellt. Frankreich war das erste Land, das diese vereinten Kräfte zu spüren bekam, und sie waren für seine Niederlage entscheidender als die deutschen Truppen. Das soll nicht heißen, daß so etwas wie echte Freundschaft zwischen den Nazisympathisanten und den Stalinisten besteht. Aber ihre gemeinsame Feindschaft gegenüber der Demokratie verbindet sie; sie arbeiten auf die gleichen Ziele hin und wenden dazu die gleichen Mittel an. Sowohl die Nazisympathisanten als auch die Parteigänger des Stalinismus versuchen, die beiden wichtigsten Vorbedingungen zur Zerstörung der Demokratie zu schaffen: Zwietracht zwischen den Menschen und eine Art von defätistischem Pazifismus, den man Nazifismus nennen sollte, denn letztendlich werden nur die Nazis und nicht die Stalinisten von ihm profitieren.

Nun gut – die Fünfte Kolonne bietet genug Stoff für ein Buch oder mehrere ausführliche Vorträge. Doch dieses Land wird auch ohne Bücher und Vorträge wachsam sein, dessen bin ich absolut sicher. Abschließend nur so viel: Meinen Dank und meine herzlichsten Grüße an meinen Gastgeber Amerika. Er hat eine große und wichtige Aufgabe in dieser Stunde des Kampfes. Er wird all seine Kraft, seine Intelligenz, seinen Mut und seine Entschlossenheit brauchen, um ihn zu bestehen. Darüber ist er sich vollkommen im klaren. Amerika, mein freundlicher Gastgeber, Amerika, neue Heimat der europäischen Zivilisation und Kultur, Amerika, Arsenal der Demokratie, Amerika, Hoffnung des kämpfenden England und des versklavten Europa, Amerika, das wir lieben: Du weißt, was für eine Welt du möchtest – auf dich kommt es jetzt an!

Der Riese ist wach

Ich bin seit Monaten unterwegs in den Vereinigten Staaten. Als die Vortrags-Reise begann, Ende Oktober, tobte noch die Schlacht um die Präsidentenwahl. Sie war hitzig, diese Schlacht, und keiner, der den Riesen Amerika nicht sehr genau kannte, hätte glauben mögen, daß er unversehrt hervorgehen würde aus ihr. Waren nicht Risse und Wunden entstanden und sichtbar geworden, die lange nicht heilen würden? War der Kampf auch nur vorüber, an jenem fünften November, oder würde er nicht vielmehr weitergehen, heimlich, auf eine zehrende, unterminierende Art?

In Wahrheit saßen schon wenige Stunden nach der Entscheidung Republikaner und Demokraten friedlich beieinander. *«He is your President and he is mine»*, sagte zu den Journalisten beider Parteien der besiegte Willkie vom Sieger

Roosevelt. Die Nation hatte gesprochen, die Mehrheit entschieden. Es war gut, wie es war. Der Riese atmete auf und
schaute sich um in einer Welt, der er scheinbar abhanden gekommen war, in der Hitze des Gefechts. Scheinbar – nicht
wirklich; und nicht für diesen Augenblick. Denn im Grunde
seines Herzens hatte der Riese eines immer gewußt, – hatte
es lange gewußt, ehe dieser Krieg ausbrach: Amerika würde
Hitlers Sieg nicht zulassen. Amerika würde sich ihm in den
Weg stellen, Amerika würde ihn vernichten helfen, den Feind
der Menschheit, – Amerika würde einig sein, gegen ihn,
wenn der Ruf erging.

Riesen, das muß man wissen, sind langsam von Natur. Es
dauert eine Weile, bis ein Gedanke, ein Gefühl seinen Weg
geht durch den ganzen ungeheuren Organismus und Entschluß wird und Handlung. 130 Millionen Menschen leben
auf diesem Kontinent. Während die einen unter einer glühenden Sonne im pazifischen Ozean schwimmen, erfrieren
die anderen zu Dutzenden in den Schneestürmen des Mittelwestens. Dort freilich, fünfzehnhundert Meilen entfernt von
beiden Küsten, spüren sie wenig von den Erdbeben in Asien
und Europa. «Hier sind wir sicher», sagen sie, – «was geht der
Krieg uns an?» haben sie gesagt.

Den Nazismus haben sie immer gehaßt und haben oft
lange gehofft, daß er stürzen werde, auch ohne ihr Zutun.
Als schon sichtbar war, daß sie würden mitwirken müssen,
auf die eine oder andere Art, haben sie noch die Augen zu-
gekniffen, um nicht sehen zu müssen. Geschlafen haben sie
nie, auch wenn sie gelegentlich diesen Anschein erweckten.
Hitler, der nichts von Menschen versteht und gewiß nichts
von den Angelsachen, mag geglaubt haben, daß sie schliefen. Sein Sachverständiger, Herr von Ribbentrop, hat ihn
gewiß der amerikanischen Ohnmacht versichert. «Das ist
keine Nation», hat er gesagt, – «das ist ein zusammenge-

würfelter Haufen vielrassiger, unreiner, undisziplinierter Individuen, die sich zu gar nichts entschließen können, ehe es zu spät ist. Und was für ein Glück wir haben mit diesem Wahljahr! Oder, vielmehr, wie schlau, Sie, mein Führer, uns das wieder eingerichtet haben. Der Wahlkampf wird Amerika vollends paralysieren, – seien Sie dessen sicher, mein Führer!»

Er hätte nicht zuhören sollen, der «Führer»: hätte sich vielmehr erinnern sollen, daß er schon einmal – mindestens einmal – sehr schlecht gefahren ist mit den Ratschlägen des Ribbentrop. «England wird nicht kämpfen», hatte er prophezeit – und: «England wird schnell kapitulieren.» Das war falsch prophezeit. Und was Amerika angeht, so sind seine Prophezeiungen um keinen Deut richtiger.

Die Amerikaner sind eine Nation – eine ziemlich eigenwillige, stolze, starke und reiche Nation. Eine Nation überdies, der die Begriffe «gut» und «böse», «gerecht» und «ungerecht» in biblischer Unmittelbarkeit nahe geblieben sind. Die Amerikaner hassen den Nazismus als etwas durchaus «Böses» und «Ungerechtes». Die Amerikaner ... Aber ist es denn erlaubt, zu verallgemeinern? Ist dies nicht besonders im amerikanischen Falle verboten? Gibt es einen «amerikanischen Charakter», wie es allenfalls einen englischen gibt? Gibt es auch nur eine «amerikanische Physiognomie»?

Ich bin unterwegs zwischen Los Angeles und Des Moines, Iowa. Der Herr, der mir im Speisewagen gegenübersitzt, ist ein sehr typischer Amerikaner. Es hat helle Augen, unter dichtem graublondem Haar; er trägt eine Brille; seine Stirn ist nicht eigentlich hoch; daß sein Gesicht trotzdem lang und oval erscheint, liegt an der auffallenden Länge seines Kinnes. Dies Kinn ist vielleicht das «Amerikanischste» an ihm, abgesehen, allenfalls, von der freundlichen Zutraulichkeit seiner Haltung. Er ist neugierig, diskussionsfreudig, angeregt und mitteilungsbedürftig. Er ist 54 Jahre alt und Bankier seines Zeichens, wie er mir unaufgefordert berichtet.

Ich gebe mein Gespräch mit ihm wieder. Nicht, weil es mir außergewöhnlich und daher mitteilenswert erschiene – vielmehr, weil es durchaus typisch und daher interessant ist. Ich habe Hunderte von ähnlichen Gesprächen geführt, in den vergangenen Wochen. Die Seitenüberschrift der Zeitung, die vor mir auf dem Tisch liegt, enthält Roosevelts Namen. Das führt uns, den Herrn und mich, in medias res.

«Haben Sie seine Rede gehört?» fragte der Herr: – ich nickte. «Sie war gut», sagte der Herr, «kräftig und eindeutig.» Ich sagte: «Sie haben für ihn gestimmt, – im November?» Der Herr schüttelte emphatisch den Kopf. «Gott behüte», sagte er, – «ich bin Republikaner, – aber ich muß sagen, daß ich jetzt sehr zufrieden bin mit dem Ausgang der Wahl. Roosevelts Außenpolitik ist die einzig richtige, – und Außenpolitik ist die einzig wichtige, – wie die Dinge liegen.»

Ich tat verwundert. «Und das haben Sie nicht gewußt, damals, als Sie gegen ihn stimmten?» fragte ich. Der Herr zögerte. «Doch», sagte er schließlich, – «im Grunde habe ich es gewußt. Gleichzeitig habe ich aber auch gewußt, daß sie uns in den Krieg führen wird, diese Außenpolitik, oder doch in eine Art von Kriegszustand. Dagegen habe ich mich eine Zeitlang gesträubt. Wundert Sie das?»

Ich sagte, daß mich das nicht wunderte. Freilich, fügte ich hinzu, sei es ja weniger Roosevelts als vielmehr Hitlers «Außenpolitik» gewesen, die den allgemeinen Kriegszustand heraufgebracht habe. «Und jetzt», sagte ich «jetzt sind Sie also einverstanden mit diesem Zustand? Warum jetzt? Was hat sich geändert?»

Der Herr, nach kurzer Pause, wies auf die vorüberziehende Landschaft draußen. «Die Luft da draußen hat sich geändert», sagte er, «die Stimmung im Lande hat sich geändert.

Will sagen, wir wissen und sehen jetzt, was wir seit langem gefühlt und geahnt haben. Wer kann sagen, warum gerade jetzt und nicht früher; und warum nicht später? Sicher ist nur: jetzt wissen wir es alle. Unser Entschluß ist gefaßt.»

Der Herr sprach mit großem Ernst und mit großer Autorität, – «wir, das Volk», schien er zu sagen, – «wir, die amerikanische Nation». Er griff nach meiner Zeitung. «Er wird zermalmt werden,» sagte er lächelnd und zeigte auf seine Photographie, – «Herr Hitler wird zermalmt werden. Roosevelt hat sein Todesurteil unterzeichnet, neulich, in dem Augenblick, in dem er seine Unterschrift setzte unter die «Lease and Lend Bill».

Ich sagte, meinerseits auf die Photographie deutend: «Der da und seine fürchterliche Unternehmung haben ihr Todesurteil in sich getragen von Anfang an; England und seine Alliierten haben Übermenschliches auf sich genommen, um es zu vollstrecken ...»

«Er wird zermalmt werden», wiederholte munter der Herr. «Die Mühlen der Demokratien mahlen langsam, aber sicher», versicherte er mir, «will sagen, es dauert lange, bis ihre Flügel sich in Bewegung setzen. Wenn sie aber erst in Gang sind, unsere Mühlen, wenn sie sich erst drehen, unsere Räder, – dann ist auch von Langsamkeit nichts mehr zu spüren! Er wird seine blauen – seine meer- und himmelblauen Wunder erleben, der da in seinen Reiterstiefeln! Denn die Meere und der Himmel werden erfüllt sein von unsern Schiffen und Flugzeugen. Roosevelt hat es gesagt: Wir werden nicht ruhen, ehe der Sieg – *der totale Sieg* – unser ist! Das hat er gesagt, und das hat er sagen können – er hat es sagen müssen, weil wir alle es fühlten, weil wir alle es wollten.»

«Werdet ihr kämpfen?» fragte ich.

Der Herr sagte: «Zweifeln Sie daran?»

Ich zweifelte nicht. Der Riese ist wach, dachte ich. Langsam hat er sich erhoben, – drohend steht er da, – noch sammelt er seine Kräfte, – aber sein Entschluß ist gefaßt. Kein Zweifel besteht an der Endgültigkeit seines Entschlusses, – kein Zweifel am Ausgang dieses Krieges. Das weiß man hier, und man weiß es in England. Aber in Deutschland sollte man es wissen, – in Norwegen und Holland, in Polen und der Tschechoslowakei, – in Belgien und Rumänien, in Ungarn und Frankreich, in Spanien und der Türkei. Überall wo Menschen wohnen, sollte man es wissen: dem Feind der Menschheit ist sein Todesurteil gesprochen. Die Menschheit ist aufgerufen, es schnell zu vollziehen.

Blitze überm Ozean

Das Wort «Blitzkrieg» stammt, man darf es annehmen, recte von «Wotans Mickymaus», dem ingeniösen Doktor Goebbels. Ganz wie die unübersetzbare «Gemütlichkeit» ist nun auch «Blitzkrieg» als Fremd- und Lehnwort eingegangen in andere Sprachen. Sogar eine Verbal-Form, «*to blitz*», hat sich im Englischen gebildet. Des freut sich der Doktor Goebbels, denn nicht nur schmeichelt es seiner Eitelkeit, sondern er sagt sich überdies: warum hat es das Wort «Gemütlichkeit» ausschließlich im Deutschen gegeben? Je nun, weil der Begriff «Gemütlichkeit» ausschließlich im Deutschen existierte. Kein Volk, außer dem deutschen, konnte so recht von Herzen «gemütlich» sein. Nirgends als bei uns gab es die urgemütliche Mischung aus Sentimentalität und Brutalität, aus sangesfreudiger Weinseligkeit und blutrünstiger Krakeelsucht, aus bürgerlicher Sittsamkeit und landsknechthafter Unflätigkeit. Und die armselige Welt, die sich vergebens mühte, unsere «Gemütlichkeit» nachzuahmen, ist nicht einmal imstande gewesen, ein eigenes Wort zu liefern für ihre traurigen Ersatzprodukte.

So oder ähnlich denkt der kleine Herr der deutschen Propaganda, und, so folgert er, was nun gar unsern «Blitzkrieg» angeht, so ist der freilich so sehr der unsere, daß die armselige Welt sich nicht erst umgeschaut hat nach einem gleichwertigen Wort in ihren Sprachen. Blindlings hat sie sich unser Wort gefallen lassen. Es ist gut so. Unser ist der Blitz, und er wird die armselige Welt vernichten, falls es uns nicht gelingen sollte, sie halbwegs intakt zu übernehmen, was freilich einträglicher wäre!

So denkt, irrtümlich, Minister Goebbels. Noch während er so denkt, ist seines «Führers» Pracht- und Staats-Oper in Flammen aufgegangen, – noch während er so denkt, liegen die Werften von Kiel und Bremerhaven in Schutt und Asche, – noch während er so denkt, schlägt der britische Blitz in die Schiffe Scharnhorst und Gneisenau.

Gut – oder, vielmehr, ziemlich schlecht, bemerkt hierzu der Propagandist; England ist im Kriege; England kämpft um sein Leben, um das Leben der Demokratie und um die Freiheit aller Völker, die wir in Grund und Boden geblitzt haben. Wir sollten uns am Ende nicht wundern, wenn England alle Kraft zusammennimmt unter solchen Umständen. «Schlagartig» überraschen diese Briten uns da fortwährend mit Aktionen, die wir der faulen, satten, degenerierten, liberalen, undisziplinierten, blödsinnig freiheitsliebenden Rasse niemals zugetraut hätten. Es ist ärgerlich und unheimlich, das gebe ich mir zu – ohne es freilich meinen dummen Deutschen zuzugeben. Aber ich habe einen großen Trost und eine große Sicherheit in diesem Zusammenhang: während nämlich *im Kriege* sogar die Demokratie imstande zu sein scheint, sich zusammenzunehmen, während das englische Volk offenbar freiwillig erträgt und bewältigt, was wir dem unsern eingebleut haben, in acht langen Jahren und Hunderten von

Konzentrationslagern, – ist *im Frieden* die Demokratie doch ohnmächtig, es mit uns aufzunehmen. Von Amerika wenigstens haben wir nichts zu fürchten. Gut – oder vielmehr, ziemlich schlecht, – Amerika rüstet gegen uns und versorgt England mit Waffen. Im übrigen aber: solange das Monstrum nicht Krieg erklärt (und das Monstrum wird doch nicht etwa??), ist Amerika harmlos, wie die Schnecken es sind. «Immer langsam voran» ist das Motto dieser diskutierenden, beratenden, argumentierenden, demokratischen Narren überm Ozean. Aber das unsere ist «ruck, zuck!» Großdeutschland blitzt und Amerika schwätzt. Es ist gut, wie es ist.

So folgert munter der kleine Doktor und fragt sich vergebens, warum ihm bei alledem nicht völlig wohl ist in seiner Haut. Nur ungern befassen wir uns mit seiner wenig appetitlichen Figur; immerhin möchten wir den deutschen Beauftragten «für Volksaufklärung» nicht unaufgeklärt lassen in so wichtiger Sache. Sagen muß man ihm, warum ihm so wenig wohl ist in seiner Haut; sagen muß man ihm, warum ihm eines schönen, eines wunderschönen Tages verzweifelt unwohl sein wird in ihr. Dann steht er im Dunkel, das er selbst geschaffen, umzuckt von den Blitzen, mittels derer sein «Führer» die Menschheit zu Tode zu erschrecken gedenkt. Und glaubt, das «Blitzen» sei eine urdeutsche Sache, erfunden und ausübbar einzig von der «Herrenrasse». Derweil blitzt es in Amerika, daß es eine Art hat. «Es wetterleuchtet», sagt, leicht geblendet, der Propagandist, der freilich verlernt hat, ein wahres Wort zu sprechen.

Man darf es zugeben: die Kühnheit, Jäheit und Wucht der Rooseveltschen Schläge gegen Nazi-Deutschland haben vielfach überrascht, – sogar hier, wo man weiß, wozu «wir» imstande sind. «Well, well», sagen erfreut die Leute, *«our President certainly knows how to blitz and Hitler won't like it, either.»*

Wirklich vergeht kaum ein Tag, an dem aus Washington nicht ein neuer und gefährlich zündender Blitz hinübergeschleudert wird über den Ozean. Mit offenen Mündern bestaunen hierzulande die Nazi-Agenten das Gewitter. Wie schnell es heraufgezogen ist und wie sehr es sie überrumpelt hat!

Die Beschlagnahme aller deutschen, italienischen und dänischen Schiffe in den amerikanischen Häfen kam aus scheinbar heiterem Himmel. Plötzlich und in aller Stille war der Befehl ergangen – die «langsame, geschwätzige Demokratie» handelte «schlagartig», und ihre Aktion verlief «planmäß» bis ins kleinste. Keinerlei Gerücht und Gerede hatte den Achsen-Matrosen als Warnung dienen können; sie schliefen, als im Morgengrauen die Boote der amerikanischen Küstenwachen sich näherten. Und so gut funktionierte der Angriff, so geschwind erfolgte die Übernahme, daß nicht eine einzige Mannschaft imstande war, ihr Schiff zu versenken, in die Luft zu sprengen, es in Brand zu schießen. Der Chock muß groß gewesen sein für die Altmeister der Sabotage.

Der Chock muß groß gewesen sein für die Altmeister der Spionage, – für die «Retter der kleinen Neutralen von englischer Zwangsherrschaft», – für die «Schutzherren Dänemarks», – als das amerikanische Gewitter über Grönland niederging. Hätte man es denn für möglich halten sollen? Der Nazi-Blitz gegen Grönland war im Einschlagen begriffen, schon fuhr er zackig durch die Luft. Da wagten es diese Amerikaner, ihrerseits zu blitzen, und ihr Blitz erwies sich als schneller, feuriger und zielsicherer als der deutsche. In aller Stille hatte die «langsame und geschwätzige Demokratie» die Vorbereitungen der Nazis zur Vergewaltigung Grönlands mit angesehen. In aller Stille hatte sie ihrerseits Maßregeln ergriffen. Eine Radio-Sendestation hatte sie eingerichtet auf der fernen Insel, und Wachen hatte sie aufgestellt. Keinen

Schritt taten die Nazis, den Amerika nicht verfolgt, keinen Plan hegten sie, den Amerika nicht gekannt hätte.

Flug-Basen in Grönland, – wie schön war die Nazi-Idee, und wie schmerzlich ihre Erfüllung sein würde für die schläfrigen Demokratien! Alles würde, das versteht sich, durchaus friedlich und blutlos verlaufen. Man würde ein Abkommen zeichnen mit den versklavten Dänen, man würde befugt sein, den «Schutz» der Insel zu übernehmen; zu spät würde Amerika, im Namen der Monroe-Doktrin, Einspruch erheben, und man würde imstande sein, der englischen Schiffahrt angenehmsten Schaden zuzufügen; in Folge des neuen Genie-Streiches.

Da zuckte es am nördlichen Himmel, und in Washington setzte Staats-Sekretär Hull seine Unterschrift unter das Dokument, in dem ein freier Gesandter des versklavten Dänemark die Vereinigten Staaten nach Grönland einlud. Amerikanische Schiffe leisteten der Einladung Folge. Und amerikanische Flugzeuge werden landen und aufsteigen, wo die «Luftwaffe» sich zu tummeln dachte.

Amerikanische Waffenlieferungen werden eintreffen, wo man sie nicht vermutet hatte. Wer hätte denn auch vermuten können, daß dieser Roosevelt, von einem Tag auf den andern, das Rote Meer freigeben würde für seine Flotte? Die Zone um den Suez-Kanal war nicht mehr eigentliches «Kriegsgebiet», das wußte man freilich, und nur die Gewässer der Kriegsgebiete waren der amerikanischen Flotte versperrt. Aber man hatte doch hoffen dürfen, daß Roosevelt es nicht wagen würde, den Zorn des «Führers» zu erregen, indem er seine Schiffe und Mannschaften zur Belieferung Englands in Ägypten einsetzte. Er hat es gewagt. Es war verwunderlich, wieviel er wagte und wieviel ihm gelang.

Und es war durchaus verwirrend, daß er das Volk hinter sich zu haben schien bei seinen Wagnissen. Man hatte wahrhaftig weder Mühe noch Unkosten gescheut, um die Amerikaner gegeneinander und gegen ihre Regierung aufzubringen. Und eine Zeitlang schien doch ein gewisser Erfolg all der Wühl- und Hetzarbeit beschieden zu sein. Eine Streikwelle ging durchs Land und würde gewiß zusammenschlagen über dem «Hilfe für England»-Programm. Denn – so durfte man sich sagen – entweder die Streiks würden überhandnehmen und die Produktion kläglich zu schrumpfen beginnen, oder aber der Präsident würde Gewalt anwenden müssen. Arbeiterschaft und Unternehmer würden sich zur Wehr setzen, und die Produktion würde gefährdet sein durch zuverlässigste Sabotage von allen Seiten. «Amerika am Rande des Bürgerkrieges», sangen und jubilierten die Zeitungen des Doktor Goebbels.

Der Chock muß groß gewesen sein in Nazi-Kreisen, als plötzlich alles vorüber und die vielversprechende Streikwelle verebbt war. Um so größer muß er gewesen sein, der Chock, als keinerlei Gewaltstreich von seiten der amerikanischen Regierung vorlag. Im Gegenteil hatte diese beunruhigende Regierung von ihren Eingriffsrechten so gut wie keinen Gebrauch gemacht.

In aller Ruhe hatte sie ein Schlichtungs- und Verhandlungskomitee zusammengerufen, in dem Arbeiterführer und Unternehmer beieinander saßen. Sie hatte, die Regierung, – Vertrauen gezeigt in den Anstand, die Einsicht und den Patriotismus des Volkes; ihr Vertrauen erwies sich als gerechtfertigt, die Parteien einigten sich; freiwillig und guten Mutes begaben die Arbeiter sich heim in die Fabriken; und mit Volldampf produziert Amerika die Werkzeuge für den Sieg der Demokratie.

Dies alles weiß im Grunde seines unaufrichtigen Herzens der deutsche Propaganda-Minister. Weil er es weiß und sich selber verschweigen muß, ist dem Guten so wenig wohl in seiner Haut. Freilich: es gibt Erfolge zu verzeichnen. Der deutsche Blitz ist über den Balkan hingefahren. Zum elften Mal seit Ausbruch des Hitlerkrieges, – zum dreizehnten Mal seit dem Tode der deutschen Republik ist ein Land verzehrt worden von seiner gefräßigen Glut. Das ist schön, – man kann den Deutschen sagen, daß sie stolz sein müssen.

Man *muß* den Deutschen sagen, daß es gewaltig blitzt, überm Ozean. Furchtbar zieht das Wetter sich zusammen und wird kein «Blitzkrieg» sein gegen Wehrlose, kein Raubzug und kein Überfall auf die Rechte der freien Menschheit. Was mählich heraufkommt, ist ein enormes Gewitter von zugleich tödlicher und reinigender Kraft.

In Deutschland

Deutsche Hörer,
es steht schlecht um die schlechte Sache Eures schlechten Führers. Er selber weiß das – auch seine Generäle fangen an, es zu begreifen, und die Hunderttausende von jungen deutschen Soldaten, die auf Nimmerwiederkehr in den verbrannten Steppen Rußlands verschwunden sind, spüren es an den eigenen zerfetzten, verdurstenden, hungernden Leibern. Nur Sie hofft man im dunkeln lassen zu können. Sie belügt man, auf Ihre unterwürfige Leichtgläubigkeit meint man zählen zu dürfen. Die Wahrheit aber hat es an sich, schließlich an den Tag zu kommen, und wer lange im Dunkeln gesessen hat, beginnt selbst im Dunkeln zu sehen. Gewiß *sieht* man in Deutschland *Teile*, wenigstens, der Wahrheit. Man sieht sich eingesperrt, umgeben und umstellt von Feinden – von Hitlers Feinden, den Feinden seines Regimes, seiner Untaten, seiner Kriegsmaschine, seiner pathologischen und kriminellen Welteroberungs- und Weltvernichtungsträume.

Da sind Großbritannien, Rußland und Amerika – drei

enorme Feinde, das sieht man auch im Dunkeln – drei Riesen an Kraft und Ausdauer, unbesiegbar, unüberwindbar, unausweichbar. Das sind die versklavten Nationen des Kontinents – Feinde auch sie, gefährliche Todfeinde auf die Dauer – das weiß man auch im Dunkeln. Oder glaubt man gar, daß ein Mensch, der aus dem Hinterhalt überfallen, beraubt und in Ketten gelegt worden ist, dem Räuber seiner Habe und seiner Freiheit *freundlich* gesinnt sein könnte? Die unterdrückten Völker Europas hassen diesen Hitler. Ein Weltmeer von Feindschaft umbrandet ihn und wird ihn verschlingen, man verlasse sich darauf. Deutschland aber und das deutsche Volk? Sollen – wollen sie mit ertrinken? Was für ein Wahnsinn! Wie die Kaninchen, ohnmächtig, gebannt vorm dummen Schlangenblick des Irre-«Führers» sollten sie sitzen und dem Unheil seinen Lauf lassen und sollten dem Versuch nicht einmal wagen, es aufzuhalten? Worauf warten Sie, meine deutschen Hörer? Auf den Sieg doch nicht etwa, den Hitlersieg über eine ganze, große, freie, mächtige, reiche, geeinte und zum äußersten entschlossene Welt? Auf ein Wunder also? Nein? Worauf denn aber sonst? Auf freundliche Angebote von seiten der Alliierten – jetzt? Auf die Bekanntmachung von angenehmen Kriegszielen und schönen Friedensbedingungen in London und Moskau jetzt? Aber niemand wird Ihnen etwas versprechen, niemand denkt an Frieden, solange Sie selber nichts tun als warten.

Deutschlands Schicksal muß in Deutschland entschieden werden – von Ihnen, durch Sie! Trennen sie sich von dem Geist, der diesen Krieg gewollt und erzwungen hat, dem Un-Geist des Welteroberertums, der Lüge, der Gewalt, der Menschenverachtung; geben Sie sie auf, die Wahnvorstellung vom Gottesgnadentum der deutschen Rasse! Und erhoffen Sie sich nichts vom «Recht des Stärkeren», das dieser Hitler als einzig wahres Recht verschreit. Er ist nicht der Stärkere, und sein Recht soll ihm werden. Was aber ist *Ihr* Recht? –

Ihre Pflicht gegen sich selbst – Ihre einzige und letzte Chance? Deutsche Hörer – Sie wissen es – wissen es im Grunde seit langem. Verstocken Sie sich nicht gegen die inneren Stimmen, die besser und eindringlicher, als wir es vermöchten, zu Ihnen reden. Verzweifeln Sie nicht! Aber warten Sie nicht länger. *Noch* liegt die Entscheidung bei Ihnen!

Australien

Deutsche Hörer,
der gestrige Abend sah hier in London die Welturaufführung des Filmes «40 000 Reiter», der die erstaunliche Kühnheit der australischen Kavallerie während des vorigen Krieges zum Gegenstand hat. Das Theater war ausverkauft, bis auf den letzten Platz. Gespannt folgte eine große Zuhörerschaft den wilden und erregenden Vorgängen auf der Leinwand. «Die Australier?» sagte zu Beginn des Filmes ein deutscher Feldherr im Nahen Osten, «die Australier! Die tragen Federhüte, wie die Weiber, und haben von Tuten und Blasen keine Ahnung. Mit denen werde ich fertig.» Er ist nicht fertig geworden mit ihnen; und der deutsche Zusammenbruch dort unten, im Jahre 1917, war nicht zuletzt eben jenen Burschen mit den Federhüten zu verdanken.

Während auf der Leinwand der Kampf tobte und das Theater erfüllt war vom Kriegslärm des Jahres 1917, ging es friedlich zu draußen auf dem Platz und überall in London. Seit wer weiß wie lang haben wir keinen Fliegeralarm mehr gehabt, und für wer weiß wie lang werden wir keinen haben. Die Luftwaffe reibt sich in Rußland auf, langsam, aber ungemein sicher. Görings beste Piloten gehen dabei verloren und können so bald nicht ersetzt werden. Inzwischen werden hier in ungestörter Ruhe Tausende von neuen Fliegern herangebildet, und monatlich treffen Tausende, – *Tausende* von frischen, glänzend geschulten Luftstreitkräften aus dem Dominions ein.

Manchmal frage ich mich, ob man in Deutschland weiß, – ob man sich klarmacht, was das bedeutet, das Britische Weltreich. Ich spreche nicht von Reichtum, von den enormen Kraft- und Materialreserven, die England in seinem Imperium zur Verfügung stehn. Ich spreche von der einmütigen und vorbehaltlosen Kampfbereitschaft all der Kanadier, der Südafrikaner, der Australier, von der freiwilligen Gefolgschaft, die sie alle dem Mutterlande leisten. «Freiwillige Gefolgschaft», wo gibt es die für Hitlerdeutschland? Er hatte einen Verbündeten, eine Art von Verbündeten, der oberste Kriegsherr Hitler, als sein Krieg ausbrach. Und selbst dieser eine mochte nicht kämpfen. Er trat erst ein, in den Krieg, als er ihn so gut wie beendet glaubte, und dann ließ er sich schlagen, daß es ein komischer Jammer war. Und sonst, und im übrigen? Wo sind Hitlers freiwillige Helfer? Es gibt sie nicht – er hat keine – er hat nicht einen Alliierten irgendwo auf der Welt. Denn «hat» er auch nur Japan? Gewiß nicht. Wo bleiben die japanischen Entlastungs-Offensiven gegen Rußland? Und wo die japanischen Ablenkungsmanöver gegen Niederländisch-Indien, Amerika und Australien? Sie bleiben vermutlich, wo sie hingehören – im phantasiebegnadeten Hirn des Doktor Goebbels. *Freiwillig* – soviel ist sicher – wird Japan nicht in den Tod rennen.

Mag immerhin sein, das der deutsche Irreführer auch noch Japan in den Tod hetzt. Amerika ist bereit und fähig, es mit Japan aufzunehmen, und die Australier – diese Burschen mit den Federhüten, die von Tuten und Blasen keine Ahnung haben – werden sich gewiß nicht lumpen lassen. Sie sind glänzende und leidenschaftliche Soldaten, die Australier, das haben sie auch in diesem Kriege wieder bewiesen. Die australische Luftwaffe ist vorzüglich in Schuß. Sieben Millionen

Kilometer über vier Ozeane hat sie zurückgelegt, seit dem September 1939, und 125 000 000 Quadratkilometer hat sie überquert auf Geleit- und Erkundungsflügen. Übung macht den Meister. In knapp einer Minute hat vor ein paar Tagen ein australischer Jäger zwei deutsche Flugzeuge zerstört. «Ja, auf die Australier ist Verlaß», sagte mein Nachbar im Theater gestern abend. Auf die Australier *ist* Verlaß, wie auf alle Verlaß ist, die freiwillig an der Seite Englands kämpfen; wie auf alle Verlaß ist, die freiwillig für die Sache der Alliierten arbeiten. Die wissen, wofür sie arbeiten, die wissen, wofür sie kämpfen; der Sieg ist ihrer, das wissen sie. Wofür, deutsche Hörer, arbeiten und kämpfen *Sie*? Wofür hungern und sterben *Sie*? Für den Hitler und gegen eine Welt. Wie lange noch?

Der Gewerkschaftskongreß

Deutsche Hörer,
drei Tage lang habe ich dem Jahres-Kongreß der englischen Gewerkschaften, der Trade Unions, beigewohnt, der heute seinen Abschluß findet. Und ich wünschte vom ganzen Herzen, Sie, die Sie mir zuhören, hätten zugegen sein können.

Die ehrwürdige, dunkelgetäfelte Halle, in der die Versammlung tagte, hat mich an die schönen alten Rathaussäle erinnert, die es in Deutschland gibt. Sonst freilich erinnerte die Veranstaltung in nichts an Deutschland, wie es heute ist. Die 700 Abgeordneten, die sich zusammengefunden hatten, repräsentierten über fünf Millionen englischer Arbeiter: sie redeten, berieten, handelten wirklich im Namen des englischen werktätigen Volkes.

Es waren wichtige, bedeutsame Dinge, die da zur Sprache kamen, Dinge, die jedem der Anwesenden dringlich am Herzen lagen. Die Diskussion war äußerst lebhaft und angeregt. Immer aber blieb sie höchst diszipliniert, und noch im Gespräch über praktische Fragen des täglichen Lebens verlor sie nicht für einen Augenblick das große Ziel aus den Augen, das «Sieg» heißt: Sieg über Hitler, Sieg über seine Kriegsmaschine, Sieg über den Ungeist, das Unrecht, das hirnrissige Welteroberertum des deutschen Irreführers, Sieg im Zeichen der Freiheit und des menschlichen Anstandes, Sieg zugunsten einer besseren, helleren, gerechteren Zukunft *für alle* – das ist das Ziel der englischen Arbeiterschaft, wie es das Ziel der britischen Streitkräfte, der englischen Regierung und des gesamten britischen Volkes ist.

Das ist die Wahrheit, und sie war mir nicht neu. Aber die Gewerkschaftstagung zu Edinburgh hat mir auf eine neue und beglückende Art gezeigt, wie sehr «Einigkeit und Recht und Freiheit» hierzulande zum Siege beitragen werden. Zwei Dinge gehen Hand in Hand, hier, die man sich in Hitlers Deutschland kaum mehr miteinander vorstellen kann: die eiserne Entschlossenheit aller, diesen Krieg zu gewinnen, *und* die eiserne Entschlossenheit aller, sich während des Kampfes nicht der Rechte und Errungenschaften zu begeben, für deren Erhaltung man kämpft. Die englischen Arbeiter haben freiwillig manches Opfer gebracht, – zwingen hätten sie sich nicht lassen, und niemand hat versucht, sie zu zwingen. Sie sind solidarisch untereinander und solidarisch mit der Regierung, in der sie repräsentiert sind. Furchtlose und loyale Kritik an dieser Regierung ist nicht nur gestattet, sie ist erwünscht, und der Gewerkschaftskongreß hat sie freimütig geübt. Vorschläge zur größeren Vervollkommnung des Luftschutzes und der Lebensmittelversorgung wurden besprochen und akzeptiert. Die Regierung, so beschloß der Kongreß, solle aufgefordert werden, alle wichtigen Rohstoffe unter Kontrolle zu nehmen, damit absolute Gerechtigkeit in der Verteilung gewährleistet sei. Man stelle sich eine Arbei-

terversammlung vor, die einer Regierung, in der die gegneri-
sche, die konservative Partei die Mehrheit besitzt, freiwillig
solche Rechte einräumt! Das ist Vertrauen – das Volk hier hat
Vertrauen in seine Regierung und in sein Land – aber das
«blinde Vertrauen» der Deutschen, ihr dumpfes, unwissen-
des und geängstigtes Ausgeliefertsein an ihre Irreführung ist
diesem Volke unvorstellbar.

Der Präsident des Gewerkschaftskongresses, George Gib-
son, mit dem ich zwischen den Sitzungen ins Gespräch kam,
sagte mir: «Sie sprechen zu den Deutschen? Dann übermit-
teln Sie unsern Kameraden dort unsere Grüße und sagen Sie
ihnen, daß wir für ihre Befreiung aus der Hitlersklaverei sorgen werden. Sie sollen uns aber helfen dabei, denn es sind
auch ihre Rechte, für die wir kämpfen, wir kämpfen für die
Rechte des arbeitenden Volkes überall auf der Welt.»

Die Tagung nahm ihren Fortgang. Während ich von der
Gästetribüne aus die Versammlung überblickte und den ru-
higen, sachlich-ernsten Erörterungen der Delegierten zuhörte, fiel mir der Name eines Vereines ein, der sich im vorigen Kriege in Deutschland gebildet hat. Er hieß «Verein zur
raschen Niederringung Englands». Ich lachte laut, mitten in
die Debatte hinein. «Verein zur raschen Niederringung Englands». Ganz Hitler-Deutschland verdiente diesen lachhaften
Namen. Deutsche Hörer, löst ihn auf, Euren «Verein zur raschen Niederringung Englands» – er hat keine Chance, der
Club. Weder rasch, noch überhaupt, werdet Ihr fertig werden
mit England. Seht zu, daß Ihr schleunigst fertig werdet mit
Hitler, – ehe England und seine Alliierten fertig werden mit
ihm – und mit Euch, falls Ihr Euch nicht in letzter Stunde
eines besseren besinnt. Es ist die höchste Zeit.

Die Zukunft Deutschlands

Rede auf dem Internationalen PEN-Kongreß

Es ist mir eine Ehre und wirklich eine große Freude, bei
Ihnen zu sein. Nichts könnte angenehmer, ermutigender und
bedeutender sein als dieses Zusammentreffen freier Geister
in der Hauptstadt der Welt – ein Treffen von geistig tätigen
Menschen, die alle für die Demokratie kämpfen. Ich werde
dieses Bild vom XVII. Internationalen P.E.N.-Kongreß mit
mir nach Amerika nehmen, und wann immer die Krakeeler
von Mr. Lindbergh und Mr. Wheeler mich während meiner
nächsten Vortragsreise stören und behaupten, daß Hitler
schließlich den Kontinent geeint habe und daß Deutschland
Europa sei, werde ich an Sie denken und sagen: «Wie kann
Deutschland behaupten, Europa zu sein, wenn ich mit eigenen Augen gesehen habe, daß Europa in London ist?»

Im Anschluß an meine Vorträge und nach den Publikums-
fragen warten immer ein paar Botenjungen hinter der Bühne
auf mich und geben mir ein paar Briefe. Auf diesen Briefen
steht meist «Persönlich», «Dringend» oder «Wichtig»; einer
mag mit «Ein wahrer Amerikaner» unterschrieben sein, ein
anderer mit «Eine amerikanische Mutter», ein dritter mit
«Ein christlicher Amerikaner» und ein vierter einfach mit
«Heil Hitler!». Sie alle pflegen in schrecklichem Englisch geschrieben zu sein, das deutlich ihre Naziherkunft verrät, und
sie versichern mir, daß die Geduld des Absenders erschöpft
sei, was mich anbetrifft, und daß bald ein gewaltsamer Tod
meine kriminellen, verräterischen und kriegstreiberischen
Aktivitäten beenden werde. Sie alle werden per Boten zuge-
stellt, weil das moderne Gesetz verbietet, Menschenleben be-
drohende Nachrichten mit der Post zu schicken. Nur, damit
kann ich leben, weil ich entschlossen bin, niemals die Geduld
zu verlieren, sondern mit meiner Aufklärungsarbeit weiter-

zumachen und gleichzeitig meine eigene Bildung langsam, aber sicher zu verbessern. Geduld, heißt es, kommt vom Himmel, und solange sie mit einer kämpferischen Tätigkeit einhergeht, stimme ich aus ganzem Herzen zu. Denn kämpferische Tätigkeit ist notwendig, und sie ist jetzt notwendig, im Erziehungsbereich mehr als anderswo, glaube ich, denn während die nach dem Krieg auf uns zukommenden großen politischen und wirtschaftlichen Probleme von den Berufspolitikern gelöst werden müssen und vor dem Ende des Krieges nicht in allen Details und offen erörtert werden können, ist das Problem der Erziehung in Europa und vor allem der Umerziehung in Deutschland unsere Angelegenheit, und je eher wir uns damit befassen, desto besser ist es.

Fast neun Jahre lang sind die Deutschen erzogen – in einem fast unglaublichen Grad falsch erzogen – worden, und schon seit Generationen sind sie in hohem Maße falsch erzogen worden; ihr Verstand ist vergiftet, sie sind geistig krank. Bedeutet dies, daß sie unheilbar sind? Wenn sie es wären, hätten wir allen Grund zu verzweifeln, denn weder eine einseitige Entwaffnung noch die allgemeine wirtschaftliche Sicherheit, wie sie in der Atlantik-Charta vorgesehen ist, würde die Deutschen daran hindern, im geheimen einen weiteren Krieg vorzubereiten, wenn sie es wollten. Wir müssen sie von solchen Wünschen befreien. Das wird unsere Aufgabe sein; es wird eine harte Aufgabe sein, äußerst schrecklich und oft ziemlich gefährlich, das gebe ich zu, aber einen weiteren Krieg in zwanzig Jahren durchzustehen, wäre unendlich härter, unangenehmer, gefährlicher. Die militärische Abrüstung Deutschlands muß mit der moralischen Aufrüstung verbunden werden.

Der Begriff «moralische Aufrüstung» wird von einer ziemlich zwielichtigen Organisation benutzt und mißbraucht, aber er bleibt trotzdem ein guter Begriff. Beim Versuch, Deutschland moralisch aufzurüsten, haben wir es mit drei Generationen zu tun: mit den Erwachsenen, den Älteren, die sich noch an die Zeit vor den Nazis erinnern und nie ganz von Hitler unterjocht wurden; mit den Jüngeren, die von ihm besessen sind und nichts als den Nazismus kennen; und mit den Kindern, deren Geist immer noch formbar genug ist, um für neue Einflüsse offen zu sein. Ich glaube nicht, daß es schwierig sein wird, die deutschen Kinder umzuerziehen, und ich spreche da aus eigener Erfahrung. Immerhin war unsere eigene Erziehung während des letzten Krieges auch nicht allzu gut; sie war fast so schlecht, wenn auch nicht so durchdringend und totalitär wie die Nazi-Erziehung. Wir hörten nichts anderes, als daß Deutschland wirklich das einzige annehmbare Land sei, daß alle anderen degeneriert, dumm und kriminell seien und daß wir den Krieg zweifellos gewinnen würden; wir waren unbesiegbar und unser Kaiser ein gottähnlicher Übermensch. Als wir 1918 ziemlich plötzlich den Krieg verloren und uns gesagt wurde, daß der Kaiser nicht gottähnlich, sondern in Holland war, war das natürlich ein ziemlicher Schock. Ich war damals zwölf Jahre alt, und es schockierte auch mich, aber nach sehr kurzer Zeit freute ich mich, daß ein neues Leben begonnen hatte, daß die Dinge, die man uns gesagt hatte, offensichtlich falsch gewesen waren, und daß wir nicht länger an sie denken sollten. Wir waren offen und bereit für etwas Neues; wenn diese militärischen Lehrer nicht noch immer am Ruder gewesen wären, hätten wir uns trotz Karl dem Großen, Friedrich dem Großen, Bismarck und dem Kaiser noch gut entwickeln können.

Diesmal wird es unsere Aufgabe sein, nicht nur die große industrielle Produktion Deutschlands, die politische Maschinerie Deutschlands, sondern vor allem die Erziehung in Deutschland zu überwachen. Das Prinzip der Nichteinmischung, das sich als ein derartig entsetzlicher Mißerfolg in der Politik erwiesen hat, ist ebenso töricht und gefährlich auf kulturellem und erzieherischem Gebiet. Wir werden die

Deutschen erziehen müssen – darüber kann es keinen Zweifel geben. Bücher müssen jetzt schon zum Gebrauch in allen europäischen Schulen vorbereitet werden; niemals wieder dürfen die Deutschen ihre Geschichte, Geographie, Rassenpsychologie lehren; wir müssen uns mit diesen neuen Büchern befassen, Pläne um die Verteilung von Millionen englischer Bücher an diese Institutionen müssen ausgearbeitet werden, wir müssen uns darauf vorbereiten, deutsche Erziehung aus dem Fenster zu werfen, die deutsche Erziehung völlig neu zu gestalten.

Die ältere Generation wird nicht allzuviel gegen solch eine Veränderung haben; ich kann mir vorstellen, daß viele ältere Deutsche dabei mithelfen. Die Jüngeren – diejenigen, die zwischen neun und vierzehn Jahre alt waren, als Hitler an die Macht kam – werden unser größtes Problem darstellen. Viele von ihnen sind schon gestorben, viele werden noch sterben müssen, bevor dieser Krieg gewonnen wird, aber mit den Überlebenden dieser Generation wird es Schwierigkeiten geben. Wir werden ihnen für einige Zeit nicht trauen können, wir werden sie überwachen müssen, während wir versuchen, sie umzuerziehen. Es wäre eine große Hilfe für sie, wenn man ordentliche Arbeit im Ausland für sie finden könnte, um ihnen so eine Chance zu geben, sich die Welt anzusehen.

Wie wird sie aussehen, unsere Welt? Das hängt weitgehend von uns ab. Wir werden sehr geduldig und sehr fleißig sein müssen. Einer Sache können wir wohl relativ sicher sein: das besiegte, das vollkommen besiegte Deutschland muß und wird leiden. Die Niederlage wird die Deutschen wie ein gewaltiger Schock treffen, und wenn wir sie so ansehen, wie wir es sollten, als ein Volk nämlich, das geisteskrank ist, wird uns die Erinnerung helfen, daß Schocks erfolgreich gegen alle möglichen Formen von Geisteskrankheit eingesetzt werden. Der Schock der Invasion hat schon manchen Patienten wieder zu Verstand gebracht, und ich glaube, die Einschätzung ist nicht zu optimistisch, daß der Schock der Niederlage eine ähnliche Wirkung auf die Deutschen haben wird. Das Gift des Nazismus wird ihnen zumindest teilweise ausgetrieben werden. Es wird an uns sein, die Köpfe und Herzen der Deutschen mit neuen Ideen, neuen Hoffnungen und einem besseren Glauben zu füllen.

Rettungsboote

Es regnete so stark, daß man kaum die Landschaft erkennen konnte. Die Wolken sahen wie Berge aus, Kornfelder wie aufgewühlte gelbe Seen, und die armseligen Behausungen entlang der Eisenbahnstrecke – die meisten von ihnen durch die jüngsten Blitzkrieg-Angriffe beschädigt, aber durch den Nebel eigenartig verschönt – sahen wie mittelalterliche Ruinen aus.

Es war noch früh am Morgen. Im Hotel hatte es kein Frühstück gegeben, und es gab auch kein Essen im Zug. Ich hatte ein paar Zigaretten gefunden, aber Gott weiß, woraus sie bestanden. Auf leeren Magen waren sie nicht gerade das Richtige.

«Nebel über dem Ärmelkanal», las ich in der «Daily Mail». Aber ich wußte, daß dies eine dieser Untertreibungen war, die die Briten so lieben. Das Wetter über dem Kanal mußte katastrophal sein, wenn der garstige, böige Wind den dichten Regen sogar hier, zwei Stunden vom Meer entfernt, zu chaotischen Bündeln peitschte.

Ich war eine ganze Weile nicht in Dover gewesen. Wie würde die Stadt wohl aussehen? Obwohl es keine größeren Luftangriffe gegeben hatte, ging der Beschuß ohne Unterlaß weiter, und ich wußte von meiner Zeit in Madrid, was Artilleriefeuer aus einer Stadt machen kann. Außerdem ging einem dieser Beschuß tatsächlich mehr auf die Nerven als die Bomben; man bekam nicht die geringste Warnung und hatte keine Zeit, Schutz zu suchen.

Warum fuhr ich eigentlich dorthin? Ich würde überhaupt nichts sehen und mir nur einen Schnupfen holen. Ganz abgesehen vom Wetter hatte ich ein mulmiges Gefühl, was die amtlichen Stellen anging. Würden sie mich passieren lassen? Zugegeben, ich hatte meine ordentlich gefaltete Erlaubnis vom Luftfahrtministerium in der Tasche. Ich war auf alle Fälle dazu befugt, «den Marinestützpunkt zu besichtigen». Aber hieß es auch, daß ich auf einem Rettungsboot mit hinaus durfte und mit ansehen konnte, was wirklich dort passierte?

Der Rettungsdienst wurde von der Navy und von der Air Force gemeinsam unterhalten, soviel war mir bekannt. Die Hauptquartiere an allen Küsten dieser Inseln und in jedem Hafen wurden ständig über die Anzahl und die Position von Flugzeugen in ihrem jeweiligen Sektor informiert, und ihre Boote waren immer bereit, kurzfristig auszufahren und jeden Flieger herauszufischen, der mit dem Fallschirm über dem Wasser niedergegangen war. Mitglieder des Beobachtungskorps, die Küstenwache und die Freiwilligen der Heimatfront saßen auf den einsamen Klippen und hielten Ausschau über dem Meer.

Da lag Dover, und es gab sogar eine Tasse Kaffee mit Brot und einer Ration Butter, die man selbst ohne Lupe als solche erkennen konnte. Ich war angenehm überrascht. Dover machte einen guten Eindruck. Nichts wirklich Ernstes war dem liebenswerten alten Städtchen zugestoßen. Natürlich lagen ein paar Plätze und Straßen in Trümmern, offenbar von Bomben zerstört, aber die häßlichen neuen Bankgebäude in der Innenstadt sahen jetzt fast besser aus, wo ihnen ein paar Ecken fehlten und ein paar ehrliche Schrammen die langweilige Regelmäßigkeit ihrer Fassaden unterbrachen. Es regnete noch immer. Ich besorgte mir eine kleine Flasche

Brandy, obwohl ich mir nicht recht vorstellen konnte, wann ich es wagen würde, sie im Beisein der Streitkräfte Ihrer Majestät zu öffnen. «Es wird verflucht kalt werden», dachte ich mir, «und rauh dazu; man könnte seekrank werden.» Wieso «man»?

Es versteht sich von selbst, daß ich an Bord des Rettungsboots keinesfalls willkommen war; und ich war tatsächlich schon im Begriff, nachzugeben und zuzustimmen, «nur ein bißchen dazubleiben, mit den Jungs zu reden und mir ihre Geschichten anzuhören». Doch plötzlich wurde mir klar, daß es nicht darum ging, keine Zivilisten oder Reporter zuzulassen, sondern darum, daß man keine Frauen dabeihaben wollte. «Das ist nichts für Frauen da draußen, und wir haben noch nie eine mitgenommen.» Das war es, womit ich mich nicht abfinden konnte. Ich stellte mich auf die Hinterbeine, trug einen Sieg davon, und schon war ich auf dem Weg zu den Docks.

Vier Boote sollten an diesem Nachmittag ausfahren, zwei Boote der Royal Air Force und zwei «Moskitos» der Marine. Die kleine Flotte lag unten vor Anker. Es gab keine Treppe, keine Böschung hinunter. Es gab nur eine etwa drei Stockwerke hohe Mauer und eine schmale, feuchte, rostige Feuerleiter. Mir wurde allein vom Anblick schwindlig, und ich bekam einen zweiten Anfall von «Warum-zum-Teufel-mache-ich-das».

Aber wenn man seine Füße erst einmal über die Kante bekommen und die oberste Sprosse zu packen gekriegt hat, ohne in den Abgrund hinunter zu schauen, geht eigentlich alles wie von selbst.

Ich ging auf denjenigen der vier Offiziere zu, der mir am wagemutigsten erschien. Er war sehr jung, aber mit Hilfe eines ordentlichen Seemannsbarts machte er einen reifen, beinahe martialischen Eindruck. Auch seine Augen waren sehr vielversprechend: blau und freundlich, mit einem Hang dazu, unter den kühnen hohen Augenbrauen in die Ferne zu blicken, wenn er sprach.

«Sie sind jetzt bei der Navy», sagte er, «oder wären Sie lieber bei der R.A.F.?»

Ich sagte, ich bliebe lieber bei ihm, und außerdem: «Wenn auf See, dann mit der Marine!» Das hörte er gerne. Er war dreiundzwanzig, erfuhr ich schließlich, ein Cambridge-Student und jetzt Lieutenant. Unsere kräftige Maschine brüllte auf wie ein Clipper beim Start.

Das Boot zerpflügte die Wellen mit vierzig Meilen pro Stunde, schaukelte kaum dabei und kam auch nicht ins Wanken. Wir schlugen einen seltsamen Zickzackkurs ein, den Anweisungen folgend, die unser Lieutenant dem Mann am Steuer über Megafon gab. Er hatte eine Karte vor sich. Er kannte seine Minenfelder im Detail, und das auswendig.

Die Crew bestand aus acht Leuten einschließlich Funker. Es waren ziemlich junge Burschen, die dicke weiße Rollkragenpullover und keine Mützen trugen; ihr Haar wehte im Wind. Der Kanonier hieß George. Er saß wie angeschweißt hinter seinem riesigen Maschinengewehr und drehte sich in seiner automatischen Kanzel. Mit zurückgelegtem Kopf suchte er den Himmel nach feindlichen Flugzeugen ab.

Wie viele Piloten sind hier schon gerettet worden, seit der Lieutenant als Kapitän dabei ist? Neun in neun Wochen – gar nicht schlecht!

In einiger Entfernung von der Küste trieb ein Floß – das Rettungsfloß Nr. 10. Die kleine gelbrote Barke mit dem roten Kreuz auf dem gesamten Deck war leicht zu erkennen. Piloten, die abgeschossen wurden, ohne von den Wachen bemerkt zu werden, paddelten zu einem dieser Flöße, die auf verschiedener Höhe des Kanals vertäut lagen. Ihre winzigen luftgefüllten Schlauchboote brachten sie dorthin, und sie blieben auf dem Floß, bis eines der Rettungsboote kam, um sie aufzusammeln.

«Ich glaube nicht, daß wir heute jemand auf der Arche Noah finden», verkündete der Kapitän. «Wir waren diesen Morgen draußen, und seitdem ist nichts passiert.»

Nun, es war jedenfalls ganz interessant, die Arche zu sehen. In der Tat war es auch ganz interessant, nur auf diesem Boot zu sein, das mit der hochnäsigen Selbstsicherheit eines Schlachtschiffes auf eine feindliche Küste zufuhr.

Es war gar nicht so einfach, vom Boot auf das Floß zu kommen, das wie verrückt auf den Wellen zu tanzen schien, aber schließlich schafften wir es. Die Kabine war leer. Es war gut, daß all ihre Möbel und ihre Ausstattung festgemacht waren. Ich war es nicht, und so flog ich von einer Ecke in die andere, vom Kapitän begleitet und mit ihm zusammenstoßend, was ziemlich weh tat. Als ich mich schließlich an etwas Solidem festhalten konnte, fand ich den Ort ganz gemütlich. Es gab vier Pritschen, ein Radio, einen ordentlichen weißen Gasofen, warme, trockene Kleidung, ein Schränkchen mit Erste-Hilfe-Kasten, ein anderes mit Verpflegung und Thermosflaschen. An der Wand waren einige Werkzeuge und Seile angebracht, und es gab eine Notiz über den Pritschen, um die Gäste willkommen zu heißen. Darauf stand: «Obwohl Ihre Gastgeber nicht anwesend sein können, hoffen sie, daß Sie sich auf Rettungsfloß Nr. 10 wohl fühlen werden und daß Ihr Aufenthalt nicht von Dauer sein wird. Sie möchten Ihnen zu Ihrer Ankunft gratulieren und versichern Ihnen, daß sie ihr Möglichstes tun werden, Sie bald hier wegzubekommen.»

Das muß eine wunderbare Lektüre sein für jeden, der eben erst vom Himmel gefallen ist und sich fragt, ob er nicht geradewegs zur Hölle fährt. Ein Nazi-Willkommensgruß würde anders klingen: «Der NS-Rettungsdienst grüßt Sie im Namen des Führers. Sie haben heimzuschwimmen und sich zum Dienst zu melden. Heil Hitler!» oder etwas in dieser Art. Man sagte mir allerdings, daß es kaum einen nennenswerten Nazi-Rettungsdienst auf der anderen Seite des Kanals gäbe.

Mancher Naziflieger war von britischen Booten aufgelesen und gerettet worden. «Darum schießt Fritz in der Regel nicht auf uns», erklärte der Kapitän, «denn es besteht immer die Möglichkeit, daß er einen von seinen eigenen Leuten treffen würde.»

Wir hatten unsere akrobatischen Übungen beendet und kehrten zu unserem Schiff zurück. George hinter dem MG warf seinem Kapitän einen skeptischen Blick zu. «Nicht immer», sagte er, «aber ab und zu.»

Die französische Küste war nun ungefähr so gut zu erkennen wie die weißen Klippen von Dover. Wir waren mitten auf dem Kanal. «Das da drüben ist Nez Blanc», sagte man mir, «und da liegt Calais; in ein paar Minuten sehen Sie es besser.»

Wir fuhren weiter, volle Kraft voraus. Es gab nirgendwo ein Anzeichen feindlicher Aktivitäten. Die deutschen Küstenbatterien blieben stumm, und kein Nazischiff patrouillierte an dieser Naziküste. Dies war in der Tat der britische Kanal, vor Calais genauso wie vor Dover.

Calais – das verursachte einem ein seltsames Gefühl in der Magengrube. Da lag es also. Da waren seine Häuser und seine Kirchtürme, da war sein Hafen, und da fuhr ein winziger Zug in die Stadt – ein Nazizug, der sich auf die Stadt zubewegte, die von den Nazis erobert worden war und von ihnen unterdrückt wurde. Aber Tausende Franzosen würden uns zuwinken, sie würden das V – unser Victory-Zeichen – mit Kreide auf ihre Nazimauern schreiben, sie würden für uns singen und pfeifen – die Siegesmelodie aus Beethovens Fünfter Sinfonie –, wenn wir nur nah genug herankämen. Wie nah waren wir jetzt? Wir waren vier oder fünf Meilen von Calais entfernt.

Es regnete nicht mehr; tatsächlich blendete die Sonne aus einem dramatisch aufgerissenen Himmel. Wenn sie nur weggeblieben wäre! Wir hätten es gut ohne sie ausgehalten –

aber das wußten wir in diesem Augenblick noch nicht. Keiner von uns wußte das, als uns aus dem heiteren Himmel von Calais die Messerschmitts anfielen.

Es waren zwei. Sie kamen in einer Hufeisenbewegung herunter. Ihre Kreuze und Hakenkreuze waren leicht auszumachen. Ihre Piloten neigten sich zu einer Seite, mit dem Gesicht zu uns. Sie hätten jeden an Bord erkennen können. Sie hätten *mich* erkennen können, dachte ich, aber ich bewegte mich nicht von meinen Platz beim Kapitän und hinter George am MG weg. Sie fegten in hundert Meter Höhe über unser Deck, hinauf in die Sonne und dann wieder auf uns herab.

George am MG begann zu zielen. Es gab kaum einen Zweifel, daß er sie «erwischen» konnte – zumindest einen von ihnen.

«Du wirst nicht das Feuer eröffnen!» Die Stimme des Kapitäns war heiser. «Hast du mich verstanden, George? Du wirst *nicht* das Feuer eröffnen! Das ist ein Befehl!»

Die Augen auf die Flugzeuge geheftet, verfolgte George ihr Absinken, Aufsteigen und Kreisen; seine schwankende Figur schien eins mit dem Geschütz zu sein. Hinter mir fluchte der junge Mann am Steuer leise, aber hörbar. «Worauf zum Teufel warten wir?» sagte er. «Darauf, daß Jerry zuerst schießt? Wird er auch tun. Wär nicht das erste Mal.» George schien genauso zu denken. Er saß kerzengerade, hielt den Atem an, ohne zu feuern, und sah aus, als ob er Schmerzen hätte.

«Tut mir wirklich leid, George», sagte der Kapitän. «Gott weiß, wie gern ich schießen würde, aber wir dürfen's nicht, George, wir dürfen's nicht!»

Er stand da, hielt das Fernglas mit beiden Händen ans Auge und blinzelte in die Sonne, scheinbar ohne den beiden Angreifern viel Beachtung zu schenken.

Plötzlich – weiß der Teufel, wo sie herkamen – waren sie da, noch zwei Messerschmitts hinter uns, hinter George, und rasten auf uns zu; die Luft war von diesem summenden Crescendo erfüllt, das wir alle so gut von der Leinwand kennen.

Die Lage war nicht gerade angenehm. Unser Kapitän sah jedoch vollkommen zufrieden, ja fast entspannt aus. «Ecco», sagte er, «deswegen, George.» Er lächelte, als ob nun alles in Ordnung wäre. «Ich kenne ihre Tricks.»

Es *war* alles in Ordnung. Zu meinem größten Erstaunen zog sich der Feind zurück.

«Es gibt nichts Neues unter der Sonne, was Fritz angeht», hörte ich den Kapitän sagen. «Er macht immer das gleiche. Das war jetzt sein gutes altes Ablenkungsmanöver. Die beiden, die zuerst kamen, sollten unsere ganze Aufmerksamkeit auf sich ziehen. Wir sollten uns auf sie konzentrieren, auf sie zielen, sogar auf sie schießen. Sie wollten tatsächlich, daß wir schießen. Sie sollen nämlich kein Rettungsboot angreifen – aber sie würden das nur zu gern tun, wenn man ihnen den kleinsten Anlaß dazu gibt. Wenn wir geschossen hätten, hätten uns diese beiden Vögel in Null Komma nichts von hinten erledigt.» Er schnippte mit den Fingern.

Sogar George schien zufrieden. Der Steuermann, ein ehemaliger Busschaffner, drehte am Steuerrad. Wir wendeten und fuhren nach Hause.

«Sind Sie mit Ihrer Reise zufrieden?» wollte der Kapitän wissen. «Und war das nicht eine schöne Vorstellung?»

«Und ob.» Nach der ganzen Aufregung war mir kalt geworden, und noch eben schien es gar keine Aufregung gewesen zu sein. Man ist in solchen Momenten erstaunlich ruhig, und erst später wird einem klar, wie gefährlich es eigentlich gewesen war.

«Tja, wenn wir jetzt nicht noch auf eine Seemine laufen, ist der Spaß für heute vorbei», sagte George.

Das war er jedoch keineswegs. Wir näherten uns schon der britischen Küste, als wir das Geräusch eines defekten Flugzeugmotors hörten. Hinter uns ging in einiger Entfernung ein Kampfflugzeug im Sturzflug runter und schlug aufs Wasser auf; schwarzer Rauch quoll aus seinem Heck.

Ein winziger weißer Punkt tauchte am Himmel auf, hoch oben und weit weg. Er wurde größer und nahm Gestalt an – die Gestalt eines Menschen, der an einem Fallschirm hängt, allerdings nur durch ein starkes Fernglas zu erkennen.

«Wenden, volle Kraft voraus!»

Wir wandten uns dem sich bewegenden Objekt zu. Solange es sich in der Luft bewegte, war alles in Ordnung. Aber es hatte kaum das Wasser erreicht, als die Wellen es hinunterzuziehen schienen; hinter dem aufgewühlten Schaum war nichts mehr zu sehen. Ich war vor Aufregung den Tränen nahe. Wo sollten wir jetzt hin? Wir würden ihn niemals finden, den Mann, der irgendwo vor uns verborgen war und verloren, und der jetzt um sein Leben kämpfte. War er verwundet? Hatte er sich von seinem Fallschirm befreien können? Ich wußte, daß es leicht war, sich in diesem Ding zu verfangen, bevor man das Ventil des Schlauchbootes aufdrehen und seine schlaffe Hülle mit Luft füllen konnte. Das Flugzeug war nicht weit von uns niedergegangen, aber der Junge war vom Wind abgetrieben worden. Wo war er jetzt?

Offensichtlich vollkommen ruhig gab der Kapitän mit klarer Stimme seine Befehle. Er konnte nicht *wissen*, daß sie richtig waren.

Dann begann der große Lärm – der schrecklich brummende Lärm. Er bedeutete die Rettung! Flugzeuge, viele von ihnen, zehn oder fünfzehn Flugzeuge erschienen über unseren Köpfen. *Unsere* Flugzeuge, Spitfires! Die R.A.F. war da, um uns den Weg zu zeigen.

Ich stand an der Reling und war ganz überwältigt von dem mächtigen Lärm, der mir wie ein himmlisches Orchester in den Ohren klang. Solche Musik hatte ich noch nie zuvor gehört, und alles war ein einziger Triumph.

Zwei dieser Flugzeuge stießen herab und drehten nur ein paar Meter über der Wasseroberfläche ab. Sie beschrieben immer kleiner werdende Kreise um einen winzigen Punkt, den sie mit ihren Tragflächen zu berühren schienen. Andere schwirrten um uns herum, flogen weg und dann wieder auf uns zu, begleiteten uns, bis wir schließlich unser Ziel erkannten – unser lebendiges, atmendes, erschöpft lächelndes Ziel.

Das Wasser um den Jungen und sein Schlauchboot herum war giftgrün. Von oben war dieser farbige Fleck auch aus einiger Höhe leicht auszumachen.

«Bist du in Ordnung?» Trotz seines Bartes und seiner Würde sah unser Kapitän wie ein Neunzehnjähriger aus, so sehr freute er sich.

«Mir ist kalt», antwortete der Junge mit klappernden Zähnen. Er hielt sich mit einem Arm an seinem winzigen Boot fest. Offensichtlich hatte er nicht die Kraft gehabt, sich «an Bord» zu hieven. Aber er fing das Seil, das wir ihm zuwarfen.

«Langsam, langsam.» Und dann war er da. Wir hatten ihn. Er war in Sicherheit. Er war jung und schlank. Feuchtes dunkles Haar fiel über eine helle, kluge und offene Stirn. Er hielt die Augen geschlossen, als er nur halb bei Bewußtsein an der Kabinentür lehnte. Er war sehr blaß. Aus seiner Jacke, der Jacke eines Sergeant, floß ein blutroter Strom, der eine schreckliche Pfütze zu seinen Füßen bildete.

Aber er schien keine Schmerzen zu haben; ihm war nur kalt, «höllisch kalt».

Mein Brandy! Gott sei Dank hatte ich ihn mitgebracht. «Hier.» Er trank ihn gierig.

Zwei von unseren Jungs zogen ihm die nassen Sachen und die Schuhe aus, dann trockneten sie seine Haare ab. Ich machte mir Sorgen wegen seiner Wunde. Sollte er nicht besser hingelegt und dann nicht mehr bewegt werden, fragte ich mich?

Kanonier George hatte den Arm des geretteten Jungen um

seine Schulter gelegt und stützte ihn, während zwei andere ihn auszogen. Einen Moment lang stand er mit nacktem Oberkörper da. Er war nicht verwundet.

Man erklärte mir, daß alle unsere Piloten eine kleine Tasche mit einer chemischen Substanz am Gürtel tragen, die wasserlöslich ist und das Meer in hundert Meter Umkreis grün färbt. Niemand, der darüber hinwegflog, konnte das übersehen. Wenn die Substanz an der Luft trocknete, wurde sie rot. Es war nichts als der Rest dieses Zauberpulvers, der den Jungen aussehen ließ, als ob ein Blutstrom aus seiner Jacke quoll.

Ich setzte mich hin und sah zu, wie man ihm einen warmen braunen Umhang brachte und ihn mir gegenüber auf eine Matratze legte.

Und nun fingen wir an, ihn auszufragen. Wo war er gewesen? Was hatten sie vorgehabt, seine Kameraden und er? Wer hatte ihn abgeschossen? War es das erste Mal, daß er abgesprungen war?

Sie waren losgeflogen, um einen feindlichen Konvoi nahe der französischen Küste anzugreifen, und sie hatten Erfolg gehabt, wie es schien. Dann war sein Flugzeug getroffen worden. «Aber ich glaubte immer noch, daß ich es schaffen könnte», erzählte er, «als ich auf einmal hoffnungslos an Höhe verlor.» Nein, er hatte noch nie zuvor abspringen müssen. «Und ehrlich gesagt war es ein komisches Gefühl. Zweitausend Fuß mag von hier unten aus nicht viel sein, aber von da oben ist es eine Menge Luft, durch die man fällt. Kann ich meine Brieftasche bekommen?»

Ich hielt das nasse und schäbige kleine Ding aus Schweinsleder zusammen mit einer Jugendarmbanduhr in der Hand. George hatte mir beides gegeben.

Die Uhr war stehengeblieben. Sie zeigte zehn nach vier an, die Zeit, zu der der Junge abgesprungen war. Jetzt war es fünf vor halb fünf. Aber in diesen fünfzehn Minuten lag eine Ewigkeit.

«Hier.» Ich gab ihm die Brieftasche.

«Stellen sie sich vor», sagte er, «innen ist sie ganz trocken. Nicht mal die Schrift ist verlaufen.»

Er zeigte mir seine Schätze. Ein paar Briefe, zwei Fotos. Eins von beiden zeigte ihn zusammen mit einem blonden Mädchen; auf dem anderen war eine ältere Frau zu sehen, dunkelhaarig und feingliedrig, genau wie der Junge, der ihr Foto bei sich trug.

Seine Mutter. Wie erschrocken und wie überglücklich sie wäre, wenn sie hier an meinem Platz sitzen könnte!

«Wie alt sind Sie?» fragte ich. «Wie ist Ihr Vorname?» «Einundzwanzig», antwortete er. «Robert.» Er verneigte sich leicht, als ob wir einander irgendwo im zivilen Leben vorgestellt würden.

Da lag die Küste. Sie war schwarz vor Menschen, die Robert an Land gehen sehen wollte. Er stand auf und schwankte ein bißchen auf seinen nackten Füßen. Er sah jetzt wie ein junger Mönch auf Pilgerfahrt aus; sein schmales, helles Gesicht schien gegen den braunen Umhang fast durchsichtig zu sein.

Er ging herum und schüttelte uns die Hände. Vor dem Kapitän nahm er militärische Haltung an. «Danke», sagte er. «Vielen Dank.»

«Nicht der Rede wert», antwortete der Kapitän.

Das erste Interview mit Lord Vansittart

«Tu das nicht», sagten meine fortschrittlichen englischen Schriftsteller-Freunde – alles ehemalige Pazifisten mit sozialistischen Neigungen –, als ich sagte, daß ich mit Lord Vansittart sprechen würde.

Aber ich tat es doch. Wie ich wußte, hatte Vansittart keinen Titel von Geburt an; Robert Gilbert Vansittart wurde 1881 geboren und in Eton erzogen; er trat im Alter von 21 Jahren in den diplomatischen Dienst ein, arbeitete sich in Paris, Teheran, Stockholm und Kairo hoch und kam 1919 ins Außenministerium. Von 1930 bis 1938 war er Ständiger Unterstaatssekretär für Auswärtige Angelegenheiten und wurde als einer der wichtigsten «Männer im Hintergrund», als «wahre Triebkraft hinter dem Thron» eingeschätzt.

Doch in diesen Jahren war die britische Außenpolitik offensichtlich das genaue Gegenteil von dem, was Sir Robert anstrebte. Jedenfalls sind sich gewisse gut unterrichtete Kreise darüber einig, daß er weggelobt wurde, als er seinen Posten 1938 aufgeben mußte, um «Diplomatischer Hauptberater der britischen Regierung» zu werden.

Denn es sei schon in Ordnung – so argumentieren sie –, ein Berater zu sein, solange nur irgend jemand auf den Rat hört. Chamberlain hörte jedoch nie zu – am wenigsten Sir Robert, der stets recht gehabt hatte, wo Chamberlain sich stets geirrt hatte. Der Premierminister war bewundernswert ahnungslos, was die Situation in Deutschland anbetraf; er war nie dort gewesen, sprach kein Deutsch und hatte nicht die leiseste Ahnung von deutscher Psychologie, ganz zu schweigen von Hitlers besonderer «Seele».

Im Gegensatz dazu besaß Vansittart nicht nur ein äußerst profundes und solides Wissen über Deutschland – ein Wissen, das sich auf seine vielfältigen Erfahrungen mit Deutschen im In- und Ausland stützte –, sondern auch eine starke intuitive Einsicht in zumindest einige Aspekte des deutschen Charakters.

Seine Vorhersagen über Deutschland beruhten immer auf exakten und detaillierten Informationen und auch auf einem fast unheimlichen Instinkt für den «inneren Deutschen». Aber sein Rat wurde nie befolgt – im Falle Spaniens beispielsweise sowenig wie im Falle Deutschlands. Obwohl er weit davon entfernt war, «für die Roten» zu sein, erkannte der konservative und aristokratische Sir Robert, daß ein faschistischer Sieg in Spanien eine kleine Katastrophe für das Empire wäre. Die Farce einer Nichteinmischung, so argumentierte er, schade Englands politischen Interessen und auch seinem moralischen Prestige. Er warnte, er protestierte – umsonst.

Vielleicht hätte er es nicht hinnehmen sollen, dachte ich. Vielleicht hätte er wegen Spanien zurücktreten sollen – oder spätestens wegen München. Vielleicht hätte Churchill ihn dann im Frühjahr 1940 zurückgerufen und er wäre eine wirklich einflußreiche Figur geworden.

Nun, da war ich also: dies war Denham Place, Denham, Buckinghamshire. Es regnete; ich mußte mehr als zehn Minuten über die Felder laufen und kam ziemlich naß und zerzaust an.

Die Vansittarts saßen am Teetisch. Lady Vansittart ist außerordentlich schön – eher ein mediterraner als ein angelsächsischer Schönheitstyp; ihr zartes Elfenbeingesicht ist von großen, sternengleichen Augen beherrscht. Was Lord Vansittart selbst anbetraf, mußte ich zugeben, daß er sehr gut aussah, wirklich sehr stattlich. In seiner männlichen, weniger glamourösen Art ist er mindestens so bemerkenswert wie Englands politischer Schönheitskönig Anthony Eden. Die Annahme, er sei wegen seines Alters aus dem Staatsdienst ausgeschieden (er ist sechzig), schien angesichts seiner frischen und energischen Erscheinung absurd.

Sein Gesicht war voller leidenschaftlicher Intelligenz und intelligenter Leidenschaft. Sicher ist er kein «professioneller Hasser»; er ist weder ein gescheiterter noch ein einsamer Mann. Warum sollte er es also lieben zu hassen? Sein Haus – ein bezauberndes Haus aus dem 17. Jahrhundert – ist voll von schönen Dingen: Bilder, Teppiche, Bücher. Er ist ein Künstler, ein Schriftsteller und keinesfalls nur in erster Linie der Autor von Propagandawerken wie «Black Record». Er liebt es, auf französisch zu dichten. Er hat zahlreiche Theaterstücke und Filmdrehbücher verfaßt. In der Tat sind selbst seine politischen Überlegungen und Konzepte nicht ohne gewisse künstlerische Qualitäten.

Seine Gefühle sind so klar und bestimmt wie seine Gedanken. Er fühlt keinen Haß, sondern Schmerz – den tiefen, brennenden Schmerz eines Menschen, der das Unglück lange gesehen und vorausgesagt hat und der wußte, wie man hätte es abwenden können. Er haßt Deutschland sowenig wie ich – dachte ich. Und ich selbst habe zu tief die Qual eines unbedingten Wissens gefühlt, das keiner teilen wollte, um seine Gefühle nicht zu verstehen.

«Nun», sagte er, «wollen wir jetzt unsere kleine Unterhaltung führen?» Er wolle es lieber eine «Unterhaltung» nennen, da er noch nie zuvor zugestimmt hatte, ein Interview zu geben. Ich verstand das als Scherz, aber er erklärte mir, daß er als Beamter nichts dergleichen hatte tun dürfen, «und ich bin erst seit kurzem ‹befreit› worden», sagte er.

Ich wollte nicht lange herumreden und sagte, ich hätte «Black Record» gelesen. «Black Record» ist eine Broschüre, die hauptsächlich aus einer Analyse des heutigen Deutschland besteht, dessen Wurzeln bis hin zum Deutschland Friedrichs des Großen und seines Vaters, des Soldatenkönigs, zurückverfolgt werden. Lord Vansittart war sogar noch tiefer in Deutschlands Vergangenheit vorgedrungen, denn im Vergleich zu anderen Völkern hätten sich die Deutschen nicht verändert, und gewisse Merkmale ihrer frühesten Geschichte blieben auch jetzt noch von Bedeutung.

«In der Tat ist die Mehrheit des teutonischen Volkes noch immer so wild und rücksichtslos aggressiv wie seine Vorfahren. Die abstoßendsten Seiten Hitlers sind nichts Neues, nichts Zufälliges, und sie werden keinesfalls von selbst verschwinden. Der Mythos der ‹deutschen Herrenrasse› ist sowenig eine Erfindung des Führers wie die Verherrlichung von Gewalt und Betrug, die Forderung, ‹mit dem Blute zu denken›, die Verachtung des Christentums und der Zivilisation, die Lust auf Eroberung und Macht; all das ist in Deutschland seit langer Zeit aktuell gewesen», erklärte mir Lord Vansittart.

«Daß ähnliche Entwicklungen auch in der Geschichte anderer Nationen bemerkbar sein mögen, ändert kaum etwas an der Tatsache, daß es Deutschland ist, Deutschland allein, das nicht nur die Prinzipien und Gewohnheiten jener dunklen Zeitalter nicht überwunden hat, sondern sie auch bis hin zu ihrem gegenwärtigen unvorstellbaren Maß gehegt und weiterentwickelt hat.»

«Die Leute hier», sagte er, «sind immer noch geneigt zu glauben, daß man nur Hitler und ein paar tausend Nazis entmachten muß und dann alles in schönster Ordnung sein wird. Sie glauben immer noch, die Deutschen seien insgesamt friedliche Geschöpfe, die von einem grausamen und blutrünstigen Regime, das sie nicht wollten, verführt und in die Irre geleitet wurden. Nun, in Wirklichkeit sind sie jahrhundertelang verführt und in die Irre geleitet worden – nicht erst von diesem Regime, das die Mehrheit der Deutschen übrigens wollte und immer noch will.»

«Sehen Sie nicht», rief er aus, stand auf und ging im Raum auf und ab, «erkennen Sie nicht, daß der Sieg sinnlos und alle Opfer umsonst wären, wenn wir in zwanzig Jahren wieder Krieg gegen die Deutschen führen müßten? Und daß wir diesen Krieg wieder führen müssen, wenn sich die Deutschen nicht vollkommen ändern?»

«Sagen Sie jetzt nicht», unterbrach er sich selbst, obwohl ich gar nicht versucht hatte, etwas zu sagen, «sagen Sie nicht, daß die deutsche Republik schon einen vielversprechenden Schritt in diese Richtung darstellte und daß alles gut vorangekommen wäre, hätte es nicht Fehler unsererseits gegeben! Ich leugne diese Fehler nicht, aber das Weimarer Experiment hätte unter keinen Umständen anders enden können ohne eine grundsätzliche Veränderung, die niemals wirklich begonnen hatte.»

«Ihre Kritiker bestehen darauf», sagte ich, «daß Sie in ‹Black Record› die positiveren, menschlicheren Seiten völlig außer acht lassen, die in Deutschland genauso wie anderswo zu finden seien. Sie hätten Deutschlands große und zahlreiche Beiträge zu unserer Zivilisation vollkommen vergessen. Sie hätten – so sagt man – die Wahrheit verzerrt, indem Sie sie nur teilweise erzählt haben ...»

Ich senkte meine Stimme nicht, wartete aber auf eine Antwort. «Niemals», sagte Vansittart, «niemals ist es meine Absicht gewesen, eine umfassende Studie über den deutschen Charakter zu schreiben. ‹Black Record› sollte nur zwei Dinge beweisen. Erstens: der Feind ist mächtig, und große Anstrengungen sind nötig, um ihn zu besiegen. Zweitens: vermutlich wird eine Niederlage allein den Feind nicht zähmen, dessen unersättliche Aggressivität dauerhaft und berüchtigt ist und niemals von Niederlage oder Sieg beeinflußt wurde.»

«Sein Sieg von 1871 hat genausowenig einen befriedenden Effekt auf ihn ausgeübt wie die Niederlage von 1918. Die friedlichen und zivilisierten Elemente, die es zweifellos in Deutschland gibt und immer gegeben hat, kann man vernachlässigen; sie sind jetzt nicht und waren niemals in der Lage, irgendeinen mäßigenden Einfluß auszuüben. Sich auf sie zu verlassen und abermals das Schicksal der Menschheit von ihrer Fähigkeit abhängig zu machen, plötzlich solch einen Einfluß zu gewinnen, wäre glatter Selbstmord. In der Tat», sagte er und sah mich ernsthaft an, «wäre es besser für die Deutschen selbst gewesen, wenn wir unsere Illusionen über sie aufgegeben hätten, als es noch Zeit war!»

Denn er glaubt, daß den Menschen selbst jetzt nicht die

volle und schreckliche Wahrheit gesagt wird; selbst jetzt noch haben sie das wahre Ausmaß der Gefahr nicht erkannt. «Die meisten Menschen benebeln ihren Geist», hat Vansittart in einem seiner Artikel geschrieben, «indem sie viel zuviel über Deutschland reden und nachdenken. Denkt nicht immer darüber nach, ihm Gerechtigkeit widerfahren zu lassen. Entscheidet euch dafür, erst gegenüber Deutschlands Opfern und dann gegenüber Deutschland gerecht zu sein. Das ist das Wesentliche.»

«Sicherlich haben Sie als Mann der Tat über praktische Schritte nachgedacht, die unternommen werden müssen, wenn der Frieden diesmal Bestand haben soll», warf ich ein.

«Sicher habe ich daran gedacht ...», antwortete Vansittart mit einem seltsamen, abwesenden Lächeln.

«Aber warum haben Sie das nicht öffentlich gesagt?»

Er erinnerte mich an die Tatsache, daß die Debatte über die «Friedensziele» noch nicht offiziell eröffnet war, als er seine Rundfunkansprachen hielt; das Thema war zu dieser Zeit noch tabu, besonders für Beamte. Die Deutschen – so wurde angenommen – würden länger und verbissener kämpfen, wenn und sobald sie Englands Pläne für den «Tag danach» erführen. Man wollte noch nicht wahrhaben, daß die Deutschen exakt so lange und so verbissen kämpfen würden, wie sie konnten, egal, was «wir» sagten oder nicht sagten. Sie kämpfen mit dem Rücken zur Wand und würden die Niederlage niemals zugeben, bevor der völlige Zusammenbruch ihrer Militärmaschinerie sogar ihnen selbst offensichtlich wird.

«Zwei Argumente sind es, die häufig von meinen Kritikern angeführt werden», fügte Vansittart hinzu. «Das erste ist der Vorwurf, daß ‹Black Record› nichts anderes als ein ‹Geschenk für Goebbels› sei. Es ist leicht, das zu widerlegen, weil viele Monate seit seiner Veröffentlichung vergangen sind, ohne daß Goebbels jemals darauf verwiesen hätte. Er weiß wahrscheinlich, warum. Was das zweite Argument betrifft, so geht es auf das Prinzip zurück, daß man im Leben keinesfalls zu früh handeln soll, und dies finden viele Menschen sehr überzeugend.»

Vansittarts Gründe, warum das Schweigen dennoch gebrochen werden muß und bestimmte Entscheidungen *jetzt* gefällt werden sollten, sind jedoch nicht weniger eindrucksvoll. Man könnte sie so zusammenfassen:

1. Die Schritte, die sofort nach dem Zusammenbruch von Hitlers Kriegsmaschinerie unternommen werden müssen, sind politisch wie auch psychologisch vorzubereiten. Nicht nur müssen die Pläne jetzt erstellt werden, sondern die Menschen müssen auch über diese Pläne unterrichtet werden. Denn wenn ihnen nicht von vornherein klar wird, daß es mit der Unterzeichnung des Waffenstillstands noch nicht getan ist, werden sie ihre neuen Pflichten vielleicht nur ungern wahrnehmen, wenn es soweit ist.

2. Besonders während eines Krieges, der die Aufmerksamkeit der Öffentlichkeit völlig in Anspruch nimmt, besteht die Gefahr, daß Dinge, die nicht diskutiert werden, auch nicht bedacht werden. Diese Gefahr ist in der Tat außerordentlich groß.

«Wie sollten Ihrer Meinung nach die Vorbereitungen für den Frieden aussehen?» fragte ich.

Vansittart sagte, daß er jetzt lieber nicht ins Detail gehen wolle, aber es werde sogar aus der höchst allgemein gehaltenen Atlantik-Charta klar, daß uns eine schwierige und mühsame Friedensarbeit bevorstehe. Laut Churchill und Roosevelt werde es eine einseitige Abrüstung geben müssen; das allein sei eine komplizierte Aufgabe. Denn wie könnten wir Deutschland entwaffnen, ohne es streng zu bewachen, ohne seine Industrieproduktion zu kontrollieren, ohne für längere Zeit eine ganze Menge Menschen in Deutschland zu stationieren.

Es sei jedoch offensichtlich, daß noch mehr getan werden muß. Zum Glück habe Rußland genau wie die vierzehn anderen Länder, die Hitler auf dem Kontinent überrannt hat, ein Wort in der Sache mitzureden. Sie alle würden vermutlich zustimmen, daß Deutschland «entpreußt» werden müsse, daß das Machtzentrum von Berlin weg verlagert werden und der preußische Geist aus den deutschen Schulen und Universitäten verschwinden müsse, und daß wir alles in unserer Macht Stehende tun müssen, um in Deutschland eine vollkommene Veränderung zu erreichen, ohne die kein Frieden jemals bestehen könne.

Deutschland müsse eher umerzogen als bestraft werden, aber umerzogen bis ins Mark. Das könne nicht ohne eine sehr gründliche Vorbereitung geschehen und werde vermutlich eine lange Zeit dauern.

«Sie sind noch jung», sagte er; «Sie werden vielleicht noch die friedliche, sinnvoll organisierte, anständige Welt sehen. Ich werde sie nicht mehr erleben, aber solange ich lebe, werde ich dafür kämpfen, denn es ist die eine Sache, für die es sich zu leben, zu kämpfen und zu sterben lohnt.»

Draußen im alten Garten wurde es langsam dunkel; ich mußte nach London zurück. «Vielen Dank, sagte ich, «es war mir ein großes Vergnügen.» Aber ich schämte mich, als ich das sagte. «‹Vergnügen› ist nicht das richtige Wort», fügte ich hinzu, «vielmehr ist es beruhigend zu wissen, daß Sie an der Arbeit sind.»

Es *ist* beruhigend. Ich erinnerte mich daran, daß er einmal geschrieben hat: «Sich in der Politik auf sein Herz zu verlassen, ist keinesfalls leicht; und manchmal macht man sich sogar verdächtig, wenn man es tut.»

Das amerikanische Wunder

Deutsche Hörer,
ich bin soeben von einer Vortragsreise durch die Vereinigten
Staaten zurückgekehrt. Als ich die Fahrt antrat, schrieb man
den ersten Dezember 1941, und Amerika war im Frieden.
Meine Zuhörerschaft – viele Tausende von Menschen, Studenten und junge Leute, Frauen und Männer des amerikanischen Mittelstandes oder Arbeiter – verhielt sich so, wie sie
sich seit langem verhalten hatte, – will sagen: in allen Diskussionen bekundete sie aufs entschiedenste ihren Abscheu vor
«Führer Hitler» und allem, was Nazi heißt. *Aber,* in dieser ersten Dezemberwoche 1941, gab es in Boston, Massachusetts,
in Memphis, Tennessee, oder in Paducah, Kentucky, ja, gab es
in den Vereinigten Staaten kaum eine handvoll Menschen,
die den Eintritt Amerikas in diesen Krieg wollten. Amerika
haßte Hitler, der diesen Krieg über die Welt gebracht hat.
Gleichzeitig aber haßte Amerika den Krieg, – es wollte keinen Krieg.
   Dann kam der siebente Dezember, der Tag von Pearl Harbor. Ich hatte aufzutreten, am Abend jenes Sonntags, und
einen Vortrag zu halten in einer Universität des Südstaates
Missouri. Ich kannte mein Publikum von früher her als intelligent und neugierig – diese jungen Leute waren prinzipiell
interessiert, aber praktisch nicht allzu beteiligt. Europa war
weit entfernt; was dort vorging, war ungeheuerlich, es war
gewiß fürchterlich genug; nur nah genug war es nicht, und
die Jugend dieses Landes wollte nicht morden, kämpfen, blu-
ten und sterben müssen auf den entlegenen Schlachtfeldern
des Hitlerkrieges. Was würde sie sagen, diese Jugend, jetzt, da
ihr Land überfallen war von Hitlers gelben Handlangern?
Würde sie fortfahren, sich unbeteiligt zu fühlen?
   Deutsche Hörer, – Ihr Irreführer hat schon manches Wunder vollbracht. Er hat England, das deutschfreundliche,

kriegsunlustige England zum wütenden Todfeind gemacht des Dritten Reiches; das war ein Wunder, und er hat es vollbracht. Er hat Rußland, das Frieden wollte um beinah jeden Preis, in einen Massenfriedhof verwandelt für deutsche Soldaten; und Rußland, das isoliert und ohne *wahre* Freunde dastand in der Welt, vor dem 21. Juni 1941, hat er eingereiht in die gewaltige Front der Vereinigten Nationen. Das war ein Wunder, und er hat es vollbracht. Er hat Europa, die kleinen Demokratien, die seine Nachbarn waren und die nichts als ihre Ruhe wollten, mit Blut und Tränen überschwemmt und die guten Holländer, die braven Norweger, die freundlichen Griechen so verwandelt, daß sie auf nichts mehr sinnen als auf seine Vernichtung, die ihnen Befreiung bringen wird. Das war ein Wunder, und er hat es vollbracht. Das größte Wunder aber, und das entscheidende, ist ihm gelungen, da er Amerika, das vielsprachige, vielrassige, weit entfernte, pazifistische Amerika, in den Krieg brachte, als eine geeinte und zum äußersten entschlossene Nation.

Daß dieses Wunder geschehen war, wurde mir deutlich schon am Abend jenes siebenten Dezember. Die jungen Leute, meine Hörer, meine lustig diskutierenden Pazifisten-Freunde von gestern, sie waren zu Kämpfern, zu Soldaten geworden an diesem einen Tage, und einer wie der andere. War manchem von ihnen ein Fußballwettspiel wichtiger erschienen als der Ausgang einer Schlacht? Hatten sie viel geredet, wenig gehandelt und viele skeptische Fragen gefragt, meine jungen Freunde? Aber jetzt fragten sie nur noch eines: «Was können wir tun, alle gemeinsam und jeder von uns, um diesen Krieg gewinnen zu helfen gegen den Feind der Menschheit?»

Es ist dasselbe, überall im Land. In den Munitionsfabriken des Mittelwestens, auf den Schiffswerften beider Küsten, wo immer man Flugzeuge herstellt oder Freiwillige anwirbt, überall war ich Zeuge des großen, des entscheidenden Wunders. Es ist noch jung, das Wunder, – zwei Monate ist es erst alt, und hat noch kaum begonnen, sich auszuwirken, in Hitlers Krieg. Er gedulde, gedulde sich fein, – über ein Weilchen wird er wissen, was er angerichtet hat, sich und dem deutschen Volk, mit seinem amerikanischen Wunder, und mit Schiller wird man von ihm sagen dürfen: «Staunend sieht er seine Werke und bewundernd untergehn.»

Guten Abend.

Musik in Zeiten des Krieges

Guten Abend, meine Damen und Herren!

Lassen Sie mich am Anfang beginnen! Am Sonntag, dem 7. Dezember 1941, dem Tag von Pearl Harbor, haben die meisten von uns Tag und Nacht am Radio gesessen. Die meisten von uns dachten nicht ans Schlafengehen, denn wir wollten Nachrichten, und wir bekamen sie – schlechte Nachrichten, traurige Nachrichten, Nachrichten, die wütend machten. Ich war zu dieser Zeit auf einer Vortragsreise und hörte im Schlafwagen meinem kleinen Radio zu. Wenn keine Nachrichten kamen, gab es Musik – schöne Musik, beruhigend und Trost spendend inmitten der Tragödie. «Es werden hohe Verluste befürchtet», sagte mein kleines Radio, «viele hundert amerikanische Soldaten sollen den Berichten nach gefallen sein.» Dann ging das Programm mit Musik weiter – mit dem Wiegenlied von Brahms, wenn ich mich recht erinnere. Es klang wie ein passendes und zärtliches Lebewohl für die, die dort in Pearl Harbor zum letzten Mal eingeschlafen sind.

Das Wiegenlied … Brahms, Johannes Brahms, war ein Deutscher. Ich wußte, daß wir mit Deutschland im Krieg stehen würden, bevor die Woche um war. Aber dennoch spielen wir weiter deutsche Musik und hören ihr zu; natürlich werden wir das tun, und darüber bin ich froh, dafür bin ich dankbar. Bach, Mozart, Beethoven, Schubert, Mendelssohn – sie alle sind Deutsche, aber ihre Werke gehören der ganzen Menschheit und haben nichts, aber auch gar nichts mit Hitler und seinen Verbrechen zu tun.

Das Programm ging weiter; es war eine Klaviersonate, die ich jetzt hörte, gespielt von einem deutschen Pianisten, den ich einmal gekannt hatte, einem überzeugten und aktiven Nazi. Die Sonate war schön, und der Pianist spielte sie gut. Aber trotzdem konnte ich keinen Gefallen an ihr finden. Keine Sekunde lang konnte ich das Bild des Menschen aus meinem Kopf verbannen, der diese Sonate spielte, eines Mannes, der sowohl seine Person als auch seine Kunst in die Dienste Hitlers gestellt hatte, eines Mannes, der schon seit Jahren als einer der zahlreichen Kulturpropagandisten des Führers Tourneen durch Europa gemacht hatte und dabei die Moral und den Selbsterhaltungstrieb der europäischen Demokratien unterminierte.

Ich stellte das Radio aus, wobei ich über meine Reaktion verwundert war. «Was ist denn los», fragte ich mich, «vor wenigen Augenblicken warst du noch so dankbar für die schöne Musik, deutsch oder nicht deutsch, und jetzt willst du nicht einmal diese bezaubernde Sonate hören, nur weil sie von einem Nazi gespielt wird?» Ich schaltete den Nazi-Pianisten wieder ein, aber es half nichts. Ich konnte die Musik nicht hören – ein Hakenkreuz tanzte vor meinen Augen und wollte nicht verschwinden. Denn die Musik, der ich zuzuhören versuchte, wurde nicht nur von einem Pianisten gespielt, sondern von einem Soldaten – von einem feindlichen Soldaten. Wie grotesk, dachte ich: Ich bin gewissermaßen die Gastgeberin eines Nazi-Agenten; kein Wunder also, daß ich andauernd das Hakenkreuz sehe!

Seitdem sind mehr als drei Monate vergangen, Monate, die nicht immer gute Nachrichten mit sich brachten. Aber so gut oder schlecht, man will es eben wissen, man will die Zeitung lesen und Radio hören. Es gab immer Nachrichten, und dazwischen gab es immer Musik. Und da war immer dieses Übelkeit erregende Gefühl, wenn die Melodien von einem lebendigen, aktiven Nazi gespielt wurden, der im Dritten Reich lebte. Ich fragte mich immer wieder: «Kannst du die Arbeit eines Menschen nicht von seiner Person trennen?» Und die Antwort war: «Nur bis zu einem bestimmten Punkt!»

Ich habe mir sagen lassen, daß das Leben, die Überzeugungen und die Aktivitäten eines Künstlers angeblich nichts mit der Qualität seiner Kunst zu tun haben. Wenn jedoch dieses Leben, diese Überzeugungen und diese Aktivitäten offensichtlich mörderisch und unverzeihlich sind, wenn sie Teil der dunklen Mächte sind, die alles zu zerstören trachten, woran wir glauben, ist es dann möglich, ist es dann zulässig, dieses Leben, diese Überzeugungen und diese Aktivitäten zu ignorieren? Wenn jemand deinen Bruder umgebracht hat, kann man dann von dir erwarten, das zu vergessen, wenn du dem Klavierspiel des Mörders zuhörst?

Natürlich glaube ich nicht, daß es viel mit unserer Einstellung gegen das Hitler-Regime zu tun hat, wenn wir den gehorsamen Lieblingskünstlern von Herrn Hitler zuhören. Und dennoch scheint unsere Toleranz einen gewissen Mangel an spontaner Abneigung unsererseits zu verraten, eine gewisse Abgehobenheit, die uns beinahe vergessen läßt, wer wirklich unser Feind ist. Übrigens freut sich unser Feind außerordentlich über unsere Nachgiebigkeit, und das um so mehr, als wir nicht selten die Tantiemen für ihn einspielen. Es gibt hier beispielsweise ein Tantiemenkonto auf den Namen Richard Strauss – auch er ist ein Künstler, der seine Seele an Hitler verkauft hat. Es heißt, daß Strauss das Geld wohl gar nicht bekommen wird, da die Nazis uns Geld schulden und es uns kaum zurückzahlen werden. Wenn sie es uns aber nicht zurückzahlen, dann behalten wir einfach das Geld, das wir ihnen schulden – darunter auch die Tantiemen von Herrn Strauss –, und dann kann niemand sagen, daß wir den Nazis etwas zahlen würden. Aber wenn man die Schulden von jemandem tilgt, anstatt ihn direkt zu bezahlen, gibt man immer noch das eigene Geld für ihn aus, denke ich, und es macht nicht viel Sinn, sich darüber etwas vorzumachen.

Dies alles ging mir so nahe, daß ich mich eines Tage hinsetzte und einen Leserbrief an den Chefredakteur der «New York Times» schrieb. Er mußte kurz sein, soviel war mir klar – ich weiß, wie begrenzt der Raum für Leserbriefe ist –, also schrieb ich nur, daß dieser Richard Strauss einerseits ein Genie, aber andererseits ein Nazi sei und ich darum fürs erste ohne ihn und seine Musik auskommen würde, und daß ich auch nicht dabei mithelfen wollte, Geld für ihn anzusammeln. Darüber hinaus sähe ich keinerlei Grund, warum die verschiedenen Nazi-Künstler in unseren Programmen vertreten sein sollten, wo es doch so viele befreundete Musiker gäbe, Amerikaner wie Europäer, die ihnen mindestens ebenbürtig wären. Dieser Leserbrief erschien in der Sonntagausgabe der «New York Times» und provozierte einige Antworten, sowohl freundliche als auch ablehnende. Die ablehnenden kamen vor allem von Leuten, die nicht namentlich genannt sein wollten, und sie störten mich nicht im geringsten.

Der Augenblick, wo es mich plötzlich störte, mich in der Tat und ganz entschieden störte, kam eine Woche später, als Mr. Deems Taylor, der amerikanische Komponist und angesehene Musikexperte der Columbia, meinen Brief in der Pause des New York Philharmonic-Konzerts vorlas und kommentierte. Mr. Taylor warnte seine Hörer im ganzen Land mit größter Ausführlichkeit und Eindringlichkeit vor dem Geist, in dem mein Brief abgefaßt sei, den er mit dem Nazi-Ungeist verglich, obwohl der Brief diesen doch bekämpfen wollte. Er riet seinen Hörern, ihre deutschen Schallplatten nicht zu zerbrechen. «Das ist das kindischste, was Sie tun können», sagte er völlig zu Recht und fuhr dann fort: «Außerdem ist das eine Nazi-Taktik, Platten zu zerschlagen und Bücher zu verbrennen – ahmen Sie nicht diese Barbaren nach!» Gegen Ende seiner Sendung, aber immer noch im Zusammenhang mit meinem Leserbrief, flehte er seine Hörer an: Wir müssen uns auf die Dinge besinnen, an die wir glauben: Gerechtigkeit und Freiheit, Freiheit in Körper und Geist, Freiheit von Vorurteil und Intoleranz.»

Es wäre eine glatte Untertreibung, zu sagen, daß mich Mr. Taylors Kommentare verwirrten. Ich war zutiefst beunruhigt. Wofür tadelte mich Mr. Taylor? Nicht ich war es, die sich für das Zerschlagen von Schallplatten und das Verbrennen von Büchern ausgesprochen hatte. Ebensowenig hatte ich mich gegen Gerechtigkeit und Freiheit gewandt, als ich den Leserbrief an die «New York Times» schrieb! War es ein Vorurteil, den Feind einen Feind zu nennen? War es intolerant, sich daran zu erinnern, daß der Feind barbarisch und gnadenlos ist, auch wenn er mit solch erstaunlichem Einfühlungsvermögen Klavier spielt? Das alles mußte ein Mißverständnis gewesen sein! Um die Situation aufzuklären, stellte ich eine kleine Liste mit allen möglichen Ansichten auf, die man angesichts unseres Problems haben mochte. Ich schrieb also:

1. Manche Leute würden gern Beethoven verbieten, weil er Deutscher war – das würde ich sicherlich nicht tun.

2. Manche Leute würden sogar gern Arturo Toscanini verbieten, weil er trotz seiner antifaschistischen Überzeugungen immer noch Italiener ist – das würde ich sicherlich nicht tun.

3. Manche Leute würden gern Richard Strauss verbieten, weil er ein Nazi ist. Mr. Taylor würde das nicht tun. Ich würde es auch nicht, denn ich würde keine kulturelle Leistung in einer Demokratie verbieten. Aber ich würde mich etwas wohler fühlen, wenn wir Strauss für eine Weile aus unserem Repertoire streichen.

4. Manche Leute würden gern die Schallplatten der Künstler verbieten, die Nazis sind und in Nazi-Deutschland leben. Mr. Taylor würde das nicht tun, und ich auch nicht, weil ich nicht an Verbote glaube. Aber ich würde mich viel wohler dabei fühlen, wenn ich und all diejenigen, die gespannt auf Nachrichten von der Front warten, diese Nachrichten nicht von der Musik solcher Künstler eingerahmt hören müßten, die in diesem Augenblick vielleicht den Tod Tausender amerikanischer Soldaten moralisch mitverantworten. Ich würde mich wohler fühlen, wenn amerikanische Radiosender Platten von Vladimir Horowitz oder Artur Rubinstein statt die des Nazis Walter Gieseking spielen würden, Platten von Myra Hess oder von Rudolf Serkin statt vom Nazi Edwin Fischer, Platten von George Gershwin statt vom Nazi Franz Lehár, und so weiter. Die Wahl zwischen den Aufnahmen lebender aktiver Nazis und genauso guten Aufnahmen aufrechter Demokraten zu haben, und dann bewußt die Nazis auszuwählen, das ist es, was mir nicht richtig erscheint. Für Mr. Deems Taylor scheint es dagegen seine Richtigkeit zu haben.

Ich glaubte Mr. Taylor antworten zu müssen, denn ich bin davon überzeugt, daß diese Frage keineswegs unwichtig ist. Sie berührt eins der zentralen, eins der entscheidenden Probleme, die auf eine Demokratie im Krieg zukommen. Unser Feind, der Feind, den wir zu besiegen hoffen, ist umbarmherzig und intolerant. Laßt uns bei unserer grenzenlosen Anstrengung für den Sieg auf der Hut sein, so daß wir nicht selbst unbarmherzig und intolerant werden – also nicht so wie die Nazis werden! ABER – aber nur weil unsere Anstrengung für den Sieg grenzenlos ist und grenzenlos sein muß, laßt uns *auch* auf der Hut sein, daß wir nicht so werden, wie die Nazis uns gern hätten – daß wir nämlich tolerant bis zur Schwäche sind, liberal bis zum Verlust des eigenen Stolzes und großzügig bis zur Opferung unserer Überzeugungen.

Ich glaube nicht, daß wir vor einer dieser Gefahren Angst haben müssen, aber ich glaube, daß wir uns an diese Gefahren erinnern sollten. Wir müssen das richtige Maß zwischen demokratischer Toleranz und Kampfgeist finden und beibehalten, ohne das wir nicht gewinnen können. Diese Aufgabe wird von Fall zu Fall gelöst werden müssen, und das von uns allen.

Ich danke Ihnen.

Mein Vaterland, der Pullman-Wagen

Wenn mich die Leute in New Paltz, Omaha, oder in Seattle, Washington, fragen: «Nun, Miss Mann, wo sind Sie denn zu Hause?», dann gebe ich immer zur Antwort: «Mein Vaterland ist der Pullman-Wagen.» Die Antwort ruft normalerweise Heiterkeit hervor, denn alle glauben, ich mache einen Witz. Tatsächlich habe ich aber die reine Wahrheit gesagt. Ich bin wirklich in einem unteren Schlafwagenbett zu Hause und nirgendwo sonst. Umgebungen, Städte und Hotels mögen sich abwechseln – ich spreche vor dem städtischen Frauenverein in einer Stadt, vor Lehrern in einer anderen und vor Antifaschisten in der nächsten. Gestern habe ich mich in den Tiefen meines Mantels vor einem Schneesturm im Mittelwesten versteckt, heute suche ich unter Palmen Schatten. Aber jeden Abend wartet mein unterer Schlafwagenplatz, meine alte Heimat auf mich, und ich krieche hinter den grünen Vorhängen unter die Decke. Dort finde ich zwei von kundiger Hand zurechtgelegte Kopfkissen, zwei Lampen am Kopf- und am Fußende, ein sehr praktisches Netz für meine Nachtlektüre und ein Bord für meine Reisetasche. Ich fühle mich im unteren Schlafwagenbett überhaupt nicht fremd und weiß seine Vorzüge wie auch seine Nachteile zu schätzen, genau wie die einer Wohnung, die man seit Urzeiten bewohnt und in der man sich täglich im bequemen Sessel zurücklehnt, während man sich gleichzeitig über den häßlichen Fleck an der Wand ärgert, wo es vor elf Jahren hineingeregnet hat.

Ich kenne die Pullman-Schaffner und ich mag sie, genau wie der sentimentale Bewohner jenes Apartments seinen Butler mag. Ihre dunklen Gesichter über ihren weißen Jacken sind wie ein und dasselbe Gesicht für mich. Ich sehe sie als Einheit an (und weiß genau, daß das dumm, primitiv und falsch ist), und ich weiß, daß jeder von ihnen gutmütig, hilfsbereit und despotisch ist. Sie alle haben eine auffällige pädagogische Ader (genau wie der Butler, der schon fünfzehn Jahre in Diensten steht), aber man kann mit ihnen auskommen, wenn man sich scheinbar ihren Wünschen fügt. Ich weiß, daß man im «Unteren» nicht rauchen darf. Natürlich tue ich es trotzdem, und die Gespräche darüber mit verschiedenen Schaffnern gleichen sich wie ein Ei dem anderen. «Ich habe Ihnen doch gesagt, daß Sie da nicht rauchen dürfen», sagt der Pädagoge und zieht streng am Vorhang. «Gar nicht?» frage ich scheinheilig erschrocken. «Das ist die letzte», füge ich beschwichtigend hinzu. Von meinem scheinbaren Nachgeben gerührt, ermahnt mich der Schaffner: «Sie werden sich noch mit dem ganzen Zug anzünden. Ich passe besser ein bißchen auf.» Daraufhin postiert er sich in der Nähe meines Betts und wacht gewissenhaft über meinen Schlummer, der von wirren Träumen, dichtem Zigarettenrauch und den holprigen Gleisen gestört wird.

Ich mag meine Heimat im Pullman-Wagen, und das um so mehr, wenn ich ihn mit den entsprechenden europäischen Einrichtungen, den kontinentalen Eisenbahnen, vergleiche. (Ich liebe Amerika ohnehin, aber um so leidenschaftlicher, wenn ich an Europa denke.) Mitreisende in Europa sind oft von Haß erfüllt. Ohne jeden Grund haßt man einander – eine natürliche Folge der Überfüllung und der herrschenden Nervosität auf dem Kontinent. Man steigt in den Zug und wird sofort gehaßt. Der Schaffner ist der Chef, mehr noch, der Gefängnisaufseher, und es bleibt einem nichts übrig, als die Hacken zusammenzuschlagen. Sobald man eine Regel der Institution im geringsten verletzt, muß man Strafe zahlen. Wenn die Raucherabteile belegt sind, darf man nicht rauchen, denn natürlich gibt es keine Clubwagen. Sogar im Speisewagen herrscht militärische Ordnung. Es gibt keine Handtücher in den Waschräumen – höchstens ein schmales, schmutziges, das am letzten Faden hängt. Das gegenseitige Mißtrauen überwiegt.

Dagegen sind die großen Waschräume der amerikanischen Züge mit allem Komfort ausgestattet. Außerdem gehe ich immer zu den unmöglichsten Zeiten zu Bett oder stehe zu ihnen auf und habe dann den Waschraum meist für mich allein. Ich freue mich jeden Tag aufs neue über die fünfzehn sauberen kleinen Handtücher, den großzügigen Vorrat an Gesichtstüchern und die Versorgung mit Eiswasser, die so hervorragend funktioniert. Aber jeden Tag ärgere ich mich wieder über die folgenden Zustände: Die Pappbecher, die ich zum Zähneputzen benutze, laufen spitz zu – sie sehen aus wie kleine Pyramiden und können deswegen nicht aufrecht hingestellt werden. Ich packe meine Zahnbürste aus, lasse Wasser in den Becher laufen, feuchte die Zahnbürste an und würde nun gerne die Zahnpasta aufdrücken. Da stehe ich nun, den kleinen Becher in der einen Hand (ich kann ihn nicht hinstellen, weil er nicht aufrecht steht) und die Zahnbürste in der anderen – eine hoffnungslose Situation. Natürlich gibt es einen Ausweg. Man muß das Wasser ausgießen, die Zahnpasta auf die Bürste geben und dann den Becher noch einmal füllen. Es wäre alles viel einfacher, wenn die Becher zylindrisch wären. An den Stationen kann ich nie erkennen, wieviel Uhr es ist (der nasse Fleck, wo es vor elf Jahren hineingeregnet hat) – es gibt fast nirgends eine Bahnhofsuhr.

Das ist um so ärgerlicher, weil es auch nur selten Schilder gibt, die dem Reisenden den Namen der jeweiligen Stadt verraten. Ich steige aus dem Zug – wo, habe ich keine Ahnung. Wie spät ist es, und wo könnte ich demnach sein? Über beides läßt man mich im dunkeln. Plötzlich fühle ich mich inmitten dieses riesigen Landes verraten und verkauft. «Wann werden wir in Los Angeles ankommen?» frage ich den Schaffner. «Na, ungefähr übermorgen», antwortet er, und die Auskunft jagt mir kalte Schauer den Rücken herunter. In was für immensen Intervallen mißt man in diesem Land – «na, ungefähr übermorgen»! Und wenn mein Ziel nun ganze zwei Tage entfernt wäre, würde sich in diesem Land auch niemand etwas dabei denken. Ich fange an, Zeit und Raum gleich zu behandeln (und dabei taucht Einsteins silberlockiges Haupt in meinen Träumen auf). Soundso viele Tage und soundso viele Meilen, mehr nicht. «Pullman-Meilen sind glückliche Meilen» steht auf dem höchst passenden Schild in meinem Zuhause, dem Pullman-Wagen. Und weil Meilen gleich Tage sind, sind alle Tage glückliche Tage, und ich bin glücklich und zu Hause.

Einer der feuchten Flecken an der Wand in diesem Zuhause ist die Tatsache, daß mein reisendes Heim die ausgezeichnete Einrichtung eines Fahrscheinhefts nicht kennt. Warum muß mein Umsteigefahrschein wie eine lange Fahne aussehen, warum muß ich ihn per laufenden Meter kaufen, und warum sind die Pullman-Reservierungen nicht schon dabei? Nur um mich zu verwirren? Und damit die Schaffner nicht wiedergutzumachende Fehler begehen und zehn Zentimeter zuviel abreißen, so daß ich nicht nach Fort Worth weiterfahren kann? Rückfahrscheine in kleinen, praktischen Heftchen gehören zu den leichten Vorteilen des europäischen Eisenbahnsystems. Jede Reservierung, ob für Schlaf- oder Salonwagen, findet sich beim dazugehörigen Streckenabschnitt, alles ist perforiert und geordnet. Das Heftchen schließt Fehler praktisch aus, und man blättert die Fahrscheine um, als wäre es ein hübsches Bilderbuch. Schön und gut – die Wand ist tatsächlich feucht und hat diesen Fleck am gewohnten Platz, ich weiß –, aber ich lehne mich lieber im wunderbar bequemen Sessel in meiner Wohnung zurück, als mich ärgern zu lassen.

Da wir fast in Kanada sind, ist es höchste Zeit, mein Reisefläschchen aufzufüllen, denn es wird eine ganze Weile keine Gelegenheit für einen Drink mehr geben. Mein treuer alter Butler kümmert sich darum, und weil er mir so lange Jahre loyal gedient hat (und im Andenken an die nächtlichen Zigaretten im unteren Schlafwagenbett), will ich ihn fast zu einem Drink aus diesen spitz zulaufenden Pappbechern einladen. Aber dann fällt mir sofort ein, daß ich das keinesfalls tun sollte. Erstens würde er nicht annehmen, zweitens wäre es ihm peinlich, und ich würde ihm leid tun. «Komische Ausländer», würde er denken.

Nachdem ich also meinen kleinen Drink ganz allein zu mir genommen habe, denke ich daran, daß mein treuer Butler einem Club angehört, dessen Regeln ich respektieren muß: dem Club der Pullman-Schaffner, einem Schutzschild gegen die schlechte Angewohnheit der Reisenden, sie «George» zu nennen. Es wäre mir niemals eingefallen, meinen Freund «George» zu nennen. Obwohl ich aber weiß, daß man das unter keinen Umständen darf, ist es schwer für mich, das zu lassen. «O.K., G… – Gentlemen», sage ich und grüße damit sozusagen den ganzen ehrwürdigen Club. «Das ist alles für heute.» Und mit geübtem Griff mach ich es mir hinter den olivgrünen Vorhängen in meinem schönen Zuhause bequem – im amerikanischen Pullman-Wagen.

Aus dem Leben einer
Vortragsreisenden

«Lecturing» ist eine rein amerikanische Beschäftigung. Nirgendwo sonst auf der Welt ist das ein anerkannter Beruf. Ich kenne kein anderes Land, in dem man sein Leben damit verbringen und seinen Unterhalt dadurch verdienen kann, daß man herumreist und Reden hält.

Ich mache das jetzt seit sieben Jahren. Ich habe etwa vierhundert Vorträge gehalten, bin dafür etwa 140 000 Meilen gereist und habe vor etwa 200 000 Menschen gesprochen. Also weiß ich, wovon ich rede, wenn ich nachfolgend einen Bericht über die ebenso unterhaltsame wie einsame Existenz eines Vortragsreisenden in den Vereinigten Staaten gebe.

Wer ein professioneller Vortragsreisender werden möchte, muß sich zuerst an einen Agenten «verkaufen». Sie werden vielleicht als «prominenter Redner» gebucht – als jemand, der weniger für seine Reden bekannt ist als für das, was er getan, erlitten, abgeschossen, revolutioniert oder erfunden hat. Wenn das der Fall ist, ist Ihr Thema keine Frage: Sie müssen darüber reden, was Ihnen den Ruhm eingebracht hat. Oder vielleicht werden Sie als «Persönlichkeitsredner» eingestuft – als ein Mensch, dessen Hintergrund und persönliche Geschichte, dessen Erfahrungen und Fachwissen es ihm ermöglichen, mit einer gewissen Autorität über verschiedenste Themen zu sprechen.

Die Organisationen, für die Sie arbeiten werden, bereiten ihre Programme schon viele Monate im voraus vor. Darum wird Ihr Agent darauf bestehen, Sie schon zu Beginn des Jahres zu buchen, auch wenn die eigentliche «Saison» nicht vor Oktober beginnt. Wie lange sie letztendlich dauert, ist Ihnen überlassen. Aber wenn man sich für eine drei-, vier- oder achtmonatige Vortragsreise entschieden hat, liegt der gesamte Rest in den Händen des Agenten. Er kann Sie hinschicken, wohin es ihm paßt. Er ist der einzige, durch den man an Sie herankommen kann, und man muß sogar die eigenen Kunden an ihn weiterverweisen.

Wenn Sie eine recht zugkräftige «Nummer» sind, wird Ihr Vortragshonorar zwischen hundert und tausend Dollar liegen, aber es gibt nur wenige Redner, die den letzteren Betrag einfordern können. Üblicherweise steckt Ihr Agent die Hälfte des Honorars für die von ihm geleisteten Dienste und die Reisekosten ein. Hotelzimmer, Mahlzeiten, Taxis, Gepäckträger und so weiter sind Ihre eigene Ausgabe. Ihr Informationsmaterial wird von der Agentur gestellt und verteilt. Die Ausgaben dafür tragen möglicherweise Sie selbst.

Vier, fünf Monate auf Vortragsreise mit vier oder fünf Vorträgen pro Woche ist ein guter Durchschnitt. Es können Wochen dabei sein, in denen man bis zu zehnmal spricht, in anderen dafür nur einmal. Ihr «Sklaventreiber» wird in seinem eigenen Interesse darauf achten, daß Ihre Reiseroute zweckmäßig geplant ist. Er wird nach Möglichkeit vermeiden, Sie weite, teure Abstecher für einzelne Engagements machen zu lassen. Aber da Organisationen ihre eigene Vorstellung davon haben, von wem sie wann einen Vortrag hören wollen, wird das nicht immer möglich sein. An einem Abend müssen Sie vielleicht eine Rede vor einem Kongreß in Detroit halten und dann wegen einer Sonderveranstaltung nach New York zurückhetzen – und dabei hoffen, daß Sie rechtzeitig schließen können, um den Zug nach Chicago zu erwischen.

Der Umfang und die Qualität Ihrer ersten Tournee hängt von der Zugkraft Ihres Namens, von der Aktualität Ihres Themas und vom Ruf und der Tüchtigkeit Ihres Agenten ab. Ihre folgenden Tourneen hängen vom Erfolg der ersten ab. Die Organisationen sind auf geheimnisvolle Weise miteinander verbunden und halten einander sehr gut auf dem laufenden. Selbst wenn die Presse Ihren Vortrag nicht kritisiert, spricht sich ein Fehlschlag in Los Angeles schnell bis nach Birmingham herum. Und irgendwie erfahren die Leute in Iowa City vom Bombenerfolg in Spokane.

Die Karriere eines prominenten Redners wird die Quelle seines Ruhms nicht überdauern. Sobald sein Buch – oder sein Flug, seine Gerichtsverhandlung, seine Revolution – kein Konversationsthema mehr ist, ist er als Vortragsreisender erledigt. Solange es jedoch ein Thema bleibt, muß er nicht einmal gut sein. Er mag in der Tat ein unangenehmer Zeitgenosse sein oder sogar stottern – er kann immer noch eine beneidenswerte Tournee absolvieren. Indem sie seine Vorträge besuchen, gehen die Zuhörer auf Löwenjagd. Und wenn der Löwe räudig ist, macht ihnen das auch nichts aus.

Persönlichkeitsredner halten für gewöhnlich länger durch, wenn sie ihr Material auf dem letzten Stand halten und sich mit ihrem Publikum vertragen.

Der Charakter eines amerikanischen Vortragspublikums hängt eher von sozialen als von regionalen Faktoren ab. Studenten sind in Yale die gleichen wie in Stanford, wogegen sich ein Rathausforum in Boston deutlich von den Mitgliedern eines Frauenvereins der gleichen Stadt unterscheidet. Kalifornier mögen sich besonders für den Krieg im Pazifikraum interessieren, New Yorker mehr für den Konflikt in Europa. Aber weiter reichen geographische Einflüsse nicht – wenn sie überhaupt so weit reichen.

In manchen Regionen hat die politische Tradition ihre Spuren bei allen Zuhörern hinterlassen. Im ganzen Süden finden Sie diese gewisse Standhaftigkeit, und egal, zu wem Sie in Maine oder in Vermont sprechen, es wird immer ein unsichtbarer republikanischer Elefant dabei sein.

Es gibt Dutzende verschiedene Zuhörergruppen, aber sie lassen sich in einige Kategorien einordnen. Werfen wir einen Blick darauf.

Frauenvereine – ihre Vertreterinnen, Vorsitzenden oder

Programmausschüsse – erwarten Sie meist am Bahnhof. Sie kennen sie nicht, aber an ihrem entschlossenen Aussehen und ihrer tatkräftigen Präsenz kann man sie leicht erkennen.

«Miss Mann?» werden sie sagen, und dann: «Wir sind so froh, daß Sie gekommen sind!»

Sie sagen das in einem erleichterten Ton, als ob Vortragsreisende die Gewohnheit hätten, nie zu erscheinen.

«Also», sagen sie als nächstes, während sie Sie zum Wagen begleiten, «packen wir's an!»

Dieser bekannte Schlachtruf läßt einen ein wenig erschauern. Sie kündigen rasch an, daß Sie lieber doch kein Mittagessen vor dem Vortrag möchten, während eine Teestunde danach ganz reizend wäre. «Ich rede immer zuviel», entschuldigt man sich, «und das macht mich immer so müde.»

Beim Mittagessen, das dann doch stattfindet, werden Sie gezwungen, pausenlos zu reden. Und das macht auch Spaß. Es ist eine freundliche und offene Gesellschaft, und man scheint höchst interessiert an allem, was Sie zu sagen haben. Man wird Ihnen von den bisherigen Programmen erzählen, und Sie staunen über die Wandlungsfähigkeit der Interessen. In letzter Zeit hat man etwas über Indien, Waldpflege, Astrologie, Jugendkriminalität, Hüte und «Was kommt nach Hitler» gehört. Da das letzte Thema schon eher Ihren eigenen Interessen entspricht, sind Sie bereits recht heiser, wenn der eigentliche Vortrag beginnt.

Die Zuhörerzahl bewegt sich irgendwo zwischen einhundert und vierhundert. Alle sind gut trainierte Zuhörer, sehr leise und aufmerksam. Sie bevorzugen die menschliche Herangehensweise gegenüber der trocken-gelehrten Vortragsform. Sie wollen sich zurücklehnen und sich gleichermaßen unterhalten und informieren. Sie wollen einen auch mögen. Tatsächlich werden sie Sie mögen, wenn Sie sie ihrerseits mögen, wenn Sie natürlich sind, sich wohl fühlen und wissen, wovon Sie reden. Wenn der Vortrag vorbei ist, werden häufig Fragen gestellt. Wenn Sie vom Krieg berichtet haben, werden Sie vielleicht folgende Fragen gestellt bekommen:

a) Was ist mit Rußland? Können wir den Russen vertrauen? Werden Sie nicht versuchen, den ganzen Kontinent mit ihrem Bolschewismus zu beeinflussen? Wieviel werden sie uns gegen Japan helfen?

b) Wieviel Prozent der Deutschen stehen hinter Hitler? Sind die Nazis unverbesserlich? Wie konnten die Deutschen einem ungebildeten Menschen wie Hitler zum Opfer fallen? Wer hat die wirkliche Macht in Deutschland – Hitler oder die Junker?

c) Hat man selbst einen Plan für die Nachkriegsentwicklung? (Die Leute fragen Sie das so ähnlich wie: «Haben Sie Masern?»)

d) Wann wird der Krieg denn nun endlich vorbei sein?

Frauenvereine pflegen ihre Versammlungen nachmittags abzuhalten, und das mehr oder weniger ausschließlich für ihre Mitglieder. Die Honorare reichen von einhundert bis dreihundert Dollar, und nur ganz besondere «Nummern» werden besser bezahlt.

Rathausforen treffen abends zusammen und stehen beiden Geschlechtern offen, obwohl die Zahl der weiblichen Zuhörerinnen selbst in Friedenszeiten höher ist. Ihre Abgesandten werden Sie kaum am Bahnhof empfangen. Auch wird es kaum einmal gesellschaftliches Drumherum im Rahmen der Rathausvorträge geben. Manchmal hören Sie nicht einmal von der Organisation, bevor Sie ankommen und sich fragen, ob Sie auch in der richtigen Stadt sind. Es werden dreihundert bis zweitausend Leute anwesend sein. Wenn der Saal viel zu groß für die Zahl der Anwesenden sein sollte, empfiehlt es sich, humorvoll auf diesen traurigen Umstand hinzuweisen: «Ich bin sehr froh, daß Sie heute gekommen sind – Sie beide!» Dies stärkt die eigene Position.

Zuhörer bei Rathausforen sind nicht so höflich wie Frauenvereine und damit auch aufschlußreicher. Die Größe des Publikums läßt den individuellen Zuhörer anonymer erscheinen; wenn jemand im Publikum hustet, schnarcht oder mittendrin aufsteht und geht, fällt das dem Redner nicht auf – denkt der Zuhörer. Außerdem hat er wahrscheinlich für seinen Platz bezahlt und denkt, er kann mit ihm – und auf ihm – machen, was er will.

Es wird eine Lautsprecheranlage geben, und ein paar Leute werden neben Ihnen auf dem Podium sitzen. Einer von ihnen entpuppt sich als Moderator. Fragen werden üblicherweise schriftlich gestellt und vom Moderator ausgewählt. Manche von ihnen sind beleidigender Natur, und sie können sehen, wie der Moderator sie beiseitelegt. Ich persönlich mache mir nicht viel aus diesem schriftlichen Fragesystem. Manche Leute denken allerdings, man legt sich die Fragen zurecht, die man beantworten möchte, und überspringt einfach die anderen.

Studentengruppen sind in mancher Hinsicht das schwierigste Publikum – es ist schwierig, Studenten überhaupt zu erreichen, schwierig, sie bei der Stange zu halten, und schwierig, sie zu überzeugen. Ohne es selbst zu merken, sind Studenten in aller Regel laut. Sie husten die ganze Zeit und sind leicht abgelenkt. Wenn irgendeiner im Publikum ein paar Bücher fallen läßt, drehen sich alle um, um ihm beim Aufheben zuzusehen. Und egal wie eindringlich man spricht, werden die Zuhörer bei einer Krankenwagen- oder Feuerwehrsirene zu tuscheln anfangen.

Je jünger die Zuhörer sind, desto skeptischer sind sie mir vorgekommen. Man hat sie gelehrt, «Propaganda» zu mißtrauen und anzunehmen, daß jeder, der sie von irgend etwas überzeugen will, ein «Propagandist» ist. Es ist ihnen noch nicht in den Sinn gekommen, daß es etwas Gutes sein könnte, die Wahrheit anzupreisen. Außerdem erschweren es ihnen ihr eingefleischter Liberalismus, ihr Prinzip, «alles von

allen Seiten zu betrachten» und ihr Mißtrauen gegenüber
einfachen Einstufungen wie «gut» und «böse», den Feind als
etwas offensichtlich Böses einzuschätzen – um so mehr, als
ihnen unsere eigenen Leistungen nicht gerade ständig bewundernswert vorkommen.

Obwohl sie beim Vortrag weder begeistert noch im mindesten aufmerksam zu sein scheinen, findet man anschließend
heraus, daß sie wirklich zugehört haben. Vielleicht haben sie
Sie sogar gemocht. Wenn ja, dann werden sie wie die Wilden
applaudieren. Bei ihren Fragen kommt dann ihre jugendliche
Neugier und ihre verwirrende Skepsis zu Tage, die übrigens
häufig begründet ist. Hier ein paar Fragen, mit denen man
bombardiert wird:

a) Während des Ersten Weltkriegs wurde viel von deutschen
   Greueltaten geredet. Danach erzählte man uns aber, das
   sei alles Propaganda gewesen. Können wir dann die Greu-
   elgeschichten von diesem Krieg glauben?

b) Ich verstehe, daß wir den Nazismus in Deutschland aus-
   rotten müssen. Wie können wir aber eine Ideologie auslö-
   schen, ohne unsere eigenen demokratischen Prinzipien zu
   kompromittieren?

c) Was ist die Wahrheit über Rudolf Hess?

Die Honorare sind unterschiedlich. Man kann alles zwischen
einhundert und vierhundert Dollar erwarten. Vielleicht wird
man auch gebeten, in eine Klasse zu gehen und Fragen in
Verbindung zum Lehrplan zu beantworten.

Das Publikum ist im allgemeinen ein empfindliches Instrument. Tatsächlich ist eine Gruppe von fünfhundert Menschen unendlich empfindlicher als jeder einzelne davon. Häufig reagieren sie unbewußt, aber fast immer mit unheimlicher Präzision. Wenn man für einen Augenblick abwesend
ist und ohne nachzudenken weiterredet, werden sie ebenfalls
unaufmerksam, und es fällt einem schwer, ihre Aufmerksamkeit zurückzubekommen. Wenn man nervös und seiner

selbst nicht sicher ist, dann werden sie auch unruhig. Und wenn man von oben herab zu ihnen spricht, dann merken sie es, bevor es einem selbst auffällt.

Wenn man andererseits aber ausgeglichen ist, sein Publikum mag und die Zuhörer als seine Freunde behandelt, anstatt um sie zu buhlen, dann werden sie sich bei Ihnen wohl fühlen. Man hat vielleicht sogar die Chance, sie zu überzeugen, wenn ihre Meinung von der eigenen abweicht. Zwischen ihnen und einem selbst muß ein Kreislauf bestehen. Sobald man die Zügel lockerläßt und es sich leichtmacht, dann geht der Funke aus, und die Verbindung bricht ab.

Störer gibt es in jeder Art von Publikum, aber sie sind jetzt nicht mehr so verbreitet wie vor Pearl Harbor. Zur Zeit wird es wohl kaum harten Widerspruch bei einem Redner geben, der eine entschiedene Kriegsführung und ein internationales Sicherheitssystem befürwortet. Doch vor dem 7. Dezember 1941 mußte man fast überall mit Störern rechnen. Und es war ihnen nicht genug, gemeine Fragen zu stellen. Sie bestanden darauf, selbst eine Rede zu halten.

Die «Profis» unter ihnen schienen einem bestimmten Muster zu folgen, an dem man sie als Anhänger der «linken» oder «rechten» Opposition erkennen konnte.

Nazibeeinflußte Fragesteller hörten nie auf zu fragen, ob es nicht wahr sei, daß Deutschlands Ehre von Hitler wiederhergestellt worden sei und was es uns überhaupt anginge, welches Regime in Deutschland herrsche. Hatten wir nicht genug eigene Probleme, wie Streiks und dergleichen mehr?

Linke «Genossen» und ihre Mitläufer pflegten andererseits nach Indien zu fragen, und bis zum 22. Juni 1941, als die Achsenmächte der Sowjetunion den Krieg erklärten, brandmarkten sie den Krieg in Europa als ein kapitalistisches Unternehmen.

Genau wie die Zahl der professionellen Störer hat die Zahl der Drohbriefe gegen die Rednerin seit Pearl Harbor merklich abgenommen. Tatsächlich hat man mir in letzter Zeit kaum noch gedroht. Aber ich erinnere mich an eine Nacht in Milwaukee, als mich drei Botenjungen am Bühneneingang erwarteten. Die Briefe, die sie mir gaben, waren sehr häßlich. Einer versicherte, daß meine Tage gezählt seien und daß der Strick schon auf mich warte. Einem anderen genügte ein herausforderndes «Wagen Sie es nicht!» und ein Hakenkreuz als Unterschrift.

Soviel zu den Vorträgen selbst. Es gibt noch andere wichtige Aspekte im Leben eines Vortragsreisenden, und einer der wichtigsten ist das Reisen – gerade heutzutage. Nicht selten müssen Sie heute Ihre ganze Kraft aufbieten, nur um dorthin zu gelangen, wo Sie erwartet werden.

Mitten in der Nacht stellen Sie vielleicht fest, daß der Zug acht Stunden Verspätung hat und daß Sie auf jeden Fall den Vortrag verpassen werden, wenn Sie mit ihm weiterfahren. Unruhig wälzen Sie sich in der oberen Schlafwagenkoje herum, und schließlich suchen Sie die Karte nach dem nächsten Flughafen ab. Der Zug hält dort nicht, und Sie steigen fünfzehn Meilen vom Flughafen entfernt aus. Der Bahnhof ist geschlossen, es gibt kein Taxi. Sie lassen das Gepäck zurück und machen sich auf die Suche nach einem Wagen. Sobald Sie den Milchwagen gefunden haben, sollten Sie versuchen, einen guten Eindruck zu machen. Daß Sie in einer absolut bemitleidenswerten Situation sind, ist nur ein Teil der Geschichte, die Sie erzählen müssen. Der andere betrifft die Wichtigkeit des Auftrags, die Größe und die Ungeduld des Publikums und das Gewicht der Verantwortung, das nun auf dem Milchmann lastet. Da er kein Herz aus Stein hat, wird er sich früher oder später erweichen lassen und Sie samt Gepäck am Flughafen abliefern.

Es gibt ein Flugzeug, das in ein paar Stunden startet, aber es ist ausgebucht. Sie sind nicht bevorrechtigt und haben nicht einmal reserviert. Tatsächlich ergibt es für den diensthabenden Mitarbeiter der Fluggesellschaft keinen Sinn, daß Sie zu dieser unziemlichen Stunde am Flughafen herumlungern. Der Mitarbeiter will überzeugt sein. Ihre Geduld und Ihre Beharrlichkeit wie auch Ihr unerschütterlicher Glaube an ihn persönlich müssen den Raum wie ein vielversprechendes Parfüm erfüllen. Aber während er ständig Ihre Anwesenheit spüren muß, darf er sich nicht für einen Augenblick von ihr gestört fühlen. Wenn Sie selbst eine exzellente und das Glück eine ordentliche Vorstellung abgeben, werden Sie den Flug erwischen. Dennoch werden Sie den Vortragssaal nur mit knapper Not erreichen. Natürlich sind Sie dann erschöpft und ausgehungert, weil Sie im Zug nicht in den Speisewagen konnten. Sie betreten das Podium als ausgehungertes Wrack.

Es ist nicht immer ganz so schlimm, aber mir selbst ist das ein paarmal passiert. Ich kann mich erinnern, daß wir auf einer einzigen Busreise drei Reifenpannen hatten. Nach der dritten Panne stieg ich aus, ging zu Fuß zur nächsten Ortschaft und schlug dem Lebensmittelhändler ein Geschäft vor. Ich würde ihm helfen, seine Ware auszuliefern, wenn er mich zu meinem Vortragsort fahren würde. Meine Ankunft in einem Lieferwagen in Lewiston, Idaho, stellte sich als aufregender als mein Vortrag heraus.

Viele Stunden eines Rednerlebens vergehen in Hotelzimmern, im Kino und in Cafés. Dann beginnt die große Einsamkeit, oder besser gesagt, dann macht sie sich am meisten bemerkbar, denn ein Vortragsreisender ist immer einsam. Sie haben ihn bisher ohne Unterbrechung reden hören – zum Publikum, zu seiner Gesellschaft bei den Mahlzeiten und zu seinen Mitreisenden. Aber es sind immer Fremde, mit denen er sich unterhält. Denn sobald er irgendwo Bekanntschaften macht – zwingt ihn sein «Marschbefehl» wieder, sofort aufzubrechen. Und zwischen den Reisen ist seine Einsamkeit vollkommen. Theatertruppen auf Tournee haben ihre Kollegen. Geiger, Sänger und Tänzer teilen ihr Zigeunerleben mit ihren treuen Schicksalsgenossen. Der Redner ist allein.

Macht ihm das etwas aus? In gewisser Weise schon, nehme ich an. Er sieht ein, daß das von ihm gewählte Leben kein bequemes ist. Wenn er von Natur aus eitel ist, wird ihn der Erfolg entschädigen. Wenn er nicht eitel, aber überzeugt von der Wichtigkeit seiner «Botschaft» ist, wird er seinen Erfolg nicht an der Lautstärke des Beifalls oder an der Zahl der Komplimente, sondern an der Anzahl derjenigen Menschen messen, die seiner Ansicht nach von seinen Bemühungen profitiert haben. Und solange er kein unbescheidenes Exemplar seiner Gattung ist, ist er froh, wenn durchschnittlich zwei oder drei Zuhörer den Saal verlassen, die neue Einsichten gewonnen haben oder sich von Trost und Hoffnung erfüllt fühlen.

Der Redner lernt auch seinerseits viel von seinem Publikum. Das Wissen, das ihn am meisten bestätigt, ist dies: Die Zuhörerschaft besteht aus ernsthaften, erwachsenen Menschen mit vernünftigen Köpfen und mitfühlenden Herzen. Sie sind weder Narren noch Kinder, und sie lassen es sich nicht gefallen, benutzt, «gemanagt» oder manipuliert zu werden. In diesem so wichtigen Moment ihrer Landesgeschichte sind sie viel betroffener, viel aufgeregter und viel stärker beunruhigt, als es sich manche ihrer führenden Politiker träumen lassen. Machen Sie sich keine Sorgen um die Lage der Nation! Berichten Sie Ihren Zuhörern nur die Tatsachen – alle Tatsachen –, und lassen Sie sie selbst entscheiden. Alles Weitere ergibt sich von allein.

Gedanken im Tee-Salon

Im Tee-Salon eines Londoner Hotels den englischen Premier zum amerikanischen Kongreß sprechen zu hören, war ein starkes, seltsam vielschichtiges Erlebnis. Da gab es zu erwägen erstens, was Churchill sagte, zweitens, wie er es sagte, drittens, wie die Amerikaner es aufnahmen, viertens, wie die Briten es aufnahmen. Und schließlich wollte bedacht sein, wie mir selber denn zumute war, die ich hier saß, als gehörte ich dazu. Aber gehörte ich nicht? Auch dies wollte, sechstens, eruiert sein.

Churchill trat auf. Der Kongreß jubelte. Die im Tee-Salon waren leiserer Art. Kaum daß ein paar von ihnen unter hochgezogenen Brauen einander zulächelten, – froh und stolz, weil ihr «Winston» in Washington bejubelt wurde. Denn dort drüben war er ihrer aller Winston, ob sie nun hier und sonst die seinen alle waren oder nicht. Ich meinerseits gehabte mich wie der regelunkundige Zuschauer beim Wettspiel, der unbelehrter Weise den Sieg beider Parteien wünscht. Und wann immer es Applaus gab, oder Gelächter – wann immer die Amerikaner sich herzlich und liebenswert zeigten, aus so vorzüglichem Anlaß, – wann immer beide Parteien «siegten», war ich froh und stolz, – auf beide. Ein- oder zweimal vergingen mehrere Sekunden, ehe ein Scherz des Redners übersprang auf sein Publikum. Dann tauschten die im Tee-Salon diskret-belustigte Blicke, während ich besorgt bis fünf zählte.

Im übrigen schien zur Sorge unmittelbar kein Anlaß. Die Kriegslage war ermutigend, die Stimmung in Washington zuversichtlich.

Wer unter den Versammelten aufrichtigen Herzens die anglo-amerikanische Freundschaft wollte, aber gefürchtet hatte, man möchte sich Japan gegenüber schließlich im Stich gelassen sehn, war nun gewiß eines Besseren belehrt. Wer,

freilich – und derlei kommt vor! – seinen Vorkriegs-Isolatio-
nismus nicht abgelegt, sondern nur «modernisiert» und auf
die veränderten Verhältnisse abgestimmt hat, – wer, also, weder die anglo-amerikanische Freundschaft noch überhaupt
das freundschaftliche Zusammenspiel der Völker, sondern
amerikanischen Nationalismus und Handels-Imperialismus
will, kann nicht zufrieden gewesen sein. Ihm wäre es am
Ende das unliebste nicht, wenn England davon abstünde,
seine pazifischen Interessen zu verfechten.

Man könnte, so denkt er, bei ungeteiltem Einsatz aller
Kräfte schon fertig werden mit den «kleinen Gelb-Bäuchen».
Weder müßte man zu diesem Zwecke gewaltige Landarmeen
ins Feld schicken, noch wäre zu befürchten, daß der Krieg, –
dieser Krieg, – ein allzu jähes Ende nähme. Man könnte es
lange treiben, – Schiffe bauen, welche die Meere, *alle* Meere,
– Flugzeuge, welche die Lüfte, *alle* Lüfte, schließlich beherrschen würden. Die Wirtschaft bliebe «angekurbelt», bis auf
weiteres. Selbst nach gewonnenem Kriege hätten Industrie
und Streitkräfte bei der Stange zu bleiben. Immer noch
müßte das gewaltigste Handels-Imperium der Welt neidi-
scher Überfälle gewärtig sein. Eine enorme Armee müßte für
jeden Fall bereit stehn. Und, – gleichfalls für jeden, – müßten
Zucht und Ordnung gewährleistet sein im Lande. Keine
Streiks! Kein subversives Gerede! Und kein Geld für soziale
Experimente, die das Volk verweichlichen, anstatt es zu stäh-
len, für neue Aufgaben und neue Entbehrungen! So wären, –
denkt der modernisierte Isolationist, – beide Fliegen mit einer
Klappe zu erledigen – die außen- und die innenpolitische. Ärgerlich, – denkt er, während er Churchill zu Ehren matt ap-
plaudierend die Hände regt, – schlimm und ärgerlich, daß so
vieles – und unter anderm dieser hier – meinen Plänen ent-
gegensteht.

Trifft man ihn häufig, unseren modernisierten Isolationi-
sten? Nicht eigentlich. Es gibt keinen der sagte, was der an-

dere denkt; und wenige, die genau so dächten. Manche freilich, – und nicht die Einfluß-Ärmsten, – denken ähnlich oder
doch nicht grundsätzlich anders. Selbst was sie sagen, ist
nichts grundsätzlich anderes, wie immer sorgsam sie Worte
(und Fotografien!) zu wählen und zu placieren verstehn.
Churchills Rede, – so viel ist sicher, – war keine Rede nach
ihren Herzen.

Auch für die Herzen der Russophoben ist sie kaum etwas
gewesen. Den Russenfressern ist alles recht, – sogar die
anglo-amerikanische Verbrüderung, – wenn es «uns» nur
stark macht, gegen die «Roten». Während aber Churchill es
an anglo-amerikanischen Verbrüderungsklängen nicht fehlen ließ und den Russophoben vorübergehend wohl getan haben mag damit, müssen andere Passagen ihnen unheimlich
gewesen sein. Der da sprach, – Abgesandter des englischen
Volkes, – sprach im Ernste, auch und besonders, wenn er von
Rußland sprach. Weder jetzt noch nach dem Kriege, – das haben sie gespürt, – war Verrat an Rußland von ihm zu gewärtigen. Nein, seine Rede war im Grunde nichts für sie.

Sind sie zahlreich, die Russenhasser? Nicht eigentlich. Der
Kreis derer, die den Russen in jedem Falle übel wollen, ist
sehr unbeträchtlich. Nur, daß er sich mit anderen, größeren
Kreisen schneidet, macht ihn erwähnenswert. Die Hasser
treffen sich mit den Furchtsamen, in deren Angst-Träumen
sowohl Rußland, der kolossale Militär-Staat, als auch Rußland, die Wiege des welt-revolutionären Sozialismus, um-
gehn. Es gibt viele Brave und Aufrichtige unter den Furchtsamen und viele, die ihren Komplex weniger den Lebensäußerungen der Sowjetunion als den Machenschaften der
amerikanischen Komintern zu verdanken haben und nicht
danken. Die Auflösung der Dritten Internationale wird heil-
sam für sie sein.

Warum aber hat es Zuhörer gegeben, die, unbeschadet des
allgemeinen und ihres eigenen Enthusiasmus für den großen

Engländer, ihrer Sorge um die Zukunft nicht Genüge getan fanden in seiner Rede? Man müsse, – so hieß es in ihr, – vor allem einmal den Krieg gewinnen; nichts sonst sei jetzt von Belang, so «anziehend» «dies oder jenes» sich übrigens ausnehmen möge. Und wie, so fragten sich die Besorgten, – wenn gerade und genau «dies oder jenes» anziehend genug wäre, um die Völker zu begeistern, für die Sache der Vereinten Nationen? Wie, wenn es bei «diesem oder jenem» nicht um Ablenkung vom Kampfe, vielmehr um Entscheidendes ginge, – entscheidend für Krieg, Sieg und Frieden? Schon recht, – so dachten sie einsichtig, – dies mag der Augenblick nicht sein, die neuen Weltgesetze zu verkünden. Daß aber neue Weltgesetze fällig sind, will doch gesagt sein, und «anziehend» in der Tat wäre jede Anspielung auf sie!

Sind es viele, die so denken? Sehr viele! Und nicht nur in Washington und den Staaten, – überall! Dort, in den U.S., kommen sie aus ganz verschiedenen, weit voneinander entfernten Lagern. Wendell Willkie, Kandidat des Geldes, noch im Jahre 40; – Governor Stassen von Minnesota, Eisenbahnschaffner als Junge, wenn das Geld nicht reichte fürs Studium; – Pearl Buck, Sängerin Asiens, Trägerin des Nobel-Preises; – um denn aufs Geratewohl drei große Namen hinzusetzen. Es gäbe hundert. Und der Namenlosen sind Legion.

* * *

Churchill war zu Ende mit seiner Rede. Der Kongreß jubelte. Die im Teesalon lächelten einander zu, unter hochgezogenen Brauen. Dann gingen sie ihrer Wege, gefolgt vom Beifallsklatschen der Amerikaner.

Ich blieb allein, animiert und erwärmt. Wie immer von der trotzigen, klugen, hoch-persönlichen und hoch-repräsentativen Stimme des Mannes «Winston»; froh und stolz, im übrigen, weil alles so schön verlaufen und «beide Parteien» gesiegt hatten. Wie denn nun aber? Gehörte ich denn zu keiner? Und wohin, gefälligst, gehörte ich? Die Antwort lag nahe: zu den Alliierten, natürlich, – zu den Vereinten Nationen, zu *allen*, die in diesem Kriege für Freiheit und Anstand und gegen das Unsägliche stehn. Sie war richtig, die Antwort, – für den Augenblick. Denn wohin wir schließlich gehören, ist die neue, die hellere Welt, die wir wollen, um die wir in Wahrheit kämpfen und deren Gesetze zu bestimmen schon heute so «anziehend» wäre. Man spricht uns von ihnen kaum. Aber zwei ihrer wichtigsten kennen wir, und eines, zumindest, ist aufgeschrieben. «*Freedom from Want!*» heißt es kategorisch in Roosevelts *Four Freedoms*. Das ist das eine. Das andere? «*One World*» nennt Willkie sein Buch und rührt an das andere damit. Eine Welt, – eine einzige, mäßig große, die Raum hat für alle, doch nicht für alles. Und wofür nun einmal gewiß nicht? Das Wort ist flach, und wir vermieden es lieber. Es ist unvermeidlich. Was hinter ihm steht, hat die Erde in Rauch und Flammen gehüllt und muß verfemt sein, nach den Gesetzen der neuen Welt. Es heißt: *Nationalismus!*

Warten auf den General

Wenn ich von Beginn an gewußt hätte, was ich heute weiß, dann hätte ich vielleicht gar nicht den Mut gehabt, um ein Interview mit dem General zu bitten. Und wenn ich zufällig meine letzte Frage zuerst gestellt hätte, wäre sie womöglich so oder so meine letzte gewesen, und auf seine Antwort hin hätte ich mich hastig verabschiedet.

Aber so erzählt man keine Geschichte. Ich fange also besser am Anfang an und berichte, wie ich mich kurz nach dem historischen Luftangriff auf Rom entschloß, Generalmajor Lewis H. Brereton aufzusuchen, den befehlshabenden General der amerikanischen Streitkräfte im Nahen Osten.

Ich wußte, daß der General, dessen Ninth U.S. Air Force gerade zur Zerstörung von Mussolinis Aufmarschplatz Littorio beigetragen hatte, überaus beschäftigt sein würde, und daß zwei oder drei Tage vergehen mochten, bevor er mich empfangen konnte. Während ich auf Befehle aus seinem Hauptquartier wartete, wagte ich nicht, Kairo zu verlassen. Egal, wer anrief, um mich zum Tee einzuladen, mir die Pyramiden zu zeigen oder mich auf einen Kamelritt mitzunehmen – jedem sagte ich, daß ich auf den General wartete und deswegen keine gesellschaftlichen Termine wahrnehmen konnte. Als die Zeit verging und einer Woche voller Erwartungen eine zweite folgte, schüttelten meine Freunde und Kollegen ihre weisen Häupter.

«Das schaffst du nie, meine Liebe», sagten sie gutgelaunt.

Es gab wichtige Ereignisse, während ich wartete. Der Duce stürzte, Orel fiel, Catania fiel, und Badoglio stand kurz vor dem Fall.

Unser eigener Kriegsschauplatz lag jedoch nicht im Zentrum des Geschehens. Colonel Parham, der zuständige Public-Relations-Offizier, setzte passenderweise eine ausgesprochene Weihnachtsmannmiene auf, als er eines schönen Tages verkündete, daß sich etwas Großes im Nahen Osten täte. Unsere Aufregung war beträchtlich, und es wurde viel herumgerätselt. Die ehrgeizigeren unter uns konnte man dabei beobachten, wie sie jede Menge spekulativer Nachrichten vorbereiteten, von denen sie annahmen, daß wenigstens eine von ihnen den Nagel auf den Kopf treffen würde. Die Leute von NBC und CBS reservierten Sendezeiten, und alle machten sich bereit, über die Neuigkeiten schnellstmöglich zu berichten.

Aber die Informationsblätter, die wir bekamen, als der große Moment schließlich gekommen war, brachten überhaupt keine Neuigkeiten. Statt dessen lasen wir eine langweilige Beschreibung der Stadt Ploesti und ihrer berühmten Raffinerien. Die eigentliche Story würde um acht Uhr abends kommen, sagte man uns. Um acht kam überhaupt nichts, und auch nicht um halb zehn, als Winston Burdetts Radiosendung ausgestrahlt werden sollte. Ich ging mit ihm zum Radiogebäude hinüber und hörte zu, wie London mit Kairo sprach, dann New York mit London, und jeder wartete auf unsere Nachrichten. Winston, der nicht einmal sagen konnte, daß die wirklichen Neuigkeiten noch nicht heraus waren, sprach kurz über die italienisch-deutschen Spannungen in Griechenland, und wir litten beide ein bißchen bei dem Gedanken, wie verrückt dies der Columbia erscheinen mußte, die eine andere Sendung unterbrochen hatte, um für die ‹wichtige Nachricht› Platz zu machen.

Um zehn gab es endlich das erste offizielle Kommuniqué zum spektakulären Luftangriff auf die Raffinerien von Ploesti, und während der Erfolg des Unternehmens noch nicht eingeschätzt werden konnte, wurde klar, daß der Mut und die Waghalsigkeit der Ploesti-Piloten nur mit dem Einsatzwillen der englischen Zerstörer der deutschen Eder- und Möhne-Talsperren vergleichbar waren. Die Helden von Ploesti kamen herein und redeten mit uns. Ihre Berichte, die sie ruhig, zurückhaltend und objektiv gaben, waren dennoch voller Spannung und Dramatik. Es war keine Angeberei dabei, nein, nicht einmal viel von diesem Understatement, mit dem Flieger die fürchterlichste Schlacht als «ein bißchen Ärger» und das schrecklichste feindliche Sperrfeuer als «'ne Menge Feuerwerk» beschreiben.

«Künstler beschreiben Luftangriffe gern als flammende Infernos», sagte der Major, der eine der Formationen führte, «mit Flugzeugen, die ineinanderkrachen, in der Luft explodieren oder in brennende Häuser stürzen, mit glühenden Trümmern, die durch die Luft geschleudert werden, schwarzen Rauchsäulen, auflodernden Flammen und Desaster, wohin man blickt. Ich habe diese Künstler immer bewundert, und zwar nicht wegen ihrer Wahrheitsliebe, sondern wegen ihrer grauenhaften Phantasie. Richtige Luftangriffe sehen anders aus. Ich war bei vielen dabei, und keiner davon sah so aus. Aber diese Geschichte in Ploesti kam den Phantasien ziemlich nahe. Ich hätte nicht gedacht, einmal so etwas Höllisches mitanzusehen, und ich möchte das auch nicht noch einmal erleben.»

«Bei den Feuern entstand so große Hitze, daß sie so etwas wie einen tropischen Sturm entfachte, der das ruhige Fliegen schwer machte», sagte ein anderer. «Als einer der Öltürme explodierte, tanzte sein Dach auf einer riesigen Feuersäule.»

Es war eine bewegende und ziemlich bestürzende Erfahrung, diesen ernsten jungen Amerikanern zuzuhören, wie sie das Unbeschreibliche beschrieben. Sie sahen abgespannt und müde aus, und sie sprachen leise und mit belegten Stimmen.

Der Angriff auf Ploesti hatte eine völlig neue, noch nicht dagewesene Qualität. Tagesangriffe von großen Fliegerformationen werden selten in so niedriger Flughöhe ausgeführt, und außerdem hatten weder die Liberator-Maschinen noch ihre Besatzungen je so etwas mitgemacht. Monatelange Vorbereitungen und zehn Tage spezielles Training waren dem Angriff vorausgegangen, für den die Maschinen mit neu entwickelten Bombardierungsvisieren ausgestattet worden waren. Trotz alledem wußten die Flieger, daß die Geisterstadt Ploesti, die man für sie in der Wüste aufgebaut hatte und auf deren Pseudoraffinerien sie im Training ihre Blindgänger abwarfen, nur ein schwacher Schatten war, der ihnen keinen Vorgeschmack auf das wirkliche Ploesti geben konnte. Abgesehen davon, wie würde das Wetter mitspielen – würde es ihnen allen erlauben, sich genau zur vereinbarten Zeit über dem Zielbereich zu treffen?

Tatsächlich kam alles anders als geplant: Während die gesamte Einheit den Zielbereich binnen einer Minute verlassen sollte, erschienen die letzten Liberators erst eine halbe

Stunde, nachdem die erste Gruppe wieder abgeflogen war. Bomben mit Verzögerungszündern, die von den ersten Maschinen abgeworfen worden waren, zerplatzten vor den Nachzüglern.

«Es war wirklich unangenehm, aber das wußten wir schon vorher», sagte einer von ihnen zum Abschluß. «Wir wußten auch, daß es wichtig und notwendig war, und ich glaube, ich spreche für alle von uns, wenn ich sage, daß wir zufrieden sind mit dem, was wir getan haben.»

Die anderen nickten ernst. Dann wurden von allen Fotos gemacht, und manche der Männer versuchten zu lächeln, aber es gelang ihnen nicht so recht, und keinem von uns war danach, sie mit Fragen zu löchern. Still verabschiedeten wir uns.

In meinem Zimmer in Shepheard's Hotel wartete eine telefonische Nachricht auf mich. General Brereton würde mich am Freitag um zehn Uhr morgens empfangen! Natürlich erschien ich um Punkt halb zehn im Hauptquartier. Der General sei ausgegangen und würde wohl an diesem Morgen nicht wiederkommen, sagte man mir.

«Schön», sagte ich dem verlegenen Adjutanten, «dann warte ich eben.»

Während ich wartete, versuchte ich mir zu vergegenwärtigen, was ich über den General wußte. Er war dreiundfünfzig und stammte aus Pittsburgh, Pennsylvania. Als er dreizehn war, zog seine Familie nach Annapolis, Maryland, wo er später die U.S. Naval Academy besuchte. Er machte 1911 seinen Abschluß, verließ aber bald danach die Navy, um Offizier bei der Army zu werden. Sein wirkliches Interesse lag in der Luft, und schon 1912 wurde er einer der Pioniere der amerikanischen Luftfahrt.

Aus dem Ersten Weltkrieg brachte er das Distinguished Service Cross, das Croix de Guerre mit drei Palmen und die Mitgliedschaft in der Ehrenlegion mit nach Hause. Wenn

man ihn fragt, wie er sich diese Ehrungen verdient hat, pflegt
er zu antworten: «Ich bin wie der Teufel nach Hause geflogen, und dabei kamen mir eine Menge Hunnen ins Gehege.»

Von 1919 bis 1923 war er Luftfahrtattaché an der amerikanischen Botschaft in Paris. Dann bekam er Heimweh nach
den Wolken, und seitdem ist er immer geflogen. Im Oktober
1941 befehligte er die Third Air Force in Tampa, Florida, doch
am Ende des Monats ging er nach Manila, um das Kom-
mando über die amerikanischen Luftstreitkräfte in Fernost
zu übernehmen. Am Weihnachtsmorgen machte er sich auf,
um zu General Wavell auf Java zu stoßen, und er kam gerade
rechtzeitig zum Weihnachtsessen in Surabaya an.

Als gegen Mitte Februar 1942 kaum noch Hoffnung war,
Java halten zu können, begleitete Brereton General Wavell
nach Indien. Dort formierte er seine Air Force neu, um die Japaner durch China hindurch zu treffen. Nur nach und nach
wurden sein Stab neu formiert und Schiffe zu seiner Verfügung gestellt. Er schickte seine Männer nicht in den Kampf,
bevor er alles zusammen hatte, was er brauchte, um einen
Angriff erfolgreich abzuschließen.

Am 3. April führte seine Air Force ihre erste Mission von
Indien aus durch: den erfolgreichen Angriff auf die Anda-
man-Inseln. Der Angriff wurde von Brereton persönlich angeführt.

Ich fand es recht riskant für einen General, sich solch
einem Vergnügen auszusetzen. Ich mußte ihn fragen, warum
er das getan hatte ...

In diesem Moment sprang der Adjutant auf. Ich tat dasselbe, und der General – dunkler Teint, mittlere Größe, bart-
los und mit Brille – trat rasch ein. «Sie können rein», sagte
der Adjutant kaum eine Minute, nachdem sein Chef in seinem Büro verschwunden war.

Natürlich sprachen wir über Ploesti, und ich gratulierte
dem General zu seinem neuen großartigen Erfolg.

«Danke», sagte er und zuckte die Achseln, «aber wir wissen wirklich noch nichts Genaues und werden es vielleicht noch eine ganze Weile nicht wissen. Wir können nur sagen, daß es eine ernste Sache war und beträchtlicher Schaden angerichtet wurde. Wie beträchtlich, das bleibt abzuwarten.»

«Sie haben das seit langer Zeit geplant», sagte ich. «Darf ich fragen, wie lange, Sir?»

«Wir sind schon einmal gescheitert», antwortete er. «Erinnern Sie sich? Das war im Mai 1942. Seither ist über diesen großangelegten Tieffliegerangriff beraten worden. Für unsere Männer ist es eine harte Erfahrung gewesen.»

«Sie sind *Ihre* Männer», warf ich ein, «und sie scheinen das zu mögen. Haben Sie eine bestimmte Methode oder eine Formel, ein guter Anführer zu sein?»

«Ich mache ihnen die Hölle heiß, wenn sie nicht machen, was ich will, und klopfe ihnen auf die Schulter, wenn sie's tun», entgegnete er. «Vor allem versuche ich aber, so engen Kontakt wie möglich mit ihnen zu halten. Andauernde Überprüfung und moralische Unterstützung sind wichtig. Man muß auch bereit sein, von ihnen zu lernen, und man darf sie nie dazu auffordern, etwas zu tun, wozu man nicht selbst bereit ist.»

Ich dachte an den Angriff auf die Andamanen und frage, ob er in jüngster Zeit an weiteren Kampfeinsätzen teilgenommen hätte.

«Nun ja», antwortete er zögernd. «Ich war vor kurzem über Italien im Einsatz, aber ich glaube, das spielt keine große Rolle. Das ist nicht einmal in den Berichten erwähnt worden. Ich wollte es so. Wir machen das alle, weil es einfach gut für die Moral der Männer ist. Andernfalls sollten wir die Finger davon lassen, mit raufzugehen und unsere Kopiloten nervös zu machen. Ich bin gegen Freizeitrundflüge von Generälen, aber manchmal kann man's nicht vermeiden.»

Er lächelte und sah dabei eher wie ein verschämter Lehrer

aus – weniger wie ein General. Aber was mich am meisten anzog, war seine vollkommen unprätentiöse Art. Bei ihm fand sich keine Spur von Verschlossenheit oder Einbildung, auch gab es nichts von dieser Reserviertheit, die prominente Europäer oft zur Schau stellen. Er war erfrischend natürlich.

«Sind Sie verheiratet, Sir?» fragte ich.

«Ja, das bin ich», versicherte er mir.

«Haben Sie Kinder?»

«Zwei aus meiner ersten Ehe. Sie sind aber schon erwachsen, und ich habe sie eine Weile nicht gesehen.»

Ich wollte wissen, wo seine jetzige Frau lebt, und erfuhr, daß sie zwischen Dallas und San Antonio pendelt, weil sie in beiden Städten Verwandte hat.

«Sie schreibt wirklich oft», sagte er, «und ich bekomme eine ganze Menge Post. Aber ich weiß nie, wo sie eigentlich steckt.»

An diesem Punkt stellte ich die Frage, die mich erledigt hätte, wenn ich sie am Anfang gestellt hätte.

«Und was halten Sie von Frauen in Uniform?» wollte ich wissen.

«Glücklicherweise hatte ich noch keine Erfahrung mit dieser Spezies», hörte ich ihn tatsächlich sagen.

«Verzeihung, Sir», warf ich ein, «aber sagten Sie gerade ‹glücklicherweise›?»

«Das sagte ich», bestätigte er unbarmherzig, «und außerdem will ich keine von ihnen hier haben. Auf gar keinen Fall.»

Es entstand eine kleine Pause, in der der General einen kurzen Blick auf meine uniformierte Figur warf. Dann fuhr er fort und teilte mir mit, daß es seiner Ansicht nach genügend zivile Jobs gäbe, die Frauen ausfüllen könnten und sollten. Alles, was sie tun sollten, war, die größtmögliche Zahl von Männern zu entlasten, deren Platz jetzt an der Front sei, wogegen ihr Platz, der Platz der Frauen, zu Hause sei.

Ob er denn nicht glaube, warf ich zaghaft ein, daß Frauen recht geeignet seien für manche Tätigkeiten, und daß außerdem die Jungs in der Wüste ganz gern ein bißchen weibliche Gesellschaft in ihrer Freizeit hätten?

Der General blieb hart.

«Offen gesagt, glaube ich das nicht», antwortete er. «Ich würde meine Männer viel lieber auf Urlaub in Zentren der Zivilisation schicken, so oft das möglich ist, als sie fortwährend durch die Anwesenheit des anderen Geschlechts abzulenken. Außerdem glaube ich nicht einmal, daß es ihnen viel ausmacht. Den älteren unter ihnen sicher nicht. In diesem Jahr habe ich viele Jungs der Eighth Army gesehen, und ich kann Ihnen versichern, daß sie sich ziemlich an ihr Klosterleben gewöhnt haben. Ich habe sie ja nicht mal über Frauen reden hören. Was nicht heißen soll, daß sie etwas gegen eine Verabredung mit einem gutaussehenden Mädchen hätten.»

«Tatsächlich», murmelte ich. Aber ich hielt es für durchaus möglich, daß die Jungs der Achten Armee ihre Mädchengespräche nicht gerade vor einem amerikanischen General führen wollten. Außerdem waren sie Engländer und vielleicht weniger verrückt nach Frauen als die Amerikaner – oder eben auf leisere Art.

Als ob er meine Gedanken gelesen hätte, fuhr der General fort: «Schauen Sie, mit unseren eigenen Jungs ist es das gleiche. Man schickt sie auf Urlaub, und sofort gehen sie auf Besichtigungsreise. Sie fahren nach Palästina oder Eritrea oder in irgendwelche bekannten Orte in der Umgebung. Natürlich ist alles für sie arrangiert, und man kümmert sich überall gut um sie. Dazu gibt es eine ganze Reihe amerikanischer Urlaubslager im Nahen Osten, und alles in allem geht es unseren Jungs gar nicht schlecht, selbst ohne weibliche Soldaten.»

«Danke, Herr General», sagte ich. «Ich glaube, das wär's dann.»

Auf dem Heimweg begegnete ich einem Freund.

«Ganz schön heiß heute», meinte er. «Wie wär's mit einer Limonade?» Als wir auf sie warteten, sagte er: «Übrigens gibt es Neuigkeiten, meine Liebe. Aus normalerweise gut unterrichteten Kreisen habe ich gehört, daß der General keine weiblichen Kriegskorrespondenten empfangen möchte.»

Ich schluckte. Mein Freund seufzte mitleidsvoll. «Tut mir leid, meine Liebe, aber er will es nun einmal nicht.»

Pulverfaß Palästina

Ich war dort, als sich der grelle Suchscheinwerfer des Weltinteresses wieder einmal auf Palästina richtete. Der Sensationsprozeß, bei dem die beiden angeklagten Juden schuldig gesprochen wurden, große Waffenbestände der britischen Armee gestohlen zu haben, wurde von der internationalen Presse verfolgt, und die gefährliche jüdisch-arabische Situation stand einmal mehr im Rampenlicht. Dieser unselige Vorfall erinnert uns an ein dringendes Problem der Vereinten Nationen. Es schließt die ganze jüdische Frage ein und betrifft die gesamte arabische Welt. Wenn keine Lösung dafür gefunden wird, könnte der Nahe Osten ins Chaos gestürzt werden.

Die starke Präsenz alliierter Truppen dürfte den Ausbruch von Feindseligkeiten fürs erste verhindern, aber der Frieden, den dieser Krieg Palästina gebracht hat, darf niemanden täuschen. Die Kluft zwischen den beiden Lagern wird immer tiefer, und der Nationalismus wächst und gedeiht. Von beiden Seiten weiß man, daß sie sich auf den Kampf vorbereiten. Nach privaten Schätzungen haben die Araber etwa 80000 Gewehre, große Munitionsvorräte, Maschinengewehre, Handgranaten und Mörser versteckt. Von den Juden heißt es, sie hätten 30000 Gewehre und Revolver, 2000 größere Waffen und reichlich Munition.

Die Situation ist um so gefährlicher, als sich beide Seiten moralisch im Recht fühlen.

Seit mehr als 2000 Jahren haben Juden in Palästina gelebt. Auch als die jüdische Geschichte nach der endgültigen Zerstörung Jerusalems durch die Römer aufhörte, die Geschichte Palästinas zu sein, und die große Diaspora begann, weigerten sich die Kinder Israels, das Land ihrer Väter ganz aufzugeben, und die Verheißung des Messias blieb ihnen immer im Gedächtnis. Eines Tages, darauf bestanden sie, würde Er kommen und sie heim nach Zion führen. Zu jedem Osterfest trösten sie sich mit dem Versprechen: «Nächstes Jahr in Jerusalem!» Denn dort formten sie den Gedanken des einen unsichtbaren Gottes. Von dort aus gaben sie der Welt, was sie für Seine Gebote hielten. Dort spüren sie die Wurzeln ihrer Kraft.

Die Zähigkeit, mit der die Juden an ihrem Glauben festhielten, erhielt sie als Volk am Leben. Aber zugleich beeinträchtigte sie ihre Assimilation in den neuen Heimatländern. Sie waren anders, sie gehörten nicht dazu, und ihre andersartigen Bräuche provozierten den Zorn der Intoleranten. Die Pogrome und Verfolgungen sind blutige Geschichte.

Gegen Ende des 19. Jahrhunderts begannen die Juden infolge der Dreyfus-Affäre im Westen und der Pogrome im Osten schließlich einen weiteren Auszug. Die meisten neuen Emigranten zogen westwärts, aber viele kamen auch nach Palästina. Palästina war nicht länger nur die geistige Heimat der Juden und eine Pilgerstätte der Gläubigen, es sollte auch ihre tatsächliche Heimat werden. Die Bewegung wurde unter dem Namen Zionismus bekannt. Ihr Gründer war der Wiener Theodor Herzl.

Araber haben 1300 Jahre lang in Palästina gelebt. Das arme, dürre Palästina bildete nur einen winzigen Teil des großen arabischen Reiches. Aber das wiedererbaute Jerusalem zählte in der arabischen Welt sogar mehr als Bagdad oder

Kairo. Hier steht die Moschee, in der sich Mohammed mit Gott unterhalten haben soll, und vom Felsen, der einst den jüdischen Tempel trug, soll der Prophet zum Himmel aufgefahren sein. Als die Macht Arabiens zurückging und für lange Zeit das türkische Ottomanenreich herrschte, blieb Palästinas Bevölkerung überwiegend arabisch, und es blieb die Heimstatt der Araber und der Geburtsort ihres Glaubens.

Mit der Niederlage der Türken im Ersten Weltkrieg fiel das Land in alliierte Hände, und der Völkerbund übertrug Großbritannien die Mandatsmacht. Von der türkischen Oberhoheit befreit, fühlen sich Araber wie Juden als rechtmäßige Besitzer des Landes. Zwei entgegengesetzte Nationalismen erfaßten das Land. Durch das etwas vage Versprechen der 1917 gegebenen britischen Balfour-Deklaration, wonach dort eine «nationale Heimstätte für das jüdische Volk» eingerichtet werden sollte, begannen Zionisten aus der ganzen Welt nach Palästina zu strömen. Die jüdische Bevölkerung wuchs von 55 000 Menschen im Jahr 1918 auf 550 000 im Jahr 1939 an.

Beeinträchtigte dieser plötzliche Zustrom die arabischen Interessen? Ganz im Gegenteil, denn nach dem besten existierenden Bericht, dem Palestine Royal Commission Report, der dem englischen Parlament 1937 vom Kolonialminister vorgelegt wurde, profitierten die Araber von jüdischem Reichtum, jüdischem Unternehmen und jüdischer Arbeitskraft. Ihre Industrien expandierten, die Beschäftigung nahm zu. Arabische Patienten wurden in jüdischen Krankenhäusern behandelt. Aber sie waren über die Entwicklung verärgert, die ihren Nationalstolz verletzte und ihren Traum von Palästina als unabhängigem arabischem Staat zu zerstören drohte.

Voller Zorn über das, was sie als einen Verrat der Briten ansahen, zettelten die Araber wiederholt Aufstände an. Und als sich der organisierte Widerstand gegen die Briten als zwecklos herausstellte, versuchten sie, die Juden durch Terror einzuschüchtern. Die Juden verteidigten sich, so gut sie konnten, aber vor allem riefen sie die Mandatsmacht um Schutz an.

Ab 1939 folgte diese Macht einer allgemeinen «Beschwichtigungspolitik». Das britische Weißbuch zu Palästina vom März desselben Jahres machte dem arabischen Aggressor gegenüber ein umfangreiches Zugeständnis. Für die nächsten fünf Jahre sollte die jüdische Zuwanderung in einem Maße ansteigen dürfen, das die Zahl der jüdischen Bevölkerung auf etwa ein Drittel des gesamten Bevölkerungsstands des Landes ansteigen ließ; danach würde keine weitere jüdische Immigration zugelassen, solange die Araber nicht einwilligten. Die Juden waren bitter enttäuscht. Dies schien die Balfour-Erklärung zu annullieren, und das zu einer Zeit, in der sie verzweifelter denn je eine «Heimstätte für ihr Volk» brauchten.

Dies ist gegenwärtig noch immer der Stand der Dinge. Die Briten begnügen sich damit, ein wachsames Auge auf die Lage zu haben, die sich, wie sie wissen, jederzeit ändern kann. Aber es könnte eine explosive Veränderung sein.

Gibt es eine Lösung?

Ich fuhr nach Palästina, um die Möglichkeit einer Lösung zu untersuchen. Nirgendwo auf der Welt habe ich Menschen getroffen, die sich so dringend äußern wollen.

Mr. Auni Bay Abdul-Hadi, ein bekannter Rechtsanwalt, Vorsitzender der Independent Party und führender arabischer Nationalist, sagte mir, die britische Palästinapolitik sei gefährlich vage. Bevor man den Juden nicht ein für allemal zu verstehen gebe, daß dies nicht ihr Land sei, gebe es wenig Hoffnung auf eine dauerhafte Lösung. «Das wird nicht friedlich ausgehen, sondern schrecklich enden!» Es sei eine große Ungerechtigkeit gegenüber den Arabern, sagte er, daß so viele Juden hatten herkommen dürfen. Aber nun sei das Maß voll. Jede weitere Zunahme durch Einwanderung werde auf harten arabischen Widerstand stoßen.

«Auf bewaffneten Widerstand?» fragte ich.

Er lächelte ein schlaues asiatisches Lächeln. «Wir sind nicht bewaffnet», sagte er. «Das wissen Sie.»

Auch ich lächelte. Mr. Abdul-Hadi zuckte mit den Achseln. «Ein paar Leute mögen hier und da ein paar Waffen gekauft haben», gab er zu. «Aber das ist ihre Sache und hat nichts mit der arabischen Politik zu tun. Diese Politik ist im wesentlichen friedlich. Wir verlassen uns darauf, daß unsere gerechte Sache gewinnt. Aber wenn es nötig ist, werden wir kämpfen, um uns zu verteidigen, und die gesamte arabische Welt wird hinter uns stehen.»

Aber hatten die Araber nicht von der jüdischen Wirtschaft profitiert? Warum war er so gegen weitere jüdische Zuwanderung?

«Weil wir die Herren im eigenen Haus bleiben wollen», sagte er rasch. «Weil wir keine Minderheit werden wollen. Es gibt jetzt gut eine Million von uns – etwa 875 000 moslemische und etwa 125 000 christliche Araber – gegenüber mehr als einer halben Million Juden. Das ist die Grenze. Das muß sie sein – wenn wir nicht dazu verurteilt sein wollen, unter jüdischer Herrschaft zu leben. Deswegen. Ich könnte Ihnen andere Gründe nennen – praktischere, wenn Sie wollen. Im großen und ganzen sind wir ein Volk von Landwirten, aber die Juden haben so viel von unserem Land aufgekauft, daß kaum genug für uns zum Bebauen übrig ist. Und was unsere Industrie betrifft, so kann sie schon jetzt kaum noch mit der der Juden konkurrieren. Sie würde in den Ruin getrieben, wenn die jüdische Industrie weiter expandieren dürfte. Ganz abgesehen davon wollen wir einfach nicht noch mehr Juden in Palästina. Das ist alles. Das sollte genügen.»

Als nächstes sprach ich mit dem Chefsekretär der Mandatsregierung, Mr. Macpherson, einem hochintelligenten

Mann. Es sei bedauerlich, sagte er, daß man die beiden Seiten nicht zu Friedensverhandlungen zusammenbringen könne. Es gäbe einige Araber und Juden, die sich nach einem gerechten Kompromiß sehnten. Aber obwohl manche von ihnen als Person den höchsten Respekt genießen, hätten sie bis jetzt keinen Erfolg damit gehabt, die Unterstützung der organisierten öffentlichen Meinung für sich zu gewinnen. Was diejenigen in beiden Lagern betraf, die zur Zeit jeden Gedanken an einen Kompromiß ablehnten, kannte er viele von ihnen gut und glaubte, daß er ihre Einstellung verstünde. Es sei schwer, das nicht zu tun – aber noch schwerer, sich eine Lösung vorzustellen, bevor nicht wenigstens eine Basis gefunden würde, auf der sich aufbauen ließe. Ich sollte mir wohl am besten selbst ein Bild machen.

Das tat ich.

Laut Mandatsgesetz dürfen weder Araber noch Juden ihre eigene Regierung haben. In der Praxis fungieren jedoch einerseits das Supreme Moslem Council und andererseits die Jewish Agency als Regierungsbehörden neben der britischen Mandatsregierung.

Im Jerusalemer Gebäude der Jewish Agency sprach ich mit Moshe Shertok, dem Leiter der politischen Abteilung. Gibt es irgendeine Kompromißlösung, die er akzeptieren könnte?

Er schüttelte energisch den Kopf. «Sehen Sie», rief er, «dies ist keine Verhandlungssache. Dies ist eine Frage von Leben und Tod für unser Volk. Selbst wenn ich wollte, könnte ich auf keinen Fall seine Rechte durch eine Unterschrift veräußern. Selbst wenn ich das täte, würden weiter Juden nach Palästina kommen. Das Fassungsvermögen dieses Landes ist noch lange nicht erschöpft. Um alle Möglichkeiten auszuschöpfen, werden wir mehr Leute brauchen, und so wie es aussieht, werden mehr und mehr Juden herkommen müssen. Wie viele Palästina genau aufnehmen kann, vermag ich nicht zu sagen. Vielleicht zwei Millionen, vielleicht vier –»

«Und die Araber?» warf ich ein.

«Ja, die Araber!» sagte er. «Die Araber! Sie kämpfen immer noch gegen die Dinge. Und warum? Wir haben nichts getan, um sie zu beunruhigen. Ihre Rechte sind nicht verletzt worden. Außerdem würden wir keine ihrer legitimen Interessen in Frage stellen. Das sollten sie wissen, weil wir immer peinlich darauf geachtet haben, unsere Fähigkeiten nicht zu ihrem Nachteil auszunutzen. Wir haben nicht ohne Erfolg versucht, ihnen beizubringen, wie sie ihre eigenen Geschäfte effektiv und zum Wohle der Allgemeinheit führen können. Wovor haben sie also Angst?»

«Sie haben Angst vor Ihrem Nationalismus.»

«Nationalismus! Davon gibt es viele Sorten. Unserer ist jung und geschmeidig. Er muß gut genährt werden, wenn er groß werden soll. Wie jede andere junge Nation brauchen wir ein gewisses Maß an gesundem Nationalismus, und wir haben von Natur oder von unserer Geschichte aus eher zuwenig davon!»

Die Araber, fuhr er fort, seien selbst gute Nationalisten. Die Juden wären ganz damit einverstanden, ihnen bei der Einrichtung einer panarabischen Förderation zu helfen. Auch jetzt sei die Tatsache, daß Palästina völlig von arabischen Ländern eingeschlossen sei, die beste Garantie arabischer Sicherheit. Die Araber könnten nämlich in Palästina Minderheit sein und wären doch immer noch Teil einer riesigen Mehrheit! Und niemand könne abstreiten, daß ein wirtschaftlich voll entwickeltes Palästina der arabischen Welt von großem Nutzen sein dürfte.

Palästina ist kein reiner Agrarstaat mehr. Eine ganze Reihe größerer und viele kleinere Industriezweige sind aufgebaut worden. Der Krieg hat eine Entwicklung beschleunigt, die lange vor 1939 begann. Armeeaufträge und der Anstieg bei der zivilen Nachfrage haben die Produktion angeregt. Inzwischen versorgt Palästina die meisten Märkte des Mittleren

Ostens mit den Produkten seiner hochentwickelten Apfelsinenverarbeitung wie Marmelade, Saft, Konzentrat, Alkohol, Vitamin C und einer Reihe von Ölen. Das Tote Meer mit seinem ungewöhnlich hohen Anteil an Magnesiumchlorid versorgt die pharmazeutische Industrie des Landes, die auf recht hohem Niveau produziert. Viel wird von der alliierten Handelspolitik nach dem Krieg abhängen.

Ich besuchte einige der jüdischen Landgenossenschaften und Siedlerkommunen. Was dort erreicht wurde, ist erstaunlich. Weder Gras noch Wasser ist in den steinigen Hügeln zu finden, wo sie eine ihrer mustergültigen Milchfarmen aufgebaut haben. Jeder Regentropfen muß gesammelt, das Gras für die Kühe aus fünfzig Kilometer Entfernung hergebracht werden. Die Anstrengung, die es gekostet haben muß, dieses Stück öde Wildnis in die Gartenlandschaft zu verwandeln, die ich sah, ist fast unvorstellbar. Aber das haben sie vollbracht, wo man auch hinschaut. Und während die Juden außerhalb von Palästina eher als clevere Geschäftsleute, Doktoren oder Anwälte denn als Bauern oder Arbeiter bekannt sind, sind sie hier zu wahren Pionieren geworden.

Die wohl eindrucksvollste Persönlichkeit, die ich traf, war David Ben Gurion, Arbeiterführer, Vorsitzender des Exekutivkomitees der Jewish Agency und de facto jüdischer Premierminister. Er lag krank im Bett, als ich ihn besuchte. Er war mir als «der jüdische John Lewis» beschrieben worden, aber er ähnelte mehr einem proletarischen Einstein.

«Sehen Sie mich an!» rief er aus. «Ich kam mit einem Besuchervisum hierher, das mir zwei Monate Aufenthalt erlaubte. Das war vor 34 Jahren, und seitdem bin ich hiergeblieben – illegal, wenn Sie so wollen, obwohl ich es nicht so nennen würde. Es gibt so etwas wie eine natürliche Legalität und ein unveräußerliches Recht. Niemand auf der Welt kann uns unsere natürlichen Rechte auf Palästina absprechen. Ganz egal, was jetzt passiert, am Ende werden wir siegen!»

«Unsere Rechte!» Wie oft hatte ich diese Formulierung gehört. Araber aller Stände – Studenten, Reiseführer, Politiker – stimmten darin überein, daß es ‹ihr Recht› sei, die Juden nicht zur Mehrheit werden zu lassen, ‹ihr Recht›, alle Landverkäufe an Juden zu stoppen; ‹ihr Recht›, die jüdische Expansion einzudämmen. Die Juden pochten ebenso hartnäckig auf ‹ihr Recht›, obwohl sie mehr praktische Argumente hatten und ihre Leistungen für sie sprachen.

Nein, es wird nicht leicht sein, wenigstens zu einem vorübergehenden Kompromiß zu kommen, geschweige denn zu einer dauerhaften Lösung. Solch eine Lösung muß das größtmögliche Maß an Gerechtigkeit mit dem größtmöglichen Maß an Durchführbarkeit verbinden. Einem neutralen Beobachter drängt sich der Eindruck auf, daß Palästina noch nicht sich selbst überlassen werden kann, sondern für eine Weile Mandatsgebiet bleiben muß. Daß Großbritannien weiterhin erheblichen Einfluß ausüben soll, scheint gleichzeitig logisch und wünschenswert, aber viele Bewohner Palästinas hoffen, daß die USA zusammen mit Großbritannien an einer endgültigen Einigung arbeiten werden. Die USA, so argumentiert man, könnten keiner imperialistischen Interessen verdächtigt werden, noch hätten sie einen Grund, eine der beiden Seiten zu beschwichtigen. Zudem könnte es für die Engländer einfacher sein, das durch das Weißbuch von 1939 geschaffene Patt aufzubrechen, weil Amerikas Interessen jede Veränderung rechtfertigen würden, die den Vereinten Nationen zugute käme.

Unter den zahlreichen Konzepten, die verwirklicht werden könnten, werden diese fünf am ernsthaftesten diskutiert:
1. Palästina könnte ein unabhängiger arabischer Staat werden.
2. Es könnte ein unabhängiger jüdischer Staat werden.
3. Das Land könnte geteilt werden.
4. Es könnte ein unabhängiger Zweivölkerstaat werden, in

dem die jüdische Bevölkerung entweder bei ihrer jetzigen Stärke (etwa ein Drittel der Gesamtbevölkerung) gehalten würde oder bis zu 50 Prozent anwachsen könnte.

5. Palästina könnte ein unabhängiger Zweivölkerstaat werden, der die Einwanderung aus rein ökonomischen Gesichtspunkten begrenzt.

Offensichtlich wäre Lösung Nummer eins für die Juden unannehmbar, während Nummer zwei von den Arabern abgelehnt würde. Nummer drei ist eingehend untersucht worden, aber laut Auffassung von unabhängigen Spezialisten wie den Mitgliedern der British Partition Commission ist Palästina ein zu kleines Land, um aufgeteilt zu werden. Kein Teil würde allein überleben können. Lösung Nummer vier hat sich, so vernünftig sie klingen mag, bereits für beide Seiten als unannehmbar erwiesen. Die Juden wollen die «willkürliche Einwanderungsbegrenzung», wie sie sie nennen, nicht hinnehmen. Fortgesetzte illegale Einwanderung ihrerseits würde die Araber dazu veranlassen, sich weiter «zu verteidigen». Kriegsähnliche Unruhen würden die Entwicklung des Landes endlos stören, und Palästina würde für die Vereinten Nationen bei weitem kein Gewinn, sondern eine lästige Verpflichtung werden.

Realistisch gesehen ist Lösung Nummer fünf am erfolgversprechendsten, und zugleich ist sie vom Standpunkt der Gerechtigkeit vertretbar. Ein Zweivölkerstaat mit gleichen Rechten für beide Parteien wäre für ein von zwei Völkern bewohntes Land die logische Antwort.

Es gibt eine Anzahl bedeutender Persönlichkeiten, die sich in der B'rith Sholom (Friedensliga) zusammengeschlossen haben und solch eine Lösung befürworten. Eine der prominentesten unter ihnen ist der Amerikaner Dr. Judah L. Magnes, der Ehrenpräsident der Hebräischen Universität Jerusalem.

Der Zweivölkerstaat würde Arabern und Juden gleichermaßen den Zuzug nach Palästina erlauben, bis die Aufnahmefähigkeit des Landes erschöpft wäre. Die Juden würden zwar vollen Gebrauch von dieser Erlaubnis machen, aber die Araber würden eher ökonomisch profitieren als unter der verstärkten jüdischen Einwanderung zu leiden, und die religiösen Bindungen, die sie an das Land des Propheten haben, würden nicht beeinträchtigt.

Tatsächlich sind die Vorteile, die Lösung Nummer fünf bietet, erheblich. Sie würden den Juden die nationale Heimstatt geben, nach der sie sich so sehr sehnen – und – die Leiden, die ihnen unsere faschistischen Feinde aufgebürdet haben, rechtfertigen es durchaus, daß die Juden ein gewisses Maß an Hilfe und Trost bekommen. Lösung Nummer fünf könnte dazu beitragen, Palästina lebensfähig zu machen, zu einem Partner, mit dem wir Handel treiben können, ein stabilisierendes Element im Nahen Osten.

Ein solches Palästina wäre politisch und militärisch vollkommen verläßlich; es wäre ein Verbündeter, auf den die Vereinten Nationen zählen könnten.

Eine Ablehnung

Sie bitten mich, im «Aufbau» zum Problem des «anderen», des «guten» Deutschland Stellung zu nehmen und meine – ablehnende – Haltung seinen Aposteln gegenüber für Ihre Leser zu begründen.

Gut denn: das Gebaren der «Freien Deutschen» in diesem Lande mißbillige ich zutiefst, weil dem A und O ihrer Umtriebe, – ihrer These von der Verschiedenartigkeit der Nazis und der Deutschen – täglich von den Tatsachen aufs blutigste widersprochen wird. Bis zum Tage des Kriegsausbruches mochte man an ein «anderes» Deutschland glauben, mochte sich einreden, daß eine Majorität «guter», wenngleich verblüffend inaktiver Deutscher von den Nazis niedergehalten sei. Mir selbst waren derlei Vorstellungen nicht fremd, wiewohl an ihnen festzuhalten von Jahr zu Jahr schwieriger wurde. Als aber ein bis zu den Zähnen bewaffnetes Reich, weit davon entfernt, seine Waffen gegen seine «Versklaver» zu erheben, über Europa hergefallen war, zerstob der Wunschtraum. In der Gegenwart, soviel war deutlich geworden, zählte dies «andere» Deutschland nicht.

Deutlich geworden, – wem? Nicht den exilierten deutschen Politikern, die selbst heute noch der von Deutschland zerrütteten Welt von der Unschuld des deutschen Volkes schwätzen. Schuld ist Hitler! Die Gestapo ist schuld! Was, angesichts dieser Deutschen, sollten die Deutschen tun? Nur, was, trotz der Gestapo, die Völker Europas – machtlose, entwaffnete, hungernde, unterworfene Völker – seit langem tun: ihr Äußerstes und Bestes, um dem Unsäglichen ein Ende zu machen. Statt dessen tun sie – noch immer und bis zum Ende – ihr Äußerstes und Bestes für Hitler und seinen Krieg. Wie die Löwen kämpfen sie an allen Fronten. In grauenvoller Einhelligkeit betreuen sie daheim die Kriegsmaschine des «Führers», und während in den besetzten Gebieten die Sabotage-Akte der Patrioten sich häufen, wissen selbst unsere exilierten Politiker von den Taten der deutschen Antifaschisten kein Lied zu singen. Ihr Lied beschimpft die Welt, die es schließlich müde geworden ist, dem feinen Unterschied zwischen Nazis und Deutschen nachzuträumen, – müde, im Kampf gegen Deutschland.

Die deutsche Niederlage, der sie gespaltenen Gefühls entgegensehen, trachten sie schon heute in eine reinigende, alle sühnende Revolution umzufälschen, – als ob der totale Zusammenbruch eines fürchterlich geschlagenen Volkes mit Revolution auch nur etwas zu tun hätte. Und schon heute vertreten sie, die Bankrotteure der deutschen Republik, die

Machtinteressen des «geläuterten» Reiches. Mitten im Krieg und in Ländern, die ihnen Gastfreundschaft gewähren, gründen sie ihre Vereine, verfassen sie ihre Proklamationen und scheuen sich nicht, die Menschheit mit dem dritten deutschen Weltkrieg zu bedrohen, für den Fall nämlich, daß ihre Ratschläge refusiert werden sollten. Das deutsche Verbrechen, das sie ein Nazi-Verbrechen nennen, hätte die Welt verhüten können und müssen. Sie aber tun, als tilge das Versagen der Polizei die Schuld des Verbrechers, gegen den sich in Zukunft zu sichern, ja, dem auch nur eine Bewährungsfrist zu setzen, sie verbrecherisch schelten. Der Krieg, den sie so hitzig führen, ist nicht unser Krieg.

Es ist, ich muß es aussprechen, ein Jammer und eine Schande und denkbar ungeeignet, Zeugnis abzulegen für ein besseres Deutschland. Die Welt wäre glücklich, es geboren und sich bewähren zu sehn. Die Welt kämpft und wartet.

Offene Antwort
an Carl Zuckmayer

Lieber Zuckmayer. – Besten Dank für Deinen Brief. Du möchtest, sagst Du, keine Antwort. Von hoher Warte hast Du das letzte Wort gesprochen und wünschst nun, daß wir den Atem anhalten – ich und andere. Hättest Du mir den Brief ins Hotel geschickt, wie gern gewährte ich Deinen Wunsch. Wer aber im «Aufbau» Deinen dichterischen Kommentar liest, ohne meine knappe – keineswegs an Dich gerichtete – «Ablehnung» gelesen zu haben, der wüßte nie und nimmer, woran er mit mir wäre, und ich kann also kaum umhin, nochmals Stellung zu beziehen.

Wogegen wende ich mich? Gegen die Deutschen – alle Deutschen, die ich als ein «böses» Volk am liebsten dem Untergang geweiht sähe? Gegen die *Hoffnung* auf ein besseres Deutschland? Gegen diejenigen, die solche Hoffnung hegen? Oder gar gegen jene, die dem antifaschistischen Charakter dieses Krieges nicht immer Genüge getan finden, im Lager der Alliierten? Gewiß nicht! Ich müßte allem, was ich in diesen elf Jahren gesagt und geschrieben habe, schwachsinnig widersprechen, wollte ich protestieren gegen diese.

Ein prominentes Mitglied des neuen «Council for a Democratic Germany» hat mich gleichfalls adressiert.

«Ich trete», sagte es, «für Rechte des vom Immigranten unterschiedenen politischen Refugees ein, Politik mit dem Gesicht zu seinem Heimatlande zu treiben.»

Dagegen – siehst Du – genau dagegen wende ich mich, gegen diese Begriffsverwirrung, diesen Mangel an Rechtssinn, diese Frechheit. Jetzt und hier und in aller Öffentlichkeit Politik mit dem Gesicht zu Deutschland zu treiben, nennt der Mann sein Recht und fühlt sich berufen, – er und seine Kriegskameraden – den Verein zu gründen, dem beizutreten Du Dich wohlweislich geweigert hast und in dessen Mitgliederliste die repräsentativsten Namen der Emigranten (Einstein, Werfel, Bruno Walter, mein Vater – um nur vier zu nennen) nicht zufällig fehlten.

Das Manifest, das der «Council» kürzlich unter die Leute gebracht hat, ist eine mit antifaschistischen und sozialistischen Schlagworten kärglich verbrämte Liste von deutschen Forderungen. «Das gute Deutschland» meldet seine Ansprüche an, denn Ansprüche hat es, und sie sind, wie ausdrücklich vermerkt wird, nicht geringer als die irgendeines anderen Landes in Europa. Daß, vorläufig, keinerlei «gutes Deutschland» den bescheidensten Existenzbeweis erbracht hat, daß all unsere Hoffnungen auf deutsche Um- und Einkehr unerfüllt geblieben sind und daß wir einem unbesiegten, in seinem Machtdünkel ungebrochenen, fürchterlichen Koloß gegenüberstehen, den zu überwältigen namenlose Opfer fordern wird, stört die «Freien» nicht. «Mit dem Gesicht zur Heimat» treiben sie Politik.

Nirgends – in keinem Satze ihres Aufrufs – findet sich das geringste Gefühl für das Unsägliche, das Deutschland über die Menschheit gebracht hat, nirgends die Einsicht, daß unsere Sorge zunächst den Opfern gebührt und erst in der Folge den Tätern. Deutsche Forderungen – in diesem Augenblick und präsentiert von deutschen Emigranten! Das ist, was ich in meiner «Ablehnung» einen Jammer und eine Schande genannt habe. Ich kann es nicht anders nennen, auch angesichts Deiner Ausführungen nicht.

Du wirfst mir vor, ich sei politisch nicht artikuliert genug gewesen, ehe Hitler zur Macht kam, und hast recht mit diesem Vorwurf. Deinerseits freilich gefällst Du Dir selbst heute in Deiner «persönlichen Auffassung von der außerparteilichen und unabhängigen Stellung künstlerischen Schaffens» und in tiefen, wenngleich politisch wenig fruchtbaren Erkenntnissen wie der, daß die Welt ein Ganzes sei und jedes Volk zur Menschenwelt gehöre. Wie recht Du hast, auch wenn Du sagst, es gehe nun jedenfalls darum, welche Grundtendenz die zukünftigen Geschicke und das Zusammenleben des Menschengeschlechtes bestimmen werde: Der Geist gegenseitiger Hilfe und Achtung, der Respekt vor freier, produktiver Gesinnung, oder der der Gewalt, der Unterdrückung, der eigensüchtigen Sterilität – der Geist, den Du in Kürze «Faschismus» nennst und von dem Du allerdings einräumst, daß er «vor allem leider beim deutschen (Volk) zu schlimmster Entfaltung und Herrschaft gekommen ist».

Aber dort, an der Herrschaft in Deutschland, ist er noch heute und wird er sein bis zum Tage des deutschen Zusammenbruchs.

Was ihm folgen wird, und ob dieses Volk, nach über einem Jahrzehnt geistiger und moralischer Umnachtung, heimfinden wird in ein besseres Selbst, entzieht sich der Voraussage.

Was aber die «Freien Deutschen» und ihr Programm betrifft, so geht es da um Dinge, die mit Heilung und Läuterung ganz und gar nichts zu tun haben. Es geht um Macht. Um die deutsche Schwerindustrie geht es, zum Beispiel, von der verhindert werden soll, daß sie auch nur vorübergehend unter alliierte Kontrolle gerate. Um die Integrität deutschen «Hoheitsgebietes» geht es und gegen die territorialen Ersatz-Ansprüche der verwüsteten Länder. Mag sein – ich glaube es, – daß unter den Signatoren viele sich vieler Implikationen ihres Programms nicht versehen. Daß es sich aber da um den Versuch handelt, ein Deutschland aus der Katastrophe zu retten, das imstande – ich sage nicht «willens» – wäre, die Welt aufs neue mit Krieg zu überziehen, kann selbst dem Verträumtesten unter ihnen nicht entgangen sein.

Und Dir? Ist es das, was Du willst und, was nicht zu wollen, Du absurd, zelotisch, oberflächlich, hypokritisch und kurzsichtig nennst?

Deutschland war schön. Du magst mir glauben, daß ich seiner Landschaft und seinen Liedern, daß ich allem, was wir als gut und achtenswert dort kannten, nicht weniger innig verbunden bin als Du. Deutsche *Macht*, freilich, ist unserer Lebtage noch nicht benevolent gewesen. Anzunehmen, daß sie es von nun an sein werde, und zu verlangen, daß die Welt diese Annahme teile und ihr gemäß handle, scheint mir unerlaubt.

Das, lieber Zuckmayer, war es, was ich sagen wollte und was ich in anderen Worten gesagt habe in meiner «Ablehnung». Es auszusprechen, war ich durch Abstammung, Erziehung und menschliches Niveau verpflichtet.

Paris heute

Paris hat sich gar nicht sehr verändert, seit ich das letzte Mal dort war – im Sommer 1939. Der Verkehr ist natürlich nicht derselbe geblieben. Motorisierte Gefährte sind heute – abgesehen von Militärfahrzeugen – selten. Statt dessen findet man eine seltsame Mischung von Kutschen, Karren und «Vélotaxis», dazu Schwärme von Fahrrädern. Nein, Paris hat sich kaum verändert – sein berühmtes Gesicht ist nicht von Narben entstellt.

Die Beamten der Zivilbehörden fanden die Verhältnisse viel besser vor, als sie angenommen hatten. Obwohl es Hunger hatte, war Paris doch nie am Verhungern, und die Beamten versichern, daß es wieder genug Verpflegung geben wird, wenn die Transporteinrichtungen erst repariert und die Verkehrswege wieder für den Zivilverkehr geöffnet sind. Einer von ihnen stellte fest: «Paris wird wieder gut essen.»

Einige Pariser tun das schon jetzt. Der Schwarzmarkt blüht ganz offen – er ist eine halboffizielle Einrichtung, über die sich niemand aufregt. Für Geld kann man praktisch alles kaufen, und obwohl die Armen ärmer als anderswo sind, geht es den Wohlhabenden augenscheinlich viel besser als der gleichen Schicht in England. Verglichen mit London oder praktisch jeder anderen umkämpften Stadt diesseits des Ozeans erscheint Paris vom Krieg nahezu unberührt.

Es ist schwer zu sagen, wie trügerisch dieser Anschein wirklich ist. Alles in allem scheinen die Deutschen die Hauptstadt, die sie als Europas Vergnügungspark auserkoren hatten, mit Samthandschuhen angefaßt zu haben. Doch während sich viele Pariser mit diesem erniedrigenden Zustand abgefunden hatten, spielte eine ganz erkleckliche Zahl von ihnen dabei nicht mit.

Anführer der Résistance versichern, daß nicht weniger als 75 000 Männer und Frauen von den Deutschen hingerichtet wurden. Sie sagen auch, daß Paris trotz seines fröhlichen Äußeren gelitten hat. In der Gegenwart der Gestapo konnte niemand, konnten nicht einmal die kooperativsten Franzosen sicher sein, daß sie morgen noch am Leben sein würden. Die Luft war voller Furcht.

Paris ist nicht Frankreich. Aber Frankreich ist sehr zentralisiert, und sein Herz und sein Kopf sind in Paris zu suchen. Ich verbrachte ein paar Wochen damit, den Leuten zuzuhören und herauszufinden, was in den Köpfen derer vorgeht, an deren gemeinsame Entscheidungen sich das offizielle Frankreich wird halten müssen. Hier sind ein paar Bürger von Paris.

Capitain Pierre Neuville, zweiundzwanzig, ist Veteran einer der ältesten französischen Widerstandsbewegungen, des Corps Français. Als sein Land 1940 zusammenbrach, war der damals achtzehnjährige Pierre Student der Ingenieurwissenschaften. Mit einigen falschen Namen, von denen Neuville vermutlich der letzte ist, und mit einem Haufen falscher Papiere entkam dieser 96 Pfund schwere Taschenpartisan sieben Verhaftungsversuchen, einem davon durch die Vichy-Polizei. Einem seiner Papiere läßt sich entnehmen, daß Pierre Neuville aus einem Kriegsgefangenenlager als «überflüssiger Mediziner und als Kaplan» entlassen wurde.

Er selbst hat zehn Deutsche getötet und gibt an, für den Tod von mindestens 250 weiteren verantwortlich zu sein. Am 19. August – dem «D-Day» für den Pariser Untergrund – gewannen Capitain Pierre und seine Männer die erste entscheidende Runde der Schlacht von Paris für die F.F.I., indem sie die Île de la Cité einnahmen und verteidigten. Die Order des jungen Veterans wurden von Colonel Rol unterzeichnet, dem obersten Befehlshaber der Pariser Streitkräfte des Inneren. Das Papier ist Capitain Pierres stolzester Besitz.

Er erklärte mir, daß die F.F.I. in den ländlichen Regionen

Frankreichs mit alliierten Waffen ausgerüstet war, die mit
Fallschirmen abgeworfen wurden, die Kämpfer in Paris aber
damit auskommen mußten, was sie den Deutschen abgenommen hatten. «Das ging zum Beispiel so, daß man sich irgendwie ein Messer beschaffte», erzählte Pierre. «Mit diesem
Messer bringt man einen Deutschen um und kriegt seine Pistole; mit der Pistole erschießt man ein paar Deutsche und
übernimmt ihr Maschinegewehr; mit dem Maschinengewehr
tötet man fünf Deutsche und schnappt sich ihren Panzer. Ich
wünschte, es wären noch mehr Deutsche da, oder die Alliierten würden nicht so schnell vorstoßen, damit wir mit ihnen
gleichziehen können.»

Als die Deutschen in Paris weniger wurden, begann Pierre
unruhig zu werden. Bei seinem letzten Fang – 200 Gefangene
am 1. September mitten in Paris – waren nur noch ein paar
Deutsche, Gestapomänner, die sich als F.F.I.-Angehörige verkleidet hatten. Die übrigen waren Franzosen von Joseph Dar-
nands Vichy-Miliz. Seitdem hatte Pierre weder Glück noch
Benzin. Seine große Hoffnung ist, in die reguläre französische
Armee aufgenommen zu werden. «Dann kämen wir wenigstens dahin, wo bestimmt Deutsche sind – nach Deutschland!»

Aber Capitain Neuvilles Status bleibt zweifelhaft. Eine der
wichtigsten Fragen für General de Gaulle ist, was aus der
F.F.I. werden soll. Er fand eine Teillösung Ende September,
die aber nicht auf ungeteilte Zustimmung stieß. Er gliederte
die F.F.I.-Kämpfer und -Reserveoffiziere als F.F.I.-Einheiten
in die französische Armee ein, ohne aber zu entscheiden, ob
die F.F.I.-Offiziere ihre alten Kommandos behalten sollten.
Viele F.F.I.-Angehörige sind als Ersatz für französische Divi-
sionen an die Front gekommen, aber die Lösung hat keinesfalls jedem gefallen.

Pierres Horizont ist ebenso begrenzt, wie es seine Wünsche sind. Wenn der Krieg einmal beendet und die Jagd vorüber ist, wird er es vielleicht schwer haben, sich wieder zu-

rechtzufinden. Die politische Zukunft seines Landes interessiert ihn nicht. Er kümmert sich nur ums Kämpfen, obwohl er feststellen mußte, daß es eine teure Leidenschaft ist. Gegenwärtig hat Pierre, der wie die übrigen F.F.I.-Angehörigen ohne Sold diente, Schulden in Höhe von 325 000 Francs. Seine Männer mußten verpflegt werden, und es war Pierre, der das übernahm. Ihre Kleidung war ihnen nicht so wichtig. Trotzdem sehen die Befreier von Paris dem herannahenden Winter mit Besorgnis entgegen, denn ihre leichten Schuhe sind rissig, und ihre «Uniformen» sind eine bunte Mischung aus zivilen und militärischen Elementen, letztere von den Nazis; Regen- oder Wintermäntel haben sie nicht.

Mademoiselle Yvonne, sechsundzwanzig, arbeitet in einem Schönheitssalon. Obwohl ihr Einkommen bescheiden ist, ähnelt ihr Aussehen dem ihrer reichen Kundschaft. Ich hätte die schicke Yvonne niemals kennengelernt, wenn sie sich nicht so brennend für ihren eigenen Beruf und zugleich für meine amerikanische Uniform interessiert hätte, wegen der sie annehmen mußte, daß ich eine sprudelnde Informationsquelle sei.

«Entschuldigen Sie, daß ich Sie anspreche, aber wir sind hier so lange eingesperrt gewesen, daß wir nicht wissen, was im Rest der Welt vorgeht», sagte sie. «Was für Nagellack nimmt man jetzt in New York? Ich hörte, daß der Lippenstift jetzt dunkler ist als früher. Aber das sind nur Gerüchte, die ich mitbekommen habe. Stimmt es, daß es in London kaum noch Parfüm gibt?»

Ich wußte nichts über Nagellack und war mir nicht einmal hinsichtlich des Lippenstifts sicher. Aber als ich ihr erzählte, daß nicht nur diese, sondern auch alle anderen Schminkutensilien in London derzeit nicht zu bekommen seien, machte das einen tiefen Eindruck auf sie. «Mon Dieu!» waren ihre Worte. «Wie wenig man doch erfährt!»

Hier ist laut Yvonne alles ganz gutgegangen. Es gab keine Materialknappheit. Sogar Fett (für Gesichtscreme) und Alkohol (für Parfüm) waren reichlich vorhanden. Die Preise auf dem Schönheitsmarkt waren stabil geblieben, aber andere Preise waren in die Höhe geschnellt. Nylonstrümpfe waren beispielsweise so teuer geworden, daß sie sich keine mehr leisten konnte. Sie trug jetzt einfache Seidenstrümpfe.

Mein verwunderter Gesichtsausdruck veranlaßte sie zu erklären, es sei ganz gut gewesen, daß all diese Seide zu Strümpfen wurde. Sonst wäre sie nämlich zu deutschen Fallschirmen verarbeitet worden.

Paris sei eine leichtlebige Stadt und würde es immer sein, erklärte sie. Natürlich fühle man sich in Zeiten wie diesen «ein bißchen überflüssig», aber glücklicherweise war der Krieg ja so gut wie vorbei. Wenn Frieden sei, würde eine Menge Schönheitsprodukte aus den USA kommen, und man könnte in einen hübschen Laden an den Champs-Élysées ziehen. Ob ich sie nicht dort besuchen würde? Sie sei froh, mich kennengelernt zu haben!

Ich kannte Paul Eluard schon lange, bevor Hitler eine Bedrohung wurde. Der junge Dichter war ein prominenter Surrealist, ein hervorragendes Mitglied einer Gruppe französischer Schriftsteller, deren literarischer Stil so radikal war wie ihre politische Haltung.

Eluard ist ein leidenschaftlicher Kämpfer und ein glühender französischer Patriot. Aber sein Nationalismus steht keinesfalls im Widerspruch zu seiner kommunistischen Einstellung. Ganz im Gegenteil, denn zur Zeit schreibt die Partei eine strenge «Frankreich zuerst»-Linie vor, und auf dieser Basis treffen Kommunisten und Gaullisten zusammen. Die Kommunisten sind sehr aktiv in der Résistance gewesen. Im industriellen Paris machten sie einen Anteil von etwa fünfundvierzig Prozent beim kämpfenden Untergrund aus, in den ländlichen Gebieten bis zu dreißig Prozent. Dementsprechend erwarten sie, bei der Errichtung eines neuen Frankreich nicht nur eine Nebenrolle zu spielen.

Ebensowenig sind sie geneigt, zu vergessen und denen zu vergeben, die sie für Verräter halten. Als wir uns über die Notwendigkeit einer geistigen Führung unterhielten, die von unzuverlässigen Elementen gereinigt werden sollte, nannte Eluard eine Reihe von Autoren, die man demnächst zur Verantwortung ziehen wolle. Er erwähnte Céline, de Montherlant, Jouhandeau, Jaloux, Pascal, Giono und Benoist-Méchin. Sacha Guitry, der berühmte Dramatiker und Schauspieler, sei schon gefaßt worden. Als ich bemerkte, daß die Liste kurz sei, zuckte er die Achseln. «Sie ist unvollständig», meinte er, «aber der Welt mitzuteilen, daß es einen noch höheren Anteil von Verrätern gibt, wäre nicht im Interesse Frankreichs.»

Als es daran ging, bekannte Résistance-Schriftsteller zu nennen, war er gesprächiger. Unter den vielen von ihm genannten waren Mauriac, Duhamel, Aragon und der Nobelpreisträger Roger Martin du Gard. Von André Malraux, über den er mit besonderer Sympathie sprach, hieß es, daß er verschollen sei, aber später tauchte er wieder als Kommandeur der F.F.I. im Bezirk Limoges auf. Der berühmte Autor von «La Condition Humaine» war aus einem Gestapogefängnis ausgebrochen und hatte sich wieder in den Kampf gestürzt.

Einen anderen Schriftsteller, den jungen Jean Prévost, nannte Eluard einen der vielversprechendsten Autoren der zeitgenössischen französischen Literatur. Dieses Versprechen wird niemals eingelöst werden können. Prévost ist von den Deutschen gefangengenommen und hingerichtet worden. André Gide, der große Romancier, der noch vor unseren Truppen Tunis erreichte, kommt demnächst zurück. Seine zwanzigjährige Tochter Catherine half mit, Paris zu befreien.

Zuerst nannte er mir seinen richtigen Namen. Aber dann überlegte er es sich und bat darum, Monsieur Geo genannt zu werden. In seiner Position müsse man immer noch vorsichtig sein, sagte er. Monsieur Geo war der Leiter der Pariser Dienststelle, die vorübergehend für politische Gefangene zuständig war. Er zeigte mir die Liste der Gefangenen, die in der Polizeizentrale festgehalten werden. Die Anschuldigungen gegen sie lauten: «Handel mit dem Feind», «Kollaboration», «Mitgliedschaft in der Miliz», «verdächtiges Auftreten», «prodeutsche Aktivitäten» usf.

Eine Angeklagte, die Pressefotografin Julie Bizzari, wurde nicht nur «antifranzösischer Aktivitäten» beschuldigt, sondern auch, daß sie ihren Ehemann von den Deutschen habe erschießen lassen. Trotzdem war Julie kein Opfer des Volkszorns geworden. Sie war wohlbehalten bei der Präfektur eingetroffen. Nicht alle haben soviel Glück gehabt. Ob ich jemand sehen wolle, den die F.F.I. bestraft hatten?

Eine rumänischstämmige Französin mittleren Alters wurde hereingebracht. Angesichts der Tatsache, daß sie zugegeben hatte, 57 französische Patrioten an die Gestapo verraten und ausgeliefert zu haben, war es ihr bei ihrer Gefangennahme noch nicht allzuschlecht ergangen. Man hatte ihr die Haare abrasiert, aber ihr erlaubt, ihre Schande unter einem hübschen Turban zu verbergen. Doch auch so war sie abgrundtief häßlich.

Eine andere «Collaboratrice», eine blasse Nachtclubsängerin mit unruhigen Augen, wurde vorgeladen. Darnand hatte sie dafür bezahlt, gegen die F.F.I. zu arbeiten; sie hatte sich aber unterbezahlt gefühlt und tauchte bei der Präfektur auf, um ihre Vichy-Freunde zu verraten. Ihr Kopf war nicht rasiert, und sie schien sich nicht im mindesten zu schämen.

Die politische Säuberung von Paris ist alles andere als einfach. Monsieur Geo erwähnte zwei Schwierigkeiten. Jede Säuberung solcher Art ist eine Versuchung für viele, die sich persönlicher Feinde entledigen wollen. Ständig gehen Denunziationen bei der Präfektur ein, und es wird lange dauern, bis sie aufgenommen und bearbeitet sind, erklärte er. Außerdem suchten eine Menge kleiner Verräter Schutz in den Reihen der F.F.I., als ihnen der Boden zu heiß wurde. Und da die F.F.I. nicht jeden Fall prüfen konnten, neigten sie dazu, jeden aufzunehmen, der kämpfen wollte. Diese späten Wendehälse zu enttarnen, von denen einige in der Tat bei der Befreiung von Paris mitgeholfen haben mögen, wird schwierig sein.

Eine dritte Schwierigkeit, die Monsieur Geo nicht erwähnte, betrifft zahllose wohlhabende und einflußreiche Männer und Frauen, die womöglich ohne verräterische Absicht mit dem Feind Handel trieben oder kooperierten. Wenn alle von ihnen angeklagt werden sollten, wäre das ein revolutionärer Hausputz von unabsehbaren Dimensionen. Falls die Widerstandsbewegungen nicht größten Druck auf General de Gaulle ausüben, dürfte es unwahrscheinlich sein, daß er sich auf so ein riesiges Unternehmen einläßt.

Aber politische Säuberungen werden in jedem Bereich des öffentlichen Interesses geplant. Der Verband der Untergrundpresse, das Komitee für die Befreiung des Kinos und der Beauftragte für die Säuberung des Theaters sind kaum weniger lautstark in ihren Forderungen als das Nationale Schriftstellerkomitee. Es bleibt abzuwarten, wie gründlich die Reinigung sein wird. Aber schon jetzt ist klar, daß eine Vielzahl von Problemen auf die Säuberungsbeauftragten zukommt. Vor kurzem wurde bei einem Treffen zur Bildung eines Komitees für die Säuberung des Verlagswesens eine Liste mit zwölf Namen vorgelegt, aber es stellte sich heraus, daß einige dieser Kandidaten selbst nicht über jeden Verdacht erhaben waren. Sie hatten «ein bißchen» kollaboriert und könnten wohl kaum über ihre Kollegen richten. Zwölf Pariser Verleger zu finden, die hohe fachliche Kompetenz mit vollständiger politischer Integrität vereinigen, war alles andere als einfach. Als ich das Treffen verließ, war noch keine Entscheidung gefallen.

Die Schlacht von Paris war im August vorbei.

Aber war sie das wirklich? Und ist sie es jetzt? Es gibt manche, die das bezweifeln, und manche, die denken, daß der Kampf vielleicht auf andere Weise weitergeht und daß Paris trotz aller offensichtlichen Fröhlichkeit eine Stadt ist, die Anlaß zur Sorge gibt.

Vier Jahre Besatzungszeit haben genausoviel Apathie, Ignoranz und Korruption wie Mut und den Willen zur moralischen Erneuerung hervorgebracht. Wer sich geweigert hat, dem Feind Hilfe zu leisten, mag es jetzt schwer finden, irgend jemandem zu helfen. Das Gesetz zu brechen, sehr langsam oder überhaupt nicht mehr zu arbeiten, Sabotage und passiven Widerstand zu üben, das war alles eine wunderbare Sache vor der Befreiung. Heute ist es das nicht mehr. Und während damals die glühende «Frankreich zuerst»-Einstellung vieler für alle annehmbar war, ist sie es jetzt nicht mehr. Auch wird der politische Waffenstillstand, auf den man sich angesichts der Invasion stillschweigend geeinigt hatte, voraussichtlich nicht von langer Dauer sein. Schon jetzt prallen die Standpunkte aufeinander. Die Frage, was man mit der F.F.I., also mit einer Million bewaffneter Franzosen, anfangen soll, ist ein Beispiel dafür.

Frankreich ist nicht Europa, und Europa ist nicht die Welt. Aber Europa wird friedlich sein müssen, damit die Welt Frieden findet. Und Frankreich ist das eine Land auf dem Kontinent, das die Führung übernehmen kann. Die Gesundheit Westeuropas wird von der moralischen, physischen, politischen, militärischen und wirtschaftlichen Kraft Frankreichs abhängen. Damit trägt Paris, das Herz und der Kopf Frankreichs, die Bürde der schwersten Verantwortung. Seine Erholung, seine Wiedergeburt und seine umfassende Wiederbelebung sind für den Frieden auf der Welt unabdingbar.

Zwei Welten

Die arabische Stadt X ist eine der ältesten und schönsten in Marokko. Sie liegt ein paar Meilen von der neuen französischen Siedlung entfernt, und ihre Mauern aus dem 13. Jahrhundert, ihre schmalen Einkaufsstraßen, ihr großartiger Palast, ihre Moscheen und ihre bezaubernden Düfte, süß, schwer und undefinierbar, haben seit langem Touristen aus aller Welt angelockt. Aber im Gegensatz zu anderen wohlbekannten «Kuriositäten» hat sie ihre Echtheit und Integrität vollkommen bewahrt, und ihre dunkelhäutigen Einwohner führen weiterhin ein exotisches Leben und lassen sich dabei nicht von den stetig wechselnden «weißen» Einflüssen um sie herum stören.

Nahe der Altstadt stehen die weiten Flure und modischen Zimmer des eleganten Hotels Y dem Besucher offen. Es war seltsam und faszinierend zugleich, an diesen wunderbaren alten Platz zurückzukehren, der nun dem amerikanischen Militär untersteht. Mit der etwas behäbigen internationalen Besucherschar, die ich früher hier kennengelernt hatte, war es vorbei. Statt dessen gingen britische und amerikanische Soldaten, Leute vom Roten Kreuz, Mädchen in den Uniformen von Marine- und Luftwaffenhelferinnen und ein paar entschlossen aussehende Zivilisten ihrer Arbeit nach, die nicht den Hauch der makellosen Eleganz ihrer Vorgänger hatten. Und es mußte sich um extrem wichtige Arbeit handeln, wenn sie dafür ein Zimmer im Hotel Y bekommen konnten.

So wie viele elementare Dinge des Lebens sind auch Streichhölzer in X eine Seltenheit. Daher ließ ich mir gerne von einem blonden Burschen in der Uniform des U.S. Transport Command in der Lobby des Y Feuer geben. Der zwanzigjährige Lieutenant G. stammt aus Spokane in Washington. Er sei zwar nicht in X stationiert, aber, wie er mir erzählte, spiele es kaum eine Rolle, wo er stationiert sei. Er sei meistens unterwegs, und er sei im vergangenen Jahr ein ganzes Stück herumgereist. Einmal seien es 5600 Meilen in 36 Stunden gewesen, ein Flug von irgendwo in Indien nach irgendwo in Afrika. Die Sahara habe er schon dutzende Male überflogen, und er fühle sich an den Fronten im Nahen Osten ganz zu Hause.

«Na ja, nicht wirklich zu Hause», sagte er mir. «Ich kenne halt inzwischen alles ganz gut. Aber sie glauben gar nicht, was das ausmacht, ab und zu mal zum eigenen Posten zurückzukommen, in der eigenen Kaserne mit den eigenen Fotos an der Wand zu schlafen und die eigenen Freunde zu treffen – auch wenn es immer noch Afrika ist, wohin man ‹nach Hause› kommt.»

Es sah nicht danach aus, als ob er sich viel aus Afrika machte. Er macht sich viel mehr aus Spokane und aus Washington. Und es war wirklich ein glücklicher Zufall, daß sein Kamerad und Vorgesetzter, der zweiundzwanzigjährige Captain C., auch dort herkam.

«Egal, wo wir sind, reden wir von zu Hause, und es soll keiner den Kopf hier ins Cockpit stecken und sagen, unser Staat sei nicht der schönste auf der Welt», sagte der Lieutenant G.

Ich fragte, wie lange er wohl schon hier drüben sei.

Etwa eineinhalb Jahre. Aber er hätte in dieser Zeit schon mehr als im gesamten Jahrzehnt davor gesehen. «Vor allem hatte ich vorher nicht die leiseste Ahnung, wie gut wir es drüben haben», sagte er mit einem Kopfschütteln. «Mann, ich möchte nirgendwo anders als in den Staaten leben! Und wenn ich erst mal zurück bin, bleibe ich für immer da. Ich würde ja nicht mal meiner Familie die ganzen seltsamen Gegenden hier zeigen! Komisch, nicht? Normalerweise möchte ich ihnen immer alles zeigen, was ich so erlebe. Aber diesmal nicht. Ich glaube auch nicht, daß es ihnen gefallen würde. Es ist alles viel zu ungewohnt.»

Und es war wirklich ungewohnt, diesem Jungen aus Spokane zuzuhören, wie er von Kairo und Jerusalem sprach, von Tripolis und Dakar, vom Irak und von Syrien, als ob diese entlegenen Orte Stationen seines Schulbusses wären.

«Bethlehem!» sagte er und schüttelte wieder den Kopf. «Wir sind vor kurzem eine ganze Viertelstunde dort gekreist, aber fragen Sie mich mal, warum Gott sich ausgerechnet diesen Platz ausgesucht hat. Gab es da zu dieser Zeit was besonderes? War es dort schön oder so?»

Zwar konnte Gott sich nicht gut das seinerzeit noch nicht existierende Spokane ausgesucht haben, aber seiner, also Lieutenant G.'s Meinung nach mußte es doch sogar zu dieser Zeit andere Orte auf der Welt gegebenen haben, die wenigstens nach etwas ausgesehen hätten und damit viel passender als das alte, staubige Bethlehem gewesen wären.

«Der Staub macht mich fertig!» erklärte er. «Auch wenn es mal ein bißchen Grün gibt, ist es immer noch staubig und blaßbraun. Und die Wüste ist natürlich das allerschlimmste. Wenn ich mal über der Wüste runter müßte, würde ich als erstes meine Pistole vergraben und mich so schnell wie möglich aus dem Staub machen. Ich will mich nicht erschießen, und genau das könnte passieren, wenn ich das Ding nicht schnell genug los würde. Ich will zwar gerne für mein Vaterland sterben, aber wenn irgend möglich möchte ich doch leben, verstehen Sie? Ich will nach Hause zu meiner Freundin. Wir sind zusammen, seit ich auf der High School bin, und wir brauchten uns nicht einmal richtig zu verloben. Wir haben immer gewußt, daß wir zueinander gehören. Sie haben nicht zufällig kleine portugiesische Scheine bei sich, oder?»

Ich zog leicht verwundert einen Zehn-Escudo-Schein aus der Tasche. Ob ich ihn bitte für ihn unterschreiben würde? Das tat ich, worauf er mir den kleinen Schatz zeigte, dem mein bescheidener Beitrag hinzugefügt werden sollte, nämlich eine lange Fahne aus allem möglichen Papiergeld, von Dollars und Schillingen über Francs, Lire und Pesetas bis hin zu Dinaren und Piastern, ordentlich aneinander geklebt und mit den Unterschriften aller Passagiere des Lieutenants verziert. Unter den Autogrammen fand sich manch stolzer Name.

«Das ist mein Talisman», meinte er, «aber eigentlich ist es für meine Freundin. Glauben Sie, daß es ihr gefällt?»

Davon war ich überzeugt, um so mehr, als immerhin ein in Gefangenschaft geratener italienischer General zu den Unterzeichnern gehörte.

«Das war auch so ein komischer alter Kauz», kicherte Lieutenant G. «Ihm machte die Gefangenschaft anscheinend gar nichts aus. Und er mochte meine Pfefferminzbonbons! Die hat er gefuttert wie ein Kleinkind. Also ließ ich ihn meinen Lireschein unterschreiben. Aber von diesem Nazilieutenant wollte ich ums Verrecken kein Autogramm. Das war ein ganz mieser Typ, genauso arrogant und widerwärtig wie im Film. Typen wie den müssen wir ein für allemal loswerden.»

«Und wann?» frage ich. «Na los, lassen Sie uns mal unvorsichtig sein und wild drauflos spekulieren. Wann, glauben Sie, wird das Ganze in Europa vorbei sein?»

Dazu hatte mein Freund sehr entschiedene Ansichten. «Ich habe meinen eigenen kleinen Zeitplan gebastelt, und bis jetzt geht er ziemlich genau auf», erzählte er. «So um Weihnachten herum dachte ich mir, daß wir in Afrika bis Ende Mai aufräumen werden. Gar nicht schlecht, oder? Ich habe auch vorhergesagt, daß Italien irgendwann im Oktober zusammenbricht, und daß Deutschland in folgenden Winter drankommt.»

Er hatte sich alles genau überlegt und erklärte mir bereitwillig, warum seiner Ansicht nach die Dinge so und nicht anders kommen würden. Erneut dachte ich, wie seltsam es war, daß ich hier in dieser veränderten marokkanischen Stadt mit diesem amerikanischen Jüngling saß, der sich nie um die Weltpolitik gekümmert hatte, der nichts anderes wollte, als in Frieden seiner Arbeit nachzugehen und sich in Spokane, Washington, mit seiner Freundin niederlassen wollte, mit der er seit seiner Kindheit zusammen war. Er sah extrem jung aus, sehr ordentlich und sehr ehrlich. Seine Mutter mußte recht stolz auf ihn sein, dachte ich mir. Dann fragte ich ihn, ob sein Leben jemals wirklich in Gefahr gewesen sei.

Er lächelte. «Aber sicher, und nicht nur einmal! Am schlimmsten war es allerdings, als eine unserer Maschinen mal mit Motorschaden auf feindlichem Gebiet landen mußte. Da sich keine Feinde in der Umgebung blicken ließen, entschlossen wir uns zu landen, die Crew zu retten und ihre Maschine zu zerstören. Es war kein wirklicher Landeplatz, und wir mußten sie auf einem Plateau runterbringen – war zwar flach, aber wir hatten nicht viel Platz. Ich glaube, das hätte kein anderer Vogel geschafft. Aber unserer schon, und alles schien glatt zu gehen, bis diese Eingeborenen auf einmal hinter uns auftauchten. Da standen sie nun nahe an unserer Maschine, während wir die beschädigte Maschine verbrannten. Diese Spinner! Statt sich an unserer Maschine zu schaffen zu machen, haben sie uns unter Beschuß genommen. Allerdings sah es nicht allzu gut aus, denn wir konnten kaum zurückschießen, um unsere Maschine nicht zu gefährden. Mein Captain konnte hinter sie kommen und zwei von ihnen erschießen, bevor sie wußten, was los war. Die andern drei drehten sich freundlicherweise um, um nachzusehen, und dann war der Kampf vorbei. Trotzdem möchte ich so was nicht noch mal mitmachen. War ein bißchen knapp, das Ganze.»

* * *

Um Punkt zehn Uhr wünschte mir der Lieutenant gute Nacht. Wir sollten um sieben Uhr morgens abfliegen, deswegen mußte er um sechs schon seinen Dienst antreten.

Ich spazierte in die warme Nacht hinaus, der Altstadt ent-

gegen. Kaum hatte ich den Marktplatz überquert und das
Soukes-Viertel erreicht, war ein Araberjunge an meiner
Seite, der mir erklärte, daß er ein Fremdenführer namens
Mohammed Nummer zwei sei und er sich glücklich schätzen
würde, mich zu führen. Auf seine Art war er recht attraktiv,
dieser Mohammed – schlank, anmutig und melancholisch,
mit Augen, die um einiges dunkler waren als seine rehbraune
Haut, und mit einem kindlichen Gesicht, das von der nachdenklichen Schläfrigkeit seiner uralten Rasse geprägt war.
Trotz der Traurigkeit in seinen Gesten und Blicken war Mohammed sehr gesprächig. Er sprach fließend Französisch und
konnte auch recht ordentlich Englisch. Er war schon in Chicago gewesen, ließ er mich beiläufig wissen, und auch schon
in Brüssel, Paris und Amsterdam – das war noch gar nicht so
lange her, vielleicht vor zwei oder vor vier Jahren. Ich glaubte
ihm kein Wort davon. Mohammed rauchte sicher Haschisch,
sagte ich mir, dieses benebelnde Kraut, dem Araber manchmal verfallen sind und das sie glücklich, unzuverlässig, fried
lich und auch erfinderisch macht.

Ob ich einen Pfefferminztee wollte, frage Mohammed.
Dann könnten wir nämlich eine kleine Terrasse nicht weit
von hier aufsuchen, von der man die Stadt überblicken könne
und wo wir nicht von Händlern, Bettlern oder Dolmetschern
gestört würden.

Unversehens fand ich mich dort oben wieder, wo ich die
von Mohammed bestellte süßlich-scharfe Flüssigkeit trank
und seiner angenehm verschleierten Stimme lauschte. Er war
zwanzig, sagte er mir, und ich mußte an Lieutenant G. denken, der genauso alt, genauso schrecklich jung war. Aber wie
verschieden die beiden waren, wie vollkommen unvergleichlich! Fliegerlieutenant G. wußte, daß die Welt klein war. Aber
die Kinder dieser Welt waren immer noch auf verwirrende
und doch bezaubernde Weise grundverschieden.

Mohammed – zerbrechlich, gazellenartig und schillernd –

sprach von seiner zukünftigen Frau, und ich fragte ihn, wann er denn heiraten wolle.

In drei Jahren, sagte er und fügte hinzu, daß ich das eigentlich hätte wissen müssen, weil er mir sein Alter verraten hatte. «Wir alle heiraten hier, wenn wir dreiundzwanzig sind.»

Meine Frage, ob er denn schon ein Mädchen gefunden hätte, verneinte er entschieden. Daran dächte er auch nicht. Seine Eltern würden ihm die Braut aussuchen, und er würde sie vor ihrem Hochzeitstag nicht zu Gesicht bekommen. «Glaubst du, daß der Krieg dann vorbei sein wird?» fragte ich ihn und dachte dabei an den Zeitplan des Lieutenants. Gab sich Mohammed ähnlichen Spekulationen hin? Aber Mohammed zuckte nur die Achseln.

«Nur Geduld!» forderte er ruhig. «Wir müssen viel Geduld haben, und eines Tages wird er vorbei sein. Lange Zeit gab es drei Völker in unserer Stadt – Araber, Franzosen und Juden. Jetzt sind wir vier, weil auch die Amerikaner da sind. Wir haben nichts dagegen. Sie geben uns Seife, und sie bezahlen diejenigen, die für sie arbeiten. Sie sind freundlich, glaube ich – ganz freundlich, und sie haben Heimweh. Auch sie müssen Geduld haben.»

Es lag etwas sehr Süßes und sehr Weises in seinen Worten und in der Art, wie er sie sagte.

Unter uns rasten zwei amerikanische Militärpolizisten auf ihren Motorrädern über den Platz. Die Luft war dunstig und voller Düfte. Als Mohammed abbrach und einen Schluck Tee nahm, konnte man murmelnde Stimmen in der Ferne hören. Hunderte von Arabern hatten sich in drei weiten Kreisen um drei Männer versammelt, die vor ihren auf der Erde hockenden Zuhörern standen.

«Unsere Geschichtenerzähler», sagte Mohammed. «Sie sind sehr gut. Aber einer von ihnen, der alte mit den meisten Zuhörern, der ist wirklich ausgezeichnet. Er erzählt jetzt seit sechzehn Jahren die gleiche Geschichte und spinnt sie immer weiter, er erfindet jeden Abend ein neues Kapitel. Und es wird kein Ende geben, bis er stirbt. Dann wird einer seiner Schüler weitermachen, und die Geschichte wird niemals sterben. Es ist eine religiöse Geschichte, das sind sie alle; sie beruht auf einer winzigen Anekdote aus dem Koran. Aber um aus solch einer winzigen Sache eine Geschichte zu machen, die Generationen überdauert, muß man viel Talent und Wissen haben. Und auch große Geduld.»

Dann brachte mich Mohammed ‹nach Hause›. Er ging geräuschlos im Schatten der Bäume an der Straße und schien das Mondlicht zu meiden. Wollte er mir die ‹Peinlichkeit› ersparen, mit ihm gesehen zu werden? Als ich ihn für seine Dienste bezahlen wollte, schüttelte er stumm den Kopf. Als ich darauf bestehen wollte, wurde er sehr ernst.

«Bitte», sagte er, «*bitte* beleidigen Sie mich jetzt nicht. Ich hatte so einen schönen Abend. Und ich werde ihn nie vergessen.»

Ich gab nach, und Mohammed verneigt sich tief, aber sehr würdevoll und anmutig, dann verschwand er in der Dunkelheit.

Der ebenso alte Flight Lieutenant G. aus Spokane in Washington erwartete uns um sieben Uhr früh am Flugfeld. Der Tag war bereits brütend heiß. Die Wüste sandte ihre trockenen, trüben Winde aus. Von einer Staubwolke eingehüllt, stiegen wir empor.

Warum die Deutschen weiterkämpfen

Der Postbote klingelt immer zweimal. Aber die Deutschen – die Nazis zu Hause und die «Besseren» im Ausland – klingeln immer öfter; sie spielen immer dasselbe Lied, und mit solcher Ausdauer, daß sich jeder um sie herum bald dabei ertappt, die eingängige Melodie mitzusummen, ob er will oder nicht.

Ich mag das Lied nicht, das Fritz Sternberg den Lesern der Zeitung «The Nation» vorzusingen pflegt, wann immer es sich anbietet. Sei es, daß er als Wirtschaftsexperte daran geht, die Unersetzlichkeit eines industriell leistungsfähigen Deutschlands zu beweisen; sei es, daß er als militärische Autorität und als Kenner der deutschen Seele die alliierte Forderung nach bedingungsloser Kapitulation ablehnt, die, wie er fürchtet, den Krieg verlängern könnte: So oder so wirkt er zum Wohl des Vaterlands. Unermüdlich versuchen er und andere «bessere Deutsche», dem liberalen Amerika zwei anscheinend unvereinbare Theorien zu vermitteln. Diese sind:

1. Angesichts der Gestapo konnten die Deutschen einfach keine starke Untergrund- oder Widerstandsorganisation aufbauen. (Folgerung: Beschwert euch nicht, wenn so etwas nicht im Bezirk Aachen entdeckt wurde!)
2. Nichtsdestotrotz gibt es in Deutschland mehr als genug «unverbesserliche Nazis», die jedoch zum Wohlverhalten gezwungen werden – nicht von der Gestapo, sondern von den Alliierten. Gewisse «provozierende Aktionen», zu denen sie durchaus fähig sind, werden nämlich nicht stattfinden, solange nicht eine «Änderung der alliierten Strategie» solche Aktionen lohnend erscheinen läßt. Kein geringerer Wahrheitsfreund als Dr. Paul Joseph Goebbels höchstpersönlich hat das gesagt.

Ich bin gerade aus dem besetzten Deutschland zurückgekehrt, und Hunderte von Gesprächen, die ich mit deutschen Zivilisten geführt habe, sollten mir meinerseits ein kurzes Solo erlauben.

Meine Erkenntnisse lassen sich folgendermaßen zusammenfassen:

1. Politisch gesehen sind die Deutschen tatsächlich apathisch. Während viele von ihnen vorgeben, den Nazismus satt zu haben, habe ich nicht einen einzigen getroffen, der angab, zu irgendeiner Zeit an Anti-Nazi-Aktivitäten beteiligt gewesen zu sein. Wenn man sie fragte, ob ihres Wissens noch irgendwelche oppositionellen Kräfte im Reich tätig wären, sagten sie, daß sie das nicht glaubten, aber daß sie das natürlich auch nicht wissen könnten. Sie schienen auch nicht an der möglichen Existenz von Widerstandskämpfern interessiert oder von ihr beeindruckt zu sein. Sie sprachen von ihnen eher als einer Gruppe, mit der anständige Bürger wie sie selbst nicht einmal jetzt etwas zu tun haben wollten. Die Mehrzahl gab zu, daß sie 1939 und 1940, als alles noch «rosig» aussah, voll und ganz hinter dem «Führer» gestanden hätten. Die wenigen, die angaben, daß sie ihn schon damals nicht gemocht hätten, beschwerten sich über seine Kurzsichtigkeit, Rußland und die USA zu unterschätzen und anschließend zu provozieren. Von moralischen Bedenken war keine Rede. Deutschlands Hauptverbrecher werden also heute nur halbherzig angeklagt – nicht wegen ihrer Verbrechen nämlich, sondern wegen ihres Versagens.

2. Manche Deutsche machen die Gestapo für das Fehlen einer Widerstandsbewegung verantwortlich. Wenn Himmler nicht wäre – sagen sie –, wäre der einfache deutsche Soldat bereit, die Waffen niederzulegen. Aber als Straßburg gefallen war und sich die geschlagene Wehrmacht hinter den Rhein zurückgezogen hatte, verschanzten sich zweihundert deutsche Soldaten in zwei Mietshäusern nahe am Fluß

und schossen auf alles, was sich bewegte; sie töteten viele Menschen und dienten ihrem «Führer» bis zum bitteren Ende. Diese Männer waren keine «professionellen Nazis». Es waren «normale» Deutsche, die meisten von ihnen schon älter oder nicht gesund; sie waren in Straßburg stationiert oder im Krankenhaus gewesen, bevor die Kämpfe dort begannen, und dann hatte man sie vergessen, als sie von der deutschen Hauptstreitmacht in Kehl abgeschnitten waren. Es saß ihnen keine Gestapo im Nacken, die ihnen angst machte, und es gab keinen Nazioffizier unter ihnen, der ihre Kapitulation verhindert hätte. Sie machten einfach mit dem Töten weiter. Weil sie es wollten. Keine Eliteeinheit der SS hätte es besser machen können.

3. Die deutsche Führung hat ihr Möglichstes getan – und tut immer noch ihr Möglichstes –, die Schrecken des Krieges im Gegensatz zu denen eines alliierten Sieges erträglich erscheinen zu lassen. Aber weder die Forderung nach «bedingungsloser Kapitulation» noch die Eisenhower-Proklamation, weder der «Vansittartismus» noch der Morgenthau-Plan haben Goebbels mit ausreichendem Material versorgt. Keine authentische alliierte Willensbekundung ist in Deutschland so «populär» geworden wie das seltsame Hirngespinst, das dort als «Roosevelt-Kaufman-Plan» bekannt ist.

Ein amerikanischer Bürger, ein gewisser Theodore Kaufman, der von den Leiden seiner jüdischen Glaubensbrüder gepeinigt wurde, entwarf 1941 einen Plan für die völlige Auslöschung alles Deutschen. Das Reich, so schrieb er, müßte unter seinen Nachbarn aufgeteilt werden. Alle Deutschen müßten sterilisiert, ihre Sprache verboten, ihre Bücher verbrannt werden, und nichts von dem, was einmal Deutschland war, dürfte übrigbleiben. Kein Wunder, daß Mr. Kaufman keinen Verleger finden konnte und selber dafür bezahlen mußte, seinen Traum gedruckt zu

sehen. Kaum ein Amerikaner hat das Pamphlet je gesehen.
Die meisten Deutschen haben das. Man erzählte ihnen,
daß Kaufman Roosevelts Vertrauter und engster Mitarbeiter sei; sein «Plan» sei das Geisteskind des Präsidenten
und würde ohne Zweifel in einem besiegten Deutschland
durchgeführt werden.

Noch heute, also vier Jahre, nachdem Kaufman seine frag-
würdige Broschüre herausgab, ist den Nazis keine Anstrengung zu groß, ihren Inhalt in der Erinnerung der
Deutschen lebendig zu erhalten. Goebbels erkennt sofort
eine V-Waffe, wenn er eine sieht, und er zieht seinen
Kaufman allen anderen vor.

4. Die Annahme der «besseren Deutschen», daß die Gestapo
immer noch stark genug sei, neun bis zwölf Millionen ver-
sklavte Fremdarbeiter vom Aufstand abzuhalten, fand ich
zutreffend. Bis jetzt gibt es noch keine Berichte über eine
nennenswerte Widerstandsbewegung unter diesen armen
Teufeln, die auf Schritt und Tritt von ihren deutschen Fol-
terknechten bewacht werden und von denen jeder zweimal
täglich am Galgen vorbeigeht, der im Hof seiner Fabrik
steht. Aber daß jemand naiv genug sein könnte, ihr Leid
mit dem der Deutschen zu vergleichen, einer bis an die
Zähne bewaffneten Nation, ist schwer zu verstehen. Ein
Vergleich wie dieser unterstellt die Unschuld der Deutschen – daß sie also von «den Nazis» in Knechtschaft gehalten werden. Er unterstellt auch, und das wohl unbeabsichtigt, eine Ansammlung von Ehrfurcht einflößenden
Kräften, die ein irregeleitetes Schicksal Hitler und seinen Vertrauten verlieh. Daß die Nazi-Führer ganz allein
dazu fähig gewesen sein sollen, erst ihr eigenes Volk zu un-
terdrücken, dann den europäischen Kontinent zu überrennen, und daß sie schließlich gewagt haben sollen, aus ihren
hilflosen deutschen Sklaven einen «Volkssturm» zu machen, als die ganze Welt auf dem Weg nach Berlin war –

dies alles läßt sie wie wahrhaftige Übermenschen aussehen.

5. Es werden Artikel darüber geschrieben, «warum die Nazis weiterkämpfen». Nur zur Erinnerung: «Die Deutschen» sind es, die weiterkämpfen. Warum? Ich kann nur das wiederholen, was sie mir selbst gesagt haben. Manche, vielleicht zehn von hundert gefangenen Zivilisten und Soldaten, schoben die Verantwortung allein auf Himmler. Drei oder vier meinten, die alliierte Propaganda sei schuld, besonders der «Roosevelt-Kaufman-Plan». Die restlichen 86 Prozent erklärten, daß der Krieg weitergehen müsse, bis die Alliierten bereit (ausreichend ermüdet und entzweit genug) für einen «ordentlichen Frieden» seien. Wie dieser ordentliche Frieden aussehen sollte, das konnten sie nicht genau sagen. Aber ich wage zu behaupten, daß kein Frieden, den die Alliierten planen könnten, ohne dabei selbstmörderische Absichten zu hegen, von der Mehrheit der Deutschen als «ordentlich» angesehen würde.

Die Deutschen kämpfen also für etwas weiter, das sie nicht bekommen werden, allerdings für etwas, von dem sie glauben, daß es zu bekommen ist, wenn sie nur weiterkämpfen. Nichts als eine vollkommene Niederlage, nichts anderes als eine allumfassende, allgegenwärtige, unwiderstehliche nationale Katastrophe wird sie aufhalten. Keine vorstellbare «Änderung der Strategie» wird das erreichen.

TEIL V

An die Vernunft appellieren

Politische und literarische Essays

(1945 – 1968)

Das befreite Berlin

Was einmal Berlin war – eine europäische Hauptstadt wie andere auch –, ist heute der unwirklichste Ort, den man sich nur vorstellen kann. Während ich Sie herumführe, möchte ich, daß Sie Berlin aus drei Blickwinkeln betrachten. Sie werden

1. die Stadt selbst;
2. ihre deutschen Einwohner;
3. ihre Eroberer kennenlernen.

Schon der erste Aspekt – Berlins äußere Erscheinung – ist schwer zu beschreiben. Wir hatten gewußt, daß die Stadt zerstört war, und wir hatten viele andere Städte in Ruinen gesehen. Aber noch nie zuvor waren wir auf solch gigantische Verwüstung gestoßen. Gäbe es nicht eine Reihe von Wahrzeichen, die, obwohl teilweise zerstört, erkennbar bleiben, man würde sich in den einst bekannten Straßen leicht verlaufen. Besonders der Westen, aber auch das Zentrum und der Osten sind nur noch eine Art Mondlandschaft – ein Meer der Zerstörung, uferlos und unendlich.

Gegenüber von den Überresten der Kaiser-Wilhelm-Gedächtniskirche erkennen Sie die Tauentzienstraße und den Kurfürstendamm, die modischsten Boulevards des Westteils. Wenn Sie durch das Brandenburger Tor gehen, sehen Sie die berühmte Straße Unter den Linden. Da dies der Kanal ist, muß das der Lützowplatz sein. Das Wasser riecht faul und süßlich. Wie viele Tote mögen unter diesen Ruinen begraben sein?

Sie sehen genügend lebendige Menschen. Da gibt es Reihen von Frauen, die meisten von ihnen schon älter, die den Platz von Trümmern räumen und ganze Karren mit Schutt und zerbrochenen Ziegeln weiterschieben. Gut gekleidete Herren mit Aktentaschen klettern geschäftig über kleine Schutthaufen. Deutsche Mädchen mit Fahrrädern lächeln amerikanischen G.I.s zu. Und ein russischer Soldat, sein asiatisches Bauerngesicht ganz voller Lächeln und Stolz, konsultiert seine frisch «befreite» Armbanduhr.

Es ist Musik in der Luft – eine alte preußische Melodie, fröhlich und militärisch. Wenn Sie dem Klang folgen, kommen Sie zu dem, was einmal ein großes Mietshaus gewesen sein muß. Es ist vollkommen zerstört. Daß irgend jemand hier leben und Lust dazu haben sollte, einen Marsch auf einem rätselhafterweise geretteten Klavier zu spielen, ist kaum zu glauben. Berlin ist kaum zu glauben. Es ist ein Alptraum, wie noch keiner geträumt wurde.

Was ist es, das diese Stadt so unwirklich macht? Die Ruinen selbst sind nur das vorhersehbare Ergebnis von Monaten alliierter Bombardierung und wochenlangem russischem Sperrfeuer. Man könnte auch sagen, daß sie der physische Ausdruck eines moralischen Verfalls ohnegleichen sind. Der gegenwärtige Zustand Berlins ist auf eine schreckliche Art gerecht und logisch.

Und was ist mit seinen Menschen? Passen sie in das Bild? Harmonieren ihre Gesichter und Stimmen mit dem Aussehen ihrer Stadt?

Das tun sie nicht, und es ist genau diese Diskrepanz, die den Alptraum hervorruft.

Die Berliner sind überwiegend gut angezogen und insgesamt ziemlich gut ernährt. Sie bewegen sich zügig, sprechen laut und lassen nicht die geringste peinliche Berührtheit erkennen, geschweige denn eine Spur von Schuldgefühl. Weil Hitler den Krieg verloren hat, nehmen viele von ihnen Anstoß an Hitler. Aber sie denken nicht, daß jemand an ihnen Anstoß nehmen könnte. Im Gegenteil: Die Feinde von gestern, so hofft man, werden die großzügigsten Freunde von morgen sein. Von den Westalliierten erwartet man, daß sie es schaffen, Berlin wieder auf die Beine zu bringen: Sie werden Nahrungsmittel schicken – eine Menge davon; sie werden dabei helfen zu reparieren, was sie zerstört haben; und sie werden Deutschland vor den Russen schützen. Goebbels' Lieblingsversprechen ist noch immer nicht aufgegeben worden, und der Durchschnittsberliner sieht freudig einem Bruch in unseren Beziehungen mit den Sowjets entgegen. Wenn Letztere von der Bühne entfernt werden könnten, wäre alles gut. Denn, wie ein Berliner es ausdrückte: Die Franzosen werden uns hassen, aber die Franzosen zählen nicht. Die Briten werden uns ignorieren, aber das tut nicht weh. Aber die Amerikaner werden uns helfen, und das ist entscheidend.

Schon jetzt kann man sich in Berlin gut amüsieren. In Anbetracht der geringen Zahl von bewohnbaren Gebäuden ist das Angebot an Unterhaltung erheblich. Drei Theater, über ein Dutzend Kabaretts und unzählige Bars haben neu eröffnet und sind immer voll. Es gibt Konzerte und Shows. Bald wird es auch eine Oper geben.

Während sich nur ein winziger Bruchteil der 2 750 000 Einwohner (Vorkriegsbevölkerung viereinhalb Millionen) diese Annehmlichkeiten leisten kann, scheint das die meisten Menschen nicht zu stören. «Nach so viel Leid», meinen sie, «ist es normal, daß die Leute sich entspannen möchten.»

Sie sagen auch, daß viele Kellner, Barmänner, Musiker und Köche ein gutes Auskommen in diesen Unterhaltungseinrichtungen haben, die nebenher häufig als Zentren für den Schwarzmarkt dienen.

Hier ist jeder an Schwarzmarktaktivitäten beteiligt. Wenn Sie sehr reich sind, sind Sie lediglich ein Käufer. Sonst verkaufen Sie zuerst und kaufen dann. Eine Handvoll Kleidermarken verwandeln sich in ein paar tausend Mark, die sich gegen ein paar Pfund Butter, Zucker und Fleisch tauschen lassen. Die Mark ist offiziell abgewertet worden, und der Kurs steht zur Zeit bei 10 Invasions-Cent. Aber auf dem heimischen Markt ist ihre angebliche Kaufkraft 41 Cent.

Hier ein paar Preise, die im Moment für Schwarzmarktware gezahlt werden:

Butter 1000 Mark das Pfund; Zucker 175 Mark; Kaffee 500 Mark; Tee 600 Mark. Was amerikanische Zigaretten angeht, kosteten sie 30 Mark das Stück, als unsere Truppen ankamen.

«Und können Sie sich vorstellen, was dann passiert ist?» fragte ein Schwarzmarkthändler verärgert. «Heute nachmittag habe ich ein paar von euren Jungs gesehen, wie sie Zigaretten für fünf und sechs Mark das Stück verschleudert haben. Ich bin mir sicher, daß die das nicht noch mal machen; ich kann Ihnen heute nicht mehr als zehn Mark pro Stück bieten.»

Während des Krieges wurde der Schwarzmarkt im wesentlichen aus zwei Quellen gespeist. 75 Prozent der Ware kamen von der Gestapo, der Wehrmacht und dem Außenministerium, die ihre europäische Beute losschlugen. Die restlichen 25 Prozent waren undeklarierte Bestände aus deutschen Fabriken und Warenlagern.

«Und wer machte den Verkauf?» fragte ich.

«Flüchtlinge», erfuhr ich, «Zwangsarbeiter, die aus Arbeitslagern entkommen waren; Juden, die abgeholt werden sollten; Deserteure; Kriminelle; ein bunter Haufen – die neue Unterwelt. Viele waren von Natur aus anständig. Aber Illegalität ist teuer. Man braucht den Schwarzmarkt, um sie zu bezahlen. Meine eigene Schwarzmarktmiete lag nie unter 1000 Mark im Monat.»

Da der deutsche Handel und die Industrie so gut wie brachliegen und europäische Beute nicht mehr zu haben ist, beginnen die Schwarzmarktaktien in den Keller zu gehen. Die jetzige Ware wurde kurz vor dem Ende gestohlen, als das Chaos regierte und Plünderung an der Tagesordnung war.

«Die Anständigkeit», sagte mein Lieblingsschwarzmarkthändler, ein blasser junger Belgier, «hat Berlin verlassen, aber Berlin weiß es noch nicht.»

«Sie wissen es nicht», sagte Johannes R. Becher, der deutsche Dichter und Patriot, der im Geleit der Roten Armee aus Moskau zurückgekehrt ist. «Weder erkennen sie die Größe der Katastrophe, die Deutschland befallen hat, noch verstehen sie ihre Ursachen. Hitler, sagen sie, mag schuldig sein. Aber wir, das Volk, sind es nicht.»

«War sich der durchschnittliche Deutsche voll über die Verbrechen im Klaren, die in seinem Namen begangen wurden?» fragte ich.

Er nickte.

«Unser Volk», sagte er, «ist moralisch aus der Bahn gekommen – Zivilisten und Soldaten gleichermaßen. Ich wünschte, ich könnte Ihnen sagen, daß es die Gestapo und eine Clique degenerierter Junker waren, die in Rußland gemordet haben. Aber ich habe die Wehrmacht bei der Arbeit gesehen; ich habe mit Soldaten gesprochen und habe gelesen, was sie schrieben. Nehmen Sie folgendes, durchaus typisches Beispiel. Ein junger Leutnant, sehr gebildet, an seinen Eltern hängend, ein eher sentimentaler als brutaler Typ, machte zwei Eintragungen in sein Tagebuch – machte sie wohlgemerkt auf zwei gegenüberliegenden Seiten und unter dem gleichen Datum. Die eine war ein Gedicht von Goethe, das er auswendig konnte und nicht vergessen wollte. Die andere las sich wie folgt: ‹Es ist eine seltsame Sache. Als ich die erste Russin in den Rücken schoß, zitterte ich. Jetzt fühle ich mich nicht wohl, wenn ich nicht zehn pro Tag erschieße. Jedesmal, wenn ich abdrücke, kriecht etwas Warmes und Angenehmes mein Rückgrat hoch.›»

Er hielt inne.

«Was wir überwinden müssen», sagte er schließlich, «ist nicht nur die Nazi-Infektion, sondern auch die Prädisposition, die die Nation so anfällig für Hitlers Gift gemacht hat.

Wir müssen ihnen diese fatale Disposition bewußtmachen – oder, in weniger klinischen Worten, wir müssen Deutschland von seiner historischen Schuld überzeugen.»

Ich verließ ihn voller Erstaunen. Hier war ein deutscher Kommunist, der wie Lord Vansittart sprach. Dazu war er – wie ich bald feststellte – nicht das einzige Exemplar seiner Gattung.

Darf ich vorstellen: Hans Mahle, Intendant des Rundfunks von Berlin, der hier im August 1944 mit dem Fallschirm ankam. Nach dem Attentat auf Hitler am 20. Juli entschied man in Moskau, die Zeit sei reif, um die deutschen Massen durch eine Reihe von geschulten Widerstandskämpfern zum revolutionären Handeln anzustacheln. Der in Rußland ausgebildete Hans Mahle war unter denen, die für die Aufgabe ausgewählt wurden.

«Wir hätten es schaffen können», erzählte er mir, «wenn unser Volk nicht so träge gewesen wäre.»

«Und jetzt», sagte ich, «geben Sie ihnen – allen von ihnen – die Schuld für das, was passiert ist?»

«Unser gesamtes Erziehungsprogramm basiert auf dem Eingeständnis der deutschen Schuld – etwas, das für viele unserer Hörer schmerzhaft ist. Sie schreiben nach wie vor ablehnende Briefe; auf die bezeichnendsten von ihnen antworten wir im Funk.»

Er zeigte mir eine Reihe von Funk-Manuskripten. Das folgende wurde am 16. Juni 1945 gesendet.

«Hier spricht Berlin. Unser Sonderprogramm: ‹Sie fragen, wir antworten›. Herr Willi Lehmann, Metallarbeiter aus Neukölln, Bergstraße 52/53, bezeichnet unsere Behauptung als ungerecht, die deutschen Arbeiter seien für die Taten des Hitlerregimes mitverantwortlich. Waren es nicht gerade die Arbeiter, fragt er, die am schwersten bei ihrem Kampf gegen den Faschismus litten? Wir antworten: Obwohl wir uns der Opfer der deutschen Arbeiter in ihrem Kampf gegen die Nazis voll bewußt sind, betonen wir dennoch, daß die riesige Mehrheit keinen Widerstand leistete. Passiv ließen sie Hitler regieren und bejubelten seine militärischen Siege.

Die Arbeiterschaft, sagt Herr Lehmann, war ihrer Führer beraubt, und Goebbels' Propagandamaschine war allmächtig. Aber – antworten wir – hätte Hitler je an die Macht kommen können, wenn die, die vor 1933 vor ihm gewarnt hatten, von einer vereinten und entschiedenen Arbeiterklasse unterstützt worden wären? Viele – sagt Herr Lehmann – fielen auf Hitlers Versprechungen herein. Unsere Antwort: Vielleicht taten sie das, ganz am Anfang. Bald mußte ihnen jedoch klar sein, daß Hitler einen Krieg vorbereitete. Denn sicherlich wußten sie, was sie selbst in den Rüstungsfabriken produzierten. Und als der Krieg da war? War es nicht der deutsche *Arbeiter*, der weiterhin Hitlers Waffen schmiedete und der mit der Waffe in der Hand für seine verbrecherischen Ziele kämpfte? Bekamen nicht zahllose Arbeiterfamilien Pakete – Pakete mit Dingen, die in anderen Ländern gestohlen worden waren? … Viele versichern heute, man hätte nichts tun können. Das ist vollkommen falsch. Nie zuvor war die Nation derart bewaffnet wie in den gerade vergangenen Jahren. Aber obwohl einige wenige mutige Söhne unseres Volkes bewiesen haben, daß Widerstand möglich war, machte die überwältigende Mehrheit bis zum letzten mit. Sie machte damit sogar zu einer Zeit weiter, als die Terrormaschine der Nazis vollkommen desorganisiert war und gegenüber einer entschlossenen Opposition zusammengebrochen wäre. Nehmen Sie die italienischen Arbeiter aus Turin, die schon 1943 losschlugen; die Arbeiter des kleinen Dänemark, die eine deutsche Militäranlage nach der anderen in die Luft jagten; die Arbeiter von Frankreich, die schreckliche Verluste erlitten, als sie für ihre Befreiung kämpften. Nein! Wir müssen es klar und deutlich zugeben: Unser Volk, einschließlich der Arbeiterklasse, ließ sich zu Hitlers Werkzeug machen. Nur wenn wir diese unsere Schuld erkennen, können wir aus der Vergangenheit lernen und die richtigen Schlüsse für die Zukunft ziehen.»

Die Sendung – eine von vielen ihrer Art – war eine erstaunliche Lektüre. Was sie mit solch glühender Beredsamkeit vertrat, war purer und einfacher Vansittartismus. Die deutschen Programme, die von der amerikanischen Armee übertragen wurden, wirkten im Vergleich dazu zahm.

«Aber im wesentlichen», sagte Herr Mahle, «ist Ihr Ansatz und unserer der gleiche. Es sind nur die Methoden, die sich unterscheiden. Während wir eine Menge Unterhaltung zusammen mit unserem Erziehungsmaterial bieten, verzichten Sie darauf, ihre Hörer zu amüsieren. Und wo wir Deutsche zu Deutschen sprechen lassen, setzen Sie Amerikaner ein.»

Diese Definition des Unterschieds zwischen der russischen Einstellung gegenüber Deutschland und der anglo-amerikanischen betrifft nicht nur Radiosendungen. Auch sind es nicht lediglich die «Methoden», die sich unterscheiden. Unsere Politik basiert auf folgenden Grundsätzen, im Unterschied zur russischen:

Die Deutschen haben bewiesen, daß sie sich nicht selbst regieren können. Bis auf weiteres müssen die Besatzungsarmeen die Zügel in der Hand behalten. Während gewisse administrative Vollmachten an bestimmte Deutsche verliehen werden können, ist es Sache der Alliierten, über das kulturelle und geistige Leben der Nation zu bestimmen. Was die deutsche Politik anbetrifft, darf es überhaupt keine geben. In den amerikanischen wie auch in den britischen Sektoren sind die Presse und der Rundfunk in den Händen der jeweiligen Armee. Eine Tageszeitung pro Stadt ist alles, was zulässig ist. In Wirklichkeit bekommen die Einwohner benachbarter Orte oft die gleiche Zeitung, wenn auch mit anderem Titel. Die Auswahl internationaler, nationaler und lokaler Nachrichten, die sie enthält, wird in objektiver, nicht-propagandistischer Weise präsentiert. Eher durch ihren Ursprung als durch ihren Charakter wird sie trotzdem von vielen Deutschen als «alliierte Propaganda» angesehen. Was die Schulen anbetrifft, sind sie dort wiedereröffnet worden, wo genug Bücher aus der Zeit vor Hitler gefunden wurden, um einen entnazifizierten Lehrplan zu garantieren. Neue Bücher sind noch nicht publiziert worden. Den alten Lehrern, selbst wenn sie für akzeptabel gehalten werden, wird nicht gestattet, ihren eigenen Unterricht zu gestalten. Deutsche dürfen zur Kirche gehen, aber sie dürfen sich ansonsten nicht an öffentlichen Plätzen versammeln. Auch dürfen sie keine politischen Gruppen oder Parteien bilden. Alliiertes Personal wird von deutschen Künstlern unterhalten. Deutsche werden überhaupt nicht unterhalten. Theater und Kinos sind in unseren Sektoren geschlossen, während Restaurants, Bars und Bierkeller geöffnet sind.

Dagegen argumentieren die Russen folgendermaßen: Wenn die Deutschen bewiesen haben, daß sie sich nicht selbst regieren können, dann müssen sie es jetzt lernen. Alle demokratischen, antifaschistischen Kräfte sind ermutigt, aktiv an der Entnazifizierung des Landes teilzunehmen. Im Interesse der nationalen Einheit können nicht mehr als vier politische Parteien zugelassen werden. In der neu geschaffenen «Einheitsfront» werden Kommunisten und Sozialdemokraten dazu aufgerufen, mit Mitgliedern der Christlich Demokratischen Union (der früheren katholischen Zentrumspartei) und der gemäßigt rechten Liberalen Partei (der früheren Demokratischen Partei) zusammenzuarbeiten. Die Einheitsfront wird von Wilhelm Pieck geleitet, dem Vorsitzenden des Zentralkomitees der Kommunistischen Partei Deutschlands. Die Berliner Presse, obwohl strikt von den Russen kontrolliert, wird von Deutschen gemacht und soll alle zulässigen politischen Meinungen widerspiegeln, wie auch der Rundfunk von Berlin, obwohl von Hans Mahle geleitet, (zumindest im Prinzip) alle Standpunkte vertreten soll.

Papier und Transportmittel sind knapp in Berlin. Während eines zehntägigen Aufenthalts hatte ich nicht einmal das Glück, eine Zeitung auf der Straße zu kaufen. Man kann Zeitungen in einem Büro bekommen oder sie in einer Menschenmenge an einer öffentlichen Anschlagtafel lesen. Wenn man Radio hören will, muß man vielleicht noch weiter laufen. Rundfunkempfänger, die der Zerstörung entgingen, entgingen selten der Aufmerksamkeit der Roten Armee. Letztere ist sehr dafür, daß man sich informiert, aber erwartet, daß man das aus eigener Kraft tut. Die Kinder müssen in die Schule gehen, ob Bücher da sind oder nicht.

«Wo es keine Bücher gibt», wurde mir von Otto Winzer berichtet, einem 43 Jahre alten, von den Russen ausgebildeten Kommunisten, Leiter der Abteilung Volksbildung im Berliner Magistrat, «werden ganze Schulklassen von ihren Lehrern zum Aufräumen der Straßen mit hinausgenommen. Und es wird ihnen gesagt, warum das getan werden muß; warum Berlin zerstört werden mußte; und warum sie selbst, die frühere Hitlerjugend, es ausgraben müssen.»

«Wie viele Jahre wird es dauern», fragte ich, «um den deutschen Geist neu zu gestalten?»

«Unser Haar», sagte er, «kann über der Arbeit weiß werden, und vielleicht erleben wir noch nicht einmal ihr Ende. Wir wissen nur, daß sie getan werden muß und daß wir hier sind, um sie zu tun ...»

Er hielt inne, ohne die Stimme gesenkt zu haben, und als ob ihn die Ungeheuerlichkeit seiner Aufgabe plötzlich zum Schweigen gebracht habe. Seine Zuversicht war von einer verzweifelten Aufrichtigkeit, aber sie klang wie die Äußerung eines Mannes, dem auferlegt ist, das Meer trockenzulegen.

Es gibt nichts Verzweifeltes an der Zuversicht, die man an

den alliierten Machthabern von Berlin beobachten kann – obwohl auch sie weit davon entfernt sind, die Kompliziertheit ihrer Mission zu unterschätzen. Berlin, das wissen sie, ist ein Testfall. Deutschland muß von hier aus regiert werden. Und die Fähigkeit, sich über Deutschland zu einigen, ist das Maß aller interalliierten Zusammenarbeit.

Als die westlichen Besatzungsmächte nach Berlin kamen, stießen sie auf eine Reihe russischer faits accomplis, die ihre Befehlshaber in eine schwierige Lage versetzten. Ein Beispiel: Nach unserer ursprünglichen Konzeption waren weder Theatervorstellungen noch politische Aktivitäten in unseren Zonen zulässig. Aber wären sie wirklich verboten worden, dann hätten vergnügungssuchende und politisch interessierte Berliner den russischen Sektor überschwemmt, und nichts wäre damit gewonnen worden. Obwohl beide Seiten eine Strategie des Gebens und Nehmens verfolgen und keiner mit dem anderen wetteifern will, kann man sagen, daß die Sowjets folgende Vorteile genießen:

1. Ihre Anwesenheit hier neun Wochen vor unserer Ankunft.
2. Eine langfristige Politik, die darauf zielt, sich Freunde zu machen und die Menschen zu beeinflussen.
3. Ihren Einfluß auf eine große Zahl von Agenten, deutschen Kommunisten, von denen man sicher sein kann, daß sie jeden russischen Vorschlag nicht nur akzeptieren, sondern leidenschaftlich unterstützen werden.

Während die Berliner Verwaltung, wie sie von den Sowjets eingerichtet wurde, auf einer breiten, demokratischen, antifaschistischen Basis aufgebaut ist, hat man die meisten politischen und erzieherischen Schlüsselpositionen mit bewährten Genossen besetzt. Weniger wichtige Stellen in der Stadtregierung und anderswo werden von bekannten Nicht-Kommunisten eingenommen. So ist der Oberbürgermeister, der 68jährige Dr. Arthur Werner, parteilos. Sein Stellvertreter ist Sozialdemokrat. Einen früheren Zentrums-Abgeordneten im Deutschen Reichstag, Dr. Andreas Hermes, in der Weimarer Republik Landwirtschaftsminister und letzter überlebender politischer Anführer der Verschwörung der Generäle gegen den «Führer», hat man zum Beauftragten für das Ernährungswesen gemacht. Sogar im «Freien Deutschen Gewerkschaftsbund» werden alle wesentlichen Strömungen vertreten sein. Ein vorbereitendes Komitee für Groß-Berlin ist schon gegründet worden, und 230 000 Berliner Arbeiter haben bereits die Mitgliedschaft beantragt. Drei der Komiteemitglieder (einschließlich des geschäftsführenden Sekretärs) gehören der Kommunistischen Partei an; die übrigen fünf (darunter der 75jährige Präsident) dienen als Beweis für seine wirklich demokratische Zusammensetzung.

Da die Russen das Zentrum von Berlin (Berlin-Mitte) besetzen, kontrollieren sie den alten Verwaltungsbezirk der Stadt. Alle zentralen Dienststellen, die sich in unseren Sektoren befanden, sind in die schrecklich zerstörte Sowjetzone verlegt worden.

Im Interesse eines reibungslosen Ablaufs und der interalliierten Einigkeit haben die Westalliierten den Aufbau Groß-Berlins im wesentlichen so belassen. Von den Sowjets ernannte Amtsinhaber in unseren Sektoren werden weder blind akzeptiert noch willkürlich entlassen.

«Wir behandeln sie, wie wir jeden empfohlenen Bewerber behandeln würden», sagte mir Colonel Frank L. Howley, amerikanischer G.5-Offizier des Berlin District Headquarter. «Wenn sie uns nach genauer Überprüfung und Befragung nützlich erscheinen – alright. Wenn nicht, fliegen sie raus.»

Die alliierte Militärregierung funktioniert auf mehreren Ebenen. Von den 21 Verwaltungsbezirken der Stadt sind 6 von den Amerikanern besetzt. Jeder Bezirk hat seinen eigenen Bürgermeister, seine eigenen Gerichte und Polizeiwachen und seine eigenen besonderen Probleme. Wann immer möglich, werden solche Probleme auf örtlicher Ebene von Abgesandten der zweiten oder G.5-Ebene behandelt. Mit Unterstützung eines Stabs von Spezialisten und mit sektorenweiten Vollmachten listet Colonel F. L. Howley jede in unserer Zone auftretende Schwierigkeit auf und bekämpft sie. Da eine Großstadt außerdem ein organischer Körper ist, dessen Glieder nicht einzeln existieren können, trifft sich der Colonel regelmäßig mit seinen britischen, russischen und französischen Kollegen. Fragen, die nicht auf der G.5-Ebene entschieden werden können, werden an die Stadtkommandanten von Berlin weitergeleitet – Generalmajor Parks (für die Amerikaner), Generalmajor Lyne (für die Briten), Generaloberst Gorbatov (für die Russen) und Generalmajor Koenig (für die Franzosen). Wie ihre ausführenden Offiziere der G.5-Ebene stehen die vier Militärgouverneure in ständiger Verbindung. Auf höchster Ebene werden politische Fragen vom Alliierten Kontrollrat für das besetzte Deutschland behandelt. Seine Mitglieder, die Generäle Eisenhower, Montgomery, Schukow und Delattre, sind nur ihren jeweiligen Regierungen gegenüber verantwortlich.

So erhebt sich der riesige Baum, in dessen Schatten alle Deutschen lernen müssen zu leben, von den Ruinen von Berlin bis zum Himmel über Paris, London, Moskau und Washington.

Wer das Schwert nimmt ...

Während sich der Vorhang in Nürnberg hebt und die Vorstellung beginnt, ist sich kaum jemand im Publikum klar darüber, wie gründlich diese Inszenierung – der Prozeß gegen die Kriegsverbrecher der Achsenmächte – geprobt wurde, auf wie vielen Bühnen, in wie vielen Ländern und mit welchem Aufwand an Zeit, Anstrengung und Geld.

Die sensationelle Besetzung ist auf seltsame Weise inkongruent. Die Stars nämlich werden um ihr Leben spielen; die Diener des Rechts, die über den Ausgang entscheiden werden, sind dagegen weniger spektakulär.

Gegen ihr Urteil kann übrigens keine Berufung eingelegt werden.

Die «Stars» probten hinter Stacheldraht. Während nicht alle an gleichem Ort geprobt haben, wurde die größte Gruppe – zweiundfünfzig an der Zahl – in Mondorf-les-Bains festgehalten, einem bezaubernden kleinen Badeort im Großherzogtum Luxemburg.

Dort machte ein ausgeklügeltes Tarnungs- und Verteidigungssystem aus dem ehemaligen Palace-Hotel das wohl am strengsten bewachte Gefängnis der Geschichte. Zwei Tage schon hatte ich die Anlagen umrundet, ohne einen Blick auf ihre Insassen werfen zu können. Schließlich bekam ich meine Befehle, und als erste und einzige Frau passierte ich den Doppelzaun, der das «große Haus» des Mondorf-Komplexes umgab.

Meine Begleiter waren Colonel Burton C. Andrus aus Washington, ein Westpoint-Absolvent, Einsatzkommandeur und Chef im «Palace», und Lieutenant Colonel Richard W. Owen aus New Haven, Connecticut, ein ehemaliger Reporter und Kommandeur des 391. amerikanischen Flugabwehrbataillons, das in Mondorf stationiert war und es bewachte. Beide Offiziere sind Meister der einzigen Sprache, die ihre Schutzbefohlenen verstehen: die der strengen, unanfechtbaren Autorität

«Zuerst haben diese Typen an allen möglichen Halluzinationen gelitten», erklärte Colonel Andrus. «Einer gab vor, ein Fürst von irgendwas zu sein. Als solcher fühlte sich der Häftling Horthy befugt, einen Schlips zu tragen. Ich sagte ihm, daß er nichts dergleichen sei und genauso wie alle anderen zu gehorchen habe.»

Es gab Zeiten, in denen der frühere Reichsmarschall Göring noch darauf bestand, seinen Zylinder bei den Mahlzeiten zu tragen, nur um auffällig gekleidet zu sein. Da man sich mit solch einem Hut nicht wie mit einem Schlips umbringen kann, wurde Görings Ersuchen nachgegeben.

Mein Besuch in Mondorf war ein Abenteuer, auf das ich mich seit mehr als zwölf Jahren vorbereitet hatte. Seit Hitler an die Macht gekommen war, standen meine Familie und ich auf der Liste der Verräter des Dritten Reiches weit oben. Den Plänen der Nazis zufolge – und neben ein paar Millionen anderen Dingen, die die Männer von Mondorf zu ihren besseren Zeiten in ihre schwarzen Bücher notiert hatten – hätte ich liquidiert werden sollen, sobald ich deutschen Boden betrat. Ich meinerseits hätte mich vor 1933 strikt geweigert, diese Männer zu treffen oder zu interviewen. Hier waren sie nun also – ein trauriger, gottverlassener Haufen.

Etwa zwanzig von ihnen saßen im Wohnzimmer, lasen zerstreut, schrieben oder taten überhaupt nichts. Durch die halb geöffnete Tür konnte ich den Raum überblicken, ohne von seinen Insassen bemerkt zu werden. Sie waren sehr still. Ein paar von ihnen trugen undefinierbare Uniformen, und keine Abzeichen verrieten ihren früheren Rang; andere waren wie Zivilisten angezogen – ohne Schlipse, und der größere Teil trug den ausgebleichten Drillich, den die U.S. Army ihren Gefangenen gibt. Auf ihren Rücken standen in fetter schwarzer Schrift die Buchstaben «P. W.». Obwohl sie nicht gerade kleidsam sind, scheint man die P. W.-Anzüge im «Palace» zu mögen. Wer sie trägt, fühlt sich als «irgendein deutscher Gefangener» statt als ein «Hauptkriegsverbrecher», der seinen Prozeß erwartet.

Nur die, die schrieben, schienen wirklich in ihre Beschäftigung vertieft zu sein. Der Gefangene Karl Dönitz – der frühere Großadmiral und Möchtegernführer – kritzelte fieberhaft vor sich hin. Die Royal Navy hatte ihm einige Fragen gestellt, und er war dabei, sie mit typisch deutscher Gründlichkeit zu beantworten. Er hatte seit Tagen gearbeitet. Der Gefangene Karl Warlimont, einst General an der Ostfront, war vor kurzem von russischen Vernehmungsoffizieren befragt worden. Er vervollständigte nun seine mündliche Aussage mit einem weitschweifigen schriftlichen Bericht. Sogar Robert Ley, früherer Chef der Nazi-Arbeitsfront, bekannter Schnapsliebhaber und ein völlig unbelesener Mensch, hatte angefangen, vor sich hin zu schreiben. Der Erfinder von «Kraft durch Freude» verfaßte seine Memoiren. Andere schrieben Briefe, in denen sie Präsident Truman und General Eisenhower alles über ihre Unschuld und die Grausamkeit ihres Schicksals erzählten.

Tatsächlich tat die ganze Bande jedoch ein und dasselbe: Sie schrieben und feilten an ihren Rollen, die sie eifrig für *den Tag* vorbereiteten.

«Stören wir sie nicht», sagte Colonel Andrus. «Sie sind auch so schon nervös genug, und ich hätte nicht gern, daß sie hysterisch werden.»

Verhätschelt wurden die «großen Zweiundfünfzig» nie, aber man kümmerte sich aufs beste um ihre Gesundheit. Sie werden gebraucht in Nürnberg, um Fragen zu beantworten und als Zeugen zu dienen, und mußten darum gut in Form gehalten werden. Als ein leichtes Gewitter Göring so erschreckte, daß er einen genauso leichten Herzanfall erlitt, bekam der Erfinder des «Blitzkriegs» eine Matratze für seine Pritsche, und sein Frühstück wurde ihm ans Bett gebracht.

Die Army-Kommandeure sind sich einig darüber, daß ihr Häftling in so guter körperlicher Verfassung wie schon seit Jahren nicht mehr ist. Er war mit dreiundzwanzig morphiumabhängig, nachdem er beim Münchener Putsch verletzt wurde, und stieg auf das schwächere Parakodein um, als das Morphium seine politische Karriere gefährdete. Das war nicht allein sein Verdienst; eine Behandlung im Sanatorium half ihm dabei. Als er gefangengenommen wurde, hatte er allerdings eine Reserve von viertausend bis fünftausend Parakodeinpillen bei sich und gab an, daß seine tägliche Dosis bei zweihundert läge, in etwa die gleiche Menge wie dreiunddreißig Gran Morphium pro Tag.

Captain Clinton C. Miller, der amerikanische Arzt des «großen Hauses», berücksichtigte die Statistik des Luftmarschalls und ließ ihn bei vierzig am Tag anfangen. Am 8. August war er auf sechs herunter, am 9. August auf vier. Seitdem hat er keine mehr bekommen. Göring sieht seinem Prozeß als nüchterner und gesunder Mann entgegen – zumindest körperlich. Major Kelley, der erste Psychiater, der die Gefangenen von Mondorf untersuchte, sagt, daß Göring an «akutem Narzißmus» leidet, obwohl er für die Richter gesund genug ist. Seine Wachen sagen nur, daß sie noch nie jemanden gesehen hätten, der so oft dermaßen enthusiastisch von sich selbst spricht.

Ich traf den Gefangenen im Bett an. Er blickte mich stumm an. Es gibt keine Pressekonferenzen oder Interviews mehr. Die Häftlinge waren allzu interessiert daran gewesen, ihre Fälle publik zu machen.

Das Geschöpf, das «Meier» heißen wollte, wenn alliierte Bomber je bis nach Berlin durchkommen würden, hatte neben seiner Wette auch dreißig Pfund Gewicht verloren. Seine sonnenverbrannte Haut schien für seine Figur zu weit, und seine grünlichen Augen, die normalerweise schon hervorstanden, glotzten nun wie die eines Karpfens.

Die Vernehmungsoffiziere befanden, «Meier» sei nach meinem Besuch verstört gewesen. Wenn er nur gewußt hätte, wer ich war, so Göring, hätte er alles erklärt. Mehr noch, hätte er damals im «Fall Mann» das Sagen gehabt, hätte er ihn anders gehandhabt, versicherte er ihnen. Zweifellos hätte ein Deutscher vom Rang eines Thomas Mann dem Dritten Reich angepaßt werden können.

Beim Friseur traf ich Alfred Rosenberg, Julius Streicher und Ley. Als sie meine Identität erfuhren, rief Ley: «Assez!» (französisch für «genug»), Rosenberg murmelte «Pfui Teufel», und Streicher, dessen Zelle ich inspiziert hatte, jammerte: «Du lieber Gott! Und diese Frau ist in meinem Zimmer gewesen!»

Hans Frank, der frühere Münchener Anwalt, dem der Mord an Millionen von Polen und Juden zur Last gelegt wird, teilte sich ein Zimmer mit Joachim von Ribbentrop. Frank kam schwer verletzt nach Mondorf – mit vier Wunden, die er sich selbst beigebracht hatte. Als ihm im bayerischen Tegernsee die Verhaftung drohte, schnitt er sich die Kehle durch, ebenso die Venen des linken Arms und die linke Pulsader, und rammte sich ein Messer in den Bauch. Die Ärzte der Army retteten ihm das Leben; sein linker Arm ist allerdings nicht mehr zu heilen. Er änderte sich auch ohne Zwang und ist jetzt davon überzeugt, daß er wirklich ein Krimineller ist, nicht wegen der Dinge, die er anderen antat, sondern wegen allem, was er sich selbst angetan hat. Nachdem Frank allergisch gegen Selbstmord geworden war, beobachtete er die anderen und entschied schließlich, daß Ribbentrop ein Kandidat sei. Die Kommandeure stimmten ihm zu. Wegen des guten Einflusses, den er auf das Sorgenkind haben mochte, durfte der Konvertit mit dem Verdächtigen zusammenziehen. Als ich sie besuchte, las der Schlächter von Polen dem Ex-Champagnerhändler gerade aus der Bibel vor.

Den Gang hinunter wohnte Graf Schwerin von Krosigk, der designierte Außenminister des «Führers» Dönitz, der seine Mitgefangenen vor kurzem mit einem Vortrag über Shakespeare entzückt hatte. Der pädagogisch veranlagte Dr. Wilhelm Frick, Himmlers Vorgänger als Innenminister, versicherte seinen Vernehmungsbeamten freimütig, daß die deutsche Jugend für immer nazifiziert sei, während Ley fest davon überzeugt ist, daß Mondorf eine Pilgerstätte für künftige deutsche Generationen sein wird. Sie alle schwören, daß Hitler den Märtyrertod starb.

Es war eine unheimliche Erfahrung, diesen Männern im «Palace» von Angesicht zu Angesicht gegenüberzutreten. Als ich sie verließ, machten auch sie sich zur Abreise bereit. Die ersten fünfzehn, die vor dem alliierten Tribunal erscheinen sollten, wußten genauso wenig, wo sie hinsollten, wie die übrigen siebenunddreißig, die ins Dulag Luft kommen würden, das berüchtigte frühere Nazi-Vernehmungslager bei Wiesbaden.

Deutschlands gefallene Führer wurden in einem von Jeeps begleiteten Konvoi aus Krankenwagen mit geschwärzten Fenstern zum Flughafen gebracht. Manche von ihnen trugen mit bunten Federn verzierte Tirolerhüte. In jedem Jeep saßen vier Wachen, und jede Wache hatte ein Maschinengewehr. Die Army ging kein Risiko ein.

Währenddessen gingen in London die Proben weiter, wo zwei alliierte Stellen ihre Anstrengungen zu verbinden suchten.

Lord Wright, der Vorsitzende der Kommission für Kriegsverbrechen bei den Vereinten Nationen (U.N.W.C.C.), sagte mir, daß «die Dinge jetzt anders liegen als in den Tagen, in denen die U.N.W.C.C. als objektive Instanz der internationalen Justiz allein zu stehen schien».

Er erklärte, wie andere Dienststellen im Lauf der Zeit zunehmend die Arbeit seiner Kommission ergänzt hätten. Zunächst wären da die Nationalen Ämter, eingerichtet von den Staaten, die von den Deutschen überrannt worden waren; diese Ämter hatten die Aufgabe, Beweise für Greueltaten zu sammeln und die Schuldigen so weit wie möglich zu identifizieren.

Das nächste Glied in der Kette war die Kommission für Kriegsverbrechen, der jedes Nationale Amt seine Befunde mitzuteilen hatte. Die am 1. November 1943 in London gegründete Kommission untersuchte die Berichte und trug die Namen der Beschuldigten in seine Liste ein, wenn es mit den vorgelegten Beweisen zufrieden war. Lord Wright konnte nicht sagen, wie viele Verbrecher bisher auf der Liste stünden, erklärte aber, daß allein der tschechische Anteil 2500 Namen umfaßt.

Die Listen wurden an eine dritte Dienststelle gesandt, nämlich an die Streitkräfte, die die Verantwortung dafür trugen, daß die verdächtigten und beschuldigten Kriegsverbrecher gefaßt, bewacht und ausgeliefert wurden. In gewisser Weise war die Funktion des Militärs die wichtigste und schwierigste von allen. Die Alliierten hatten ein paar Millionen Kriegsgefangene, und es mußten immer noch viele nicht aufgespürte Kriegsverbrecher unter ihnen sein. Manche würden wohl unentdeckt bleiben. Aber die Army war eifrig, fähig und einfallsreich, und man konnte auf sie zählen, wenn es um eine gründliche Prüfung ging.

Was seine eigene Kommission betrifft, meinte Lord Wright, daß es immer noch erhebliche Verwirrung bezüglich ihrer Tätigkeit in manchen Bereichen gebe. Die Moskauer Erklärung vom 1. November 1943 unterschied zwischen zwei Hauptgruppen von Kriegsverbrechern: deutschen Offizieren und Soldaten, die in den Ländern vor Gericht gestellt werden sollten, in denen sie ihre Greueltaten begangen hatten, und jenen Hauptverbrechern, deren Vergehen keine bestimmte geographische Bindung haben und die durch gemeinsames Urteil der alliierten Regierungen bestraft werden sollen.

Zur zweiten Gruppe gehören die meisten Männer von Mondorf. Lord Wright glaubt, daß zu ihr auch Finanzmagnaten und Industriebosse gehören, die das Naziregime unterstützt und seine Verbrechen erst möglich gemacht haben.

Das U.N.W.C.C. befaßt sich prinzipiell *nicht* mit Hauptkriegsverbrechern, sondern verfolgt diejenigen, die im ersten
Teil der Moskauer Erklärung angesprochen werden. Nur wenige passen in beide Kategorien. So wurde Karl Hermann
Frank, der frühere «Reichsprotektor» der Tschechoslowakei,
sowohl als regionaler Kriegsverbrecher als auch als Hauptkriegsverbrecher gesucht. Arthur Seyss-Inquart, der frühere
Gauleiter von Holland, der vor das alliierte Tribunal treten
soll, könnte auch von der niederländischen Regierung gesucht werden. Jeder dieser Angeklagten wird an das Land
ausgeliefert, das ihn beklagt, unter der Bedingung, daß sein
Leben geschont wird, solange er für die alliierte Justiz Wert
besitzt. Die Hinrichtung von Frank, der in Prag zum Tode
verurteilt wurde, mag ausgesetzt werden, bis er seinen Zweck
in Nürnberg erfüllt hat.

Lord Wright klärte auch ein weiteres Mißverständnis bezüglich der Funktionen des U.N.W.C.C. auf.

«Es ist noch nicht allgemein klar geworden, daß die Kommission weder gesetzgebende noch ausführende Gewalt hat,
sondern eine Art Aufklärungsinstanz ist, wo alle Mitgliedsstaaten Beistand und Rat bekommen», sagte er. Jedes Land
muß die Verfahren gegen seine Verdächtigen und Verbrecher
selbst vorantreiben oder sich für seine Nachlässigkeit vor
dem Urteil der Geschichte verantworten. Wenn sich das Fiasko von 1918 wiederholen würde, wäre es wohl für alle Zeit
entschieden, daß es kein Gesetz und keine Gerechtigkeit unter den Völkern gibt.»

Das Fiasko von 1918!

Damals wie heute hatten die Vorbereitungen lange Zeit
gedauert, aber die Liste, die schließlich herauskam, umfaßte
weniger als 900 Namen. Die Angeklagten sollten vor alliierten Militärtribunalen erscheinen, aber die Alliierten gaben
letztendlich einem deutschen Kompromißvorschlag nach.
Alle Personen, denen Kriegsverbrechen vorgeworfen wur-

den, sollten vor dem Obersten Gerichtshof zu Leipzig erscheinen. Die «vollständige Verantwortung» sollte bei der deutschen Regierung liegen, und um diese Bürde zu erleichtern, wurde am 7. Mai 1920 eine verkürzte Liste vorgelegt. Sie umfaßte noch fünfundvierzig Namen. Mehr als ein Jahr später – am 23. Mai 1921 – trat der Leipziger Gerichtshof zusammen. Zu dieser Zeit waren nicht mehr als zwölf von den ursprünglich 896 Namen übriggeblieben. Die sechs Handlanger, die tatsächlich schuldig gesprochen wurden, wurden zu Strafen zwischen zwei Monaten und vier Jahren Gefängnis verurteilt. Keine der härteren Strafen wurde je angetreten.

Am 26. Juni 1945 begannen in London die Vier-Mächte-Gespräche über die Kriegsverbrecher der europäischen Achsenmächte. Diese Gespräche betrafen den zweiten Teil der Moskauer Erklärung.

Richter Robert H. Jackson für die Vereinigten Staaten, Generalstaatsanwalt Sir Maxwell Fyfe für das Vereinigte Königreich, Monsieur Falco und Professor André Gros für die Französische Republik und Generalmajor J. T. Nikitschenko und Professor A. L. Trainin für die Sowjetunion machten sich daran, erstens die Gestalt des Internationalen Militärtribunals und zweitens seine generelle Vorgehensweise festzulegen, drittens die Arten von Vergehen zu definieren, über die es Recht sprechen sollte. Ihre Beratungen trafen auf folgende Schwierigkeiten:

1. Der amerikanische Vorschlag, die Verhandlungen in Nürnberg abzuhalten, der vom Nazismus gefeierten «Stadt der Reichsparteitage», wurde von England und Frankreich akzeptiert, aber von den Russen abgelehnt, die die Hauptkriegsverbrecher in der sowjetisch besetzten Zone vor Gericht stellen wollten.

2. Die Methoden der Rechtsprechung unterscheiden sich in den vier Staaten, und jeder wollte gern seine Gesetze an-

wenden. Ein völlig neuer Weg, der Elemente aller vier Systeme enthielt, wurde prinzipiell begrüßt, aber solch eine gemeinsame Basis zu erstellen, war nicht leicht.

3. Die Frage, ob die Führung eines Angriffskrieges allein als kriminell anzusehen ist, wurde von Richter Jackson bejaht, der dabei die volle Rückendeckung seiner Regierung hatte. Kompetente Beobachter sagten, vor allem offizielle britische und französische Stellen hätten gegen diese amerikanische Position opponiert.

Zwischen fünfzehn und vierzig Hauptkriegsverbrecher werden vom Internationalen Tribunal angeklagt. Während diese Zahl erstaunlich niedrig klingt, wird hervorgehoben, daß jeder Fall wesentlich mehr als den individuellen Angeklagten betrifft. Zusammen mit ihm werden auch die Armee, die Partei oder die Regierungsorganisation angeklagt, deren herausragendes Mitglied er war. Zusätzlich zu ihrer eigenen Verteidigung werden die Angeklagten aufgefordert, ihre jeweiligen Organisationen zu rechtfertigen. Sobald eine Organisation vom Tribunal als kriminell eingestuft wird, werden die alliierten Gerichte in ganz Deutschland davon in Kenntnis gesetzt, worauf alle freiwilligen Mitglieder für schuldig erklärt werden sollen, soweit sie nicht auf Unzurechnungsfähigkeit plädieren und diese ihnen attestiert wird.

Insofern könnten die fünfzehn bis vierzig Fälle, die vor dem Tribunal verhandelt werden, auf die Verurteilung und Bestrafung von Millionen hinauslaufen. Allein die SS mit ihren verschiedenen Unterorganisationen konnte auf fast zwei Millionen freiwillige Mitglieder verweisen.

Was soll aus ihnen werden? Ihre Organisation war auf Mord spezialisiert. Sachverständige in Sachen Kriegsverbrechen sind sich einig, daß es weder technisch unmöglich noch moralisch verwerflich wäre, alle Personen zum Tode zu verurteilen, die sich freiwillig auf diesen Weg des Bösen begeben haben. Jedoch werden die einfachen Mitglieder der SS der

Hinrichtung entgehen. Laut Richter Jackson werden sie zu schwerer Zwangsarbeit verurteilt und in Länder deportiert werden, die sie aufnehmen wollen.

Die Moskauer Erklärung umfaßt zwei Arten von Kriegsverbrechern, und die Ämter, die im Anschluß gegründet wurden, beschäftigen sich mit beiden. Aber es gilt noch drei weitere Klassen von Kriegsverbrechen zu berücksichtigen. Diese sind:

1. Verbrechen gegen Menschen, deren Länder nicht überfallen wurden, wie etwa der Mord an gefangenen alliierten Fliegern in von den Deutschen besetzten Gebieten. Unsere Besatzungstruppen haben bereits viele Täter dieser Kategorie abgeurteilt und hingerichtet.

2. Ausschreitungen gegen Bürger von Nichtmitgliedstaaten der Vereinten Nationen wegen ihrer Rasse, Religion oder politischen Einstellung. Die Gruppe dieser Verbrechen ist sehr groß und muß noch genauer untersucht werden. Da die bestehenden Stellen nicht mit der Beweissammlung in diesen Fällen betraut sind, gibt es noch keine offiziellen Listen mit solchen Verbrechern.

3. Verbrechen, die von Bürgern von Mitgliedsstaaten der Vereinten Nationen gegen ihre jeweils eigenen Staaten begangen wurden. Meist blieben diese «Quislinge» im Lande und können daher rasch nach den dort geltenden Gesetzen vor Gericht gestellt werden. Im Ausland gefaßte Verräter werden auf Ersuchen an ihre eigenen Regierungen ausgeliefert, solange es feststeht, daß sie als Verbrecher und nicht allein wegen ihrer politischen Einstellung verfolgt werden.

Es wird eine erhebliche Anzahl von Verfahren geben müssen. Die Galapremiere in Nürnberg, obwohl das herausragende Ereignis der Saison, ist nicht bedeutender als die Hunderte von kleineren Inszenierungen in anderen Theatern. Sie alle verdienen unsere volle Aufmerksamkeit. Es ist für die Zukunft der Menschheit unermeßlich wichtig, vor den Augen der Welt festzustellen, daß bestimmte Rechte und Gesetze für alle Völker der Erde gelten und daß jeder, der diese Normen verletzt, zur Verantwortung gezogen wird.

KZ-Filme

Nachdem man den wohl vollständigsten und schockierendsten Dokumentarfilm, den es über die deutschen Greueltaten gibt, im Gerichtssaal vorgeführt hatte, stellte sich heute heraus, daß alle Angeklagten im Nürnberger Justizpalast eigentlich nur «kleine Mitläufer» waren. Wie der Rest ihrer Landsleute haben sie nichts getan, nichts gesehen und nichts gewußt. Sie alle sagen «Schrecklich, schrecklich, schrecklich!», und was die Frage ihrer Mitschuld angeht, erklären sie, daß die wahrhaft Schuldigen gar nicht im Gerichtssaal seien: Hitler, Bormann, Himmler, Heydrich, Kaltenbrunner – die Vermißten, die Toten und die Abwesenden.

Schacht, der sich ausdrücklich weigerte, den Film anzusehen, da ihm vor allen Leuten schlecht werden könnte, versteifte sich darauf, daß der Film selbst ein Greuel sei. «Ich sollte das nicht mitansehen müssen», sagte er. «Ich selbst habe zwei Wochen lang in einem Konzentrationslager gelitten.» (Schacht wurde am 25. Juli 1944 festgenommen, angeblich im Zusammenhang mit dem Attentat auf Hitler am 20. Juli. Er wurde zuerst im Gefängnis an der Prinz-Albrecht-Straße, dann für zwei Wochen in Dachau und schließlich in Österreich festgehalten.) Sein Anwalt, Dr. Rudolf Dix, räumte ein, daß Schacht immer bevorzugt behandelt wurde. Dr. Dix sagte, daß auch er nur so oft wie nötig auf die Leinwand sah, um nicht aus der Rolle zu fallen.

Der Anwalt von Rudolf Hess, Dr. Günther von Rohrscheidt, bemerkte wie übrigens jeder andere auch, daß sein Mandant zum ersten Mal aufgehört hatte, in die Ferne zu starren.

«Na endlich etwas Interessantes», sagte Hess. «Bis jetzt habe ich mich pausenlos gelangweilt. Ich darf kein Buch mehr ins Gericht mitbringen. Heute gab es etwas zu sehen!»

In der Tat machte es Hess seinem Banknachbarn Göring schwer, den Film zu sehen, weil er sich so weit nach vorn lehnte. Obwohl er sich laut seinem Anwalt nicht erinnern kann, ob er die ausführliche Version des Horrorfilms je gesehen oder von seiner Existenz gewußt hat, war er weder erschrocken noch erstaunt. Morgen wird sich das Tribunal mit den psychiatrischen Gutachten über Hess' Zurechnungs- und Verhandlungsfähigkeit befassen. Hess, der sich standhaft weigert, seinen Gedächtnisverlust behandeln zu lassen, sagt:

«Ich bin zurechnungsfähig. Ich will nicht, daß die Psychiater meine Teilnahme an der Verhandlung gefährden. Mir ist bewußt, daß ich einer von Deutschlands ranghöchsten Politikern war; zweifellos hätte man mich nicht dazu gemacht, wenn ich verrückt gewesen wäre. Wenn ich nicht verrückt war, muß ich mich für meine Taten verantworten, und wenn ich verantwortlich war, dann ist mein Platz bei den anderen.»

Von Rohrscheidt, der Hess wegen «seines Scharfsinns und seiner unleugbaren Logik» tief bewundert, hat beobachtet, daß sein Mandant nicht an die Schulmedizin glaubt. Das Rudolf-Hess-Krankenhaus in Dresden beschäftigte nur Gesundbeter und Naturheilkundler, die der Stellvertreter des Führers zu Doktoren beförderte. Obwohl sich Rohrscheidt einige Sorgen macht, weil Hess' Abschiedsbrief an Hitler, der als Beweisstück dienen sollte, nicht gefunden werden konnte, glaubt er, daß Göring sich an den Text erinnern wird. Hess kann es nicht. Er erinnert sich nicht daran, ihn geschrieben zu haben, und er weiß auch nicht, daß er je nach England geflogen ist.

Die Anwälte von Seyß-Inquart, Jodl und Streicher fielen in den «Schrecklich, schrecklich, schrecklich»-Chor ein. Sie hatten den Film wegen dringenderer Angelegenheiten allerdings noch nicht mit ihren Mandanten besprochen. «Wir erwarten morgen Schuschnigg», sagte Dr. Hans Laternser, der Anwalt Seyß-Inquarts, «und es gibt viel zu besprechen.»

Franz von Papen jr., der assistierende Anwalt seines Vaters, hatte direkt nach dem Film mit seinem Vater gesprochen. «Ich bekam einen Schreck, als ich meinen Vater sah, obwohl er natürlich nichts mit diesen Greueltaten zu tun hatte», sagte er. «Er hat noch nie so blaß und verzweifelt ausgesehen.» (Papen sah nach den ersten zwei oder drei Minuten nicht mehr auf die Leinwand, doch da er Englisch spricht, konnte er sich dem andauernden Kommentar nicht entziehen.)

Als man ihn nach den Reaktionen seiner drei Mandanten Ribbentrop, von Schirach und Funk fragte, erklärte Dr. Fritz Sauter: «Keiner von ihnen bekam ein Wort heraus. Ich wußte, daß Funk zur Weichlichkeit neigt, und ich hatte ihn vorher gewarnt, sich zusammenzureißen und sich nicht zu blamieren. Leider gelang es ihm nicht, sich entsprechend zu verhalten.» (Funk schwitzte, zuckte und weinte so hemmungslos, daß die Gefängnisaufsicht den ganzen Film hindurch beriet, ob sie ihn nicht wegführen sollte.)

Was Ribbentrop anging, bemerkte sein Anwalt, daß er heute noch bleicher als sonst gewesen sei. «Da ich annahm, daß er ausländische Berichte über Konzentrationslager gehört hatte», sagte Dr. Sauter, «hatte ich ihn schon früher gefragt, ob er nicht schockiert gewesen sei, wenn er auch nur ein Fünftel dieser Berichte für die Wahrheit hielt. Seine Antwort war: ‹Unter Hitler habe ich niemals ausländischen Rundfunk gehört. Das war nicht nur ungesetzlich, der Führer hätte es auch als Verrat und Eidbruch gegen ihn persönlich angesehen. Nur drei Menschen in Deutschland war es gestattet, ausländische Sender zu hören: Göring, Goebbels und Hans Fritzsche, dem Sprachrohr des Propagandaministers. Ich wußte nur, daß eine Kommission des Roten Kreuzes 1942 oder '43 eine Inspektionsreise gemacht hatte und die Verhältnisse in unseren Konzentrationslagern als zufriedenstellend bewertet hatte. Da der Prinz von Coburg-Gotha, der Präsident des Deutschen Roten Kreuzes und bis zur Kapitulation der Vizepräsident des Internationalen Roten Kreuzes, dieses Ergebnis bestätigte, hatte ich keinen Grund, an seiner Echtheit zu zweifeln. Außerdem war ich nur Außenminister.»

Heute abend sah sich Dr. Sauter zum ersten Mal außer Stande, seinen drei Mandanten den üblichen Besuch nach dem Abendessen abzustatten. Statt dessen ging er nach Hause und schrieb zwei Briefe: einen an den bayerischen Justizminister, Ministerpräsident Wilhelm Hoegner, und einen an den Münchener Polizeichef, in denen er mitteilte, daß er es zutiefst bedaure, diese unselige Aufgabe übernommen zu haben. Auf die Frage, ob er nicht davon zurücktreten könne, wenn sein Gewissen ihm das vorschreibe, sagte er:

«Ich fühle mich immer mehr wie ein Ersatzangeklagter, der als eine Art Schild vor diesen Männern sitzt. Aber als Deutscher muß auch ich den Preis bezahlen, obgleich ich vor zehn Tagen noch nicht wußte, wie hoch er sein würde.»

Dr. Sauter ist keine Ausnahme. Wenn der Film schon alle Angeklagten (bis auf Hess, Streicher und Sauckel) tief bewegte, war er für die Verteidiger geradezu niederschmetternd und demoralisierend. Beim gemeinsamen Abendessen gab es keine Unterhaltung, und niemand hatte richtigen Appetit. Man ging bleichen Angesichts nach Hause, wenn auch kaum zum Schlafen, sondern um weiter zu grübeln, wie man etwas verteidigen soll, was nicht zu verteidigen ist.

Nach dem Film ging ein Anwalt mit seinem Kommentar sogar so weit zu erklären: «Je eher man meinen Mandanten hängt, desto besser.»

Die Nürnberger Prozesse.
Ein Gespräch

Hier ist Nürnberg. In unseren Berichten vom Nürnberger Prozeß bringen wir heute ein Interview mit der amerikanischen Kriegskorrespondentin Miss Mann. Nachdem wir am Montag einen der deutschen Verteidiger im Nürnberger Prozeß hier in unserem Studio hatten, freuen wir uns, heute einen amerikanischen Korrespondenten hier begrüßen zu dürfen, Miss Erika Mann. Miss Mann, vielleicht erzählen Sie uns zuerst, welche Erfahrungen Sie als Korrespondent hatten, bevor Sie diese neue Aufgabe in Nürnberg übernahmen.

Ich habe den Krieg als Korrespondent ziemlich von Anfang an oder doch vom Jahr '40 an mitgemacht. Ich war damals in London während der ganzen schweren Luftangriffe auf die englische Hauptstadt als Berichterstatter und auch als Rundfunksprecher. Ich war am BBC tätig und habe auf Einladung des englischen Propagandaministeriums nach Deutschland gerundfunkt, gebroadcasted, wie wir sagen. Ich bin dann nach Amerika zurückgegangen für eine lecture-tour, für eine Vortragsreise, bin in Afrika gelandet, bin nach Persien gegangen, wo ich die amerikanische Hilfeleistung für Rußland aus nächster Nähe mitansehen konnte. Und zwar habe ich damals am Persischen Golf zum erstenmal einen Eindruck bekommen von dem Ungeheuerlichen, was Amerika auf zwei Gebieten zu leisten imstande war und ist, nämlich auf dem Gebiet der Produktion und auf dem Gebiet der Organisation. Die Kriegsmaterialien, die damals, und damals war das Mittelmeer noch nicht für unsere Schiffahrt offen, von Amerika nach Persien gebracht wurden und von dort weiter nach Rußland, waren ungeheuerlich in Quantität. Es hat damals einen Konvoi, einen Begleitzug von Schiffen, neunzig Tage gekostet, um von Amerika nach Persien zu kommen, und alle Begleitschiffe sind unversehrt angekommen. Ich war damals schon absolut überzeugt davon, daß unsere Invasion von Europa, von Frankreich, ein Erfolg sein würde.

Und haben Sie den Prozeß hier von Anfang an mitgemacht, wenn ich fragen darf?

Ja, das habe ich getan. Ich habe vergessen zu sagen, daß ich natürlich auch bei der Invasion von Frankreich zugegen war und als wir zum erstenmal in Deutschland einzogen in der Aachen-Gegend, und nun war ich hier in Nürnberg vierzehn Tage bevor der Prozeß anfing, um bereits an den Vorbereitungen beobachtend teilzunehmen.

Haben Sie die Angeklagten je gesehen, bevor die erste Sitzung des Prozesses stattfand?

Ja und nein. Ich habe sie natürlich in Deutschland nie gesehen oder nur ganz von weitem, ehe sie zur Macht kamen, und wollte sie auch niemals sehen bis zu dem Augenblick, wo sie da saßen, wo sie meiner Ansicht nach schon immer hingehörten, nämlich hinter Schloß und Riegel. Das war zum erstenmal in Mondorf, in Luxemburg, wo sie alle zusammengebracht waren, die einundzwanzig hier und noch viele andere, es waren zweiundfünfzig Kriegsverbrecher, deutsche Kriegsverbrecher, und da habe ich sie zum erstenmal zusammen gesehen. Ich muß sagen, es war einer der geisterhaftesten und absurdesten und auf eine grauenhafte Art komischsten Anblicke, die ich je gehabt habe. Ich habe sie gesehen dort zusammen in dem Lese- und Wohnraum dieses Hotels, wo sie einquartiert waren. Es war kein Hotel in diesem Sinn, es war kein Hotel mehr, es war zu einem Gefängnis umgestaltet worden, aber immerhin hatte es noch viele der äußeren Anzeichen eines Hotels, und der Leseraum war in der Tat ganz gemütlich. Sie saßen da, und während ich sie später einzeln, direkt, aus größerer Nähe noch zu Gesicht bekommen habe, wollte der Leiter, der Kommandant dieses Gefängnisses, Colonel Andrus, nicht, daß ich in den Leseraum eintrete, um die Leute nicht, wie er sagte, noch hysterischer zu machen, als sie ohnedies schon seien. Ich beobachtete sie also, ohne von ihnen gesehen zu werden, durch die halboffene Tür, und sie wußten nicht, daß sie beobachtet seien. Sie saßen da in sonderbar zusammengewürfelten Aufzügen. Etwa ein Drittel von ihnen trug Uniform, aber natürlich Uniform ohne Abzeichen, ohne Grad und Orden, ohne irgend etwas, keine Krawatten, keine Hosenträger, wenn man so sagen darf, keine Gürtel, so daß sie also einen etwas verwahrlosten Eindruck machten. Etwa ein Drittel war in Zivil, wiederum ohne diese Beitaten des Zivilaufzuges, und etwa ein Drittel war in Kriegsgefangenenanzügen, die sie freiwillig angelegt hatten mit den großen Buchstaben «PW», Prisoner of War, am Rücken gemalt, und zwar psychologisch erklärt sich das wahrscheinlich aus der folgenden Erwägung: In den Kriegsgefangenenanzügen konnten sie sich selber vormachen, bis zu einem gewissen Grad wenigstens, daß sie eben nur halt Kriegsgefangene wären und keine Leute, keine Kriegsverbrecher, die demnächst abgeurteilt werden würden, und sie fühlten sich ein bißchen leichter in dieser Tracht, offenbar. Da saßen sie, und zwar schrieben sie fieberhaft, die meisten von ihnen. Sie schrieben an ihren Verteidigungsschriften und an Eingaben, die sie machen wollten, sie schrieben sinnlose Briefe an General Eisenhower und Präsident Truman und arbeiteten wie die Irren an tausend Dingen, die ganz sinnlos waren, aus schierer Nervosität. Sie waren alle außerordentlich nervös.

Sehr interessant. Und was sind denn nun so Ihre Eindrücke, wenn man so sagen darf, des Prozesses selber hier in Nürnberg?

Ja, die sind mannigfach. Ich muß sagen, daß der erste Eindruck natürlich ein ungeheuer starker war. Es war der erste Anblick dieser zwanzig Leute, die mehr als irgendwelche anderen zwanzig Leute auf der Welt verantwortlich sind für das beispiellose Unheil, das über den ganzen Erdball heraufbeschworen worden ist. Die nun so unscheinbar zusammengepfercht sitzen zu sehen, nicht wahr, war ein äußerst merkwürdiges Bild. Etwas späterhin kann man sagen, daß manche von uns, manche von den Zuschauern, Zuhörern und vielleicht auch manche von denen, die nun unsere Berichte oder Radioberichte oder etwas hören, daß denen vielleicht zumute gewesen sein könnte, als ob der Prozeß nicht aufregend, nicht dramatisch, nicht sensationell genug aufgezogen sei. Ich habe diesen Eindruck auch zunächst vielleicht gehabt, aber ich muß heute sagen, daß nach längerem Zuschauen und Nachdenken ich zu der Überzeugung gekommen bin, daß die Prozeßführung so, wie sie ist, die richtige ist. Und zwar aus folgendem Grund: Der Prozeß ist kein Sensationsprozeß, so sensationell sein Gegenstand zweifellos ist, er soll keiner sein. Er ist weniger zur Aufregung und Unterhaltung der Gegenwart als zur Belehrung für die Zukunft, für die Geschichte gedacht. Und die ungeheuer gewissenhafte und manchmal vielleicht beinahe pedantische Art, in der diese ungeheure Fülle von Tatsachenmaterial ruhig und undramatisch präsentiert ist, hat, glaube ich, ihre großen Vorzüge im Angesicht der Geschichte.

Und welchen Eindruck machten Ihnen denn die Zeugen, die bisher vorgeführt wurden?

Ja, die Staatsanwaltschaft hat bisher, wenn ich mich richtig erinnere, und ich glaube, ich erinnere mich richtig, nur einen einzigen Zeugen vorgeführt. Das war der General Lahousen, der Assistent, Adjutant, des berühmten und rätselhaften Admirals Canaris, des deutschen Gegenspionagechefs, und der hat zweifellos einen sehr starken Eindruck gemacht. Es mag

aufgefallen sein, daß so wenige Zeugen, oder bisher eigentlich überhaupt nur ein Zeuge aufgetreten ist, und ich habe in
der Tat vor ein paar Tagen den amerikanischen Chief Prose-
cutor, Chief Justice Jackson, gefragt, was es damit auf sich
hat. Und der hat mir nun das Folgende gesagt, was ich sehr
interessant gefunden habe. Er hat mir gesagt: Wir haben natürlich Hunderte von Zeugen zur Verfügung. Jeder einzelne
von diesen Hunderten könnte wesentliche und aufschlußrei-
che Äußerungen tun, und wir hatten auch daran gedacht,
viele von denen, wenn auch nicht alle, vorführen zu lassen.
Wir sind nun aber zu folgendem Entschluß gelangt: Wir haben uns gesagt, um von den Naziuntaten aus nächster Nähe
aussagen zu können, d. h., um also wirklich Bescheid zu wissen, persönlich Bescheid zu wissen über das, was diese Nazis
getan haben, muß man entweder ein Gehilfe von ihnen gewesen sein, ein Nazi gewesen sein, wie zumindestens auch
technisch Lahousen einer war, oder man muß eines ihrer Opfer gewesen sein, wie z. B. Schuschnigg oder Hodža Opfer
waren. Nun, in beiden Fällen sprechen gewisse Dinge gegen
solche Zeugen. Nazizeugen sind moralisch nicht besonders
hochwertig, möchte man meinen, und wir könnten gewisse
Bedenken haben, gar zu viele Nazizeugen zu vernehmen.
Was nun die Opfer angeht, so könnte die Geschichte zum
Mindesten sagen, daß sie notwendigerweise nicht unvoreingenommen sein konnten, da sie ja gegen die Angeklagten etwas auf dem Herzen hatten. Also auch da wieder sprach etwas gegen die Verwendung solcher Zeugen. Und da wir eine
solche Fülle von Material, von Dokumenten haben, eine
Fülle, gegen die sich auch nicht das Geringste einwenden
läßt, gegen die weder die Angeklagten selbst noch die Um-
welt jetzt, noch später die Geschichte irgend etwas einwenden könnte, bevorzugen wir in der Tat dieses Material zu den
Zeugen (das ist kein Deutsch, ich vergesse Deutsch allmählich).

*Ich verstehe. Also soviel zu den Zeugen. Und nun viel-
leicht noch ein Wort über die Verteidiger. Haben Sie, die Korrespondenten, irgendwelche Beziehungen zu den deutschen
Verteidigern?*

Ja, das haben wir, das heißt, natürlich machen wir Gebrauch von jeder Informationsquelle, die uns zur Verfügung
steht, und eine von diesen Informationsquellen sind natürlich die deutschen Verteidiger. Wir haben das Recht und machen Gebrauch von diesem Recht, diese Herren zu interviewen, und manche von unseren interessanten Nachrichten
betreffend die Reaktionen der Angeklagten usw. kommen aus
dieser Quelle. Es war nicht leicht, übrigens, es kann nicht
leicht gewesen sein, erstklassige und/oder gar berühmte
Strafverteidiger für die Angeklagten zu finden, und zwar aus
einem sehr einfachen Grund: in einem Land ohne Gesetz –
oder doch mit Gesetzen, vor denen kein Strafverteidiger im
Ernst Respekt haben kann – war der Beruf des Strafverteidi-
gers in Verruf geraten unter den Anwälten. Tatsächlich haben sich eine große Anzahl von Strafverteidigern aus diesem
Beruf zurückgezogen, besonders in den letzten Jahren unter
dem Naziregime, und es besteht eine gewisse Armut auf diesem Gebiet, die uns sehr aufgefallen ist, als wir anfingen,
nach Verteidigern zu suchen. Wir sind der Überzeugung, und
Chief Justice Jackson hat auch dieser Überzeugung mir gegenüber Ausdruck gegeben, daß die Anwälte, die wir nun
dort haben, die besten sind, die aufzufinden waren. Und übrigens, das muß ich noch hinzufügen, die Angeklagten hatten, ehe ihnen irgendeine Auswahlliste von Verteidigern vorgelegt wurde, das Recht, jeden Verteidiger in Deutschland in
jeder der besetzten Zonen sich auszubitten, ganz gleichgültig, ob dieser Verteidiger ein Nazi war oder nicht, ob er vielleicht sogar wegen Naziverbrechen im Gefängnis schon saß
oder nicht, wir waren bereit, für diese Angeklagten Verteidiger sogar aus dem Gefängnis zu holen. Also, man kann ganz

bestimmt mit Sicherheit aussagen, daß die Angeklagten jede Chance hatten, genau den Verteidiger zu bekommen, den sie sich gewünscht haben.

Ich fürchte, Miss Mann, unsere Zeit ist beinahe abgelaufen. Vielleicht sagen Sie uns noch ein Wort über die Aufgaben der Berichterstattung, so wie Sie sie sehen.

Die Aufgaben der Berichterstattung in diesem welthistorisch bedeutenden Prozeß sind natürlich sehr große, die Verantwortung ist eine sehr große, und wir sind uns alle dieser Verantwortung voll bewußt. In gewissem Sinne glaube ich, daß kein Land so interessiert an diesem Prozeß sein kann, wie die Deutschen es sein müssen oder sollten oder doch wahrscheinlich sind. Aber auch in unseren Ländern, in Amerika, herrscht ein ungeheures Interesse an diesem Prozeß. Täglich erscheinen viele Spalten auf der ersten Seite unserer Zeitungen und Magazine über den Prozeß, und wenn wir eine Sorge haben, so ist es die der Auswahl. Wir haben so viel zu schreiben, wir hätten so viel zu schreiben, daß wir manchmal besorgt sind, unser Platz möchte nicht ausreichen. Das ist unsere schwerste Sorge, wie wir das Wichtigste jeden Tag herausgreifen für unsere Leser. Aber es ist eine hochinteressante und schöne Aufgabe.

Ich danke Ihnen, Miss Mann.

Besuch bei Karl Haushofer

Es war ein wunderbarer Tag – ein frischer, goldener Spätherbsttag, der hervorragend zu dieser Landschaft paßte. Die Bergspitzen waren schon mit Schnee bedeckt, aber die Seen waren so blau wie das Mittelmeer im Sommer.

Wir hatten gerade die Autobahn verlassen. Von Hitlers Superschnellstraßen aus erschien sogar die hübscheste Landschaft fern und leblos. Dieser nie endende Strom von Beton schnitt die Welt in zwei Teile und schloß den Reisenden von beiden Hälften aus. Man fährt immer weiter, ohne je an einer menschlichen Behausung vorbeizukommen. In anderen Teilen Deutschlands mochte das wenig ausmachen, aber im hügeligen Voralpenland hinter München war es ein Jammer, wenn man die Ortschaften gar nicht wahrnahm. Die schönen alten Dörfer wirken, als ob sie zusammen mit den Bäumen und den Feldern erschaffen worden sind, und auch die Menschen in ihren feinen, eigentümlichen Trachten sind unersetzlicher Teil eines verzauberten Ganzen.

Auf den sanften Kurven der kleinen Straße, die wir uns ausgesucht hatten, sahen unsere beiden Wagen, ein Jeep und ein «Sweetie», wie ein Konvoi aus. In diesen Tagen war es klug, zusammen zu reisen, nicht nur wegen der zahlreichen bewaffneten SS-Männer, die sich in den Wäldern versteckten, sondern auch, weil unser einst so stolzer Fuhrpark in letzter Zeit arg zusammengeschrumpft war und zwei Fahrzeuge sicherer als eins waren.

«Vorsicht», rief Cokie und zeigte irgendwohin. Er hatte in den letzten acht Wochen drei Jeepunfälle überlebt und war ziemlich nervös. «Lassen Sie uns anhalten und mit Red reden», schlug er vor, «er ist einsam.» Aber Red, der Jeepfahrer, hatte seinen Spaß. «Diese Spinner», lachte er, «diese Deutschen. Warum sind sie nicht zu Hause geblieben, wo sie so ein schönes Land haben!» – «Das Zauberwort heißt ‹Lebensraum›», erklärte Cokie. «Wir sagen dir dann mehr, wenn wir mit dem ‹Gehirn des Führers› fertig sind.» Erst jetzt fühlte sich Red ein bißchen einsam. «Roger», sagte er vage, bevor er wieder zu seinem Jeep eilte. Durch einen glücklichen Zufall hatte ich herausgefunden, daß sich Professor General Karl Haushofer («das Gehirn des Führers») auf freiem Fuß befand. Deutschlands führender Geopolitiker war wiederholt von unserem Militär verhört worden, aber es schien, als ob der Mann, dessen Gedanken viele Taten Hitlers inspiriert haben sollten und der laut Dutzender amerikanischer und englischer Berichte und Artikel die geistige Kraft hinter dem Nazithron darstellte, für unschuldig erklärt worden war. Allein in den USA waren vier Bücher über «das Gehirn» erschienen. Natürlich hätte sich die Presse schon lange für ihn interessiert, wenn wir nicht angenommen hätten, daß er hinter Schloß und Riegel sei.

Wenn man meinem Informanten, einer recht seriösen Quelle, Glauben schenken durfte, war der General nicht nur auf freiem Fuß – sein Haus zu betreten war für alle US-Bediensteten verboten. Das bedeutete, daß ich mich um ein Interview bemühen durfte, aber unverzüglich abrücken mußte, falls er keine Lust dazu hatte.

Ich kannte die Haushofers seit frühester Kindheit. Sie waren oft im Haus meiner Großeltern zu Besuch gewesen, wo sich in den phantastischen Tagen vor dem Ersten Weltkrieg Mitglieder des kaiserlichen Hauses mit revolutionären Künstlern trafen, wo sich Antisemiten mit jüdischen Wissenschaftlern unterhielten und Generäle mit pazifistischen Ideen konfrontiert wurden. Damals war ich noch sehr klein, aber ich wußte, daß Haushofer in diesem Kreis keineswegs als brillant angesehen wurde. Er war jedoch ehrgeizig und fleißig, dazu ein eifriger Schüler der Kriegskunst, der im Alter von 44 Jahren den Rang eines Generals innehatte. Dann war der Krieg vorbei, und Haushofers Karriere schien zu Ende. Die Republik zeigte sich den Generälen des Kaisers gegenüber allerdings gnädig und erlaubte dem Artillerieexperten, Professor an der Münchener Universität zu werden. Natürlich haßte er die deutsche Demokratie, dieses Kind einer Niederlage und der nationalen Schande. Und er liebte ihre Feinde, und unter denen war Hitler zweifellos der lauteste und vielleicht der vielversprechendste. Einer von Haushofers Studenten, der enthusiastische Rudolf Hess, stellte die beiden einander vor, die sich sofort gegenseitig mochten. Der ungebildete Hitler war wie ein Schwamm, der gierig jede Theorie aufsaugte, die seine Träume mit einer «gelehrten» Grundlage untermauern konnte, und dafür schien die «Geopolitik» Haushofers genau das Richtige zu sein. Die Freundschaft, die sich zwischen dem Gefreiten und dem General ergab, fußte auf ihrem gemeinsamen «Patriotismus», worunter beide das «Verlangen nach mehr Land» verstanden. Frau Haushofer, eine Halbjüdin, teilte die Bewunderung ihres Mannes für den künftigen Führer, der seinerseits diese schlechtere Hälfte vornehm übersah.

Wir näherten uns dem Ammersee, und ich mußte mich entscheiden, wer ich heute sein wollte, Mildred oder ich selbst. Irgendwie mochte ich den Gedanken nicht, den alten Mann an der Nase herumzuführen, der ja kreuzunglücklich sein mußte. Aber der General hatte mich nie leiden können und würde es vermutlich vorziehen, mit der umgänglichen Mildred zu sprechen. Vielleicht würde er sich sogar weigern, mich – als Erika Mann – überhaupt zu empfangen. «Das Gehirn» war eine große Story, und ich wollte sie mir nicht durch die Lappen gehen lassen. Dennoch entschied ich mich schließlich dafür, es darauf ankommen zu lassen.

Das Haus war ein stattlicher alter Hof, den man den Hartschimmelhof nannte; er war sehr schön gelegen: auf der Spitze eines bewaldeten Hügels, gegenüber dem See und der fernen Gebirgssilhouette dahinter. Das Hausmädchen, das öffnete, sagte, daß der Herr Professor krank sei, aber daß sie es der gnädigen Frau sagen würde. Sie sah verängstigt aus. Die meisten Deutschen sehen verängstigt aus, wenn uniformierter Besuch kommt.

Dann erschien Frau Haushofer und sagte, daß ihr Mann wirklich zu krank sei, um gestört zu werden. Aber als ich mich vorgestellt hatte, war auf einmal alles anders.

«Karli!» rief sie mit vor Aufregung heiserer Stimme. «Komm schnell herunter, ich habe eine Überraschung für dich!»

Zu meinem großen Erstaunen war auch «Karli» sichtlich bewegt. Daß die Enkelin seiner lieben verstorbenen Freunde zu Besuch gekommen war, war eine große und unerwartete Freude. «Alsdann!» sagte er und streckte beide Hände aus, «endlich ist da mal jemand, bei dem ich ein vollkommen reines Gewissen habe!»

Was für eine seltsame Begrüßung! Da er immer nett zu meinen Großeltern gewesen war, fühlte er sich in meiner Gegenwart so glücklich und unbeschwert, daß er sich sogar bei seinem ersten Satz nicht daran störte, ein andererseits ganz und gar nicht reines Gewissen zuzugeben.

Sie waren ein schönes und aristokratisch aussehendes Paar. Trotz seiner 75 Jahre hielt sich der hochgewachsene und schlanke Haushofer kerzengerade und trug seinen Tweedanzug wie eine Uniform. Seine Gattin, eine lebhafte und intelligente Frau über sechzig, trug ein schwarzes Bauernkleid, das sie wie eine wohlhabende Bauersfrau am Sonntag aussehen ließ.

Ich mußte nicht viele Fragen stellen. Sie redeten und redeten, rasch, die Sätze des anderen zu Ende bringend, und offensichtlich überzeugt, daß sie mit einem Menschen sprachen, der Verständnis für sie hatte. Ich hatte ihnen gesagt, daß ich Korrespondentin sei und dies ein Interview, und um sie an den Zweck meines Besuchs zu erinnern, hatte ich Notizbuch und Bleistift gezückt. Aber sie benahmen sich weiter so, als ob sie nach Jahren der Einzelhaft endlich wieder mit einem engen Freund zusammenträfen. Ab und zu bat Frau Haushofer ihren Mann, sie wenigstens einen Teil der Geschichte erzählen zu lassen; er war krank und sollte seinem Herzen die Aufregung ersparen. Aber «Karli» konnte nicht länger als eine Minute still bleiben.

Angeblich hatte der General dem «Führer» nur bis 1938 nahegestanden. «Die Tage von München waren die glücklichsten meines Lebens», sagte er. «Ich wollte niemals, daß

Deutschland in den Krieg zieht. ‹München› hatte gezeigt, daß mit friedlichen Methoden eine Menge erreicht werden konnte. Das habe ich Hitler unmißverständlich gesagt. Ich dachte, daß mir das zukam, aber er hat mich dafür gehaßt. Ich habe ihn danach nicht mehr wiedergesehen. Sie nennen mich ‹das Gehirn des Führers›; wenn ich diesen Titel je verdient habe, dann muß der Führer für die letzten sechseinhalb Jahre seines Lebens hirnlos gewesen sein.»

Er lachte bitter über seinen kleinen Scherz, den er sich bestimmt schon unzählige Male hatte erzählen hören. «Wer hätte vorausahnen können, daß er so kriminell unvernünftig werden würde – und so unvernünftig kriminell?», fragte er bedauernd. «Aber er war ja auch von schlechten Menschen umgeben!» – «Auch Hess?» fragte ich. «Rudl», sagte Haushofer, «war ein wundervoller Junge, ein echter Idealist, leidenschaftlich loyal und bereit, alles für die Sache zu opfern – sogar seinen besten Freund.» Seine Stimme zitterte. «Karli», sagte Frau Haushofer, «du solltest nicht so viel reden, und außerdem hat Rudl das nicht mit Absicht getan.» – «Na ja», entgegnete er, «er hätte es wissen können.» Und zu mir: «Ich erzähle besser die ganze Geschichte.»

Offenbar war Hess immer problematisch und seltsam gewesen, so intelligent, nett und liebenswert er auch wirkte. Seine häufigen Depressionen und gelegentlichen Selbstmorddrohungen veranlaßten seinen Lehrer schließlich dazu, ihn zu einem Psychiater zu schicken, der dem Patienten mentale Unausgeglichenheit, nervöse Zustände und leichten Infantilismus attestierte. «Und tatsächlich war da etwas Kindliches in seiner Führerfixiertheit, obwohl ich mir in jenen Tagen noch nicht darüber im Klaren war. Rudl war sehr introvertiert und sprach nie über seine Gefühle. Und er schloß auch nicht so leicht Freundschaften. Mein ältester Sohn Albrecht war einer der wenigen, die er mochte und denen er vertraute. Wenn er ihm nur ein bißchen weniger vertraut hätte!»

Im Lauf der Zeit war der infantile Rudl immer launischer geworden. Auch seine Gesundheit ließ zu wünschen übrig, wenngleich seine chronischen Magenkrämpfe rein nervöser Natur zu sein schienen. Sie ließen während des Blitzkriegs im Westen etwas nach, aber nach der Niederlage Frankreichs fühlte sich der Stellvertreter des Führers sehr krank. Es war zu dieser Zeit, früh im Winter 1940, daß er nach seinem Freund Albrecht Haushofer schickte. Der Zeitpunkt sei gekommen, erzählte er ihm, Frieden mit Großbritannien zu schließen, und man sollte nun geheime Schritte in diese Richtung unternehmen. Albrecht hatte in England studiert und kannte die Mentalität der Menschen, besonders die des Duke of Hamilton, den er als entschieden pro-deutsch und an einem Friedensvertrag interessiert einschätzte. Auch Sir Samuel Hoare, damals Englands Botschafter in Spanien, gehörte zu denen, die Hess bei dem geplanten Treffen auf neutralem Boden dabeihaben wollte. Und Albrecht sollte die Einladungen weiterleiten. Als Vermittler zwischen ihm und der englischen Seite schien niemand besser geeignet als Dr. Carl Jacob Burckhardt, der geschätzte Präsident des Internationalen Roten Kreuzes, jetzt Schweizer Botschafter in Frankreich, der mit dem Dritten Reich immer auf bestem Fuß gestanden hatte. Es wurde beschlossen, daß Albrecht in die Schweiz mußte, um Burckhardt zu treffen.

«Diese Reise», fuhr der alte Haushofer fort, «war schließlich das Verhängnis meines Sohnes. Ich hatte ihn angefleht, nicht zu fahren, oder zumindest sicherzustellen, daß der Führer das Treffen guthieß. Albrecht gab es nicht zu, aber er wußte genau, daß Rudl beabsichtigte, hinter Hitlers Rücken zu handeln. Mein Sohn hatte versprochen zu fahren, und das tat er. Burckhardt stimmte erfreut zu, mit den Briten Kontakt aufzunehmen. Das Treffen sollte auf einem verlassenen Tennisplatz in der Nähe von Madrid stattfinden, und zwar so bald wie möglich. Eine Zeitlang war Rudl zufrieden. Dann gab er seiner Nervosität, seiner Ungeduld und seinem Hang zum Abenteuerlich-Romantischen nach. Anstatt das diplomatische Treffen abzuwarten, flog er nach Schottland. Und diesmal war Albrecht nicht unterrichtet.»

Die Flucht von Hess war, wie mir das verstoßene «Gehirn» erklärte, der Anfang unsäglicher Leiden für die Familie Haushofer. Albrecht wurde verhaftet und vor Hitler und Ribbentrop gebracht, die ihn wutentbrannt beschuldigten, bei der Flucht des Stellvertreters mitgewirkt zu haben. Sein Treffen mit Burckhardt, das schon längst von der wachsamen Gestapo gemeldet worden war, wurde ihm vorgeworfen, obwohl es keinerlei Resultat erbracht hatte. Nach außen hin konnte Albrecht seine Unschuld beweisen, aber faktisch war er in Ungnade gefallen. Ribbentrop verzieh es ihm niemals, sich in seine Auswärtigen Angelegenheiten eingemischt zu haben. Hitler war noch viel nachtragender und damit gefährlicher. Mit Hess hatte der «Führer» den einen ihm nahestehenden Menschen verloren, seinen einzigen Freund, den treuen Kameraden seiner Tage auf der Festung Landsberg, mit dessen Hilfe er seine Bibel «Mein Kampf» geschrieben hatte. Hess' Verrat war ein zu harter Schlag, um ihn öffentlich zugeben zu können. Fürs erste durfte also nichts gegen die Komplizen des Verräters unternommen werden. Sogar Albrecht Haushofer, der als Anstifter verdächtigt wurde, durfte nicht erfahren, wie tief der «Führer» getroffen war. Er sollte jedoch überwacht und bei der ersten sich bietenden Gelegenheit beseitigt werden.

Das Attentat auf Hitler am 20. Juli 1944 lieferte den erwünschten Vorwand. Obwohl Albrecht, wie seine Eltern versichern, nicht in die Verschwörung verwickelt war, wußte er, daß seine Stunde geschlagen hatte. Er flüchtete. An seiner Statt wurde der alte Haushofer nach Dachau gebracht; Albrechts Frau wurde zusammen mit seinem Bruder Heinz verhaftet, und auch nachdem alle freigelassen worden waren, blieb ihr Leben in Gefahr. Die einzige, der die Einkerkerung erspart blieb, war die Mutter des Flüchtigen, die Halbjüdin Frau Haushofer.

Niemand wußte, was aus Albrecht geworden war, bis ein sowjetischer Soldat von seinem Tod berichtete. Wenige Wochen vor dem entscheidenden russischen Durchbruch war er in Österreich gefaßt und zusammen mit einigen russischen Gefangenen festgehalten worden. Als der Feind näherrückte, erschossen die panischen Deutschen die Gefangenen, auch den jungen Haushofer. Einer der Russen war nicht wirklich tot und entkam, um die Nachricht zu überbringen. Die Sowjets verhalfen Albrecht zu einem christlichen Begräbnis.

«Und nach allem, was wir durchgemacht haben», schloß der Vater, «bin ich ein ums andere Mal von den Befreiern befragt und ins Kreuzverhör genommen worden. Ich bin in offenen Jeeps von Gefängnis zu Gefängnis gebracht worden, bis mein altes Herz eines Nachts drohte stillzustehen und ich mich zum Sterben bereit machte. Sie haben mich gerettet – wozu? Nur, damit sie mit ihrer Folter weitermachen konnten. Ich weiß, daß sie es nicht böse meinen – daß sie es einfach nicht verstehen. Aber habe ich nicht genug gelitten, um über allem Verdacht zu stehen? Ich habe ihnen alles gesagt, was ich wußte, und schließlich wurde ich freigesprochen. Oder meinen Sie, daß man mich noch einmal holen wird? Das würde ich nicht überstehen – Gott weiß, das könnte ich nicht.»

Es gab kaum etwas, womit ich ihn trösten konnte. «Wer hat Sie freigesprochen?»

Er holte einen Brief hervor, der von einem USFET-Major unterschrieben war. Er besagte, daß Professor Haushofer dem Unterzeichneten seit Jahren bekannt war und daß er ein Ehrenmann sei, dessen Wort nicht anzuzweifeln sei. Als ich dem edel aussehenden alten Kämpfer zuhörte, war ich selbst geneigt, an seine Aufrichtigkeit zu glauben. Aber als ich mich dann an die Tatsachen erinnerte, stand ich aufs Neue fassungslos im deutschen Nebel. Zunächst einmal war sein Sohn nicht zusammen mit ein paar russischen Gefangenen in Österreich erschossen worden. Man hatte ihn in Berlin erschossen. Seine Gefährten im Tod waren sechs Deutsche, und sie hatten wie Albrecht für ihre angebliche Beteiligung an der Verschwörung vom 20. Juli bezahlt. Der junge Haushofer war der erste, der identifiziert worden war. In seiner ausgestreckten Hand hielt er eine Anzahl eng beschriebener Seiten, als ob er sie für sich sprechen lassen wollte.

Vielleicht hatte der Vater Albrechts postum veröffentlichtes Werk nie gesehen.

Aber sicherlich wußte er, daß der Sohn sich schon lange gegen das Regime gewandt hatte, wenn auch ursprünglich deswegen, weil das Regime sich gegen ihn gewandt hatte. Vermutlich hatte «das Gehirn» die Reise in die Schweiz zu Recht den Anfang vom Ende genannt. Aber die fünf Jahre zwischen dem Schweizer Unternehmen und der Erschießung in Berlin hatten nicht nur Albrechts politisches Denken, sondern auch das Verhältnis zu seinem Vater verändert. Seine abgründigen und bitteren Sonette – die Früchte seiner Gefangenschaft – waren ein Beweis für diese Veränderung. Die letzte Botschaft des Sohnes klagt den Vater feierlich an als einen Menschen, der bis zum allerletzten Tag blind geblieben ist. «Es lag einmal in seines Willens Kraft, / Den Dämon heimzustoßen in die Haft», schrieb Albrecht. «Mein Vater hat das Siegel aufgebrochen. / Den Hauch des Bösen hat er nicht gesehn. / Den Dämon ließ er in die Welt entwehn.»

Obwohl er erst spät zu ihnen fand, starb Albrecht für seine Überzeugungen. Und er bereitete sich auf das Ende vor, indem er den Nebel aufhellte, der noch immer das Haus seines Vaters umgab.

«Doch schuldig bin. Anders als Ihr denkt!» rief er, und: «Ich klage mich in meinem Herzen an: / Ich habe mein Gewissen lang betrogen, / Ich hab mich selbst und Andere belogen – / Ich kannte früh des Jammers ganze Bahn. / Ich hab gewarnt – nicht hart genug und klar! / Und heute weiß ich, was ich schuldig war.»

Was war es, das den Vater dazu brachte, den Tod des Sohnes herunterzuspielen? Warum behauptete er, daß er sozusagen aus Versehen und ohne Grund erschossen worden war? In seinen Gedichten gab Albrecht seine Beteiligung am Anschlag des 20. Juli zu. Aber der Vater, in dessen Macht es gestanden hatte, «den Dämon heimzustoßen in die Haft», versagte ihm die Ehre dieser «Schuld». Warum? Schämte er sich für das Martyrium seines Sohnes? Oder beneidete er ihn? Hatte er sich selbst eingeredet, daß Albrecht aus Versehen umgebracht worden war? Oder war es eine Lüge? Wenn er von den Sonetten wußte, mußte es das wohl sein. Es gab keine Entschuldigung, denn es gab nicht einmal eine rationale Erklärung für das Verhalten dieses alten Mannes, nicht in der Vergangenheit und nicht in der Gegenwart. Und dennoch konnte ich mir nicht helfen, er tat mir wirklich leid.

Es war spät geworden.

Major Coker werde im Hauptquartier der Third Army in Bad Tölz erwartet, erklärte ich, und daß wir nun aufbrechen müßten. Meine Gastgeber wurden blaß. «Ein amerikanischer Major?» riefen sie, «und er hat die ganze Zeit draußen gewartet? Er gehört doch nicht etwa zum Counter Intelligence Corps?»

Auch als sie erfuhren, daß Cokie nur mit der Reichspost zu tun hatte auf ganz harmlose Weise, waren sie immer noch ängstlich.

«Wenn wir das nur gewußt hätten», jammerten sie und meinten: «Aber es ist ja noch nicht zu spät. Bitten Sie ihn doch herein, damit er nicht beleidigt ist.»

Doch Cokie hatte eine ausgesprochene Abneigung gegen jeden sozialen Kontakt mit Deutschen und weigerte sich,

Platz zu nehmen. Wir gaben uns immerhin alle die Hände. Dann begleitete uns das Paar zu unseren Wagen.

Der Jeep war voller Kinder. Eins saß bei Red auf dem Schoß, zwei neben ihm und zwei hinter und über ihm; ihre nackten Beine baumelten gegen seinen Rücken.

«Ich habe ihnen mein Bilderbuch gezeigt», sagte er, «das hat sie interessiert.» – «Wie nett!» rief Frau Haushofer aus und fügte hinzu, daß dies ihre Enkel seien und sie sich gern schöne Bilder ansähen. Wir warfen einen Blick auf den Band, der eine höchst erschreckend illustrierte Geschichte des Konzentrationslagers Dachau enthielt.

Die beiden Alten prallten vor dem Anblick zurück, aber keiner von ihnen gab einen Laut von sich.

Als wir abfuhren, standen sie und winkten, winkten noch immer, als unser Konvoi hinter einer Kurve verschwand.

Ich sah sie beide niemals wieder. Ein paar Monate später suchte ihr einziger überlebender Sohn Heinz das Haus nach seinen Eltern ab. Aber alles, was er fand, war eine ordentlich gezeichnete kleine Karte, die angab, wie man ihre Leichen finden konnte. Sie hatten Gift genommen. Zwei kleine Gläser lagen neben der Leiche des Mannes, aber die Frau fand man an einem Baum hängend. In ihrem schwarzen Bauernkleid sah sie wie eine wohlhabende Bauersfrau am Sonntag aus. Sie hatten keinen Abschiedsbrief hinterlassen. Heinz zufolge hätten seine Eltern kein Verhör, keine Verdächtigungen und keine Mißverständnisse mehr ausgehalten; und der General war in den Zeugenstand nach Nürnberg befohlen worden, sagte er.

War ihre Furcht vor irgendeiner weltlichen Gerichtsbarkeit der wahre Grund für ihren Selbstmord? Oder waren sie schließlich ihrer Lügen müde geworden? Möglicherweise hatten sie, als sie die beiden kleinen Gläser leerten, endlich zugelassen, daß sich der Nebel langsam lichtete. Aus mir selbst unerfindlichen Gründen hoffte ich stark, daß es so war.

Deutsche Zustände

Alliierte Kriegskorrespondenten haben in der vergangenen Woche in Deutschland einige Wetten verloren – und gewonnen. Gegenstand der Wetten: Würde es im Lauf des Winters organisierte Revolten geben – ja oder nein? Die Propheten der Rebellion hatten den Januar als vielversprechendsten Monat ausgewählt und erklärten sich bereit zu zahlen, wenn bis zum 1. Februar alles ruhig bliebe. Da es keinen offenen Krawall gab und nichts von organisierten Unruhen berichtet wurde, war Zahltag für diejenigen, die nicht an die deutsche Insubordination geglaubt hatten. (Der gescheiterte Versuch, Göring und Co. zu befreien, hätte nicht gezählt, selbst wenn er rechtzeitig erfolgt wäre, denn er war ein reines SS-Unternehmen und hatte nichts mit dem Mann auf der Straße zu tun.) Diejenigen, die ihre Wette verloren, hatten zwei grundlegende Fehler gemacht:

1. Sie unterschätzten die alliierte Entschlossenheit und Fähigkeit, die Deutschen weder hungern noch frieren zu lassen.

2. Sie überschätzten die deutsche Bereitschaft, ihre Herren offen anzugreifen, wer immer die Herren auch sein mögen.

Alles in allem sind die Verhältnisse im Reich besser, als sogar die Besatzungsmächte vorauszusagen gewagt hatten. In manchen Ländern, so wie in Bayern, sind sie ausgesprochen gut. Abgesehen von der Wohnungssituation in schwer bombardierten Städten und dem beunruhigenden Strom von Flüchtlingen aus dem Osten haben die Bayern kaum Grund, sich zu beschweren. Dennoch tun sie es auf herzzerreißende Weise. Auch bedeutet das Ausbleiben organisierter Unruhen nicht, daß die guten Bayern nicht ihr Bestes tun würden, die «Eindringlinge», die Besatzungsmächte nämlich, zu stören, zu ärgern und ihnen Schaden zuzufügen.

Obwohl in Gegenwart der alliierten Besatzer keine größere Kampagne oder Propagandaveranstaltung möglich wäre, benehmen sich die Bürger in München, Nürnberg, Dinkelsbühl und anderswo, als ob sie von einem Untergrund-Hauptquartier befehligt würden. Entgegen den Theorien einiger alliierter Beobachter ist dieses Verhalten aber nicht das Ergebnis einer systematischen Anstrengung, sondern Ausdruck einer allgemeinen Einstellung, die der großen Mehrheit der Deutschen eigen ist.

Nehmen Sie beispielsweise, was in bestimmten alliierten Kreisen die deutsche «Mitleidstour» genannt wird. Es heißt, daß die Deutschen, indem sie ihre Leiden absichtlich übertreiben, darauf hoffen würden, erstens ihre Lage als Bewohner eines besetzten Landes zu verbessern, zweitens die aktive Sympathie der Welt draußen zu bekommen. Hinter ihrem penetranten Selbstmitleid steckt jedoch keine Absicht. Die Deutschen glauben ernsthaft – jede und jeder für sich und ohne sich mit anderen zu verschwören –, daß ihr Leid alle Vorstellungskraft übersteigt. Sie, d. h. neunzig Prozent von ihnen, glauben auch an die Unschuld des deutschen Volkes. Die wenigen, die eine gewisse deutsche Kollektivschuld zugeben, pochen darauf, daß die Sieger eigentlich genausoviel Schuld haben.

Ein neuer Stern, der an Deutschlands literarischem Firmament erschienen ist – ein Dichter namens Werner Bergengruen, der Stolz der sogenannten «Inneren Emigration» –, ist sehr typisch für diese Einstellung. Sein berühmtestes Gedicht aus dem Band «Dies Irae», dessen krönender Abschluß es ist, heißt «An die Völker der Erde».

«Völker, wir litten für euch und für eure Verschuldungen mit», ruft Bergengruen. «Litten, behaust auf Europas uralter Schicksalsbühne, / litten stellvertretend für alle ein Leiden der Sühne. / Völker der Welt, der Abfall war allen gemein ... / Neugierig wittertet ihr den erregenden Atem des Brandes. / Aber das Brennende war der Herzschild des Abendlandes ... / Jeglicher ließ von der Trägheit des Herzens sich willig verführen, / Jeglicher dachte: ‹Was tut es ... an mich wird das Schicksal nicht rühren ...› / ... Bis der Dämon, gemästet, von unserem Blute geschwellt, / brüllend über die Grenzen hervorbrach, hinein in die Welt ... / Völker der Erde, ihr haltet euer Gericht. / Völker der Erde, vergeßt dieses eine nicht ... / Völker der Welt, der Ruf des Gerichts gilt uns allen.»

Ein anderer deutscher Barde, der Dichter Ernst Wiechert, ist in seiner Kritik an anderen weniger deutlich. Er war ein früher Nazi-Sympathisant, kritisierte aber die Realität des «Dritten Reiches» und mußte sogar für einige Zeit ins Konzentrationslager. Er sagt, daß seine Landsleute wußten, was dort und überall geschah. Sie waren für Hitlers Verbrechen mitverantwortlich; sie sind schuldig. Ihre Schuld gebar jedoch eine unvergleichliche Tragödie: Seit der Erschaffung des Menschen gab es noch nie solch eisige Einsamkeit, nie solchen Haß gegen eine Nation, nie solch tiefe Finsternis, keinen so tiefen Fall wie den Deutschlands.

Auf diese Weise und auf solch abgehobenem Niveau versucht mancher Deutsche der Nach-Hitler-Zeit, sich selbst und seine Landsleute positiv darzustellen – indem er das Ausmaß ihres gemeinsamen Unglücks dramatisiert. Doch der einfache Bürger ist damit beschäftigt, sein tägliches Dasein möglichst angenehmer zu gestalten. Was er zu erreichen versucht, ist erstens ein Minimum an Anstrengung und Härte für sich selbst und zweitens ein Maximum an Ärger und Schaden für den «Feind». Die alliierte und auch die deutsche Verwaltung geben zu, daß sie auf erheblichen passiven Widerstand stoßen, wenn die Deutschen etwas für die Allgemeinheit leisten sollen. Sogar für ein so wichtiges Vorhaben wie die sogenannte «Holzaktion» gab es nur eine Handvoll Freiwillige; am Ende mußten «geläuterte» Nazis gezwungen werden, das Holz zu schlagen, um ihre Landsleute wärmen zu können. Hier und anderswo sahen die Deutschen ihr eigenes Wohlbefinden als alliierte Verantwortlichkeit an und hielten es nicht für nötig, diese Bürde zu erleichtern.

Für den bayerischen Bauern, der an die strengsten Nazivorschriften gewöhnt war und auch daran, sie zu brechen, sind die amerikanischen Kontrollen leicht zu umgehen. Was er heutzutage abgeben muß, ist viel weniger als unter den Nazis; dadurch, daß er die größtmögliche Menge von «kontrollierten» Nahrungsmitteln auf dem schwarzen Markt verkauft, tut er sich selbst einen Gefallen und betrügt außerdem die Amerikaner, die gezwungen sind, die fehlenden Güter aus ihren eigenen Vorräten aufzustocken.

Sabotageakte, die keineswegs so vereinzelt sind wie allgemein angenommen, sind ein gefährliches und daher unpopuläres Mittel, dem Feind zu schaden. Hier zwei Beispiele, wie man es anstellt, ihn auf effektivere und dennoch weniger angreifbare Weise zu treffen.

Eine Sendung, die vor kurzem von Radio Stuttgart für Kinder ausgestrahlt wurde, versprach den Worten des Sprechers nach, «euch auf eine wundersame Reise mitzunehmen, aus unseren zerstörten Städten und dem täglichen Elend unseres Lebens heraus in ein fernes Land, das euch jedoch auf mehr als nur eine Weise an unser liebes Deutschland erinnern wird».

Und auf geht's, bis nach China. Sie sehen, wie die tapferen Chinesen, ein Volk mit großer Kultur und größter Ausdauer, von einem barbarischen Feind überfallen werden; wie ihre Städte brennen und ihre unschuldigen Frauen und Kinder sterben; wie das ganze Land vor dem unverschuldeten Angriff flieht; wie sich hart arbeitende Wissenschaftler, die entschlossen sind, ihre Geheimnisse nicht in Feindeshand fallen zu lassen, in den entlegensten Ecken des Landes verstecken, um ihre Arbeit unter unmenschlichen Bedingungen fortzuführen.

Sogar ohne die Eingangserklärung hätte diese Bildungssendung nichts an Klarheit vermissen lassen. Jedes negative Wort über die barbarischen Angreifer richtete sich gegen die Alliierten, und jeder Blumenstrauß, der dem chinesischen Volk zugeworfen wurde, landete im Schoße der Deutschen.

Ein anderes Ereignis, bei dem ich selbst anwesend war, fand statt im Haus der Deutschen Kunst in München, wo die Third U.S. Army eine Party gab. Die Raumausstattung sowie die Programmgestaltung wurde einer Gruppe Münchener Künstler überlassen, in deren Unterhaltungstalent man volles Vertrauen hatte. Aber waren schon die Paraden und Prozessionen des frühen Abends frei von jeder Fröhlichkeit (Skelette wandelten da einher mit hohlwangigen Bettlern und makabren Krüppeln und Teufeln), grenzten die späteren Vorstellungen an einen Skandal. Vor allem galt dies für die Fliegeralarm-Sirenen, die von den Künstlern eingesetzt wurden. Sie heulten in immer kürzeren Abständen und immer größerer Lautstärke und klangen dabei erschreckend und widerlich echt. Für viele der anwesenden Amerikaner waren sie nichts als ein großer Lärm; für andere, besonders für das deutsche Personal, waren sie die schlimmste Zumutung. Angeblich sollte der «Witz» – ein Sinnbild amerikanischer Taktlosigkeit und Brutalität im Umgang mit den Deutschen – dazu dienen, die Stimmung zu heben. Und je mehr sie trotz der Sirenen stieg und je weniger die Amerikaner deswegen protestierten, desto gewagter wurde das Programm. Am Ende erschien eine Gruppe leichenähnlicher Witzbolde, die die gestreiften Anzüge der Buchenwald-Häftlinge trugen. Einer von ihnen, seine Augen waren verdreht, trug den Galgen, an dem er zu hängen schien. Ein paar amerikanische Offiziere ließen sich gedankenlos mit den Verkleideten fotografieren. Mit übergeschlagenen Beinen saßen sie lächelnd zu Füßen des Gehängten.

Am nächsten Morgen war die Geschichte in allen Zeitun-

gen nachzulesen. Und was sich die Münchener über das
«Amerikaner-Fest» erzählten und immer noch erzählen,
übertrifft in seiner Feindseligkeit alles, was die brillanteste
Hetzkampagne anzurichten vermocht hätte.

Von den alliierten Korrespondenten werden mittlerweile
neue Wetten abgeschlossen. Und vielleicht kommt der Tag,
an dem die Deutschen – von ihrem militanten Selbstmitleid
getrieben und vom weltweiten Interesse an ihren Leiden ermutigt – tatsächlich eine organisierte Revolte anfangen. Im
Moment begnügen sie sich noch mit passivem Widerstand,
einem bescheidenen Maß an Sabotage und dem effektiven
Ausdruck einer Einstellung, die nicht viel Gutes verheißt.

Die «Innere Emigration»

Die Deutschen haben einen neuen Begriff geprägt: die «Innere Emigration». Er bezieht sich hauptsächlich auf Schriftsteller und umfaßt jeden, der sich der Verherrlichung des Na-
ziregimes enthalten hat. Um zu dieser stolzen Bruderschaft
zu gehören, muß ein Autor nicht beweisen, daß er je einen
Ton gegen die Nazis gesagt hat; seine Bücher mögen im Dritten Reich weiter erschienen sein, und man muß ihn nicht aus
seinem Haus getrieben oder seiner Habe beraubt haben. Tatsächlich mag er sogar Mitglied der Reichsschrifttumskam-
mer gewesen sein und möchte nun dennoch den ehrenvollen
Titel eines geistigen Emigranten beanspruchen. In die Bruderschaft aufgenommen zu werden, ist schwer; aus ihr ausgestoßen zu werden, ist dagegen leicht. So mußte selbst der
Romancier Frank Thiess, der den Club begründete, vor kurzem seinen eigenen Ausschluß erleben. Einer seiner Artikel,
der in den frühen Tagen des Nazi-Regimes erschienen war
und die «nationale Revolution» als ein großartiges, wunder-

bares und epochemachendes Ereignis preist, wurde von einigen deutschen Zeitungen noch einmal abgedruckt – und als Folge davon verlor die «Innere Emigration» eines ihrer prominentesten Mitglieder. Solche Mißgeschicke sind keine Seltenheit. Zu irgendeiner Zeit haben sich fast alle innerdeutschen Schriftsteller an Nazi-Aktivitäten beteiligt, die – sobald sie entdeckt werden – ihre selbstformulierte Legende vom geistigen Exil Lügen strafen.

Der hellste Stern am literarischen Himmel des Reiches und einer, der im Ausland als echter Repräsentant dieses «anderen Deutschlands» gilt, ist der Dichter Werner Bergengruen. Diese stolze Stimme der «Inneren Emigration» war vor Hitler nahezu unbekannt und verhielt sich bis zum Zusammenbruch eher ruhig. Aber heute, fünfzehn Monate nach der Kapitulation, genießt sein schmales Opus einen Ruhm, dem seine rein literarischen Qualitäten nicht zu entsprechen scheinen. Was Bergengruens eingängige Verse bei seinen Landsleuten so beliebt macht, ist eher ihr politischer Inhalt als ihr literarisches Gewicht. Es läßt sich viel über die Einstellung seiner Leser erfahren, wenn man Bergengruens Erfolg genauer untersucht.

Werner Bergengruen ist nie ein Nazi gewesen. In seinem Band «Dies Irae» findet er manches starke und bewegende Wort gegen die moralische Verdorbenheit und die geistige Aushöhlung, der die Nation zum Opfer fiel. Doch auch wenn seine Worte von Reue sprechen, gelingt es dem Dichter, Deutschland als das auserwählte Land darzustellen, das gewissermaßen vom Schicksal für Prüfungen nie dagewesener Bitternis auserkoren wurde. Indem er die platte und häßliche Wahrheit des freiwilligen Rückfalls in die Barbarei auf eine Ebene überträgt, auf der himmlische Gesandte erscheinen, um es zu prüfen, «dies Land in mein [des Herren] Herz genommen», schmeichelt er den Sündern, während er sie zur gleichen Zeit anklagt.

«In vielen Gestalten bin ich gekommen», läßt er seine Gottheit rufen, «Ihr aber habt mich in keiner erkannt ... / Ich klopfte bei Nacht, ein bleicher Hebräer, / ein Flüchtling, gejagt, mit zerrissenen Schuhn. / Ihr riefet dem Schergen, ihr winktet dem Späher / Und meintet noch Gott einen Dienst zu tun ... / Ich kam als zitternde geistgeschwächte / Greisin mit stummem Angstgeschrei. / Ihr aber spracht vom Zukunftsgeschlechte / und nur meine Asche gabt ihr frei ... / Verwaister Knabe auf östlichen Flächen, / ich fiel euch zu Füßen und flehte um Brot. / Ihr aber scheutet ein künftiges Rächen, / ihr zucktet die Achseln und gabt mir den Tod ... / Ich kam als Gefangner, als Tagelöhner, / verschleppt und verkauft, von der Peitsche zerfetzt. / Ihr wandtet den Blick von dem struppigen Fröner / Nun komm ich als Richter. Erkennt ihr mich jetzt?»

Bei Bergengruen scheint es, als ob die Alten und die Schwachen, die Völker des Ostens und die Sklavenarbeiter des Westens ausdrücklich auserwählt und ins Elend gestürzt worden wären, um Deutschland die Möglichkeit zu geben, gnädig zu sein. Wer oder was machte jenen Hebräer so blaß, ließ jene Greisin zu Asche werden, jene Waise so hungrig und jenen Sklaven so elend? Der Leser weiß es vielleicht, aber es wird ihm nicht gesagt.

Das Gedicht ist eins von siebzehn aus dem Band «Dies Irae» und wahrscheinlich Bergengruens bestes, und immerhin ist es eine Anklage. Während es davor zurückschreckt, den deutschen Leser mitverantwortlich für Verbrechen zu machen, deren Urheber im Ungewissen bleiben, klagt es ihn an, das Unheil toleriert und ihm Vorschub geleistet zu haben. Wenn der Rest von Bergengruens Werk genauso reuevoll wäre, hätte es kaum so viele deutsche Herzen erobert. Denn keine Idee ist im heutigen Deutschland so unpopulär wie die der nationalen «Kollektivschuld».

Es ist ganz logisch, daß der Begriff «Schuld» an sich gerade dort nicht beliebt ist, wo seine Anwendung so viele bloßstellen würde. Statt dessen ist «Schicksal» – schon immer ein deutsches Lieblingswort – in jüngster Zeit überaus wichtig geworden. Die Nazi-Tyrannei, ihre Begleiterscheinungen und ihre fürchterlichen Folgen, sie alle sind Teil der deutschen «Schicksalstragödie», in der «Schuld» nur eine sehr kleine, wenn überhaupt irgendeine Rolle spielt. Sogar die wenigen, die sich mit dem Problem der Schuld befassen, neigen dazu, eher die gesamte Menschheit als einen ihrer Bestandteile anzuklagen. So verurteilt der Dichter Ernst Wiechert, der einst seine Stimme zur Verteidigung Martin Niemöllers erhob und der einzige echte Märtyrer der «Inneren Emigration» ist, mit folgenden Worten die Greueltaten, die in deutschen Konzentrationslagern begangen wurden:

«Welche Scham für das Menschengeschlecht, zu meinen, daß mit körperlicher Züchtigung Weltanschauungen zu rächen oder auszutreiben wären! Welch ein vernichtender Maßstab auch für die Kultur so mancher Völker der Gegenwart! Und waren nicht hundertfünfzig Jahre vergangen, seit Mozart die Arie reiner Menschlichkeit in der ‹Zauberflöte› geschrieben hatte?»

Dieser Abschnitt erscheint in Wiecherts autobiographischem Roman «Der Totenwald» und handelt davon, was 1938 in Buchenwald geschah – lange bevor der Krieg einige der zivilisatorischen Vorbehalte wegfegte, die vom Rest der Welt hochgehalten wurden. Aber laut Wiechert ist es vor allem die Menschheit – nicht die Deutschen –, die sich angesichts von Buchenwald schämen sollte, auch wenn sich «so manche Völker der Gegenwart» als besonders entehrt ansehen müssen. Nur wenn es darum geht, uns an ein großes menschliches Werk zu erinnern, diese «Arie reiner Menschlichkeit», steigt Wiechert von seiner Wolke herab und wird genauer. Sein Martyrium bestand übrigens aus sechs Monaten in Buchenwald; nach dieser Zeit unterschrieb er verständlicherweise eine Erklärung, in der er ‹Besserung› versprach, ein Versprechen, das er treulich hielt. Er räumt ein, im Lager bevorzugte Behandlung genossen zu haben; nach seiner Freilassung wurde ihm erlaubt, wieder in sein Haus zurückzukehren, einem bezaubernden Plätzchen im Isartal, das dem jüdischen Schriftsteller und Historiker Erich von Kahler weggenommen wurde (der jetzt amerikanischer Staatsbürger ist).

Die generell vorherrschende Tendenz, jegliche deutsche Schuld in einem Meer menschlicher Sündhaftigkeit aufzulösen, wird von Bergengruen deutlich in seinem berühmtesten Gedicht demonstriert, das das krönende Finale von «Dies Irae» darstellt. Das Gedicht heißt «An die Völker der Erde».

«Völker, wir litten für euch und für eure Verschuldungen mit», ruft Bergengruen. «Litten, behaust auf Europas uralter Schicksalsbühne, / litten stellvertretend für alle ein Leiden der Sühne. / Völker der Welt, der Abfall war allen gemein … / Neugierig wittertet ihr den erregenden Atem des Brandes. / Aber das Brennende war der Herzschild des Abendlandes … / Jeglicher ließ von der Trägheit des Herzens sich willig verführen, / Jeglicher dachte: ‹Was tut es … an mich wird das Schicksal nicht rühren …› / … Bis der Dämon, gemästet, von unserem Blute geschwellt, / brüllend über die Grenzen hervorbrach, hinein in die Welt … / Völker der Erde, ihr haltet euer Gericht. / Völker der Erde, vergeßt dieses eine nicht … / Völker der Welt, der Ruf des Gerichts gilt uns allen. / … Völker, vernehmt mit uns allen das göttliche: Metanoeite! [Bereuet!]»

Mit allem Nachdruck taucht hier ein Thema wieder auf, das nur im Lied der himmlischen Sendboten angeklungen ist: das Thema des auserwählten Deutschlands. Jetzt sehen wir zu, wie es das Kreuz trägt, für die Verfehlungen der Welt leidet und für die Sünden des Menschen bereut. Auch die abschließende Versicherung «Der Ruf des Gerichts gilt uns allen» (einschließlich Deutschlands) mildert kaum die selbstgerechte Behauptung ab, daß es in Wirklichkeit ein nicht genannter Dämon war, der zufällig nach Deutschland kam und den in der «Trägheit des Herzens» nicht die Deutschen, sondern die Völker der Erde niederzuwerfen versäumten.

Das Gedicht, das in Deutschland sehr gefeiert wird und in trauriger Weise charakteristisch für Deutschlands «beste Absichten» ist, rief einige Kritik in der Schweiz hervor, wo Wiechert und Bergengruen ebenfalls viel gelesen werden. In seinem Essay «Stimmen eines anderen Deutschland?» kommentiert der bekannte Schweizer Schriftsteller und Dramatiker Max Frisch:

«Ein Verbrecher ... klagt das menschliche Gericht an, daß es ihn nicht von Geburt an eingesperrt habe, um seinen Amoklauf zu hindern, zweitens beruft er sich darauf, daß vor Gott alle Menschen schuldig sind: die Verbrannten von Oradour nicht anders als jene, die sie in die Kirche sperrten und verbrannten.»

Frisch fährt fort:

«Wenn auch vieles, was dieses heikle Gedicht sagt, unsrer Meinung nach wahr ist, bleibt immer noch die entscheidende Frage, wer diese Dinge sagt ... Was diese allmenschliche Schuld betrifft, überlasse er es getrost den Dichtern aller anderen Völker, ihren Anteil daran auszusprechen und auf sich zu nehmen ...»

Die Ovationen für Furtwängler

An den Chefredakteur der europäischen Ausgabe:
In einer Notiz aus Berlin vom 25. Mai beschrieb John Elliott den «tumultartigen Applaus», den Dr. Wilhelm Furtwängler erlebte, der vor kurzem entnazifizierte deutsche Dirigent, als er die Berliner Philharmoniker zum ersten Mal nach dem

Krieg dirigierte. «Ein kosmopolitisches Publikum vergaß alle Landesgrenzen und die Erinnerungen an den Krieg», so Mr. Elliott. Dann zitierte er Eric Clarke, Chef des Theater-, Film- und Musikzweigs der Informationskontrollabteilung von AMG, wie folgt: «Ich war froh, Menschen zu sehen, die einmal die ganze Politik vergaßen und vollkommen in der Musik aufgingen.»

Das Publikum applaudierte fünfzehn Minuten lang und ließ den Dirigenten sechzehnmal zum Pult zurückkehren, wo er den Beifall seiner Bewunderer entgegennahm.

Wer waren diese «Bewunderer», und was brachte sie dazu, fünfzehn Minuten lang Beifall zu klatschen? Laut Mr. Elliott war es ein internationales Publikum, das einem Dirigenten aus dem guten und einfachen Grund Beifall zollte, weil es seine Musik mochte. Und zweifellos beherrscht Dr. Furtwängler seine Kunst – wie an diesem Abend – sogar dann, wenn er nur ein oder zwei Proben hatte und das Orchester, von dem nur ein Drittel mit ihm spielte, als der Maestro Anfang 1945 zum letzten Mal auftrat, nicht höchsten Ansprüchen genügt. Lassen Sie uns also annehmen, das Konzert war gut. Dank eines kleinen Wunders mag es sogar ausgezeichnet gewesen sein.

Aber ausgezeichnete Konzerte gibt es auch andauernd in New York, Boston und Philadelphia, ohne daß amerikanische Musikliebhaber fünfzehn Minuten lang applaudieren. Auch kann ich mich an kein so herausragendes Konzert in Paris oder London erinnern, bei dem das Publikum den Dirigenten sechzehnmal ans Pult zurückholte. Ich kann nicht für Moskau sprechen, aber es ist unwahrscheinlich, daß die Sowjetrussen «alle Landesgrenzen und die Erinnerungen an den Krieg» zu Ehren einer Person vergessen hätten, die sie zusammen mit den anderen Alliierten für beinahe zwei Jahre am Auftreten gehindert haben.

Es scheint also, als ob Dr. Furtwängler diesen Triumph

hauptsächlich seinen Landsleuten verdankt. Hatten diese aber wirklich «die ganze Politik vergessen und waren vollkommen in der Musik aufgegangen»? Oder benutzten beziehungsweise mißbrauchten sie nicht die Musik für eine politische Demonstration?

Es spricht einiges für letztere Annahme. Die «Entnazifizierung» – soviel ist bekannt – ist bei den Deutschen höchst unbeliebt, und sie lassen keine Gelegenheit aus, ihre «Opfer» und «Überlebenden» lautstark, gezielt und aggressiv zu feiern. Um nur ein Beispiel zu nennen, haben sie dies im Fall von Gustaf Gründgens getan, dem Schauspieler, Regisseur, Nazi-«Staatsrat», Senator und engen Freund Görings, als ihm die Russen schließlich erlaubten, wieder in Berlin aufzutreten. Sie haben es im Fall von Dr. Furtwängler getan, dem Lieblingsdirigenten Hitlers, einem musikalischen Aushängeschild des Dritten Reiches im Ausland. Und sie werden es weiter tun, solange alliierte Berichterstatter ihre rein politischen Demonstrationen weiterhin mit kunstliebenden Ovationen verwechseln.

Daß eine Gruppe Nichtdeutscher (und man wüßte gern, wie groß diese Gruppe eigentlich ist) zu Furtwänglers Eroberung von Berlin beitrug, ändert nicht viel am Charakter der deutschen Vorstellung. Dieser Charakter wird außerdem von der Tatsache unterstrichen, daß bisher kein großer antifaschistischer Dirigent zu einer Rückkehr nach Berlin eingeladen wurde. Weder Toscanini noch Bruno Walter, weder Huberman noch Adolf Busch, deren weltbekannte Kunst der «Führer» seiner musikalischen Nation vorenthielt, scheinen erwünscht zu sein.

Beispiel einer Verleumdung

In der Nummer des «Aufbau» vom 25. Februar [1949] gab es auf der Titelseite unter der Überschrift «Lebt Martin Bormann noch?» einen «Sonderbericht» aus Frankfurt a. M. zu lesen. Ihr Korrespondent hat sich erzählen lassen, daß Bormann nicht – «wie allgemein angenommen» – bei den Kämpfen um Berlin den Tod gefunden habe. Bormann lebe, und zwar in Würzburg, wo er «als russischer Spitzel anti-amerikanische Organisationen gründen soll».

Woher weiß man das? Ganz einfach: Der frühere Stellvertreter des «Führers» hat aus Würzburg einen Brief geschrieben. An wen? An einen deutschen Journalisten namens Harry Schulze-Wilde, unter dessen «kundiger Chefredaktion» die Münchener Zeitschrift «Echo der Woche» erscheint. Der Berichterstatter des «Aufbau» hält offenbar sehr viel von diesem Schulze-Wilde, den er gleich eingangs als seinen Gewährsmann nennt und der im Laufe des Artikels immer wieder respektvoll zitiert wird. An einer Stelle bezeichnet «R. v. W.» seinen Schulze-Wilde als «bewährten Antifaschisten».

Sie mögen sich vorstellen, mit welcher Verwunderung wir diesen sonderlichen Bericht jetzt aufgenommen haben. Seit wann stehen solche Schnurren auf der Titelseite Ihres geschätzten Blattes? Erinnert sich der «Aufbau» nicht mehr, daß er selbst uns im vergangenen Herbst mit ein paar persönlichen Zeilen der Sympathie und der Mißbilligung (wobei die Sympathie uns, die Mißbilligung aber dem deutschen Journalisten galt) einen Ausschnitt aus der Münchener Zeitschrift «Echo der Woche» schickte? Es handelte sich um den Leitartikel vom 22. Oktober 1948, den der «kundige Chefredakteur» selbst verfaßt und gezeichnet hatte. Die Überschrift – in fetten Lettern über die ganze Breite der ersten Seite – lautete:

«Vor einem neuen Novemberputsch? Erika Mann als kommunistische Agentin – Stalins 5. Kolonne am Werk.»

Dieser pikanten Schlagzeile folgte – dem eigentlichen Text gleichsam als Motto vorangestellt – eine angeblich von Erika Mann stammende Äußerung des Inhalts, daß es gegenwärtig in Berlin «nicht genug Demokraten» gäbe, «die eines Kampfes wert sind». Und dann ging es los. Daß Erika Mann, die «Tochter jenes Thomas Mann, der einmal als deutscher Schriftsteller den Nobelpreis erhielt», «nichts anderes als eine kommunistische Agentin» sei, müsse nun «auch dem Einfältigsten» klar geworden sein – der Chefredakteur, versteht sich, hat es schon lange gewußt oder doch gewittert. Als Beweis für seine phantastische Behauptung führt er zwei gefälschte Zitate an – das eine (über die Berliner Demokraten) aus einer Rundfunk-Diskussion («America's Town Meeting of the Air» vom 10. August 1948); das andere, über die Situation in Polen und Schlesien, aus einem Aufsatz, den Erika Mann in der Schweizer Zeitschrift «Sie und Er» veröffentlicht hat.

Im nächsten Absatz richtete der Chefredakteur sein bewährtes polemisches Geschütz gegen Klaus Mann, den er kaustisch-köstlich als «auch so einen volksdemokratisch beeinflußten Tausendsassa» charakterisiert. Sei Klaus Mann doch erst vor einigen Monaten «als Gast der kommunistischen Schriftsteller» in Berlin gewesen, nachdem er zuvor «als Gast der kommunistischen tschechischen Regierung» in Prag geweilt, «just zu dem Zeitpunkt der Ermordung Jan Masaryks ...» Das Wörtlein «just» und die drei Punkte, von kundiger Hand suggestiv hingetupft, scheinen anzudeuten, daß ein gewisser Tausendsassa bei jener «Ermordung» doch wohl seine Hand irgendwie im Spiele gehabt haben dürfte. Aber ob Tausendsassa nun den tschechischen Außenminister persönlich aus dem Fenster gestoßen hat oder nicht – wir können versichern, daß er in Prag nicht als Gast der kommunistischen Regierung weilte, sondern durchaus auf eigene Kosten; und daß es nicht die kommunistischen Schriftsteller waren, die ihn nach Berlin kommen ließen, sondern daß er dorthin auf Einladung und als «temporary employee» der «U.S. Information Control Division» fuhr, «to give lectures in literature and consult with writers».

Was kümmert's den Chefredakteur? Er flunkert lustig drauf los und kommt denn auch zu dem Schluß, daß «die Salonbolschewisten vom Schlage der Mann-Kinder» viel gefährlicher seien als etwa Wyschinskij, dessen Reden als «Theaterdonner» abgetan werden. Die scheußlichen Salonkinder aber haben «die wichtigere Aufgabe»: «Sie müssen die Zersetzung der demokratischen Front ins Heim des ‹kleinen Mannes› tragen.»

Zum Lachen? Gewiß. Zum Speien? Ohne Frage. Aber man muß sich wehren.

Wir wendeten uns also an das «U.S. Military Government for Bavaria». Die zuständige Amtsstelle – «Information Service Division» in Nürnberg – nahm unsere Beschwerde zur Kenntnis, nicht ohne uns schriftlich zu bestätigen, daß es sich hier um einen «obvious breach of journalistic ethics» handle. Außerdem wurde uns offiziell mitgeteilt, daß die Zeitschrift «Echo der Woche» schon seit mehreren Monaten «under investigation» stehe, da eine Anzahl von sensationellen Anschuldigungen und «Enthüllungen», die Schulze-Wilde letzthin publiziert habe, sich bei näherer Untersuchung als unhaltbar erwiesen hätten.

Der Skandal zog weitere Kreise. Die «American War Correspondents Association», zu deren Mitgliedern Erika Mann gehört, nahm sich des Falles an und richtete einen Protest an die Nürnberger «Information Division». Auch das «Bulletin» der «Association» beschäftigte sich unter der Überschrift «Licence to Libel?» mit dem Münchener Verleumder. In diesem Artikel wurde u. a. auf eine Äußerung Bezug genommen, in der Captain Harry C. Butcher, ehemaliger «Naval Aide» von General Eisenhower, zu der Angelegenheit Stellung nimmt. Der Captain – einer der drei Teilnehmer an der Rundfunk-Diskussion über die «Berlin Crisis» – erklärt, daß, seiner Ansicht nach, Erika Mann bei jener Gelegenheit durchaus nichts gesagt habe, was in irgendeinem Sinn als russische Propaganda zu interpretieren wäre, und daß also die Anwürfe des Schulze-Wilde ohne jede Basis seien.

Die Affäre wird ein juristisches Nachspiel haben. Durch unseren Münchener Rechtsvertreter haben wir, auf dem Wege über das «Military Government», Klage gegen Harry Schulze-Wilde erheben lassen.

Und der Berichterstatter des «Aufbau» glorifiziert diese verdächtige Gestalt als «bewährten Antifaschisten»! Weiß Herr «R. v. W.» nicht, was für einen Ruf sein Freund Schulze-Wilde in Europa hat? Bewährt mag er sich wohl haben, der Herausgeber und Besitzer der Münchener Wochenschrift – als Schieber nämlich, als gerissener internationaler Geschäftemacher!

Ein belgischer Schriftsteller, Nico Rost, hat uns, völlig spontan, aus Brüssel mitgeteilt, daß er während des Krieges von Schulze-Wilde bei der Gestapo (Abteilung Luxemburg) denunziert worden sei – eine Feststellung, die Rost auch unter Eid zu wiederholen wünscht. Rost ist Kommunist – wie auch Harry Schulze-Wilde, früherer Sekretär des Willi Münzenberg, es noch vor einigen Jahren war. Die hysterische Gehässigkeit des Renegaten aber beschränkt sich keineswegs auf seine ehemaligen Parteigenossen. Auch von nichtkommunistischen Veteranen der Widerstandsbewegung kann man, in Amsterdam und anderen vormals okkupierten Hauptstädten, die seltsamsten Geschichten über den «bewährten Antifaschisten» hören.

Fest steht, daß ein Bursche von solcher Beschaffenheit und Reputation kein Vertrauen verdient; der Korrespondent eines seriösen, fortschrittlich gesinnten Blattes wie der «Aufbau» sollte sich nicht auf ihn als Autorität berufen.

Was die Bormann-Legende betrifft, so bedarf sie keines Kommentars. (Nebenbei gesagt: Wie kommt Ihr Korrespondent zu der Annahme, es werde «allgemein angenommen», daß Bormann bei den Kämpfen um Berlin den Tod gefunden habe? Allgemein angenommen wird, daß Bormann, durchaus lebendig, sich in Südamerika verborgen hält – was sehr viel plausibler klingt als das tolle Märchen, demzufolge er als russischer Spitzel in Würzburg sitzt und von dort aus Botschaften an sensationshungrige Chefredakteure in Deutschland ergehen läßt.) Aber hier handelt es sich nicht um Bormann, sondern um Schulze-Wilde.

Dieser sehr mittelmäßige und völlig gewissenlose Zeitungsschreiber gehört zu der unangenehmen Kategorie von «bekehrten» Kommunisten, die jetzt aus der Verleumdung einen Beruf und eine Karriere machen. Jeder politische Abenteurer, der einmal ein Mitglied der Dritten Internationale war, glaubt sich heute berechtigt, anständige Leute, die nie etwas mit Kommunismus zu tun gehabt, öffentlich zu begeifern. Wer nicht für den Präventivkrieg ist, muß sich von einem Schulze-Wilde als «Stalin-Agent» beschimpfen lassen.

Nein, das muß er nicht. Es gibt – wir wollen es hoffen – noch Richter in München. Indessen ist nicht zu leugnen, daß die Stimmung und Mode des Tages in der westlichen Welt dem Typus des verleumderischen Renegaten entgegenkommen.

Der Fall John Peet

Um John Peet, den früheren Chef der britischen Nachrichten-Agentur Reuters in Berlin, ist es in der Presse der westlichen Demokratien sehr schnell sehr still geworden. Offenbar, und aus Gründen, die mit «Freedom of Information» wenig zu tun haben, war unseren Informatoren im allgemeinen daran gelegen, den (objektiv) sensationellen Schritt des angesehenen englischen Journalisten, seine demonstrative Verzweiflungstat möglichst rasch in Vergessenheit geraten zu lassen. Unsererseits sind wir der Ansicht, daß Peets Fall unsere Aufmerksamkeit in hohem Grade verdient, ohne daß wir deshalb seine Handlungsweise irgend zu billigen vermöchten.

Worin bestand sie?

John Peet, vierunddreißigjährig, der, trotz seiner Jugend, ein hohes journalistisches Amt bekleidete (als Chef von Reuters in Berlin gehört man zur Crème de la Crème unter den «Foreign Correspondents»), ging am 12. Juni jählings auf und davon, und zwar in den östlichen Sektor der Stadt, hinüber, zu den «Roten». Dort angelangt, hielt er alsbald, auf einer von Gerhart Eisler, dem Propaganda-Minister des kommunistischen Deutschland, geleiteten Pressekonferenz, eine ungeheuer aufgeregte Ansprache. Daheim, erklärte er, im westlichen Lager, als «Rad in der amerikanischen Kriegsmaschine», als Propagandist des «Kalten Krieges» und journalistischer Schrittmacher des «Heißen», habe er es nicht mehr ausgehalten. Sein Gewissen, seit langem schwer belastet, habe revoltiert, und so habe er denn alles – Heimat, Sprache, Stellung, Sicherheit – fahren lassen, um – endlich – die Wahrheit sagen zu können. Was übrigens seine Heimat angehe, so sei England längst zur «hilflosen Kolonie» der Vereinigten Staaten geworden. Die von den Amerikanern und ergo auch von den Engländern betriebene Kriegshetze sei kaum weniger grauener-

regend als die Intensität, mit der das Atomgemetzel de facto
vorbereitet werde. Die Remilitarisierung der deutschen Westzonen sei in vollem Gange; und neulich im «Pressclub» habe
General Sir Charles Keightley, Befehlshaber der britischen
Rhein-Armee, offen erklärt, für ihn wie für Feldmarschall
Viscount Montgomery sei die Aufstellung einer deutschen
Armee gegen Rußland das Gebot der Stunde. Während er,
Peet, nicht erst seit damals Bescheid wisse, sei es noch kürz-
licher ein relativ geringfügiger Anlaß gewesen, der ihn
vertrieben habe. Weder russisches Gold noch asiatische Dro-
gen – wie man zu Hause gewiß behaupten werde – hätten ihn
betört. Wohl aber hätten die faustdicken Lügen, die er
und seine Kollegen über das Berliner Pfingsttreffen der
«Freien Deutschen Jugend» verbreiten mußten, ihm endgültig gezeigt, was in unserem Lager unter «Presse-Freiheit» zu
verstehen sei. Bei uns diene die Presse ausschließlich dem
Zweck, den dritten Weltkrieg propagandistisch vorzubereiten. Darin bestehe ihre «Freiheit», und dafür werde sie bezahlt.

Der Konferenz, auf der John Peet in höchster Erregung
sein «J'accuse» in die Welt schleuderte, wohnten zwei seiner
«westlichen» Kollegen beruflich bei. Ihre Frage, ob er denn
nun Kommunist geworden sei, verneinte der Engländer aufs
entschiedenste. «Ich habe», erklärte er, «für den Frieden optiert. Das ist alles.»

Dann ging er hin und übermittelte seinen Londoner Vor-
gesetzten telefonisch den englischen Text seiner Rede. «Wir
waren», heißt es in dem Reuters-Communiqué, das alsbald
hinausging, «völlig überrascht. Sowenig wie seine britischen
und amerikanischen Kollegen hatten wir geahnt, daß Peet
überhaupt politische Ansichten hatte. Seine Berichte waren
stets genau, unvoreingenommen und einwandfrei in jeder
Beziehung.»

Darüber, was einen so pflichtgetreuen Star-Reporter,

einen Sohn, außerdem, aus bester, strengster Quäkerfamilie, der zum Überfluß im ultra-«feinen», ultra-«exklusiven» «Guards Regiment» gedient hatte, – darüber also, was einen Solchen dazu vermocht haben könnte, sich plötzlich den Bolschewisten in die Arme zu werfen, scheint man sich weder bei Reuters noch sonstwo die Köpfe zerbrochen zu haben. Die einzige «Erklärung», die hie und da auftauchte, liegt in seiner aktiven Teilnahme auf loyalistischer Seite im Spanischen Bürgerkrieg. Aber nicht nur war Peet damals ganze 21 Jahre alt, man brauchte auch keineswegs Kommunist zu sein, um in dem faschistischen Überfall auf das republikanische Spanien die Generalprobe zu sehen für den faschistischen Generalangriff auf die demokratische Welt. Gelang es, die Generalprobe zum Scheitern zu bringen, so würde der Generalangriff nicht gewagt werden, und die Freiheit, nicht nur des spanischen Volkes, war gerettet.

Aus eigener Erfahrung weiß ich, daß man so denken konnte, ohne dem Kommunismus im geringsten nahezustehen. Ja, wär ich als Mann geboren, ich hätte mich gewiß, wie Peet, den Internationalen Brigaden gestellt, anstatt nur als Kriegs-Berichterstatterin zu arbeiten, im loyalistischen Lager.

Dort freilich gab es Kommunisten, die, was die Spanier anging, zahlenmäßig unterlegen, vielfach in wichtigen Ämtern und Kommandoposten tätig waren. Nur zu genau aber erinnere ich mich der Diskussionen und Streitigkeiten, die es zwischen uns gab, – selbst in Gefechtspausen an der Front, oder häufiger und ausführlicher – im belagerten Madrid; im unverteidigten Barcelona, während die Bomben fielen; in Valencia, zwei Tage noch vorm Einmarsch der faschistischen Truppen.

«Sie gehören zu uns», versicherten immer wieder die Stalinisten; «wenn Sie nur endlich den Mut fänden, sich zu uns zu bekennen!» Und immer wieder erklärte ich jenen, daß sie sich in mir irrten. «Der Nazi-Faschismus», sagte ich wohl, «ist das Letzte, Äußerste und Infamste an menschlichem Tiefstand. Siegt er hier, so wird sein Vormarsch globalen Charakter annehmen, und fraglich erscheint, ob die demokratische Welt dann die Kraft, den moralischen Elan noch aufbringen wird, ihn zu stoppen. Ihr Kommunisten habt die Tödlichkeit der Gefahr erkannt, wie wir militant antifaschistischen Demokraten sie erkannt haben. Daß wir gemeinsam *gegen* etwas kämpfen, mag uns einigen, – für den Augenblick. Da aber das, *wofür* wir kämpfen, etwas so völlig anderes ist bei euch als bei uns, kommt unserer temporären Kampfgemeinschaft tiefere Bedeutung nicht zu.»

Darauf die Stalinisten: «Wollt nicht auch ihr den sozialen Fortschritt, eine gerechtere Verteilung der Güter, das Ende eines Massenelends, das unnötig ist und wissentlich verursacht von der verbrecherischen Gewinnsucht einiger Weniger?» – Dem nun war ganz so leicht nicht zu erwidern. Immerhin gab es die kommunistische Maxime vom Zweck, der die Mittel heiligt, einen Leitspruch, den abzulehnen man sich um so zorniger beeilte, als die auf kommunistischer Seite verwandten «Mittel» allem ins Gesicht schlugen, woran wir glaubten und *wofür* wir kämpften. – «Gut», sagten die Stalinisten, – flexibel in der Diskussion und Scheinkompromissen nicht abgeneigt, – «gut, mögen sie anfechtbar sein, unsere Mittel. Wie steht es denn aber um die euren? Und wie, übrigens, um euren ‹Zweck›? Nicht genug damit, daß eure Regierungen den Faschismus gewähren lassen und daß sie euren Geldleuten erlauben, ihn zu finanzieren; vermittels des Waffen-Embargos intervenieren sie offen zu seinen Gunsten – im Kampfe, nicht etwa gegen den Kommunismus, der zunächst gar nicht im Spiele war, im Kampfe vielmehr gegen die Demokratie, gegen die legale, demokratische, spanische Regierung, die zu schützen und zu verteidigen ihre Sache wäre, – eine Sache, die sie verraten, mit den schäbigsten Mitteln und auf die lügenhafteste Art.»

Eine Bombe fiel, – oder die feindliche Artillerie machte sich neuerdings bemerkbar. Gemeinsam ging man in Deckung, wobei unsereiner sich der heiklen Aufgabe enthoben sah, nochmals zu erwidern.

John Peet habe ich weder damals noch später irgendwo getroffen. Wiewohl ich ihn aber persönlich nicht kenne, möchte ich wetten, daß er in Spanien sehr ähnliche Gespräche und Streitigkeiten gehabt hat wie ich. Sowenig wie ich ist er damals Kommunist geworden. Aber so schwer wie ich mag er es gefunden haben, die Rolle ganz zu vergessen, – sie zu «verdrängen», – die «wir», die Demokratien, auf jener Generalprobe gespielt.

Kaum war Spanien gefallen, als dem deutschen «Führer» gestattet war, einzumarschieren in Österreich, und wenige Monate später opferten ihm die Westmächte die tapfere und zum äußersten Widerstand bereite Tschechoslowakei. – Wie ich, und wie viele von uns, muß damals John Peet der völligen Verzweiflung sehr nahe gewesen sein. Und was, um des Himmels Willen, gab es noch zu antworten, wenn nun tschechische Gesprächspartner die Überzeugung vertraten, nicht aus Schwäche oder völliger Blindheit lasse man Hitler gewähren. Daß Nazi-Deutschland herfalle über die Sowjetunion sei der Wunsch und Wille unserer Regierungen, weshalb man denn, solange Hitlers Weg ihn gen Osten führe, ein demokratisches Volk nach dem andern ans faschistische Messer liefere. In Prag, nach dem «Münchner Frieden» und während die Nazi-Horden einfielen ins Sudetenland, suchte ich denen zu begegnen, die so sprachen, wobei ich es diesmal keineswegs vorwiegend mit Stalinisten zu tun hatte. «Glaubt's oder nicht», sagte ich – und glaubte es selber nur halb – «wir sind unvorbereitet, wir sind Pazifisten; wir können weder noch wollen wir uns der deutschen Kriegsmaschine entgegenwerfen.» – Da schwiegen die anderen, – nicht, weil sie nichts zu sagen gehabt hätten, sondern aus Verachtung.

Derweil war es in Genf und seit Jahr und Tag der Sowjet-russe Litwinow, der, so passioniert wie einleuchtend, die Un-teilbarkeit des Friedens proklamierte und «Collective Secu-rity» forderte, als die einzige Waffe, vermittels derer der fa-schistische Angriff unblutig abzuschlagen wäre.

Wie recht er hatte, und wie schlimm es war, daß man im übrigen aus den alten, unwiderlegbaren Gründen, die noch schwerer wogen seit den Moskauer Prozessen, sich nicht so-lidarisch fühlen konnte mit ihm. Auch *fühlte* man sich ja in allem Jammer und bei aller wütender Selbstkritik *durchaus* solidarisch mit der eigenen, der demokratischen Seite und ließ die Hoffnung nicht fahren auf die Besinnung, zu der in zwölfter Stunde «der Westen» gelangen mußte.

Sie schlug, diese Stunde, am 3. September 1939, ohne frei-lich die Behauptung zu widerlegen, es habe die westliche Welt Hitler gewähren lassen, solange ein Nazi-Überfall auf die Sowjetunion in Aussicht stand. Polen, soviel war richtig, lag auf des «Führers» Weg nach dem Osten. Doch hatte der Friedenspakt, den, angesichts Litwinows desaströser Nieder-lage in Genf, Rußland schließlich mit Deutschland geschlos-sen, die Lage völlig verändert, und, sobald Polen besiegt war, würde, soviel schien sicher, die deutsche Kriegsmaschine Kurs nehmen nach Westen.

Wie dem aber war, man befand sich im Kriege gegen den Todfeind der Menschheit, und relativ unwichtig schien, wie man hineingeraten.

John Peet, inzwischen, hatte ruhelos Europa durchwan-dert, englische Provinzblätter mit Artikeln beliefernd, Spra-chen lernend und Unterricht erteilend in der englischen Sprache. Schließlich fand er sich in Palästina, wo seine «Guards»-Vergangenheit ihm zu einem Posten verhalf in der Palestine Police Force. Nach sehr kurzem jedoch revoltierte im Kampf gegen die jüdischen «Aufwiegler» sein Gewissen, und er quittierte einen Dienst, den er als wenig ehrenhaft empfand. Um so ehrenhafter schien es ihm, seinem Lande zu dienen im Kriege gegen Hitler. Aufgrund seiner Sprachkenntnisse und internationalen Versiertheit versicherten sich seiner alsbald die britischen Information Services, denen er bis 1943 angehörte. Dann, bis 1945, war er zunächst «News Editor» und schließlich, achtundzwanzig- und neunundzwanzigjährig, oberster Leiter von Radio Jerusalem. Bei Kriegsende engagierten ihn Reuters und schickten ihn nach Wien als ihren Korrespondenten. Dort lernte er seine zweite Frau kennen (eine kurze Ehe mit einer deutschen Emigrantin war in Palästina vorangegangen), die geschiedene Christl Hickl, geborene Gräfin Gudenus. Dem Wiener «Assignment» für Reuters folgte eines in Warschau, und 1947 kamen Peets nach Berlin.

Daß auch Johns zweite Ehe keine glückliche war und daß er seine Gräfin im März 1950 kurzerhand heimschickte zu ihren Eltern, könnte gegen den Mann sprechen, hätte es sich nicht bei Frau Christl gleichfalls um einen zweiten Schiffbruch gehandelt und versicherten nicht alle Bekannten des Paares, es hätten diese Beiden «nun einmal nicht zusammengepaßt». Die Scheidungsklage, übrigens, wurde in Wien erst eingereicht, als Peet bei Eisler gelandet war. Dann allerdings handelte die Gattin mit bewunderungswürdiger Promptheit.

Unter seinen Freunden und Kollegen gilt John Peet – je nach dem Grade ihrer Erbitterung über seine Fahnenflucht – als ein «Abenteurer», ein «unberechenbarer Nonkonformist» oder auch nur als einer, der «außerstande ist, selbst für die gute Sache die notwendigen moralischen Konzessionen auf die Dauer zu machen». Darin, daß er sehr begabt, sehr klug, ungewöhnlich tüchtig und ein vorzüglicher Arbeiter sei, scheinen alle sich einig.

Um die Frage schließlich beantworten zu können, die wir eingangs gestellt – die Frage nach dem «Warum» von Peets verblüffender Tat – haben wir uns vor Augen zu führen, was seit dem Kriege in der Welt und ergo vermutlich in ihm sich zugetragen hat. Peets Reaktionen auf die Nachkriegswirklichkeit sind uns um so eher zugänglich, als – rein äußerlich gesehen – sein Weg während der letzten dreizehn Jahre dem unseren in vielen Stücken ähnlich war.

Das Erlebnis der spanischen Tragödie und das der Kapitulation von München; die gequälte Ruhelosigkeit des Lebens bis zum 3. September 1939; die vielleicht zu leidenschaftliche, zu bedingungslose Teilnahme am Zweiten Weltkrieg, den wir für einen antifaschistischen Kreuzzug, den Kampf der Menschheit gegen die Unterwelt hielten; die heimlich nagende Enttäuschung schon gegen Ende des Krieges und diejenige der Jahre, die folgten, – Jahre, in denen es galt, sich zurecht zu finden in einer Welt, die so anders war, als man sie erhofft hatte; der Impuls, sich sehr genau umzuschauen, diesseits wie jenseits des sogenannten «Eisernen Vorhanges», wobei vielleicht ein bescheidenster Beitrag zu liefern war zum besseren Verständnis der Völker untereinander, da man doch schreiben konnte, Wahres berichten und Beobachtetes treulich wiedergeben, wo immer man war, – all dies war uns gemein.

Peet, seit 1945 unterworfen der strikten Berufsdisziplin und dem politischen Reglement einer Agentur wie Reuters, fand sich, wie er jetzt sagt, von Anfang an bitter enttäuscht. Meinerseits arbeitete ich, wie ich dies an der Front getan, für diverse englische und amerikanische Publikationen, konnte, was ich aufrichtig schrieb, doch noch eine Weile «placieren», hielt übrigens zahllose, völlig «unzensurierte» Vorträge in den U.S., und meinte, es sei bei aller «Verpfuschtheit» der großen Politik dem Einzelnen noch immer möglich und erlaubt, nach besten Kräften der Sache des Friedens zu dienen.

Wie Peet bin ich damals in Polen gewesen (auch die palästinensische und die westdeutsche Erfahrung übrigens teile ich mit ihm), und nie werde ich das Grauen vergessen und die

Empörung, die ich empfand beim Anblick im Druck meines sehr ausführlichen, peinlich genau dokumentierten polnischen Berichtes. Mein Aufsatz erschien in einem der größten amerikanischen Magazine. In ihm war viel und mit Abscheu von dem Polizeistaat die Rede, zu dem, unter russischer Anleitung, einheimische Kommunisten Polen neuerdings gemacht. Es wimmelte da von Spionen und Provokateuren und von Leuten, die «abgeholt» worden und spurlos verschwunden waren. Andererseits hatte ich viel gefunden, was erfreulich und bewundernswert schien: Die polnische Leistung seit dem Ende des Krieges, den rührenden Arbeits- und Wiederaufbauwillen der Majorität dieses schwer geprüften Volkes und ihren starken Glauben an eine bessere, menschenwürdige Zukunft, – all dies hatte ich gleichfalls geschildert, und so war ein Bild entstanden, in dem schwarz und weiß sich etwa die Waage hielten. Was ich nun aber vor mir hatte, war «schwarz» zu guten Zweidritteln. Und den «weißen» Stellen hatte man Fotografien beigegeben, die, samt ihren vom «Bearbeiter» gelieferten Unterschriften, in krassem Gegensatz standen zu meinem Text.

So geschehen zu Weihnachten 1947, dem letzten Christfest, das ich als «Korrespondent» verbrachte. Ich habe seither keine «Reportage» mehr geliefert.

Peet, dessen Stellung glänzender war als die meine und der überdies wohl Frau und Kind (aus Mrs. Peets erster Ehe) zu ernähren hatte, machte weiter. Als humanitäre Großtat hatte er zu feiern, was er für den Beginn hielt der amerikanischen Aufrüstung Europas gegen Rußland. Wo ihm schien, daß Amerika – jung, politisch unerfahren, zu schnell zu enormem Reichtum und entsprechender Macht gelangt – der Versuchung unterlag, ganz Europa zu kaufen und sich seinen Herrscher-Wünschen gefügig zu machen, mußte er der europäischen Dankbarkeit Ausdruck verleihen für so viel selbstlose Generosität. Wenn, soweit er wußte, in den deutschen Westzonen die Nazis täglich zunahmen an Macht und Frechheit, während die antifaschistische Minderheit, angstvoll und nicht selten hungernd, beiseite stand, mußte er die Fortschritte preisen, die allerorts gemacht wurden auf dem westdeutschen Wege zur Demokratie. Wurde Giftgas hergestellt unter «unserer» Aufsicht, und von eben den Leuten, die «Auschwitz» mit dieser Ware so eifrig beliefert? Aber Peet in seinen Berichten wußte davon nichts. Dafür stellte sich ihm die «östliche» «Volkspolizei» als mächtige Armee dar und als der flagranteste Bruch der Verträge von Jalta und Potsdam. Was immer im «roten» Sektor Berlins an Scheußlichem geschah (und es geschah dort viel Scheußliches), Peet war «frei», jeden Zwischenfall so zu stilisieren, daß er dem Leser als hinreichender Anlaß erschien zur Entfesselung des neuen Krieges. Kein Wort, dafür, in Reuters' Berichten aus Berlin von irgendwelchen guten Bemühungen, geschweige denn Fortschritten, die es, Peets Kenntnis nach, aus dem «Osten» zu melden gab. Auch davon keine Silbe, daß man, wie ihm vorkam, hinter dem «Eisernen Vorhang» den Krieg nicht nur nicht wollte, sondern in furchtbarer Angst lebte vor dem Aggressions-Willen der anderen; daß es eine aggressive Defensiv-Politik war, die man folglich betrieb, und die, bei aller asiatischen Ruchlosigkeit, die nackte Furcht zum Motor hatte und den Wunsch, sich bestmöglich zu «sichern».

Andere Gebiete und Vorgänge lagen nicht innerhalb des Kreises, den Reuters' Berliner Chef zu «decken» («to cover») hatte. Wohl aber lagen sie in seinem Blickfeld. Die U.S., so schien ihm, waren entschlossen, sich überall in der Welt dem Faschismus zu verbünden und ihn zu einem ihrer Lieblings-Alliierten zu machen im Kampf gegen das «rote» Rußland. Standen sie nicht, trotz einiger lahmer Erklärungen zum Gegenteil, noch immer, oder schon wieder, auf bestem Fuße mit Diktator Franco? Hatten sie nicht in Griechenland, und vermittels eines blutigen Krieges gegen die Massen des griechischen Volkes, ein Regime etabliert, das nicht faschistisch zu nennen John Peet sehr schwer fiel? Gewiß: Die benachbarten Satelliten des Kreml hatten sich gleichfalls eingemischt; aber erst, als es den Engländern mißglückt war, die Griechen mores zu lehren, und Amerika aufgefahren war mit aller Macht. – Und wie – so grübelte Peet – war es gelungen, die «freien» italienischen Wahlen zur Farce zu machen und zum zornigen Gespött vieler Millionen an den Urnen? Das zerfetzte Hungertuch in der einen und den strotzenden Brotkorb in der anderen Hand, war Amerika überdies mit Kriegsschiffen und Fluggeschwadern zur Stelle gewesen, damit nur ja «richtig» gewählt würde. Auch daß in der freien, stolzen, authentisch neutralen Schweiz die Geschäfte «richtig» geführt würden, kümmerte – wie Peet zu wissen glaubte – die umsichtigen «Staaten». Schweizer Kaufleute, die, den Berichten amerikanischer Agenten zufolge, «falschen» Handel trieben mit dem «Osten», wurden nach Washington zitiert, um sich dort zu «verantworten». Wer sich weigerte, kam auf die «schwarze Liste», vermittels derer die U.S. Unbotmäßige ökonomisch zu erdrosseln suchten. – Gleichzeitig sah Peet, wie in groteskem Widerspruch zu allem, wofür man im Westen angeblich stand, selbst Erz- und Urkommunisten wie Tito sich amerikanischer Hilfe erfreuten, wenn sie nur im Hader lebten mit dem Kreml.

In der heimischen Presse aber fand der Berliner Reuters-Korrespondent all dies – wo überhaupt – nur im Tone gesalbter Zustimmung erwähnt, und ganz, als sei jeder «westliche» Übergriff ein wahres Glück für die Betroffenen. Dafür hagelte es zu Haus wütende Angriffe und bedrohliche Moralpredigten gegen «die andern». Daß die Massen der Völker im Balkan, in Polen, in China, ja, in Korea Demokratie und Freiheit nie gekannt und daß die «rote» Diktatur ihrem Lebensstandard höchstwahrscheinlich zuträglicher war als die verstorbene «weiße» es gewesen, meinte Peet zu wissen, aber die «bei uns» wußten es nicht. Ausschließlich in Hinsicht auf die Č.S.R., diese einzige, wahre, vom Kommunismus «liquidierte» Demokratie, vermochte er vielleicht eins zu sein mit den Kollegen von der Marshall-Presse, – oder hätte es doch vermocht, wäre er nicht der Meinung gewesen, daß «der Westen» den Beneš-Staat wohl hätte retten können, ja, daß eine amerikanische «token»-Anleihe von hundert oder bloßen fünfzig Millionen Dollars ihn vermutlich gerettet *hätte*. Ein Jammer, daß die Č.S.R. mit Rußland in Frieden zu leben wünschte; ein Elend, daß sie dies, ihrer geographischen Lage nach, wünschen mußte, daß sie folglich nicht in Frage kam als Partner im «Kalten Kriege» und daß man es also «bei uns» – ein zweites Mal – für geraten hielt, sie hinzuopfern. Was dort geschah, was unter dem «volksdemokratischen» Regime Tausenden oder Zehntausenden von Freunden, Demokraten, friedlichen Liberalen widerfuhr, war kaum geeignet, Reuters' Mann in Berlin besonders einzunehmen für die kommunistische Sache. Doch vermochte es offenbar nicht, seine Überzeugungen zu ändern in Bezug auf das Große und Ganze.

«Ich habe für den Frieden optiert, – das ist alles.» – Log John Peet, als er an jenem 12. Juni diese Antwort gab? Kaum daß wir ein Recht haben, seine Aufrichtigkeit zu bezweifeln. Weder für einen Lügner dürfen wir ihn halten noch auch für einen Tölpel, der ahnungslos in die «rote» Falle gegangen wäre. Keinem Reporter von Rang und Ruf, der ein Jahr in Warschau verbracht, konnten die Greuel entgangen sein, die dem totalitären Staat stalinistischer Prägung inhärent sind. Für ihn aber, Peet, – so scheint es – gab es nur eine Frage und nur ein einziges, alle anderen enthaltendes und überschattendes Problem: das des Friedens. Und da er – ob zu Recht oder Unrecht – den Westen für den Bedroher des Friedens, den Aggressor hielt, trieb es ihn in den Osten, wo er – endlich – frei sein würde, diese, seine Wahrheit zu verkünden.

«Frei»? Sehr wohl, – in diesem einen, ihm augenblicklich

entscheidenden Punkte. Wird er denn aber, der unverbesserliche «non-conformist», auf die Dauer atmen können, wo nur der *in allem* Erbötige «frei» und bloß das *durchaus* Genehme «wahr» ist?

Armer, verzweifelter, aus Bravheit fahnenflüchtiger John Peet! Es ist keine glückliche Zukunft, die wir dir prophezeien. Hat es dich nicht mehr gelitten, bei uns? Aber es leidet uns selber kaum. Nur daß wir wenig Sinn darin sehen, den Teufel mit Beelzebub austreiben zu wollen. Nur daß wir «zu Hause», im Westen, zum besseren reden möchten, solange diese Möglichkeit uns noch irgend verbleibt. Und nur, daß wir die essentielle Hoffnungslosigkeit unserer *augenblicklichen* Lage kennen, gründlicher vielleicht noch als du. An ihr ist mein Bruder gestorben (Klaus, dessen letzte Arbeit, «Die Heimsuchung des europäischen Geistes», in dieser Revue im Juli 1949 erschien); an ihr ist mancher zugrunde gegangen, um den es bitter schade ist. Wir Überlebenden hängen in der vergifteten Luft zwischen West und Ost und wissen nicht, wie lange man uns selbst dort noch wird hängen lassen.

Der unabhängige Geist, der, wie immer sein Format, frei sein möchte, eine Wahrheit zu suchen, die nicht das Resultat wäre politischer oder persönlicher «expediency»; der Intellekt, der in vollem Ernste alle Macht auf Erden in den Dienst gestellt sehen will des menschlichen Fortschrittes statt in denjenigen der Brutalisierung und Vernichtung der Menschheit, ist heute geschlagen und gefesselt wie kaum je zuvor. Was immer er beitragen könnte zur Klärung und Reinigung der Atmosphäre, wird ihm nicht nur zurückgeschleudert ins arme Gesicht, es gereicht ihm überdies zu geschwindem Ruin. Ob etwa ich, nach Erscheinen dieser Zeilen, in Amerika noch werde leben und arbeiten können, steht sehr dahin. Bessere und Größere als ich – Ur-Amerikaner zudem – sind dort unschuldig den Berufstod gestorben, und waren stiller gewesen als ich. Wegen «Contempt of Congress» wandert ins Ge-

fängnis ein jeder, der, gestützt auf seine konstitutionellen
Rechte, einem Congress-Komitee von hysterischen Hexen-
verbrennern nicht Auskunft gibt über seinen politischen
Glauben. Vom Staate fristlos entlassen und außerstand gesetzt, anderswo Arbeit zu finden, wird jeder, der «linker»
Neigungen (vielleicht völlig irriger Weise) verdächtig
scheint, ohne daß er Gelegenheit erhielte, sich zu verteidigen,
oder auch nur erführe, was man ihm vorwirft. So unbedenklich der Erdteil Amerika seine gigantische Macht mobilisiert
für die «Freiheit» des kleinen, schuldlos zerrissenen Korea,
dessen beiden Teilen an ihrer Wiedervereinigung offenbar
mehr gelegen ist als an der Sorte von «Unabhängigkeit», die
«wir» zu bieten haben, so bedenklich steht es zur Zeit um die
Freiheit des amerikanischen Bürgers.

Glaubt dieser im Ernste, was seine Zeitungen, seine Radio-
Apparate und Fernsehmaschinen ihm unermüdlich zu-
schreien, – daß nämlich sein Land sich opferwillig einem sou-
veränen Beschluß der U.N. gefügt habe, um nicht nur Korea
zu «retten» als vielmehr den Frieden der Welt? Meint er
wahrhaftig, der völlig korrupte, aufs äußerste komprommit-
tierte und nichts und niemanden repräsentierende Tschiang
Kai-schek sitze zu Recht im Sicherheitsrat, und aus bloßer,
kriegslüsterner Infamie mache die U.S.S.R. die Zulassung
der wirklichen chinesischen Regierung zur Bedingung ihrer
eigenen Rückkehr in die Körperschaften der U.N.? Hält er de
facto den großen und guten Nehru für einen «Appeaser» à la
Chamberlain, nur weil jener die längst überfällige Aufnahme
Chinas als Mittel empfiehlt, wodurch einzig der koreanische
Konflikt beizulegen wäre auf dem Wege friedlicher russo-
amerikanischer Verhandlungen im Rahmen der U.N.?

Ach, er glaubt all dies gewiß, – da doch niemand mehr es
wagt, ihn eines Anderen und Besseren zu belehren, und weil
als ein Schuft und Verräter vor ihm stünde, wer immer versuchte, ihm die Wahrheit zu sagen. Großes, schönes, reiches,

essentiell generöses Amerika! Freundliches, liebenswertes, irregeführtes amerikanisches Volk! Wie viel Falsches in aller Welt, wie viel Dummes und Schlechtes mußte geschehen, damit es mit Euch käme, wohin es kam!

Wohl möglich, ja nur zu wahrscheinlich, daß, wie die Dinge unsinnig liegen, die Menschheit noch nicht reif ist für die Weltregierung, die «Common Administration of the Earth», von der Roosevelt sprach, – die der Friede wäre, – und die das Ziel sein muß all unserer Wünsche. Niemand aber versuche, uns einzureden, daß keine vorläufige Einigung denkbar wäre, zwischen West und Ost.

Um zunächst dem wahnsinnigen, in sich selbst zerstörerischen und lebensgefährlichen Wettrüsten ein Ende zu machen, müßten samt ihren Alliierten und Trabanten die Kampfhähne schleunigst zusammentreten, – *einmal* in der festen und ehrlichen Absicht, Resultate zu erzielen, und *nicht*, wie noch immer bisher, um einander möglichst zu erniedrigen, zu schädigen und zu schwächen. Zwei mächtige «Spheres of Influence» wären auf diesen Sitzungen genau zu definieren und festzulegen, – «Sphären», deren jede sich zu mählicher, aber weitgehender Abrüstung bei gegenseitiger Kontrolle zu verpflichten hätte; Sphären, die Handelsverträge abschlössen, miteinander, wobei die vorläufig Ärmere, weil Unerschlossenere und Unentwickeltere (nennen wir sie die Russische) diverse Konzessionen zu machen hätte, im Austausch für die ökonomische Hilfe, deren sie bedarf und die sie reichlich erhalten müßte. Grob gesprochen, würden solcher Art die Amerikas (mit Kanada), Westeuropa und «West-Zentral-Europa» (mit Deutschland und der Č.S.R.) und Australien beieinander bleiben, während Rußland gestattet wäre, seinen Einfluß in Ost-Zentraleuropa, Osteuropa und vor allem in Asien geltend zu machen. Unter den «Konzessionen», von denen die Rede war, stünde an erster Stelle die vertraglich zu präzisierende Sowjetverpflichtung,

innerhalb der «russischen» Sphäre und zwecks stalinistischer «Gleichschaltung» der ihr angehörenden Völker militärische Gewalt – und bestehe sie aus bloßen Waffenlieferungen – keinesfalls anzuwenden. Amerika, auf der anderen
Seite, hätte ausdrücklich darauf zu verzichten, innerpoliti-
sche Entwicklungen in den von ihm «patronisierten» Staaten mit Gewalt oder unter Anwendung «ökonomischer
Druckmittel zu blockieren. Daß angesichts solcher oder doch
einer ähnlichen Regelung die Zwangsvorstellungen sich
schließlich verflüchtigen würden, die «uns» die völlige Zerstörung Rußlands als notwendig erscheinen lassen, derweil
sie die Sowjets in einen Schrecken jagen, dessen Manifestationen «wir» als tödlich aggressiv empfinden, unterliegt
kaum einem Zweifel.

Man kann – und wird gewiß – mir vorhalten, kindlich-
naiv sei es, derlei utopische Generallösung als praktisch möglich in Vorschlag zu bringen. Auch sei die Realisierung einer
solchen Idee historisch komplett unpräzediert. Noch nie, so
lange man die Erde kenne, habe die gesamte Menschheit sich
geeinigt auf einen alle verpflichtenden Plan.

Hat denn aber, so lange man die Erde kennt, je zuvor die
gesamte Menschheit, in zwei feindliche Lager gespalten, sich
drohend gegenübergestanden, wobei beiden Seiten Mittel
zur Hand waren, geeignet, den Planeten zerstückelt ins All zu
sprengen? Und ist es nicht wahr, daß unpräzedierten Situationen nur mit unpräzedierten Mitteln beizukommen ist?

Wäre aber mit ebensolchen Mitteln, und im ungefähren
Sinne des oben Angedeuteten, erst der Friede gerettet, auf
zwanzig oder auch nur auf zehn ruhige, fruchtbare Jahre, wer
vermöchte zu sagen, ob nicht langsam die Dinge sich einander annähern ließen, so daß «wir» zunähmen an sozialer Gerechtigkeit, während bei «jenen» die Freiheit anfinge, möglich und statthaft zu sein? Wer auch dürfte behaupten, daß,
angesichts eines solchen Ausgleiches, die Menschheit nicht

endlich zusammenzuschließen wäre, zu der unteilbaren Einheit, die sie de facto ist?

Daß wir Wenigen und Machtlosen, die wir solche Lösung auch nur erhoffen, sie noch werden erleben dürfen, ist unwahrscheinlich aufs äußerste. Und doch, John Peet, sind wir sehr verpflichtet, festzuhalten an einem Traume, dem höhere und tiefere Realität innewohnt als der «Realpolitik» der Machthaber. Nicht aber ist uns aufgetragen, eine Seite auszuspielen gegen die andere, solange sie beide, jede für sich und auf Grund welcher Irrungen immer, die rohe Macht anstreben über die Welt.

Das Wort im Gebirge

Zur Rektoratsfeier von Max Horkheimer

Herr Roßgoderer: Ja, Herrschaft, passen'S doch auf, Herr Ingenieur, um Gotteswillen, mit der Sendung … als ob er's nicht weiß, ja Mistvieh … ja, jetzt sin mer scho an der Luft …

Hier ist die Radiostation «Das Wort im Gebirge», angeschlossen die Landkreissender Geisenhofen, Teisenhofen und Sankt Kitzbart. Liebe Hörer und Hörerinnen, es handelt sich heute hier nicht um eine eigentliche Netzwerksendung, nicht um eine Gesamtnetzwerksendung auf jeden Fall amal, denn wie Sie schon gemerkt haben, haben sich die Landkreissender Hutzlach und Oberarschberg sowie die vereinigten Klostersender Ober- und Unterbrausensausenhausen von unserer heutigen Darbietung also ausgeschlossen. Ich muß aber Ihnen mitteilen, bin beauftragt, Ihnen mitzuteilen, daß diese betreffenden Sender sich anstelle unserer eigenen Darbietungen geeinigt haben auf eine andere Darbietung, nämlich auf eine Diskussion, ne'woa, auf eine Unterhaltung

über den Gegenstand und zu dem Gegenstande: «Ist die vollkommene Abwesenheit jedweden Ehrgefühls aufgrund von
– äh – infantiler Eitelkeit verständlich und erklärlich?» Also
diejenigen unter unseren Hörern, die sich lieber diese Diskussion anhören können – äh – die möchten, die können sich
das anhören auf dem – äh – auf dem 90-Meter-Band und der
998 – äh – Kurzwellen- und Langwellen- und Mittelwellen-
länge.

Liebe Hörer und Hörerinnen, mir sind also da heute beauftragt worden, ne'woa, von, von einflußreichen Kreisen,
daß mir ein Vorkommnis Ihnen zur Kenntnis geben und auch
also diskutieren und einen Bericht darüber abstatten, was
also in der ganzen kulturellen Welt, kann man sagen, also
nicht nur grad in Deutschland, also in der ganzen Welt, insbesondere den Vereinigten Staaten, von größter Wichtigkeit
ist, und Gottseidank ham ma dann auch als Berichterstattung
... Berichterstatterin – äh – für dieses Ereignis, ham ma die
Frau Motzknödel da, die also selbst anwesend gewesen ist,
wie die ganze Sache sich zugetragen hat. Also diese einflußreichen Greise ...

Frau Motzknödel: Ja, verzeihen Sie, Herr Roßgoderer,
Greise würde ich das auch net nennen, ich meine, es sind ja
natürlich mittelalte Herren, net, aber Greise ...

Herr Roßgoderer: Ach, Frau Motzknödel, Kreise hab i'
g'meint, einflußreiche Kreise, wissen'S also, die da so wert
drauflegen, daß mer des ...

Frau Motzknödel: Ja, ich hab' gedacht, daß die Herren sel-
ber vielleicht doch den größten Wert drauf ... der, der Herr
Ding, der Herr, die Magnifizenz doch, der Herr Professor,
Herr Professor hat's ja selber so gern wollen, net.

Herr Roßgoderer: Ja, ja, des is es ja eben, der Herr Professor ist ein sehr einflußreicher ... ich mein', er is' a Mitglied
eines sehr einflußreichen Kreises, und dadurch, daß auch natürlich die amerikanischen, äh, äh, Kontrollstellen daran in-

teressiert sind, sind mir jetzt da sehr froh und glücklich, daß mir also diesen Bericht jetzt hier ablegen können, ne'woa.

Also es handelt sich, meine lieben Hörer und Hörerinnen, es handelt sich um ein schönes Doppelereignis, ne'woa, das da also stattgefunden hat, vor kurzer Zeit, und Gottseidank sind mir also in der Lage, nicht nur aufgrund der Zeugenschaft, der persönlichen, von der Frau Motzknödel, sondern auch weil also der Herr, der da im Zentrum von der ganzen Sache steht, ne'woa, der hat uns also, Gottseidank, hat er uns da ein Büchlein zur Verfügung gestellt, was er ausgeschnitten hat, da hat er was eingeklebt, ne'woa, die ganzen Zeitungsausschnitte, all diese Sachen wegen ihm, ihn betreffend, ne'woa, und diese ganzen Feierlichkeiten, die sich da um ihn herum um seine Person, ne'woa, abgespielt haben, die haben wir alle von ihm selber eingesandt bekommen, und da können mir Ihnen dann genau darüber Bericht erstatten. Und vor allen Dingen, wie ich schon gesagt habe, Frau Motzknödel, Frau Motzknödel ist selber dabei g'wesen, und die wird uns das auch sagen. Ich möchte Ihnen nur schon gleich einleitend möchte ich Ihnen sagen, daß es sich handelt um die Übergabe, ne'woa, die Übergabe des früheren Soziologischen Institutes an, an, an – äh – des Institutes Gründer, ne'woa, der den ganzen Verdienst hat, den ganzen Verdienst an der ganzen Sache die ganze Zeit schon g'habt hat, ne'woa, und das ist also jetzt seine Magnifizenz, ne'woa, der Herr Professor Max Horkheimer, net, Max Horkheimer, und an den ist dieses Institut wieder zurückgegeben worden, des ist die eine Sache, ne'woa, des war die Übergabe, die Übergabe woar des. Und das andere ist dann, daß also eben der Herr Professor Max Horkheimer, der ist also dann zum Rektor der Universität Frankfurt ernannt worden, eine sehr seltene Begebenheit, wenn ma' denkt, daß der Herr Professor Horkheimer ja also, nicht wahr, ein amerikanischer Bürger ist, ne'woa, und ein früherer Emigrant, und daß er also diese höchste Ehre im deutschen Kulturgebiet, ne'woa, in der ganzen deutschen kulturellen Landschaft, daß man ihm diese Ehre jetzt dann hat widerfahren lassen.

Frau Motzknödel: Ja, Herr, Herr, Herr Roßgoderer, ich mein', ich sag's ja nur, weil ich selbst aus Oberarschberg stamme, net woa, und da hamses ja abg'lehnt, daß Sie die, daß Sie die Sendung machen, weil sie g'sagt haben, daß, daß die Ehre ist ja schon natürlich groß für'n Herrn, für'n Herrn Professor, net woa, aber daß vielleicht für ihn sich's nicht so g'hört hätt, daß er dann jetzt als Amerikaner, daß er da die Stellung annimmt, daß er also wieder so, net woa, da ham's sich g'wundert in Oberarschberg und in Hutzlach auch und die vereinigten Klostersender Ober- und Unterbrausensausenhausen stehn ja da genauso dazu.

Herr Roßgoderer: Ja, Frau Motzknödel, sind Sie jetzt dazu da, daß Sie da jetzt eine Kritik, einen Kritizismus dazu laut werden lassen, oder sind Sie dazu da, daß Sie dieses Ereignis, dieses schöne Doppelereignis von weltweiter Bedeutung, daß Sie jetzt uns davon erzählen? Also, i woas net, was mit der ..., also Frau Motzknödel, jetzt passen's auf. Sie geh'n jetzt daher und erzählen uns jetzt genau, wie die Sache sich abgespielt hat, damit unsere Hörer und Hörerinnen also ein Bild von diesem schönen Doppelereignis jetzt dann kriegen.

Frau Motzknödel: Ja gerne, natürlich, da bin ich ja dazu da, Herr, Herr, Herr Roßgoderer, natürlich. Also, ich sag Ihnen was, es war soo schön und soo feierlich. Also natürlich die Übergabe ... also mir nennen's ja in Dings, in den Vereinigten Staaten, bei der «Voice of America», ham mer's immer Sörrender genannt, gell, Sörrender. Aber des hat a andere Bedeutung, das tut mir jetzt leid, das hätt i jetzt goa net neibringen soll'n. Aber Übergabe war's halt, die Übergabe von dem Ding, von von also von dem Sozialistischen, ach nein, von dem Soziologischen hab' i g'meint, vom Soziologischen Institut an den Herrn Professor Max Horkheimer, das war sehr

feierlich, gell, das war seehr feierlich, wie sie's also es über-
geben haben, net woa. Aber dann noch viel feierlicher und
schöner, und das ist ja auch dann in den ganzen Ausschnitten
und den Bildern, sind ja so reizend von Herrn Professor der
Magnifizenz, net, sind ja reizend, also das war noch viel feierlicher, wie der Herr Professor eben zur Magnifizenz gemacht worden ist, net woa, und wie dann die Übergabe stattgefunden hat von Seiten, net woa, von Seiten der ganzen
Herren, äh, die da in der Universität waren und auch natürlich der frühere Rektor, das war ein früherer Standartenführer, gell, bei der SS war er auch, und der hat ihm dann auch
die Kette umgehängt.

Herr Roßgoderer: Ja, woas 'n für a Kette, Frau Motzknödel,
a Kette?

Frau Motzknödel: Ja, des wissen S' gar net, Herr Herr
Roßgoderer, des is' eine große dicke gold'ne Kette, net, und
des war soo nett, wie der Herr Professor, also die Magnifizenz, net woa, wie er das Kopferl g'senkt hat, gell, vorm
Oberstandartenführer, wie er dann die Kette umg'hängt hat,
und er hat ja ganze Haar, hat er auf der Seit'n schon, aber
oben natürlich nicht, und dann sind die Lichter so draufg'fallen auf'n Glatzkopf, gell, wie er's Kopferl gesenkt hat und wie
man ihm die Kette umgehängt hat, und der Standartenführer
hat's ja selber getan, und dann war er also schon Magnifizenz.

Herr Roßgoderer: Joa, des schildern Sie sehr anschaulich
und also sehr nett, Frau Motzknödel, aber sagen's uns a bissel
aa was über das Publikum dann auch, ne'woa. Wer woar'n
da?

Frau Motzknödel: Ja, das war, das war nämlich sehr, da bin
ich froh, daß Sie mi jetzt frag'n, Herr Roßgoderer, es war
nämlich sehr interessant, weil Sie g'sagt ..., des war das Mißverständnis vorhin, hä hä, wegen der, wegen der einflußreichen Greise, net woar, weil's ja wirklich gar keine Greise

nicht sind, aber aber da war'n einige Herren, die woarn sehr
beteiligt an dem Ganzen, net, obwohl man nicht genau
g'wußt hat, wie's da hing'hörn, aber die sind ja unzertrenn-
lich, also direkt, die sind ja wie die siamesischen Drillinge
oder sowas sind's gewesen. Also da war, da war der Herr
Ding, der Herr Professor, der Herr Professor Attorno hat er
g'heißen, Attorno Wiesengrün, glaub i, Attorno Wiesengrün
ist der Name. Der, der war da *sehr* beteiligt, aufgeregt war er
und sehr bleich direkt war er. Und dann war da auch noch der
Herr der Herr Professor Pollock, der war auch da ...

Herr Roßgoderer: Ist des der Ding, der der Gatte, der Herr
Gemahl von der Frau Pollack?

Frau Motzknödel: Nein, nein, der heißt Pollock – Pollock
heißt der, der kann ja gar nicht von der Frau Pollack ... Aber
diese Herren waren alle so beteiligt und nett, also, als ob direkt sie selber alle schon Magnifizenzen geword'n wär'n
auch, und da hat man wieder sehen können, was ein Zusam-
menhalt is, gell? Und also alle die ganzen – auch, sind alles
Herrn von der sozialistischen ...

Herr Roßgoderer: Frau Motzknödel, Sie müssen da an Unterschied machen zwischen sozialistisch und soziologisch,
gell? Wenn Sie's auch nicht verstehen, so is des ein *sehr* entscheidender Unterschied, und des kann man nicht haben, daß
mer die Sachen einfach sozialistisch nennt, wenn man soziologisch nicht kennt. Da müssen's a bissel aufpassen, Frau
Motzknödel.

Frau Motzknödel: Ja, ja, also bei dem sozio-, äh, soziologischen Ding da, da war'n die beiden Herren auch, die anderen
Herren waren's alle also direkt wie eine, also eine, eine Brü-
derschaft, gell, oder wie man sagt: ein Gäng, ein Gang, ein
Gang ...

Herr Roßgoderer: Ja, was versteh'n Sie unter Gang, äh,
Frau Motzknödel?

Frau Motzknödel: Ja, des es auch wieder schwer zum übersetzen, net, des is' ein Halt, ein Zusammenhalten einer Gruppe von Menschen, net, des nennt man a Gang, in den Vereinigten Staaten. Aber das war sehr, sehr feierlich. Und dann zum Schluß, wie der Herr, wie der Herr Magnifizenz Professor, gell, wie er dann seine abschließende Übergabe gemacht hat, da war ich also auch selber den Tränen nahe, denn da hat er wieder's Kopferl g'senkt, gell, und die anderen Herren, also der Herr Attorno Wiesengrün und der Herr, der Herr Pollock, die war'n so bleich, und die Menge war ganz still, gell, da hat *kein* Mensch ein Wort geäußert. Ich weiß nicht, ob also einfach aus Rührung oder weil s' vielleicht nicht so einverstanden war'n mit der Sache, aber des, des war also wirklich, es war sehr eindrucksvoll.

Herr Roßgoderer: Ja also, Frau Motzknödel, da ha'mer jetzt also dann auf Wunsch dieser einflußreichen Kreise, ne'woa, ha'mer jetzt diese Sache gesendet, und – äh – es kann ja sein, daß einer oder der andere unserer Hörer statt dessen sich die andere Sendung, diese Diskussion, nicht wahr, die von den Landkreissendern Hutzlach, Oberarschberg und den vereinigten Klostersendern Ober- und Unterbrausensausenhausen statt dessen gebracht worden ist, nämlich die Diskussion zu dem Gegenstand: «Ist die völlige Abwesenheit jedweden Ehrgefühls aufgrund pathologischer oder klinischer oder, wie sie's genannt hab'n, klinischer oder pathologischer oder infantiler, infantiler ham sie's g'nannt, Eitelkeit, äh, verständlich und entschuldbar?» Und – äh, äh – jetzt könn' wir diese Sendung, also unsere Sendung dann abschließen, nicht wahr, wir haben also unserer Pflicht da gern genügt, und hier ist dann die Radiostation «Das Wort im Gebirge», angeschlossen die Landkreissender Geisenhofen, Teisenhofen und Sankt Kitzbart, Roßgoderer sprechend.

Der Dirigent Bruno Walter

Er war siebzehn Jahre alt und dirigierte seine erste Oper. Nicht daß er ein Wunderkind gewesen wäre! Der dunkle junge Mensch mit dem noch kindlich weichen Gesicht, dem vollen Mund und dem zugleich feurigen, verträumten und intelligenten Blick, der da, gesammelt, hingegeben und ohne Spur von Nervosität, dem musikalischen Köln seine eigene Neueinstudierung von Lortzings «Waffenschmied» vorführte, hatte seinen Beruf aufs ordentlichste erlernt und keine Stufe übersprungen. Sehr geschwind, freilich, war er gewesen im Erstürmen der Leiter, auf deren letzter Sprosse er heute abend stand, – wohl wissend übrigens, daß er sich gleichzeitig auf die erste und niedrigste einer neuen begeben, – einer von vielen, die zu erklettern ihm aufgetragen war.

Das Dirigieren fiel ihm leicht, und es machte ihn glücklich. Von kindauf war alles ihm leicht gefallen, hatte alles ihn glücklich gemacht, was «Musik» hieß, und an seiner «Sendung» zweifelte er nur, wenn, in schlimmen Augenblicken, die Angst ihn ankam vor der Mühelosigkeit, mit der er lernte, begriff, ja antizipierte, vor der Glückhaftigkeit seiner Entwicklung und der Sicherheit, mit der er – ein halber Junge noch – große Orchester bändigte und erfahrene Sänger seinem Willen unterwarf. Jene Angst war falsch, aber außerdem war sie richtig und gut. Denn hätte er sie sich erspart, er wäre im Leben nicht geworden, der er ist.

«Gott erhalte mir meine Verzweiflung!», – so überschreibt der junge Mensch sein Tagebuch nach einer «Saison», die er an der Breslauer Oper verbracht. Das Institut, dem er schwarzen Gewissens diente, hatte, so fand er, die Kunst zum «Betrieb» degradiert, und (schlimmer!) inmitten der routinierten Schlamperei, die dort herrschte, waren sein vielseitiges Können, seine «Sattelfestigkeit» und Eleganz, wenn es galt, «Umschmisse» zu verhindern oder zu decken, nur zu verwendbar. Als er aber gar begonnen hatte, sich über Erfolge zu freuen, die er im besseren Grunde als schändlich empfand, wußte er nicht mehr ein noch aus und klagte sein Leid dem Höchstverehrten und Geliebten, dem Meister, bei dem er in Hamburg in die Lehre gegangen: Gustav Mahler. Von dort kam ihm Trost: «Nur Mut», schrieb Mahler, «und den Kopf oben ... Lassen Sie sich nicht aus der Contenance bringen ... Sie haben ja Ihren Marschallstab im Tornister. Ob heut oder morgen ist einerlei.»

Der Einfluß, der ausging von der herrschenden Persönlichkeit des österreichischen Musikers auf Bruno Walter, war enorm; er war all-umfassend und hätte dem gierig Lernenden gefährlich werden können, wäre ihm nicht ein robuster Selbsterhaltungstrieb zu Hilfe gekommen. Hier, wie immer, wußte der feurige Träumer sehr wohl, was der eigenen Entwicklung zuträglich war und was nicht.

Undenkbar, aufzuzählen, was Mahler alles auf den Jüngeren übertrug, was dieser von ihm übernahm und nach seinem Tode fortführte. Vielleicht – um in simplen Worten vom Wichtigsten etwas doch anzudeuten – waren es besonders drei Wahrheiten, zu denen Walter durch Mahler den Weg fand: daß es gilt, die äußerste Präzision und Genauigkeit mit dem Äußersten zu vereinen, was an Empfindung, Ausdruck, Dramatik einem Musikstück inhärent ist. Daß alles zählt, – wichtig ist, – nichts je vernachlässigt werden darf, – der «Punkt nach dem Achtel» so wenig, wie ein Wort im Text. Und daß alles – das Vertrauteste selbst – klingen muß, als habe noch kein Ohr es gehört, ja, als entstehe es diesen Augenblick.

Tatsächlich (und beispielsweise) kannte unter Walter die Münchener Oper keinen «Alltag», keine gleichgültigen «Repertoire-Vorstellungen». Jeden Abend schien dort «Première», wenn nicht «Uraufführung» zu sein. Immer war es das Äußerste, was er aus sich selbst, seinen Sängern und Instrumentalisten herausholte. Immer mußten der zweite und dritte Kapellmeister darauf gefaßt sein, den «Generalmusik-direktor» kontrollierend in der Loge auftauchen zu sehen, oder später zu erfahren, er sei im Hause gewesen; und nie durften daher auch sie sich irgend «gehen lassen». – Dies gleichfalls, die strikte Disziplin, war Mahlersche Tradition, wie überdies Walter vom Vorbild psychologisch geschult war. Menschenbehandlung, die rechte Art mit solchen umzugehen, von deren größter Bemühtheit das eigene Gelingen abhängt, sie gehört zum wichtigsten. Und Walter hatte gelernt, die nötige Unerbittlichkeit mit Güte, Wärme und Dankbarkeit – wenn seine Wünsche erfüllt waren – derart zu versetzen, daß der Gehorsam, den er sich erzwang, endlich auf Liebe basierte.

München (1913 bis 22) – eine Station nur der weiten Wanderschaft! Die Welt weiß von allen, und die lange Liste seiner Verdienste, Erfolge, Triumphe ist ihr bekannt. Den großen Mozart-Interpreten, den sie in Walter verehrt, bewundert sie gleichermaßen als Vermittler so polarer und inkommensurabler Genien wie Beethoven und Debussy, Wagner und Johann Strauß, Bach und Tschaikowsky, Verdi und Gluck. Daß übrigens alles, was «Romantik» ist, – von Schubert und Schumann bis hinunter zu Pfitzner ... es extra gut hat bei Walter, steht außer Frage. Und sehr wohl erinnert sie sich, daß Bruno Walter es war, der ihr in jahrzehntelangem Kampf das große, schwierige und – zu allermindest – in seinem immer erneuten Ringen um das Höchste ergreifende Werk Gustav Mahlers erst geradezu aufgezwungen, aber schließlich nahe gebracht hat. Sie weiß auch – die Welt –, daß sein Haus in Kalifornien steht, während doch der 77jährige auf zwei Erdteilen hundertfach daheim ist – wohlig geborgen, wo immer er musiziert hat –, und wo hätte er's nicht getan? Sein Name strahlt hell am Himmel der «Prominenten», ein Stern, der noch immer zuzunehmen scheint an Reinheit und Leuchtkraft: Bruno Walter – jeder kennt ihn!

Kennt man aber den Mann, den Menschen, den der Glanz dieses Namens weit eher verbirgt als klar profiliert? Man kennt ihn nicht – auch dann nicht, wenn man sich in sein Selbstporträt versenkt und «Thema und Variationen» (Bermann-Fischer-Verlag, Stockholm, 1947) von A bis Z gelesen hat. Keiner sieht sich, wie «die anderen» ihn sehen, und wir, zum Beispiel, sehen aus einiger Nähe und dienlicher Distanz unseren «Gegenstand» ungefähr so:

Ausgeglichenen, ja heiteren Temperaments, ist Bruno Walter ein hartnäckiger Optimist, unwillens, düsteren Prophezeiungen Glauben zu schenken, und imstande, wenig später, den entsprechend düsteren faits accomplis bestürzend freundliche Seiten abzugewinnen. Nichts ist ihm unangenehmer als Unannehmlichkeiten, und zum Kämpfer ist er durchaus nicht geboren, – zum Kämpfer «im Leben», versteht sich! Denn im Vokabular des Musikers suchte man vergebens nach Wörtern wie «Konzession» oder «Kompromiß». Walter, der Mensch und Bürger hingegen, ist, scheint uns, als Quietist zu bezeichnen und als Einer der viel darum gibt, mit seiner Umgebung im Einklang zu leben. Im Jahre 1911 war er «auf Wunsch der Behörde» (siehe «Thema und Variationen») «nach nunmehr 10jähriger Tätigkeit als Kapellmeister der Hofoper österreichischer Staatsbürger geworden». Sein junges Österreichertum tat aber in der Folge und besonders während des Ersten Weltkrieges dem extremen deutschen Nationalismus des gebürtigen Berliners keinen Abbruch. Bis zum Sturz der Republik ein treuer deutscher Demokrat, wurde der nach Wien Exilierte zum leidenschaftlichen Parteigänger der Regierung Schuschnigg. Aus Österreich vertrieben und zum Franzosen ernannt, bekannte er sich reiner Seele zu allem, was Frankreich heilig war, und der Amerikaner, der er seither geworden, hält seinem Vaterland eine Treue, die noch vor McCarthy Bestand hätte.

Was beileibe nicht heißen will, der Maestro sei ohne Charakter. Konziliant, geschmeidig und friedliebend von Natur, hat er nur eben von dem, was man gemeinhin «Charakter» nennt, ein Gutteil «seiner» Musik unterstellt. Wenn schon gekämpft werden muß, so im Dienst einer Wirklichkeit, die ihm die wahre ist, und in der er so viel besser, schärfer, mutiger und zäher zu streiten weiß als angesichts der «Welt».

Trotz manchem Widerspruch zwischen Walter, dem Künstler, und Walter, dem Mitmenschen, hat dieser mit jenem das Verschiedenste gemein: die große Gewissenhaftigkeit zum Beispiel, und den gebieterischen Wunsch, jederzeit alles so vortrefflich wie möglich zu machen. Ächzend aber eisern beantwortet er persönlich die Unzahl von Briefen, die ihm laufend zukommen. Überpünktlich erscheint er zu jeder Verabredung, und was zu tun er einmal zugesagt, ist so gut wie getan. Auf eine krause, gewissermaßen willkürliche Art ist Walter auch ein Wohltäter. Im Gespräch fällt ein Name, und man fragt nach dem Träger. «Ach», sagt Walter und lacht verlegen, «das ist ein alter Kunde von mir.» Nun weiß man Bescheid: Irgendwann, vor Jahrzehnten vielleicht, hat Bruno Walter sich dieses Menschen einmal angenommen und ist seither außerstande gewesen, sich seiner zu entledigen. Immer wieder schickt er ihm Geld, verwendet sich für ihn, fühlt sich ihm unentrinnbar verschuldet. – Er hat viele «Kunden» – bei weitem zu viele – und kann, wie ausdrücklich vermerkt sein will, seine «Clientèle» unmöglich erweitern.

Nach der Musik ist es unter den schönen Künsten die Literatur, die Walter am lebhaftesten anspricht. Bei unglaublich gutem Gedächtnis hat er sehr viel gelesen, fühlt sich ständig erinnert an irgendwelche Stellen bei Goethe, Dostojewski, Jean Paul und zwei Dutzend weiteren Vertretern der Weltliteratur, – wobei übrigens sein Geschmack weitgehend von Mahler bestimmt ist. Gern flicht er lange Zitate in die Unterhaltung, oder erzählt ganze Novellen, die ihm auf assoziativem Wege gerade in den Sinn kommen. Seinerseits – obwohl es ihm schwerfällt – schreibt er erstaunlich gut, besonders in Dingen der Dirigierkunst. Aber auch als Portraitist sieht er genau und hat einen sehr begabten, manchmal überraschend treffsicheren Strich. Nicht zufällig also gibt es oder gab es unter seinen Freunden so viele Schriftsteller: Thomas Mann, Franz Werfel, Bruno Frank, Alfred Polgar, – sie haben zeitweise seinen nächsten Umgang ausgemacht; andere, Hofmannsthal etwa, hat er gut genug gekannt, um sich – bei geringerer Bescheidenheit – ihrer Freundschaft rühmen zu können.

Selbstsicher und bescheiden – Walter ist beides durchaus. Was aber vor allem liebenswert macht, ist die Lebendigkeit seines Empfindens, seine Aufgeschlossenheit für Menschen, Tiere, Gras, bunte Blumen im verzaubernden Licht der kalifornischen Sonne, seine echte, kindliche Freude an der gesamten göttlichen und menschlichen Schöpfung. Kinder mag er besonders, und um ihn wirklich zu kennen, muß man ihn gekannt haben, als Lotte und Gretel klein waren, die geliebten Töchter. Mit ihnen zu spielen, war seine beste Erholung, ein häufiges Fest, wofür er sich tausend Albernheiten einfallen ließ und die prächtigsten Aufführungen veranstaltete. Gretel, die jüngere, und ihm ungemein ähnlich, hatte sehr hübsche lange Zöpfe, daran er sie mit Vorliebe zupfte und zog. Dabei sang er zum Steinerweichen «Oh, Königin, Göttin, laßt mich ziehen!», und wollte sich schieflachen, wenn Gretel erfolglos bemüht war, ihre Zöpfe in Sicherheit zu bringen. Dann aber lieferte er prompt eine Kinderversion des «Tannhäuser», der, im Venusberg gefangen, seine «Königin» und «Göttin» anfleht, ihn doch nur endlich «ziehen» zu lassen. War irgend ein Klavier zur Stelle, so gab er, immer singend, gestikulierend, erklärend, ganze Passagen aus der Oper zum besten, und kaum ein Tag verging, an dem er, in Spiel und Ernst, die Kinder nicht eingeführt hätte in eine neue Pro-

vinz, einen neuen Winkel des Landes, in dem er behaust war,
– des Reiches der Musik.

Dabei waren seine «Darbietungen» keineswegs immer
rein musikalischer Natur. Da gab es – unvergeßlicher Weise
– eine Fee, deren Beschwörung durch den «Kuzi» (wie die
Kinder ihn nannten) zu seinen Glanzstücken gehörte. Die
Fee, wenn man Walter glauben durfte, hieß Minna Schusterbeisl – so und nicht anders. Im Halbdunkel des Walterschen «Salons», zu den Klängen seines Klavierspiels und
unter viel Brimborium ward Minna beschworen, und
schließlich war sie da. Sie sei, versicherte überzeugend der
«Kuzi», von schlechthin maßloser Schönheit und dufte
überdies unsäglich. Dann sprach sie. «Sterblicher», sagte mit
süßer, doch hohler Stimme Minna Schusterbeisl, «was be-
gehrst du?» Worauf Lotte oder Gretel das Dringlichste zu
Gehör brachte. «Diesen Wunsch», erwiderte verheißungsvoll die Fee, «kann ich dir nicht erfüllen!» Und weg war
Minna Schusterbeisl, verschwunden bis zur nächsten Beschwörung, betörend, verheißungsvoll und nutzlos – die Fee
par excellence.

Sie sind sich sehr ähnlich geblieben, der Walter von damals und der von heute. Nichts von dem Übervielen, was er
inzwischen erlebt und erlitten, hat seine Natur zu verändern
vermocht. Der religiös gefärbte Ernst, mit dem er von Anbe-
ginn sein Metier betrieb, hat, deucht uns, weiter übergegrif-
fen aufs «Private» – wobei es keine Kirche ist, die ihn lockt –,
es sei denn das aus so zahlreichen Philosophien und Religio-
nen gespeiste Evangelium Rudolf Steiners. Seinem Sinn für
Komik – mit Erleichterung stellen wir es fest – und seiner
kreativen «Albernheit» haben derlei Tendenzen nicht das Geringste angehabt. Wie gern er lacht! Und wie sehr zum Lachen er noch immer sein kann!

Grimmig dagegen, feindselig, ja, haßerfüllt kennen wir
ihn ausschließlich, wenn auf «moderne» Musik die Rede

kommt – auf die Produkte der «Atonalen», der «Zwölftonler», der «Abtrünnigen». Es ist ein alttestamentarischer Zorn, der den Meister ergreift angesichts von Kompositionen, die er nicht etwa als garstig, mißraten, unverständlich empfindet, sondern als schlechterdings sündhaft.

«Unabhängig von ihrem stets wechselnden Gefühlsausdruck», sagt er in «Thema und Variationen», «enthält die Musik eine dauernde Botschaft des Trostes: ihre Dissonanzen streben zur Konsonanz, müssen sich auflösen, jedes musikalische Stück endet konsonant ...»

«Aber», könnte einer sich erdreisten, ihn zu fragen, «rein theoretisch genommen: halten Sie es denn nicht für denkbar, daß, auf seine Weise, versteht sich, der späte Schönberg Musik gemacht hat – eine ihnen entsetzlich fremde, gewiß – aber eben doch Musik?»

Die Antwort wäre nichts als ein zornsprühendes, tief beleidigtes, den Frager gräßlich zerschmetterndes «Nein!»

Herr über alle Musik

In einem Brief aus dem Jahre 1917 berichtet mein Vater von seiner «Freundschaft mit Bruno Walter, unserem guten, feurigen, kindlichen, begeisterten Generalmusikdirektor», und fügt hinzu, der Erwähnte sei «gestern abend wieder mal bei uns» gewesen und habe «gespielt und gesungen, daß es ein Vergnügen war».

Damals amtierte Walter schon beinah vier Jahre an «unserer» Hofoper, und ich war schon beinahe elf. An meine erste «Begegnung» mit ihm erinnere ich mich so wenig wie an eine Welt, in der er für mich nicht existierte. Und was nun gar die Musik betrifft, so schien uns Kindern, als habe erst der «Onkel Kuzi» sie nach München gebracht, und das Leben in der bayrischen Hauptstadt – soweit es denn überhaupt bis dato gezählt habe – sei recht kümmerlich gewesen, ohne die großen Walter-Konzerte im Odeon und die beispiellose Herrlichkeit der Opernabende auf den Walterschen Plätzen – vorn, links, in der ersten Reihe.

Walters – «Kuzi», «Muzi» und der Nachwuchs – wohnten um die Ecke. Zwischen den Erwachsenen herrschten bald die herzlichsten Beziehungen, endlich stellte eine Freundschaft sich her, wie sie wärmer und für alle Teile ersprießlicher kaum gedacht werden kann, und als mein Vater seinerseits achtzig wurde, kam der Lebenskamerad übers Meer geflogen, um – im Zürcher Schauspielhaus – die «Kleine Nachtmusik» aufzuführen, zu seinen Ehren.

Mit Lotte und Gretel, den Töchtern, wuchsen wir geschwisterlich heran, und so kannten wir denn auch von klein auf den Maestro recht wohl – den Herrn über alle Musik, wobei wir freilich das mausgraue Zivil, in dem wir ihn meistens antrafen, nie ganz ernst zu nehmen vermochten, sondern eine Art von Mummenschanz darin vermuteten – so, als ginge er, wie weiland Harun al Raschid, in bescheidener Verkleidung einher, auf daß nicht jeder x-beliebige ihn zu erkennen vermöchte.

Wir waren nicht «x-beliebig». Da wir zu Lotte und Gretel gehörten, gehörten wir auch zu ihm; wußten, zum Beispiel, daß er sehr komisch sein konnte und übrigens steinalt war: 37 Jahre zählte er nun schon. Auch machte er nicht nur Musik, sondern zudem Gedichte – letztere freilich nur, wenn wir leidlich brav gewesen und er uns erfreuen wollte. Inhaltlich entstammten die Gedichte seinem eigenen, unerschöpflichen Erlebnis- und Erfahrungsschatz. Sie hießen etwa:

«Der Edle fährt viel Eisenbahn;
Doch kommt das Dampfschiff auch gern an.»

Als wir ein wenig größer waren und also das «Bravsein» immer schwerer fanden, klagten wir untereinander oft über die bedauerlich-hemmende Nettigkeit unserer Eltern. Den Müttern – es ist leider wahr –, ihnen, die wir zu jenen Kriegszeiten ohnedies gewappnet wußten gegen praktische Widerwärtigkeiten jeder Observanz, hätten wir einigen zusätzlichen Ärger allenfalls zugetraut. Aber den Vätern? «Es ist», sagten wir achselzuckend, «ebenso lästig wie unbestreitbar: Sie sind ganz einfach zu nett!» – Und dann unterließen wir es, nachts aus den Fenstern zu steigen, oder trafen uns doch nur dann zu verbotenster Stunde, wenn «es sich deckte» – das heißt, wenn zufällig beide Elternpaare sich gleichzeitig auf Reisen befanden.

Hätte damals uns einer gesagt, daß die Zeit es an sich habe, in ständig zunehmender Eile zu vergehen, aus schönen, reinlich umrissenen «ganzen» Noten lauter schwarze Zweiunddreißigstel zu machen und schließlich überhaupt kein «Tempo» mehr zu «halten», sondern, nach dem «Presto», auch das «Prestissimo» noch zu überbieten und in unbenennbarer Hurtigkeit zu entkommen – und hätte ein solcher gar hinzugefügt, daß, ergo, kaum, daß er 40 gewesen, der «Kuzi» auch schon 80 sein werde: Wir hätten ihn als hoffnungslos «erwachserig» verworfen und kichernd stehengelassen.

Wenn es nun dennoch soweit ist, und wenn «Bruno Walter, unser guter, feuriger, kindlicher, begeisterter Generalmusikdirektor», buchstäblich im Begriffe steht, in der Stille seines Häuschens zu Beverly Hills seinen «Achtzigsten» zu begehen, so fällt es dankenswert leicht, gute Miene zu machen zu einem Spiele, das ihn uns erhalten und das er unendlich verschönt, vertieft und erhöht hat durch sein enormes Talent, die dichte und edle Substanz seines Künstlertums und durch eben jene «Nettigkeit», die uns schon als Kinder bezwungen und unversehens besänftigt hat. Was meinten wir damals, da wir den «Kuzi» «nett» nannten – zu nett, als daß gewisse Untaten zulässig gewesen wären, angesichts seiner? Mag sein, wir hätten es nicht zu sagen gewußt. Daß aber seine ganze Menschlichkeit uns berührte, seine Heiterkeit und Güte, sein Mangel an Anspruch, seine Gewissenhaftigkeit, Geduld und Treue, die Lauterkeit all seines Wollens und die vorbehaltlose Freundlichkeit, mit der er uns, wie jedermann, begegnete – daß, in einem Wort, sein Wesen uns spürbar geworden, daran besteht mir kein Zweifel.

Er ist sich gleich geblieben im Grunde. Die geschwinden Jährchen, natürlich, bereichern mächtig die Reichen, und sie fördern gewaltig, was sich an Schätzen findet bei den Rechten und Treuen.

Auf bald, liebster Kuzi! Wir sind gute Nachbarn gewesen, in München erst, in Kalifornien dann. Und inzwischen gibt es den Nordpolflug, der dich im Handumdrehen herversetzt von der pazifischen Küste an unseren stillen See. Kommt schleunigst wieder – du und die deinen –, der Tisch ist euch immer gedeckt. Mittlerweile aber wollen wir feiern: in seltener Eintracht mit einer ganzen Welt begehen wir, Lieber, das ernste und heitere Fest deines hohen Geburtstags. Sei in diesem Sinne umarmt und bleib, laß dich bitten, noch lange bei uns!

«Ist das schon Herbst?»

Hermann Hesse zum 80. Geburtstag

Als er ganz jung war, da liebte er es, den Greis zu spielen, sich schreibend und dichtend zu verwandeln in den oder jenen Alten und Uralten, der, seiner blühenden Phantasie entsprungen, aufs eindringlichste kundtat, wie ihm, dem Hochbetagten, denn nun zu Sinne sei, wie er sich fühle und wie genau doch, wie farbig er seiner Frühzeit gedenke, der unwiederbringlich versunkenen.

Da gibt es, beispielsweise – aus den Jahren 1903 und 1904 –, die Geschichten «Hans Amstein» und «Sor Acqua», und es ist richtig, daß, als er sie schrieb, der Autor die erste Jugend schon hinter sich hatte. Dennoch nennt er selbst sie heute «Zwei jugendliche Erzählungen», und was sie, für uns, als solche ohne weiteres kenntlich machte, ist eben die Fiktion, daß hier ein vom Leben weithin umgetriebener, ergrauter Geselle, für den «so viel Menschliches allmählich seinen Reiz und Wert verloren», gemächlich, würdig, kauzig, melancholisch zuweilen, ein wenig herrisch manchmal oder herablassend im Gefühl seiner Alterswürde, dem Enkelgeschlecht ein paar Blicke gönnt in den geheimen Raum, wo die Erinnerungen wohnen. Dabei flunkert er munter, spricht von Ländern, Strömen und Meeren, die er in Wahrheit nie gesehen – nein! – nur in Wirklichkeit nicht; denn was immer er sagt, ist die Wahrheit, sei sie nun dichterischer Natur oder von anderer Art: unheimlich vorwegnehmend, ein Spiel mit der Zeit, von der er damals schon weiß, daß sie durchaus «relativ», als Begriff sehr schwankend und also unbegreiflich ist: «... ein Ding, das keiner voll aussinnt ...»

Von dem, was alles er «vorweggenommen», von seiner Fernsicht, seinem Prophetentum überhaupt wäre viel zu sagen und zu singen, wobei die Bezeichnung «unheimlich» immer wieder miteinzufließen hätte.

Man entsinnt sich der Schreckensutopie, die, vom Anfang des Jahres 18 datiert, die Überschrift trägt: «Wenn der Krieg noch fünf Jahre dauert?» Nun, dort ist von den Zuständen die Rede, wie sie, im angenommenen Falle, in Deutschland herrschen würden. Mit greulicher Flüssigkeit spricht die Zeitung, die der Dichter sich ausgedacht, von der «amtlichen Abschaffung der nicht zivildienstfähigen Bevölkerung», welche «bei uns trotz unvermeidlichen Härten so human und so wohlorganisiert durchgeführt worden ist …» Eine «Privatperson» hat «trotz erwiesener Unfähigkeit dem Staate und dem Gemeinwohl irgendwie noch zu nützen, die ihr gesetzte Existenzzeit ganz wesentlich (es soll sich um Monate handeln)» überschritten, und auch «die kreisamtliche Chloroformstelle» ist zu ihrer Abschaffung nicht herangezogen worden. Kurz, was schließlich geschah, hat dieser Hesse im Jahre 18 bereits *gewußt*. Unheimlich, oder nicht?

Wir sind abgeschweift, nicht ganz von ungefähr, sondern weil die Abschweifung uns lohnend schien. Was wir aber oben kaum erst berührt hatten, war die Lust des Jünglings, den Greis zu spielen – in großem Ernst, wohlverstanden, und ohne jede Koketterie. Zwischen 1899 und 1902, vermutlich also noch *vor* jenen «Jugendlichen Erzählungen», entstand ein «Altersgedicht», dessen tief ergreifende Wirkung um kein Iota geringer ist, weil der es schrieb so ungemein jung war. Es lautet:

Daß ich so oft mit leisem Leid
Durch die begrünten Äcker gehe
Und in den Lüften hoch und weit
Die hellen Wolken fahren sehe,

Und daß ich stehen bleiben muß,
Wo Kinder sind in einem Garten,
Und lange still auf einen Gruß
Und auf ein liebes Lachen warten,

Und daß ich nicht mehr neidisch bin
Auf fremden Ruhm, auf fremdes Brot,
Und daß ich so zufrieden bin,
– Ist das schon Herbst? Ist das schon Tod?

Die Frage verhaucht, und sehr allmählich nur, in «Fortset-
zungen» gewissermaßen, gibt das Leben Antwort. Derweil
wird der Fragende jünger von Jahr zu Jahr, von Jahrzehnt zu
Jahrzehnt. Gewiß: seiner enormen «Betagtheit» bleibt er sich
auf jeder Stufe bewußt. Sein Werk aber, von dem zu handeln
und das liebend zu preisen uns hier nicht zusteht, ist es nicht
kühner geworden von Band zu Band? Wann denn hätte er je
so wagemutig experimentiert wie im «Glasperlenspiel», darin
die Weisheit und Meisterschaft, die ihm zugewachsen, sich
aufs harmonischste vertragen mit der hohen Verspieltheit,
von der Einer, der «alt» wäre – nach leidigem «Altern» –, sich
nichts träumen ließe? Und was er uns seither geschenkt, all
die «Weihnachtsgaben» und Freundesbriefe, die neuen Gedichte und die «Beschwörungen», sind sie denn nicht noch
klarer gezeichnet, mit noch festerer, stärkerer Hand als frühere Kostbarkeiten?

Er und mein Vater sind Freunde gewesen, Brüder im Geiste und (bei vielen Verschiedenheiten) auch darin einander
ähnlich, daß sie alt zu werden und sich gleichwohl zu hüten
wußten vor dem trüben Einfluß nahenden Greisentums.
Selbst im Umgang: wie jung und elastisch, wie empfänglich
und aufgeschlossen war unser «Zauberer» bis zum Ende –
nicht anders als der Weggenosse, der, mancher Beschwerde
zum Trotz, heller dreinschaut, herzlicher lacht, schärfer beobachtet, wärmer empfindet und mitempfindet als die meisten von uns.

Liebster und bester Hermann Hesse! Muß ich sagen, wie
unzufrieden ich bin, mit diesem, meinem Glückwunsch, wie
arm er mich deucht, ja, wie bettelhaft, da es ein Krösus ist,
dem er gilt? Wenn aber in oder zwischen den Zeilen von meiner innigen Ergebenheit, Bewunderung und Treue ein *wenig*
nur zu spüren ist, so will ich mich trösten und ruhig sein. Alles Gute und Schöne, Ersprießliche und Erträgliche für Sie
und Frau Ninon, der gesondert zu gratulieren und zu danken

mich sehr verlangt. Doch mein Raum ist vertan – *leider!* – bis auf die Unterschrift, falls ich Glück habe. Aus ganzem Herzen denn also bin und bleib ich die Ihre und Eure:

Erika Mann

An die Vernunft appellieren ...

Auf ihren einfachsten Nenner gebracht, lautet die Frage, die man uns gestellt hat, etwa so: Sind Sie für oder gegen die Aufrüstung des «Westens» mit Atomwaffen?

Nun, mit Herz und Sinn und allem, was mir an Einsicht und Verstand etwa gegeben ist, bin ich *gegen* diese Aufrüstung. Insbesondere aber halte ich die Herstellung der Bombe und – mit verstärktem Nachdruck! – den Bau von Abschußrampen in *Europa* für die sicherste Vorbereitung zum Selbstmord unseres Erdteils.

Der dritte Krieg, wenn er denn kommt, wird eine Veranstaltung der Riesen sein: Rußland und Amerika werden ihn entfesseln und führen, wobei freilich kaum ein Land zur Gänze verschont bleiben wird. Zunächst aber und mit tödlicher Bestimmtheit steht völlige Vernichtung denjenigen Ländern bevor, die als «atombewaffnet» bekannt sind.

Was im übrigen die weitere Aufhäufung atomaren Kriegsmaterials hüben wie drüben betrifft, und hier wie dort die Fortsetzung der Experimente, so haben Hunderte von weltberühmten Fachgelehrten nachgewiesen, daß wir – auch ohne Krieg – höchst gefährdet seien, ja, daß im Laufe der Zeit alles Leben auf Erden ein Ende nehmen möchte. Ich sage «im Laufe der Zeit», wohl wissend, daß genau diese Prägung uns so stumpf und so dumpf, so gleichgültig und «atomergeben» macht. *Wüßten* wir nämlich, daß in zehn oder zwanzig Jahren ein unausdenkbar schauriges und schandvolles Ende uns

selber wie unsere lieben Kinder und Kindeskinder erwarte –
es sei denn, wir handeln *jetzt* –, kein Zweifel: wir wachten auf
aus unserer Lethargie und handelten auf der Stelle.

Wie aber handelten wir? In den meisten Ländern des «Westens» – um nur ein Beispiel zu geben – *wählen* die Völker,
und *niemand* dürfte von Stund an mehr gewählt werden, der
sich nicht heilig verpflichtet hätte, seinen gesamten Einfluß
geltend zu machen gegen die Bombe.

Und die Russen mit ihren Satelliten? Und China? Lauert
denn dort nicht Gefahr? Natürlich tut sie das! Die Atomge-
fahr lauert, seit die Amerikaner die Bombe hergestellt und
ihrer zweie abwarfen über ein praktisch besiegtes Land.
Wenn aber Professor Jaspers «Vernunft» fordert und in ihr
die einzige Rettung sieht, so stimme ich ihm insofern zu, als
vernünftigerweise die Russen sich hüten werden, uns jählings mit Atombomben zu «belegen». Sie wollen keinen
Krieg, diese Russen, und zwar nicht, weil sie pazifistische
Edelmenschen wären, sondern weil sie sich im Innern vor
enormen Aufgaben sehen, während sie draußen ihre kommunistischen Ziele mählich und auf andere Art zu erreichen
hoffen. Hätten sie Krieg gewollt und ihn (in ihrem Sinne) für
«vernünftig» gehalten, warum war nicht Krieg in all den Jahren (nach 45), da ein hochgerüstetes Rußland einer militärisch ohnmächtigen «Freien Welt» gegenüberstand?

Die Forderung also, die wir an unsere regionalen Machthaber und welche die Länder Europas an ihre gemeinsamen
Machthaber, die USA, zu richten hätten – meiner Überzeugung nach lautete sie wie folgt: sofortige Einstellung sämt-
licher Atomexperimente auf unserer Seite unter gleichzei-
tiger Verhandlung mit der Sowjetunion zwecks dauernder
Einstellung der Experimente auch dort.

Der Fall Pasternak

Wieder einmal hat sich die «freie Welt» – einhellig und «linientreu» – in einen Rauschzustand versetzt, der aus Tugendstolz und moralisch akzentuiertem Haß auf den «Feind», den Gegner im «Kalten Kriege», charakteristisch zusammengesetzt war. Und wieder einmal blieb, nach erfolgter Ernüchterung, der obligate Katzenjammer aus, der doch diesmal so besonders fällig gewesen wäre.

Wir sprechen von Boris Pasternak. Um aber das Geschehene richtig einschätzen und die nötigen Konsequenzen daraus ziehen zu können, müssen wir wohl oder übel den ganzen Kriminalfilm nochmals ablaufen lassen, wobei die Cutter eliminieren mögen, was irgend entbehrlich ist. Anderes, freilich, was bei der ersten Vorführung in Wegfall geriet, erweist sich nunmehr als essentiell, und die fleißigen Cutter werden es wieder einzukleben haben.

Die «Story» beginnt an irgendeinem Sommertag des Jahres 1956. Nach zehnjähriger Arbeit hat der russische Lyriker und Übersetzer Boris Pasternak seinen ersten und bis heute einzigen Roman abgeschlossen und reicht ihn nun wohlgemut beim russischen Staatsverlag ein. Es ist ein dickes Buch – über 700 Seiten lang –, und so dauert es ein überdurchschnittliches Weilchen, bis das Werk nicht nur die Zensur passiert hat, sondern bis seine bevorstehende Veröffentlichung auch noch als besonderes literarisches Ereignis öffentlich angekündigt wird.

Besten Gewissens läßt daraufhin der Autor eine Abschrift des Manuskripts an seinen Freund und italienischen Verleger, den Mailänder Kommunisten Feltrinelli, abgehen, nicht ahnend, daß dieser nach den Ereignissen in Ungarn als ein «Bekehrter» handeln wird.

Ungeklärt übrigens, warum gerade die komplizierte und ambivalente Kalamität in Ungarn uns «Freie» zu solcher

Weißglut erhitzt hat. Genug, daß die Gluthitze hinreichte, um so manchen «roten» Wolf über Nacht in ein Lämmlein zu verwandeln – ein Lämmlein, weiß wie Schnee, und ohne Gedächtnis dafür, daß es bis dato Dinge «geschluckt», toleriert und propagiert hatte, die seinem empfindlichen Gewissen weit unzuträglicher hätten sein sollen als ein Vorfall, der so deutlich die sowjetische «Einfluß-Sphäre» betraf.

Gleichviel. In Moskau schien die Publikation des «Schiwago» gesichert, bis, im Februar dieses Jahres, die Machthaber sich eines anderen besonnen und den Roman schlankerhand verboten, ohne daß sie sich dabei auf eine dezidiert anti-sowjetische Tendenz des Buches hätten stützen können. A-politisch: ja! Zu Teilen gar anti-politisch: so gibt Pasternak sich im «Doktor Schiwago», einem Erzählwerk, das die russische Geschichte zwischen den Jahren 1903 und 1930 zu erfassen und zu deuten sucht. Den heimischen Zensoren konnte das Werk schon insofern nicht recht gefallen, als der «Held» das bare Gegenteil eines «Aktivisten» darstellt, sondern sich treiben läßt, wie ein Stück unzuverlässig beseeltes Holz. Im übrigen ist der «Doktor Schiwago» überhaupt kein sehr gewinnendes Buch. Unverkennbar angeschlossen der großen epischen Tradition des russischen 19. Jahrhunderts – den Werken also von Tolstoi und Dostojewski, von Gogol und selbst von Gontscharow –, wirkt es dennoch verworren, schwach, formlos und letztlich uninteressant. Mit dem «Oblomow» hat es insofern am ehesten zu tun, als die Passivität des «Schiwago» jedwede Selbstbestimmungskraft des Individuums auszuschließen scheint. Dabei ist es gerade das Individuum, um welches der Autor sich müht. Schiwago, der «christliche Atheist» oder «atheistische Christ», ergeht sich mit der Unzahl seiner Partner in uferlosen und oft sehr langweiligen Diskussionen, Polemiken, philosophischen Abhandlungen über Art und Sendung des Menschen, die Schicksalhaftigkeit seines Wandelns hienieden und den Sinn oder Un-

sinn unseres Lebens und Sterbens. Im Gegensatz zu «Oblomow» freilich ermangelt dieser «Schiwago» jedweden Hu-
mors und steht daher Tolstois «Auferstehung» am Ende näher als dem Gontscharewschen Meisterwerk.

In jedem Fall aber zeugt es von bestürzender politischer
Ahnungslosigkeit, ja, wenn man will, von der rührendsten
Unschuld in dieser Sphäre, daß Pasternak dies Buch jemals
eingereicht hat. Und daß er nun gar, ehe der Roman in Rußland noch gedruckt und öffentlich gepriesen sein konnte –
gleich nach der ersten Annahme nämlich –, eine Kopie des
Manuskripts ins Ausland sandte, ist womöglich der stärkste
Beweis für seine geradezu unglaubwürdige Naivität. Denn
keineswegs stand alles zum besten um Pasternaks «offizielle»
Existenz. Schon seine polnisch-jüdische Abstammung sprach
wenig für ihn, wie exemplarisch russisch er immer aussehen
und schreiben mochte. Zu allem Überfluß aber hatte auch
noch, sechs Jahre, ehe unser Held den «Schiwago» den russischen Behörden vorlegte, der Dichter Majakowskij sich erschossen – Pasternaks liebster Freund und Gesell', dessen
Selbstmord als «politisch» fundiert freilich niemals gerügt
wurde. Und sonst? Und weiter?

Pasternaks Lyrik hatte «höheren Orts» keinen Anstoß erregt. Wohl aber war er, der von Shakespeare über Goethe und
Schiller zu Verlaine und Rilke alles übersetzte, was «draußen» Geltung besaß, zeitweise in halbe Ungnade gefallen –
seiner Faust-Übersetzung wegen. Er habe, so unterstellten,
unmittelbar vor Beginn des letzten Weltkrieges, die Behörden, die Religiosität der Gretchen-Szenen «eingeschmug-
gelt», und mit dem Schluß von Faust II sei bei Pasternak
gleichfalls das Verschiedenste nicht in Ordnung. Natürlich
nicht – mit Sowjet-Augen gesehen, und bei Goethe so wenig
wie bei Pasternak, welch letzterer übrigens, nach einigem Getöse, mit leidlich heiler Haut hervorging aus der «Faust»-Af-
faire.

Anno 1946 begann er seinen «Schiwago» zu schreiben, und da er sieben Jahre später bereits für den Nobelpreis vorgeschlagen war, steht zu befürchten, daß der für Rußland so unzeitgemäße Charakter des Romans schon damals im «Westen» irgendwie bekannt geworden war. Doch sind wir auf «Befürchtungen» nicht angewiesen, wo die Tatsachen selbst eine so deutliche Sprache sprechen.

Kaum ist dann freilich der «Doktor Schiwago» in Rußland verboten, als, in hellem Entsetzen, Pasternak sich an Feltrinelli wendet mit der flehentlichen Bitte, das Buch nicht herauszubringen, sondern ihm das Manuskript in Eile zurückzusenden, da er wichtige Änderungen darin vorzunehmen gedenke. Ach, er kannte den Genossen noch nicht in seiner neuen Gestalt und mußte es erleben, daß unser «Lämmchen», gegen den ausdrücklichen Willen des Autors, den Roman schnurstracks in Druck gehen ließ. Das war schlimm. Da aber die Publikation vorläufig auf Italien beschränkt blieb, wo relativ wenig Notiz genommen wurde von dem problematischen Buch, war irreparables Unglück noch nicht geschehen. Pasternak atmete auf und begab sich wieder ans Verseschreiben, das seiner künstlerischen Natur ohnedies so viel näher lag als die episch-kritisch-zeitgeschichtliche Selbstquälerei des «Schiwago».

Leider nur war inzwischen (Lämmchen) Feltrinelli keineswegs müßig gegangen. Erwerbssinn sowohl wie (– besonders und vor allem –) die Intensität seiner glitzernd neuen Gesinnungen hießen ihn, den Roman in alle Windrichtungen verkaufen, und ehe Pasternak des schaurigen Vorgangs noch innegeworden war, traf ihn die Katastrophe des Nobelpreises. So gewaltig war aber wieder und noch immer seine Ahnungslosigkeit, daß er die schwedische Ehrung telegrafisch annahm, ohne auch nur um Erlaubnis gefragt zu haben. Und noch weniger schwante ihm: von der ruchlosen Schadenfreude, dem haßerfüllten Jubel, mit dem «wir», die «Freien», diese Ernennung feiern, preisen und umtanzen würden, ließ er sich begreiflicherweise nichts träumen. Durchaus vorstellbar, daß, ohne «unseren» Siegestaumel, selbst der Nobelpreis für den in Rußland trotz allem geschätzten Pasternak kein Desaster geworden wäre. Was «wir» aber trieben; wie «wir» den «Doktor Schiwago» zum militant-antisowjetischen Buch umzufälschen wußten; wie «wir» alles auftischten, was den russischen Preisträger zum dezidierten Feind seiner Regierung stempeln konnte und mußte – das irgend zu erahnen, war Pasternaks so vielfach erwiesene politische Unschuld gänzlich außerstande.

Und so nahm denn das Scheußliche seinen Lauf. Pasternak wurde ausgestoßen aus dem sowjetischen Schriftstellerverband, ein Ereignis, das «uns» mit Entzücken erfüllte – trotz den Krokodilstränen, die wir uns mühsam entpreßten. Er wurde als «Verräter» verdammt und als «Volksfeind», und dies von seinem guten Freund und Kollegen Smirnow: Kein Geringerer aber als der sowjetische Jugendführer Semitschnasnij bezeichnete den in Würde Alternden (Pasternak ist 68!) als ein «räudiges Schaf, schlimmer als ein Schwein», und fügte hinzu: «Sein Verschwinden aus unserer Mitte wird uns freier atmen lassen.»

Zu spät, viel zu spät erkennt der arme Pasternak die ganze Tragweite seines Irrtums. Aber keine Sekunde lang ist die Aufrichtigkeit seiner Reue zu bezweifeln. Auch sind es ja nicht Freiheit oder Leben, worum er bangt. Das Exil fürchtet er, die Ausweisung aus Rußland, wo allein er atmen und existieren kann, wie sehr – jedenfalls für den Augenblick – er gehätschelt werden würde von uns, den «Freien», die wir – außer dem Nobelpreis – überdies ein gewaltiges Vermögen in «Schiwago»-Tantiemen für ihn bereithalten. Denn in Windeseile ist das Buch zum Super-Bestseller geworden, und zwar so, daß in Schweden die erste Auflage an dem Tage schon vergriffen war, an dem sie dort endlich erschien.

Möglich – immer noch möglich, daß man ihm glauben und mählich «verzeihen» wird, dort, wo er daheim ist. Leider ist aber denkbar, auf der anderen Seite, daß «Lämmchen» Feltrinelli den Freund und früheren Glaubensgenossen buchstäblich vernichtet haben wird.

Sei dem, wie immer. Nur zufällig ist der Mailänder Verleger zum Schlüsselintriganten eines Dramas geworden, dessen Ende wir nicht abzusehen vermögen. Und fast ebenso zufällig ward Pasternak zum Helden der Tragödie, in die übrigens, wie sich's gebührt, allerlei Nebenfiguren unheimlich hineinspielen. So hat, einer AP-Meldung der «Süddeutschen Zeitung» zufolge, «der vatikanische Informationsdienst» 1200 Exemplare einer gänzlich unautorisierten und vom Urtext gelegentlich abweichenden Ausgabe des «Schiwago» auf der Brüsseler Weltausstellung «verteilt». Und zwar scheint – wiederum AP und der «Süddeutschen Zeitung» gemäß – diesmal «Lämmchen» Feltrinelli mehr oder weniger exkulpiert. Will er doch ein Exemplar des «Doktor Schiwago» via Den Haag (wieso?) an den französischen Verleger Mouton geschickt haben, und behauptet dieser doch steif und fest, das schier unersetzliche Produkt sei unterwegs geheimnisvoll abhanden gekommen. Erfreulicherweise habe aber ein «Nichtgenannter» ihm, dem glücklichen Mouton, ein anderes Exemplar offeriert, welches er für den Heiligen Informationsdienst habe drucken lassen. Zwischen den beiden Ehrenmännern, dem «Lämmchen» und dem Mouton, dürfte es nun leider zu einem Rechtsstreit kommen.

Sehr nebenbei erwähnen wir all diesen Schmutz – und auch dies nur, um die Finsternis aufzuzeigen, in der unser Drama spielt. Was uns aber in Wirklichkeit interessiert und wovon wir meinen, daß es förderlich sein müßte für «uns», «die Freien», das sind die gedanklich-moralischen Schlüsse, die der «Fall Pasternak» uns aufdrängt.

Die «Voraussetzungen» sind «gegeben». Der besseren

Übersicht halber machen wir sie dennoch namhaft. Sie lauten:

1. «Wir» sind mit der Sowjetunion nicht einverstanden. Wir hassen das Regime und dasjenige all ihrer Satelliten. Die Existenz des gewaltigen China aber erkennen wir ganz einfach nicht an.

2. Rußland ist stark und um so stärker, als das nicht-existente China ihm alliiert ist.

3. Der Ausgang eines neuen Krieges wäre ergo äußerst ungewiß. Eigentliche Sieger sind überhaupt nicht vorzustellen.

4. Den Atomkrieg können «wir» demgemäß nicht wollen.

Soweit die «Gegebenheiten». Und nun zu den objektiven Folgerungen, die aus der Affäre zu ziehen wir zweifellos verpflichtet sind.

Wir beginnen mit dem Besonderen des «Falles», um am Ende diejenigen seiner Aspekte zu präsentieren, von deren richtiger Erfassung und Behandlung Entscheidendes abhangt:

1. Vorsicht vor Renegaten des exkommunistischen Schlages! Schmilzt doch ihre kommunistische Schulung nicht plötzlich wie der Schnee an der Sonne. Sehr im Gegenteil ist sie so haltbar wie der Mensch, der durch sie gegangen, so daß etwa der Zögling «roter» Lehrmeister nie aufhören wird, die Wahrheit per se für nichts zu erachten, ja, sie als schlecht und schädlich zu sabotieren, sobald sie anfängt, seine «Kreise zu stören». Daß er keineswegs ein schlichter «Konvertit» ist, im hergebrachten Sinne, sondern ein Überläufer, der, eben kraft seiner trefflichen Schulung, schon morgen dort wieder sein kann, wo er gestern noch war, bleibt bei uns aufs gefährlichste unbemerkt.

2. Ohne Not gute Männer zu gefährden, sei es aus Geld- oder Propagandasucht – und sei es sogar aus den edelsten Gründen –, ist schlimmer als sinnlos: Es ist mörderisch.

Und während, im «Falle Pasternak», «unser» ruchloser Propagandataumel gewiß den Ausschlag gegeben hat, erscheint doch auch die Schwedische Akademie nicht ganz ohne Fehl. Gewiß: Es ist üblich, den literarischen Preisträger als ersten auszurufen, und traditionsgemäß rangieren – im zeitlichen Ablauf der Verteilungen – die Naturwissenschaftler an zweiter Stelle. Da aber die «Krönung» eines Sowjetschriftstellers überhaupt unpräzediert war, warum sich im übrigen an eine Tradition klammern, die den «Erwählten» zerstören konnte? Wären zunächst die drei russischen Physiker durchs Ziel gegangen, wer kann sagen, ob ihr Welterfolg (ein Erfolg, der auf allen Gebieten dem nationalistischen Rußland teuer ist!) den Schriftsteller nicht gerettet hätte?

Und nun gar der Text der «Laudatio», den ich übrigens zur Gänze nirgends wiedergegeben fand! Was ich aber las, genügte. Pasternak, so hieß es, sei durchaus nicht «aus politischen Gründen» gewählt worden, und nun mache sich einer einen Reim darauf, ob es keineswegs Rußland war, das geehrt werden sollte, oder ob keineswegs der «Doktor Schiwago» Ursache der Auszeichnung gewesen – womit man sich gegen einen nur zu gerechten Vorwurf gewehrt hätte, noch ehe er erhoben werden konnte. Die Akademie fügte hinzu, Pasternak verdanke den Kranz «sowohl seiner bedeutenden Leistung in der zeitgenössischen Lyrik, wie auf dem Felde der großen Tradition russischer Epik». Welch feingesponnene Kundgebung angesichts der allgemeinen Unbekanntheit der Pasternakschen Lyrik in den Sprachen der freien Welt. Nein, nicht als Lyriker war der Russe de facto gewählt worden, sondern ausdrücklich und offenbar als Autor des «Doktor Schiwago», seines einzigen Erzählwerkes, das (zu Unrecht!) als aggressiv «antikommunistisch» verschrien ist.

Der vielfach propagierte Vergleich mit dem Friedenspreis, der anno 1936 an Carl von Ossietzky ging – oder doch hätte gehen sollen –, hinkt, wie kaum ein anderer. Als erklärter Pazifist saß Ossietzky seit Jahren in einem von Hitlers Lagern. Ohnedies war sein Leben, wo nicht verspielt, so doch aufs schwerste gefährdet, und der große Preis konnte den Märtyrer nur freuen und ihm Trost bringen, wie er Millionen getröstet und erfreut hat, denen damals die Stumpfheit der Welt das Atmen erschwerte. Auch war zu jenem Zeitpunkt der Nazistaat im entferntesten noch nicht stark genug, um kriegerische Rache zu nehmen für die Beleidigung, als welche sein Führer die Verleihung (zu Recht!) verstand.

3. Rußland – wir sagten es schon, und alle Welt weiß es – ist stark. Und wer verbürgt sich dafür, daß etwa die neuerliche Bedrohung Westberlins nicht seine Antwort ist auf unseren frechen und dummen Siegestaumel auch im Falle Pasternak? Zwar wollen, sehr natürlich, auch unsere «Feinde» keinen Krieg – nicht weil sie pazifistische Edelmenschen wären, sondern weil sie sich im Inneren enormen Aufgaben gegenüber sehen, während sie ihre außenpolitischen Ziele Zug um Zug ohne Krieg zu erreichen hoffen. Fahren wir aber fort, uns aufzuführen wie bisher – nur zu leicht könnte es einen Kurzschluß geben, ein zunächst gar nicht beabsichtigtes kleines Malheur, das sich zur Generalkatastrophe auswüchse, noch ehe wir Zeit gehabt hätten, «stop!» zu schreien.

4. Und endlich: Wer bei «uns» den Krieg herbeiwünscht, den Vernichtungskrieg gegen die Menschheit und alles Leben auf Erden, der gehe hin, traue vor allem und allein den Einflüsterungen seiner wackeren und weisen Renegaten, paktiere durchweg mit Faschisten oder Halbfaschisten und provoziere nach Herzenslust. Wer aber Frieden will und wahrhaftige Freiheit (nicht die öde, gleichgeschaltete und schädigende der «Freien Welt»!), der trachte, so gut er

kann – und sei es vorzüglich an den Wahlurnen – nach
ehrlicher Entspannung und der sofortigen und endgültigen Einstellung der Atomwaffenexperimente auf beiden
Seiten. Mag es immer hoch sein, dies Friedensziel – es ist
keineswegs unerreichbar. Man wache nur endlich auf, er-
kenne die Größe der Gefahr und zwinge die stolzen Politiker und emsigen Todesbastler – jeder in seinem Lande –,
abzustehen von dem frevlerischen Unfug, der die Existenz
des Planeten in Frage stellt. «Aufhören!», sagen wir, und
sagen ein paar andere, einige, besonders von größerer Statur: Albert Schweitzer zum Beispiel und Lord Bertrand
Russell; «*aufhören*, ihr hybriden Narren, die ihr das Welt-
all zu erobern wünscht und nicht einmal Frieden stiften
könnt in Algerien. Betrunkene seid ihr, Rauschgiftsüch-
tige eurer höllischen Technik und ganz unqualifiziert, der
Menschheit zu dienen, geschweige denn, ihr weiter zu helfen auf ihrem klippenreichen Weg!»
Aber ja doch, ich weiß: unsere Stimmchen zählen nicht in
euren mächtigen Räten, und jeweils verhauchen sie, kaum,
daß wir sie don quixotesk erhoben. Nur, wenn Millionen fordern, was wir fordern, und Abermillionen sich uns anschlie-
ßen – gebieterisch in Freiheit und unbesiegbar, weil einig,
nur dann wird Gottes Schöpfung nicht untergehen in
Schimpf und unsäglicher Schande. Nur dann!

Über Johannes R. Becher

Ich habe Johannes R. Becher sehr früh schon gekannt und bin
ihm, im Lauf der Jahrzehnte, immer wieder begegnet. Wir
waren – er und ich – häufig der getrenntesten Meinung, und
da seine Ansichten die extremeren waren, spricht es für ihn,
daß er mir die meinen nie übelnahm. Becher, der geborene

Kommunist (insofern man zum Kommunismus «geboren» sein kann), besaß nicht den Hochmut, der mir manche seiner Glaubensgenossen so widerstehsam macht. Es ließ sich doch wenigstens streiten mit ihm, – und wie viel haben wir gestritten! Nicht nur in Dingen seiner «Kirche» und deren Dogmen, – auch sonst. Zum Beispiel, wenn es um Deutschland ging. Becher war deutscher Patriot in einem Grade und Ausmaß, die auch nur von ferne zu begreifen mir schwerfiel. Mit großer Deutlichkeit erinnere ich mich eines einschlägigen Gespräches im Juli 1945. Noch die schmutzigste deutsche Pfütze, erklärte er damals, sei ihm kostbar, – ja, er liebe sie zärtlicher als den blausten See, falls dieser sich «draußen» befände und seine kleinen Wellen nichts zu erzählen wüßten von deutscher Art und Geschichte.

Nun gut, – wir stritten. Da er aber ein echter Streiter war und kein zänkischer, gingen wir jetzt, wie eh und je, ohne Unmut auseinander.

Etwas, freilich, gab es, – ein Thema, ein Werk, einen Menschen, bezüglich dessen volle Einigkeit herrschte zwischen Becher und mir: Thomas Mann. Becher liebte meinen Vater: Von Grund auf verstand er sich auf sein Wesen, und nie werde ich es vergessen, mit welcher Fürsorge er ihn umgab, anläßlich «unserer» Schillerfahrt nach Weimar, im Mai 1955. Was ich mir damals ins Tagebuch notierte, findet sich – auszugsweise – wiedergegeben in meiner Schrift «Das letzte Jahr».

Unter dem Datum des 13. Mai berichte ich: «Abends mit Bechers. Seine Anhänglichkeit an Z[auberer] ehrlich und ‹eingeweiht› –.» Am 14. Mai, dem Tage der Weimarer Schillerfeier, heißt es: «Becher vorher und nachher rührend darauf bedacht, Z. möglichst zu schonen ...» Und bezüglich des letzten Treffens (am 15. Mai) steht vermerkt: «Beim Abschied Becher merkwürdig ergriffen, hat Tränen in den Augen ...»

Warum Tränen? Mag sein, dieser Freund war «eingeweiht» genug, um zu spüren, daß jener Abschied an der Zonengrenze ein Abschied für immer und dies «letzte Treffen» das endgültig letzte war.

Was auch sonst uns getrennt haben mag, ihn, dessen Andenken man feiert auf den vorliegenden Blättern, und mich, die ich mir ein wenig fremd vorkomme zwischen all seinen Kameraden: Becher war treu – meinem Vater, das weiß ich, war er gut und treu, und zeit meines Lebens will ich ihm dafür dankbar sein.

Bruno Frank –
ein liebenswerter Mensch

Er war einer der liebenswürdigsten und liebenswertesten Menschen, denen ich je begegnet bin. Als er zuerst zu uns ins Haus kam, waren wir kleine Kinder. Bald danach wußten wir, daß dieser «Onkel» nicht nur mit schöner Regelmäßigkeit das prächtigste Spielzeug mitbrachte, sondern überdies mit uns sprach und scherzte, als wären wir seinesgleichen. Obendrein las er uns Gedichte vor – Schillersche Balladen meistens –, und zwar dermaßen eindringlich und dramatisch, daß wir alles miterlebten, wie im Theater.

Unsererseits unterwarfen wir die Freunde der Eltern einer strengen und unbestechlichen Kritik, so daß etwa ein Gast, der langweilig oder gar zu «erwachserig» erschien, schlechte Zeugnisse bekam – ungeachtet der Ansehnlichkeit seiner «Mitbringsel».

B. F. betreffend, so hätten wir kaum zu sagen vermocht, was eigentlich – außer Geschenken, Scherzen und Vortragskunst – uns diesen Gast so besonders anziehend machte. Es war aber – «Höchstes Glück der Erdenkinder» – ganz einfach «die Persönlichkeit», deren unverwechselbarer Zauber sich uns mitteilte.

«Ganz einfach?» Nichts ist schwebender, ungreifbarer, schwerer zu definieren als Art und Merkmale dessen, was wir «Persönlichkeit» nennen. Daß dem Begriff a priori ein positives Vorzeichen zukomme, gilt als erwiesen. Da aber mörderische Schufte denkbar wären, denen gleichwohl sämtliche Attribute der «Persönlichkeit» eigneten, steht selbst jenes vage «Plus» noch zwischen zwei Fragezeichen.

Was ihn anging, so gab es keine Frage. Ohne daß es simpel – oder möglich – gewesen wäre, sein vielschichtiges Wesen eindeutig zu bestimmen, ist es *relativ* leicht, von seinen zahlreichen Vorzügen einige doch namhaft zu machen.

Er war: warmherzig, aufgeschlossen, blitzgescheit, hochgebildet, generös, «amüsabel» nicht weniger als amüsant und von einem Charme, dem niemand sich entzog, weil er so unverkennbar «echt», so gar nicht «gewollt», so völlig spontan war. Seine Stimme allein –, ein leicht belegtes, doch sonores und kraftvolles Organ, wußte mühelos zu gewinnen. Sein heller Blick unter den buschigen Brauen sprach aufs beredteste, auch wenn der Mund schwieg. B. F. lachte, zürnte, schmeichelte mit Augen, die sich bedrohlich verfinsterten, angesichts jeden Unrechts – noch des kleinsten, begangen an der geringsten Kreatur. Er war gut, kannte nicht den Neid, dafür die Bewunderung, die Liebe, die Freundschaft, die Treue.

Er war, so schien es, ein Sonntagskind – früh begünstigt vom Erfolg, dem künstlerischen und persönlichen –, ein Mann, der sich kaum je ein Nein geholt und der schließlich die Frau fand, die zu ihm paßte, wie keine zweite –, «Liesl», die zauberisch hübsche, zärtliche, heitere und kluge Tochter der Fritzi Massary. Ihr verdankte er nicht nur sein großes privates Glück, sondern außerdem eine Glückhaftigkeit im «Beruflichen», wie er sie vorher denn doch nicht gekannt.

Seine frühen Gedichte und Erzählungen –, auch ein Stück («Die Trösterin») hatten berechtigten Beifall gefunden; sein Talent war offenbar, seine Sprache so lauter wie seine Gesinnung, und die Urbanität seiner Produktion lief nie Gefahr, ins allzu Gefällige, Glatte abzuleiten, weil Licht und Dunkel in ihm sich durchaus die Waage hielten –, ja, weil, bei aller humanen Bemühtheit ums Positive, dieser Schriftsteller sehr vertraut war mit Zweifel, Trauer und allen Schrecknissen der Nacht.

Nachdem er seine «Liesl» heimgeführt, ging die Kurve seines Lebens steil nach oben. Es kam die Zeit der hohen Auflagen nicht nur («Trenck», «Tage des Königs»), sondern auch und vor allem die Periode der stürmischen Bühnenerfolge. Was er angriff, gelang und verwandelte sich binnen kurzem in pures Gold, wobei dafür gesorgt blieb, daß seine Bäume nicht anstößig in den Himmel wuchsen, vielmehr nur genauso gediehen, daß sich wohlig arbeiten und ruhen ließ in ihrem Schatten.

Man darf sagen (denn er selbst hat es gesagt!), daß «Liesl» sein guter Engel war. Sein Leben war ungleich schöner, konzentrierter, reicher geworden, seit er es mit ihr teilte. Von entscheidender Bedeutung und Wirksamkeit aber war die Kraft ihres Glaubens an ihn, an sein Künstlertum, seinen legitimen Anspruch auf die Gunst der Zeitgenossen.

Unter den Stücken, die in jenen Jahren über sämtliche Bühnen Deutschlands gingen und sich auch «draußen» großer Beliebtheit erfreuten – «Zwölftausend», «Perlenkomödie», «Sturm im Wasserglas» –, war das letztgenannte sein glänzendster Wurf. Zwanglos, ganz wie «von selbst» fand – und findet – sich hier alles zusammen, was Freude, Spannung, Rührung, Genugtuung bereitet; worüber man lachen kann und weinen und woran der schlichteste wie der gewiegteste Theaterbesucher sein helles Vergnügen hat.

Und nicht, als ob das gleiche, helle Vergnügen den Schauspielern vorenthalten würde, die gemeinsam den kleinen «Sturm» entfesseln! Ich darf mitreden, denn ich war selbst einmal dabei – in den Münchner Kammerspielen, wo die reizende Rolle der Viktoria mir zufiel –, und der junge O. E. Hasse war mein Partner.

Überhaupt darf ich, bitte, ein bißchen mitreden. Habe ich doch das Stück in London gesehen und – auf Bühne wie Leinwand – die Unverwüstlichkeit erprobt einer Komposition, die sich durchsetzt, noch wo schottisch gesprochen wird statt bayrisch und wo – so sollte man meinen – der insularen steuer- und quarantänefrommen Mentalität des Beschauers keinerlei Rechnung getragen ist.

Kurz: ein theatralischer Glücksfalls ersten Ranges und um so erstaunlicher, als, gerade im Deutschen, wahre Lustspiele von Geist und Herz zu den gesuchtesten Seltenheiten gehören. Nun – der es schrieb, war eben ein Sonntagskind.

War er ein «Sonntagskind»?

Letztlich: nein!

Er starb – warum es verschweigen? – buchstäblich an gebrochenem Herzen. Die Angina Pectoris, die ihn uns nahm –, in seinem Falle war sie durchaus psychisch bedingt, und übrigens «hatte» er sie längst, ehe sie klinisch manifest wurde. Er, der außer sich geriet, wenn man in seiner Gegenwart ein Tier schlug und der – in einem morgendlich-übermütigen kleinen Liebeslied – den Göttern dankte, weil «ein Käfertier, das in der Radspur kam», nicht unter seinen Fuß geraten, er konnte – und wollte im Grunde – nicht überleben, was seit 1933 in Europa geschah. Er war tapfer; er arbeitete und er half; reinen Gewissens ermutigte er die Kleingläubigen, da der Sieg des Besseren ihm nie in Frage stand. Was aber war dies «Bessere», und konnte es denn dermaßen gut sein, daß die so tödlich vergiftete Luft wieder atembar wurde? Dies bezweifelte er – und starb.

«Sonntagskinder» sterben nicht so. Auch sind solche Kinder oft unbescheiden –, das heißt, sie halten die größten Stücke auf sich selbst, und kein Lob, keine Auszeichnung scheint ihnen je adäquat.

Bruno Frank war bescheiden; war es selbst dort noch, wo sein schönster Stolz sich aufgerufen fand.

In den paar Verszeilen, die ich abschließend hersetze, lebt er uns wieder, so sehr und unverkennbar sind sie «ein Stück von ihm». Sie lauten:

«Ein Torweg bin ich nur,
Und schmucklos ist mein Bogen.
Allein, es ist in königlichem Zug
Die ganze Welt durch mich hindurchgezogen,
Und ich war hoch genug.»

Therese Giehse
zum 70. Geburtstag

Guten Abend, liebe Zuhörer,
mein Bruder Golo – viele von Ihnen wissen das – ist Historiker seines Zeichens. Sein Reich ist die Vergangenheit, und wenn er freilich auch in der Gegenwart treulich sein Gärtchen bestellt, sind es doch vor allem die weiten Äcker, die unendlichen Felder des Einst und Damals, auf denen er sich tummelt und wo er zu Haus ist. Zur Geschichte hat er eine ganz persönliche Beziehung, und – anders herum betrachtet – werden ganz persönliche Erlebnisse ihm sehr bald zu Geschichte. Als ich neulich das Unglaubwürdige erwähnte, daß nämlich Therese Giehse, unsere Theres, im Begriffe sei, den Übertritt zu vollziehen ins biblische Alter, da wurde er flugs zum «raunenden Beschwörer des Imperfekts». «Ich war dabei», erklärte er, «als du sie kennenlerntest.» – «Unsinn», sagte ich, «du warst noch ein Bub.» Er wußte es besser, – der historische Augenblick – denn ein solcher war es – stand ihm klar vor Augen. «Bei der Christa Hatvany», raunte er. «Sel-

bigen Tages hatte ich mein Abitur bestanden. Das wollte gefeiert sein, und daher wurde ich mitgenommen, in die große
Welt.» Richtig. Jetzt dämmerte es mir. Christa von Hatvany-
Winslow in ihrem hübschen Haus am Englischen Garten, –
die spätere Verfasserin von «Mädchen in Uniform», Schwa-
bingerin und Grande Dame, Freundin von Sinclair Lewis und
Dorothy Thompson, Gönnerin der Jugend, attraktiv, klug,
gastlich und verklatscht. «Es war», raunte der Golo weiter,
«die Giehse, die vorschlug, wir sollten alle ins Colosseum gehen, zum Karl Valentin, den ich erstmalig erlebte. Wir sahen
das ‹Christbaumbrettl› und – warte mal – ja, den ‹Antennen-
draht›. Aber zwischen dir und der Giehse …» Er raunte weiter. Und nun frage ich Sie, liebe Zuhörer, ob es nicht gut und
beneidenswert ist, einen Historiker in der Familie zu haben?

Weißt du noch, Theres, wie schnell wir uns zusammen-
rauften und fürs Leben befreundeten?

Als Schauspielerin, natürlich, kannte und bewunderte ich
dich schon – wer in München tat das nicht? Kaum eine Kam-
merspiel-Premiere, in der du nicht Triumphe feiertest – zahl-
los die großen Rollen – «Biberpelz», «Die Ratten», «Der zerbrochene Krug» – um nur drei herauszugreifen, die du mit
Leben erfülltest, anfülltest bis zum Rand. Und immer war
deine Kunst ein Äußerstes; scheinbar mühelos gingst du auf
in ihr und – das war und ist das höchst Seltene – gingst du auf
im Ensemble. Du ragtest hervor, «nur» weil du hervorragend
warst, nicht und nie, weil du dich hervortun wolltest. Deine
Register reichten und reichen vom Volkstümlichsten zum Li-
terarischsten; umwerfend deine Komik, herzzerreißend Jammer, Klage und Anklage; untrüglich dein Stilgefühl: Klassik
und Romantik, Naturalismus, Expressionismus, Surrealis-
mus, Absurdismus bis zur völligen «Verfremdung» – mit
traumwandlerischer Sicherheit bewegst du dich in den Stilar-
ten. Was klug berechnet und erarbeitet war, erscheint leicht
und spontan, denn immer, bei allem enormen Können, ist es

der Mensch, der da wirkt, der ganze Mensch mit allem, was ihm eignete –, nicht nur also mit seiner redenden Bühnen-Gegenwart, mit seiner stummen Vergangenheit auch, und seiner verhangenen Zukunft. Ja, Theres, eine gute Weile schon hatte ich dich verehrt, ehe es zum historischen Treffen kam zwischen uns. Und dann, bald spielten wir auch zusammen. «Sturm im Wasserglas», zum Beispiel. Da warst du die unvergeßliche Frau Vogel, und ich – in zweiter Besetzung – war die junge Frau Stadtrat und nicht wenig stolz auf meine überlegenen Partner, auf dich, den Kurt Horwitz, den O. E. Hasse. Wir waren jung, alle miteinander, und wie angeregt, wie relativ friedlich noch waren die Zeiten. Oder scheint mir das nur so, im Rückblick, der Heimweh schafft und die Vergangenheit vergoldet? Eins weiß ich genau: wie viel wir gelacht und gedalbert haben. Du warst und bist, Theres, auch als Dalberin hors de concours. Aus einem Nichts, einer Situation, wie jeder Tag sie bringt, machst du ein Ding von unwiderstehlicher Komik; nur eins bringst du im Leben nicht hin: bösartig kannst du nicht sein; zornig, ja; wütend, angeekelt und äußerst trotzig; – bösartig nie, obwohl du, nach eigener Angabe, eine Elefantenseele hast, die Kränkungen nicht vergißt.

Wann war es, daß ich dir den Namen, die Bezeichnung verlieh, die es zu einer gewissen Gültigkeit brachte in unserem Kreise? «Bockbeinige Spinnurschel» nannten wir dich, – du hörtest das gar nicht so ungern, – rächtest dich nur, indem du behauptetest, Klaus und ich seien «hochmütige Störche».

Wann war das alles? Lang, lang ist's her, und das schwere Gewölk, das sich schon ballte über unseren Häuptern, drückte uns noch nicht. Freilich, als wir dann «Geschwister» uraufführten, ein Stück von Klaus Mann nach Cocteaus «Les Enfants Terribles», da war schon der Teifel, will sagen, der Nazismus los. Wolfgang Liebeneiner und ich spielten die «schrecklichen Kinder», du machtest die treue Magd. Bei al-

ler Liebe für deine Schutzbefohlenen konntest du deren seltsames Treiben nicht gutheißen. «Das», riefst du mehr be-
schwörend als entsetzt, «wird unser Herrgott den jungen
Herrschaften noch heimzahlen – im Himmel!» Da brach im
Parkett der Sturm los, – ein sehr bösartiger Sturm, – aber, zu
deinem Kummer, ein Sturm für dich. Du hattest – ganz «Blut
und Boden» – den Radaubrüdern das Stichwort gegeben. Sie
tobten. Du warst sehr bleich, als wir uns, nach wacker bestan-
dener Schlacht, «hinten» mit dem Autor zusammenfanden.
«I kann nix dafür, – wirklich nicht», sagtest du – völlig wahr-
heitsgemäß. Denn nicht nur war es ein höchst gefährliches
Sätzchen gewesen, das der Klaus dir da in den Mund gelegt, –
zu allem Überfluß hielt die Bande dort unten dich auch noch
für eine der Ihren, eine Volksgenossin vom reinsten Isarwas-
ser, und – warst du es denn nicht?

Etwas später, – damals wohntest du schon droben, hinterm
Prinzregententheater, und ganz in der Nähe hauste Scheusal
Adolf – durftest du dann freilich das Folgende erleben: mit
deinem Schminkköfferchen gingst du an einem Sommer-
abend weg, ins Theater. Vor der Tür spielten die Kinder.
Eines, ein ganz winziges, fragte: «Tuast du verreisen?» – «Ja»,
nicktest du. «Nach Kalizien?» sagte das Kind. Es war ein
kleiner Vorschlag zur Güte. Nun, – «nach Kalizien» sind wir
– zufällig – nie gekommen –, obwohl wir doch sonst fast
überall gewesen sind mit unserer «Pfeffermühle». Am 1. Januar 1933 – 29 Tage vorm Antritt des neuen Kanzlers – gründeten wir in der Münchner Bonbonniere dies Kabarett, – du,
der Magnus Henning, unser Musikus, Klaus und ich. – Was
wollten wir? Die Nazis bekämpfen. Deshalb nannten wir uns
«literarisch». Aus Berechnung und obwohl wir auch das waren, unvermeidlich, quasi heillos, von Hause aus. Mit sehr
aggressiven Programmen und schönstem Erfolg spielten wir
– bis der Reichstag brannte. Auch an jenem Abend haben wir
noch gespielt.

Dann erst kam das Exil, das von nun an die Heimat war, auf wer weiß wie lange. Wir waren nirgends zu Haus, «nur» überall. Die Giehse zwar hätte es leichter und besser, – sie hätte es seßhaft und ungefährdet haben können. Der großen Schauspielerin standen alle Türen offen, – die Pforten, besonders des gastlichen (und aus seiner Gastlichkeit den erfreulichsten Nutzen ziehenden) Schauspielhauses in Zürich. Sartres Wort vom «engagierten Künstler» war noch ungeprägt. Sie aber war «engagiert», – so hochgradig und hochkarätig, daß sie die Wanderschaft wählte, das Risiko, die Gefahr.

Weißt du noch, Theres? Vor mir liegt ein blaues Schulheft, das du «treulich geführt», – eines von vielen. In ihm steht vermerkt, wann wir wo gewesen sind, in welcher Stadt, welchem Nest, mit welchen Nummern aus unserer «Mühle». Die Buchführung war richtig. Denn wiederholen durften wir uns nie, so oft wir auch wiederkamen, – «heim» nach Mährisch-Ostrau und Neu-Titschein, nach Olten und Herzogenbuchsee, nach Groningen, Breda und Zwolle, Esch-sur-Alzette und Dietkirch – freilich auch nach Prag, Zürich, Brüssel, Amsterdam, Luxemburg und New York City – Greenwich Village inbegriffen. Ja, damals war sie groß, «die Geographie», doch sie meinte es gut mit uns. Vereint durften wir sie bestehen, meist in meinem Rumpel-Ford, du und ich vorn, und hinten, im Offenen, die gesamten Bühnenbilder, – während «die Truppe» per Eisenbahn unterwegs war.

Was treibe ich denn aber? So eine Rede will ihre Ordnung haben – und gar eine, die dich feiern soll aus solchem Anlaß: Zum – sage und schreibe – 70. Geburtstag. Ich feiere dich, Theres, aus ganzem Herzen, und werde um Zucht und Ordnung bemüht sein, von dieser Sekunde an.

Mein Thema lautet: Therese Giehse im Exil. Schon in München war unser Tun nicht unbedenklich gewesen. Jetzt aber war alles grundlegend anders und sehr viel prekärer. Wir waren Fremde überall, – nur zur Not geduldet von Behörden, die sich gehalten sahen, uns jede direkte politische Betätigung zu untersagen. Zu nah und mächtig war rundum das Nazireich. Die Machthaber zu reizen, sie gar von flüchtigen deutschen Aufwieglern reizen zu lassen, das verbot sich durchaus. «Immer indirekt!», hieß also unsere Losung. Kein Name, – auch nicht der unseres verdorbenen Landes – ist je bei uns gefallen. Wir wirkten in der Parabel, im Gleichnis und Märchen, – unmißverständlich, doch unschuldig – dem Buchstaben nach. Trotzdem hagelte es Proteste von Seiten der NS-Botschafter und Gesandten. Auch gab es – unter deutschem Oberkommando – in der ČSR die Henlein-Leute, in Holland die Banden des Mijnheer Mussert, in Belgien diejenigen des M. Degrelle und in der Schweiz die «Frontisten», Anno '34 gingen letztere zum Angriff über, die Saalschlacht tobte, es wurde scharf geschossen, – einen Monat lang zog allabendlich die motorisierte Polizei von Zürich Schutzringe um unser Lokal, ohne doch die gefährlichsten Krawalle verhindern zu können. Wir fanden – die Giehse und ich – keine Unterkunft mehr in den Hotels, wohin die «Patrioten» uns steinewerfend folgten. Meine Eltern wohnten in Küsnacht. Unterwegs dorthin – dies war amtlich bekannt – lauerten Entführer, – wir sollten «heim ins Reich». Der Ford fiel also aus. Blieb der Bus. Und der Küsnachter Schutzmann, der uns abzuholen hatte an der Station. Der Gute. Und wenn nun von unseren Gönnern auch nur zwei oder drei bewaffnet anrückten? Gleichviel, – Krieg ist Krieg, und unleugbar standen wir «im Einsatz», – allen voran die Giehse. Denn während der Zündstoff von mir kam (etwa 85 Prozent der Texte lieferte ich, zu etwa 10 Prozent war Klaus vertreten, und das Restchen entstand am Rande), war doch besonders sie es, die zündete. Sie war es aber auch, die den Ausschlag gab, sobald es brenzlig wurde, und ich daher die Truppe abstimmen ließ. Im Falle «Bodenbach» etwa, als dort die Henlein-Leute schon so mächtig waren, daß die Prager Regierung ihre Polizei zurückgezogen und mir nahegelegt hatte, unser Gastspiel abzusagen. Ich riet beileibe nicht zu. Doch dem kräftigen «Ja» der Giehse widerstand niemand. Und dann ist uns genau in Bodenbach (19. Februar 1936, Theres, – mit dir als «Hexe» und als «Schönheitskönigin») rein gar nichts passiert. Wer immer sie wirken gesehen, wird sie so leicht nicht vergessen. Wer aber Zeuge war ihrer Darbietungen in jener Zeit, dem läuft es – dies ist dutzendfach erwiesen – noch heute kalt und heiß den Rücken hinunter. Er erinnert sich: Grauen war es und Gelächter – beides gleichzeitig, – was sie hervorrief, Zorn und Erbarmen.

Während wir im ersten Teil unserer Programme lose Nummern brachten, zusammengehalten nur durch meine Conferencen, unterstand der zweite Teil stets einem Motto. «Kaltes Grauen», so hieß die Folge, in der du, Theres, uns als «Krankenschwester» kamst, säuberlich und anheimelnd uniformiert. Zu einer leichten Ländlermusik hüpftest du herein. Im Bett, dein unsichtbarer Patient war offenbar in bedenklicher Verfassung.

«So, jetzt kommt die sanfte Schwester, –»
sangst du,
«Nur schön ruhig, still und brav!
Sie sind eben krank, mein Bester, –
Darum meidet Sie der Schlaf.

Unser Kopf tut weh seit gestern,
Spür'n wir unsern armen Bauch?
Ja, wir einfühlsamen Schwestern
Merken fremde Schmerzen auch.»

Leise klagte der Patient. Es gehe zu Ende mit ihm. Da mußte man «die sanfte Schwester» hören:

«Der Herr Professor
Weiß das besser!»

donnerte sie. – Schließlich, da der Kranke sich in sein Schicksal durchaus nicht schicken will, ist sie angeekelt. «Pfui!» ruft sie, – «jetzt gehe ich zu einem anderen Patienten!» Sie wendet sich ab vom Bett, der Rampe zu, scheint jetzt, draußen im Dunkel, den «anderen Patienten» zu sehen, ist plötzlich verändert, wirklich sanft und tiefernst. «Ach», klagt sie,

«Ach, er hört mich gar nicht kommen.
Traurig liegt's da hingestreckt, –
Fiebrig scheint man und benommen, –
Bis zum Halse zugedeckt.

So, nur still, mein armes Ländchen,
Nicht gemuckst und nicht geklagt!
Totenbrav ist das Patientchen,
Bis der Morgen wieder tagt.

Hier ist's Nacht, laßt vor den Pforten
Morgendlich die Menschheit schreien.
Hier im Haus soll's allerorten
Diktatorisch dunkel sein!

Wie. – Sie möchten was sagen? Ei, was denn? Ja oder ja? Als dritte Möglichkeit bliebe dann nur noch Ja, – wenn Sie das meinen? ...? Was? Ihnen geht's nicht besonders? Sie sind hier nicht zufrieden?

Der Herr Professor
Weiß das besser!
Sie sind zufrieden, Ihnen geht's famos!
Lüge, daß man Sie gequält hat!

Und den Arzt, den man gewählt hat, –
Wird man so leicht nicht mehr los!»

Meine Damen und Herren, – es war – natürlich – nur ein sehr ungenügender Eindruck, ein schwachster Abglanz, und obendrein ohne Musik, was ich Ihnen da vermitteln konnte. Wollen Sie mir aber glauben, daß diese «Krankenschwester» der Giehse erschütterte, und daß sie nicht etwa bloß unserer antifaschistischen Sache, sondern dem Deutschland diente, das wir liebten und vor der Welt unermüdlich verteidigten gegen seinen «Arzt»? Aber all das ist tiefe Vergangenheit, – bewältigt oder nicht. Dabei gilt es doch, heut und jetzt das Wiegenfest unserer Theres zu begehen und den weiten Bogen zu spannen von Damals zu diesem bedeutenden Augenblick.

«Bedeutend», das Wort drängt sich auf, im Zusammenhang mit der Giehse, gleichzeitig freilich mit einem anderen, dem Wort «bescheiden». Denn triumphal, wie ihre Laufbahn war und bleibt, nie hat die Theres sich das Geringste eingebildet. «Unzufriedenheit mit sich selbst», sagt Tschechow, «ist ein Merkmal jedes wahren Talentes.»

Nun, «unzufrieden» mit sich, – das kann sie nicht sein, – nicht die Giehse, die – noch im Exil – die «Mutter Courage» aus der Taufe hob und mit diesem ersten Wurf bereits zur Brecht-Interpretin wurde par excellence. Nicht sie, die mit Dürrenmatts «Alter Dame» (seinem bei weitem besten Stück!) Theatergeschichte machte und deren Gesamtleistung längst Theatergeschichte ist. Und gar ihre Brecht-Abende! Wenn die sie nicht mit Stolz erfüllen?! Sie tun es nicht. Mit Freude, ja. Sie ist froh, heilfroh im Dienste an einem Dichter, der recht eigentlich der ihre geworden ist, und dem – «womöglich», sagt sie – Genüge zu tun sie nicht müde werden wird, solange sie lebt, – sehr lange noch, gell ja, Theres, – das schenkst du uns zu deinem Geburtstag!

Der Neuerwerb
Liebeserklärung an Bayern

Etwas ganz Wundervolles habe ich mir gekauft – hier, in Klosters, Graubünden, zwölf Autominuten nur unterm «Zauberberg». Ich sah es in einem Lädchen, wo ich für ein fremdes Hotelkind eine Puppe erstand. Zwischen steinalten Großeltern sitzend, reichte die Kleine kaum über den Tischrand. Sie war äußerst niedlich. Niemand sprach mit ihr. Der Erwerb eines Püppchens schien dringend geboten.

Der Gegenstand, den ich beiläufig erblickte, stach mir alsbald ins Auge. Aus Gründen aber, die mich nicht ehren und von denen die Rede sein wird, schämte ich mich dessen und verließ den Laden, ohne auch nur nach dem Preis gefragt zu haben. Tags darauf stapfte ich wieder hin. Das Ding kostete 57 Franken. Hätte es 97 gekostet, ich hätte es auch gekauft, da es nicht nur schön ist, sondern schlechthin einzigartig.

Es ist dreidimensional, etwa 40 Zentimeter hoch, 25 breit und 3,5 tief. Hinter Glas und Rahmen (letzterer weiß, mit kantig-erhabener Innenleiste von sanftem Grün) befindet sich im Vordergrund, durchsetzt von silbrigem Kraut, ein moosiger Hügel (echtes Waldmoos). Überzeugend angeordnet sprießen darauf: 4 große Edelweißblüten und 2 Edelweißknospen; zwei Enzianblüten, drei rote Feldblümchen, die wie verzwergte Alpenrosen wirken; mehrere winzige Farnkräutlein, 2 kleine Erikasträucher und 2 kleinste Lärchen, die lichtgrün ausschlagen. All dies, wohlgemerkt, ist «echt», auch wenn natürlich der Künstler seine Bäumchen und Sträucher aus den Spitzen junger Zweige zusammenbasteln mußte.

Perspektivisch errichtet, weist der Hügel einwandfreie Größenverhältnisse auf. Hinter ihm geht's in die Tiefe der Landschaft. Hohe Berge, verschneit und vergletschert, ragen in einen sehr hellen und besonnten Himmel, ohne daß die Sonne sichtbar wäre. Zarte Federwolken schweben herbei.

Von steilen und donnergrauen Felswänden fließt ein wenig
Eiswasser hinunter in den breiten, stellenweise gefrorenen
Gletscherbach, der in gewundenem Lauf das Bild durchzieht,
bis er unterm Hügel zu verschwinden scheint. Winterlich
braun das Ufergras. Jahreszeit dennoch in phantastischer
Schwebe (siehe Blütentraum).

Eine Gruppe von Arven, wie man sie häufig antrifft in
solcher Gegend, bildet – überaus plastisch gemalt – den
Übergang zwischen der «echten» Natur vorn und der aqua-
rellierten der Tiefe, wo übrigens, fast völlig verdeckt von den
Edelweißblüten, zwei kleinfingernagelgroße Wanderer –
Mädchen in rotem Mieder und Bursche mit Rucksack – berg-
wärts unterwegs sind. Keine 3 Quadratmillimeter beträgt die
rote Fläche, die da gefertigt wurde. Doch korrespondiert sie
farblich genau mit den roten Blümchen ganz vorn, und jeder objektive Beschauer müßte mir darin zustimmen, daß
der Effekt – dies bißchen Zinnoberrot inmitten von all
der Eises- und Enzianbläue, dem moosigen Grün des Hügels, dem dunkleren der Arven, dem Braun der Wiesen
und dem stumpfen Blaßlila des Heidekrauts – bestechend
ist.

Freilich: Wer oder was ist «ein objektiver Beschauer»? Ich
– der geneigte Leser hat dies längst bemerkt – bin gewiß keiner. Auch nimmt das Wort «bestechend» sich seltsam genug
aus, im Munde einer Person, die so offenbar «bestochen» war,
kaum, daß sie den ersten zufälligen Blick getan auf dies Ge-
samtkunstwerk.

Was bestach mich denn aber? Die Frage ist rein rhetorisch
gestellt, die Antwort liegt mir am Tage. Während nämlich
der Meister, der dies alles schuf und – wie auf der Rückseite
vermerkt steht – patentieren ließ, sein Graubünden vor
Augen hatte, trage ich mein Bayern im Herzen, die Berglandschaft meiner Kindheit, der ich treu bleibe, solang es mich
gibt und geben wird. Gewiß: Das Schweizer Gebirg ist nicht

weniger herrlich – oft ist es großartiger – als die oberbayerische Welt.

Was ich aber meine, wenn ich «Bayern» sage, ist nicht sowohl die Natur, wie das, was sich architektonisch aus ihr erhebt und quasi ergibt, organisch aus ihr gewachsen, in sie hineingewachsen scheint: die Dörfer. Will man mir glauben, daß ich, bei allem landschaftlich unerschöpflichen Reichtum Nordamerikas, dies Land nicht mochte, weil es keine Dörfer besitzt, geschweige denn solche bayerischen Gepräges? In den ganzen, enormen U.S. steht nicht ein einziges Dorf, ums Kirchlein herum entstanden, nichts Dorfähnliches auch nur. Was immer – der Einwohnerzahl nach – als «Dorf» zu gelten hätte, ist eine greuliche Ministadt, ekle Siedlung mit «Main Street», «Drugstore», Kino, Tankstelle, Autofriedhof, Motel, Wellblechbaracken und, häufig genug, ein paar Öltürmen. Zum Weinen!

Die liebe Schweiz, versteht sich, hat Dörfer die Fülle. Besonders das Bündnerland ist rechtens stolz auf die seinen, die sehr alt sind und dickwandig, kleinen Festungen gleich – nicht bunt bemalt und barock und katholisch wie die bayerischen Dörfer. Ach, über unsere buildschenen Heiligen! Über die «Marterln» und den «Herrgottspfeffer»!

Nun kann und wird man mir vorhalten, allem Anschein nach sei mein Kunstgebild dorflos; die teuren Fränkli also hätte ich mir sparen können, um so eher, als es offenbar krasser Kitsch sei, was ich mir da gekauft. Auch für «einzigartig» dürfe ich das «Panorama» nicht halten. Dergleichen existiere leider vielfach, und das Patentamt möchte man sehen, das diese «Erfindung» als solche legitimierte.

Immer ruhig Blut! Sagte ich nicht, daß ich zögerte, vorm Einkauf, und daß dies Zaudern mir zur Unehre gereicht? Es gibt eine Sorte von Überkitsch, jenseitig, unbenennbar, supra-surrealistisch. Und klein und feige heiß ich den Kunstkenner, der solche Kunst nicht kennen will. Auch irrt er mit seinen Anwürfen gegen das ihm weit überlegene Patentamt. Einzig mildernder Umstand: Er hat halt die Pracht nicht geschaut, und ich darf mir nicht schmeicheln, sie hier eingefangen zu haben. Einen matten Abglanz, höchstens, durft ich vermitteln, wiewohl ich mein Bestes gab.

Ich bin sehr glücklich im Besitz des Werks und traurig nur, weil es so spät zu mir kam. Als ich noch dahinvegetierte im kalifornischen Exil, zwischen tristen Erhebungen, die – olivenfarben und steinig – das der Wüste abgerungene und daher unnatürlich bunte Paradies umstanden, wie hätte da das Gebild mich getröstet! Andachten hätt ich verrichtet vor Enzian und Edelweiß und dem Gebirg, hinter welchem – das raubt mir keiner – bayerische Dörfer kauern, und im schönsten ist Dult.

Nun muß ich bald zu Tale, kenne aber den Ehrenplatz schon, den daheim die Erwerbung einnehmen wird: Auf dem schmalen Büchergestell neben und über meinem Bett steht unter Glas ein Brief von Jean Cocteau. Er ist nicht eigentlich illustriert. Vielmehr hat der liebe Jean eins seiner zaubrischen Engelsprofile schriftlich für mich ausgefüllt – mit Zeilen von ungleicher Länge, da der Text der Zeichnung anzuschmiegen war. Dorthin, dem Engel benachbart, kommt das Gebild. Und im Himmel der Jean schmaucht sein Pfeifchen und freut sich und lacht.

Der kleine Bruder
und der große

Zum 60. Geburtstag Golo Manns

Eben noch war er winzig und jetzt ist er sechzig. Meinerseits bekam ich ihn, als ich dreieinhalb war und allen Ernstes glaubte, die Mama habe ihn mir gekauft. Wie lange auch hatte ich gebettelt um diese Anschaffung! In Bad Tölz, wo unser Sommerhaus stand, spielten wir gern mit den drei Bübchen des Postexpeditors Mößlang. Das jüngste durfte ich herumtragen. Ich liebte ihn sehr, meinen Angelus, und wünschte nichts sehnlicher, als einen möglichst ähnlichen wirklich zu besitzen. Auch im Winter. Derweil erwartete unsere Mutter das dritte Kind – ein Mädchen, wie sie meinte. Leichtfertig versprach sie mir den Buben –, überzeugt, ich würde ein Einsehen haben, war die Kleine erst da.

Die guten Eltern! Sie hatten das Herz nicht, mich zu enttäuschen, und, kurz, das Malheur passierte: Angelus Gottfried Thomas – so hieß der Knabe. Er war mein. Ich trug ihn herum. Daß man ihn allgemein «Gelus» rief, war sehr ungebildet, da es den Tatsachen widersprach. Doch selbst, als mein Eigentum zu sprechen anfing, «Gelus» zu schwierig fand und sich Golo (oder, zärtlicher, Gololo) nannte, blieb ich getrost. Der Name stand felsenfest – Gelus hin und Gololo her.

Nicht, als ob meine Verdienste um den Bruder dort geendet hätten, wo Namensgebung und Herumtragen aufhörten. Lange Gedichte hab ich ihm beigebracht – *Balladen!* – und so den Grundstein gelegt zur Burg des Historikers. Sein Gedächtnis war – und ist – hervorragend. Vierjährig bereits steckte er voll der feinsten Zitate, die er gewandt in die Unterhaltung flocht, und während, vorläufig, nur Klaus und ich auf Abenteuer auszogen, hat einzig der Golo sich alles gemerkt. Heute noch ist die graue Vorzeit ihm weit lebendiger als mir.

Er war äußerst gescheit, äußerst putzig, äußerst komisch. Verzeih, Golo – du sahst aus wie ein zieres Eskimokind, hattest die glattesten Seidenhärchen, die skurrilsten Einfällchen. Weihnachten stand bevor –, du freutest dich sehr. Freilich: in jeder guten Sache *konnte* Arges enthalten sein, und so fragtest du besorgt: «Kann das Christkindchen auch beißen?» Ungewiß, wie derlei Erkundigungen gemeint waren. Immer lag etwas Verschmitztes in deiner Art zu fragen, eine Art von düsterer Schelmerei. – Auch der Umgang mit dem Schwesterchen, das ein Jahr nach dir zu uns stieß, war nicht leicht. Die «Mucki» oder das «Muckeli» nanntest du naturgemäß «Buckeli». Was dich nicht hinderte, sie zu fürchten. Oder hat nur die Angstvorstellung, du könntest ihr weh tun, dich so wehrlos gemacht? Durchaus denkbar, da du sanft warst und mitleidigen Herzens. «Nicht schopsen!» riefst du flehentlich, «bitte, Buckeli, nicht schopsen!» Half alles nichts –, das Kleinstkind schopste. Als du aber eines Mittags beim Essen die große Schwester in Tränen sahst, da reichtest du ihr ernst und wortlos einen Löffel von deiner Suppe, wobei deine braunen Augen golden blickten. Ja, so früh schon warst du, der du bist.

Und wenn du – leider, leider! – damals so viel kleiner warst als wir, so wollte Ausgleich geschaffen sein. Sehr einfach: Du warst unser *Onkel.* Höflich bestandest du auf dieser Anrede. «Kinder!» riefst du, «lauft's nicht so schnell, sonst kommt der Onkel Golo nicht mit!» – Bis eigene gleichaltrige Freunde auftauchen konnten, akklamiertest du – einerseits – die unseren, während – andererseits – ganze Rudel von Erwachsenen dir stets zu Diensten waren. Sie hießen: Dr. Klauber, Dr. Londoner, Dr. Pizza (oder so ähnlich), Scharfrichter Wilhelm. «Heut früh», erklärtest du blubbernd, «hat mich mein Freund, der Scharfrichter Wilhelm, mit seinem sswarzen Auto abgeholt. Zum Schießen war's!» Die Freunde waren anfällig, sie starben dir hin – an Blutentzündung und anderen schweren Ärgernissen. Du trugst es gefaßt, angesichts des vollwertigen Ersatzes, der stets zur Verfügung stand. – Und die Schöpfungen deiner Phantasie gewannen immer neue Formen, und du gabst sie weiter an deine kleinen Geschwister, als du zum großen Bruder wurdest: Frau Kohler, deren fast unglaubliches Pech längst sprichwörtlich geworden ist, und die, in leichter Abwandlung, nämlich als Mrs. van Loon – berüchtigt für ihre abwegigen Erfindungen und Aventüren – inzwischen in den Besitz deiner Neffen überging.

Der Aufblick zum großen Bruder ist zunächst physischer, dann seelischer Art. Unsere physische Unterlegenheit bekamen wir «Kleinen» zu spüren, wenn er im Türrahmen türmend, mit gespreizten Beinen sich in den Hüften wiegend, uns den Ausgang versperrte. Seelisch überwältigend aber war es, als er eines Tages ins Kinderzimmer gestürzt kam und ein Puppenhaus, das jemand uns gebastelt, zerstörte, um es sodann neu zu errichten, in verdoppelter Herrlichkeit. Das muß kurz vor seiner Übersiedlung in das Landschulheim Salem gewesen sein. Seine Stube stand nun leer. Übrigens hält es schwer, genau festzustellen, seit wann das im Oberstock gelegene Zimmer neben dem «Unterspeicher», das entweder als «Schulzimmer» (der beiden darin aufgestellten großen Schreibpulte halber) oder auch (wegen eines dort zeitweilig untergebrachten Klaviers) als «Musikzimmer» bezeichnet wurde, eigentlich Golos Zimmer war. Und diese Unsicherheit ist wohl symptomatisch: für eine gewisse Unbehaustheit und Anonymität seiner bürgerlichen Existenz.

Er kam und ging. Und «Goloabreise», so behauptete er, sei für uns «der schönste Tag nach Weihnachten». Das war Koketterie. Er wußte, wie froh wir waren, wenn er uns zu sich in das «Schul»- respektive «Musikzimmer» ließ. Unvergessen bleibt da besonders ein Bilderbuch großen Formats, Goethes

«Faust» illustriert, unvergeßlich gerade durch die Unverständlichkeit des darin Geschauten. Daneben besaß Golos Napoleonecke starke Anziehungskraft, eine Bildersammlung, vergleichbar den reichsten Pin-up-Schätzen heutiger Twiggy- oder Beatlesjünger. Am faszinierendsten jedoch war in diesem Zimmer eine über dem Eingang angebrachte Büste Voltaires. Golo konnte, wenn er wollte, ihr ähnlich sehen. Und wir hatten, an hohen Feiertagen, ein Recht auf diesen Imitationsakt. Aber Voltaire kam nicht auf Befehl: erst, wenn man vielleicht gerade jede Hoffnung aufgegeben hatte – da war es plötzlich dicht vor oder hinter einem, das schreckliche Gesicht mit dem sardonisch in die Breite gezogenen Mund und den aufgerissenen Augen. Ohne die Veranstaltung wäre das Fest unkomplett gewesen.

Napoleon wurde verdrängt, durch kongenialere Gestalten: erst seinen leiser tretenden Gegenspieler, Friedrich von Gentz, dem Golo ein Denkmal setzte in seiner «Geschichte eines europäischen Staatsmannes», ein Erstlingswerk, das eine gewagte Mitte hält zwischen historischem Roman, Biographie und politischer Geschichte; endlich durch den gewaltigsten aller Geschichtstragiker, Wallenstein, dessen weit ausholende, ebenso massiv wie souverän angelegte Lebensbeschreibung noch im Entstehen ist. – Aber dem Schutzheiligen über dem Eingang der Schulstube hat Golo die Treue nie gebrochen: Als «verantwortlichen Impressionismus» bezeichnet er die historische Schriftstellerei Voltaires. Das ist vorbildlich gemeint. Vertreten wird ein pragmatisch engagierter Perspektivismus, keineswegs im Widerspruch zur ästhetischen Forderung Schillers, dessen Leistung als Historiker Golo Mann in einem schönen Aufsatz gewürdigt hat. Aus der Seele gesprochen dürften ihm Schillers Worte zur Kunst der Geschichtsschreibung sein:

«Wenn es Notdurft ist, die Geschichte zu lernen, so hat derjenige nicht für den Undank gearbeitet, der sie aus einer trockenen Wissenschaft in eine reizende verwandelt. [...] Auf der Straße, die man gehen muß, dankt man für eine wohltätige Bank, die ein Menschenfreund dem müden Wanderer hingesetzt hat ...»

Auch Golo ist Historiker aus Menschenfreundlichkeit. Und eben deshalb kann er nicht nur Historiker sein. Schon lange haben seine «verantwortlichen Impressionen» die Grenze überschritten von der geschehenen zur geschehenden Geschichte – ein schwerer Weg.

Als Hitler kam, gingen wir fort. Nur der Golo wartete ab. Nicht lang – bewahre! Doch wünschte sein gewissenhafter Sinn alle Fürs und Widers genau zu erwägen, ehe Irreparables geschah. Auch nutzte er nicht – wie andere – das Exil zum politischen Kampf. Zäh und geduldig lebte er weiter seiner Wissenschaft und hatte es dabei nicht leicht. Lehrstellen waren rar, in der Schweiz fand sich keine, und was sich in Frankreich allenfalls bot, verlangte – gegen karges Entgelt – die härteste Arbeit in gutem Französisch. Die Stationen hießen: St. Cloud und Rennes. Dann übernahm er in Zürich die Redaktion der von Thomas Mann begründeten Monatsschrift «Maß und Wert». Bis 1940 versah er dies durch steten Geldmangel bitter erschwerte Amt und verfügte sich, als in Frankreich Krieg war, prompt nach Paris, um Dienst zu tun. Gleich anderen Emigranten wurde er interniert. Im Herbst entwich er und floh – nebst Onkel Heinrich, Werfels und anderen – zu Fuß über die Pyrenäen (abenteuerlicher Spaziergang auf Ziegenspuren!) in das gefährliche Spanien und von dort – per Lufthansa, unter falschem Namen – nach Portugal. Dort lagen die amerikanischen Not-Visa bereit, und ein kleines Schiff brachte die Flüchtlinge in Sicherheit.

«Jobs» waren rar – auch hier. Erst 1942 öffnete in Michigan das Olivet College dem jungen deutschen Historiker seine Pforten, doch 1943 bereits wurde er eingezogen, um bis 1946 Dienst zu tun in der U.S. Army. – Er blieb ein Unpolitischer, der zwar haßte und liebte, nie aber geschossen, geschweige denn militärregiert oder gar «gerichtet» hat.

Ist er nicht schließlich doch ein Politischer gewesen? Auf Jahre hinaus lehrte er weiter, wobei ihm am allgemein Erzieherischen besonders gelegen war. Und dann: Geschichtsunterricht, politischer Unterricht – freilich niemals, in seinem Falle, ein «garstig Lied». Denn immer hat er mehr geliebt als gehaßt. Der Erinnerung wert in diesem Zusammenhang ist das überraschende Schicksal, welches seinem Büchlein «Vom Geist Amerikas» seinerzeit zuteil wurde: eine mit leichter Hand hingeworfene Topographie amerikanischer Vergangenheit und Gegenwart, liebevoll im Persönlichen, kritisch im Politischen – so polemisch, in der Tat, gegen die faschistischen Tendenzen jener McCarthy-Zeit, daß, nach Lektüre der Druckbögen, Freunde den Autor dringend baten, doch wenigstens die «schlimmsten» Stellen zu streichen; eine Vorladung durch das «Committee on Un-American Activities» sei sonst zu gewärtigen. Er änderte nichts – und was passierte? Die «Amerikahäuser» kauften das Buch in großen Quantitäten für ihre Bibliotheken: der liebevolle, human-aufgeschlossene Grundton hatte die politischen Mißklänge offenbar übertönt! Und diese Grundnote, Golos unfehlbar sicheres Eintreten für menschlichen Anstand und Mut, Menschenwürde und Menschenrechte, wo und auf welcher Seite auch immer er sie zu finden glaubt, ist dies nicht das Entscheidende bei allen seinen politischen Untersuchungen? – Uns deucht, der Name unseres Bruders habe im letzten Jahrzehnt einen (mit Goethen zu reden) «verteufelt humanen» Klang angenommen. Man würde sich gar nicht wundern, wenn jemand einmal darauf käme, es jenem Athener gleich zu tun, der einen Mitbürger in die Verbannung schickte, nur weil dieser immer «der Gerechte» genannt wurde. Freilich glauben wir, der Golo hätte nicht unbedingt etwas dagegen – vorausgesetzt man würde ihm, wie dem Themistokles, von Ma-

gnesia Brot und von Lampsacus genügend Wein schicken ...
Endlich könnte er dann ungestört an seinen «wohltätigen
Bänken» zimmern und schnitzen; den alten Balladen nach-
träumen; sich die Lieder von Schubert und Schumann anhören, die er liebt; nicht nur Geschichte, auch Geschichten
erzählen, wie er es so gerne im Freundeskreise tut, auf Wan-
derungen oder beim abendlichen Becher. – Nur, cher ami, solche Wünsche werden wir uns für viel spätere Geburtstage
aufsparen müssen!

Nachwort der Herausgeber

I Of All People – Ausgerechnet Ich: so sollte der Titel eines autobiographischen Buches lauten, in dem Erika Mann 1943 ihre Erlebnisse und Erfahrungen aus zehn Jahren Exil hatte resümieren wollen. Das Buch blieb Fragment, sein lakonischer Titel indes ist charakteristisch für die Schauspielerin, Kabarettistin, Journalistin und Kriegskorrespondentin aus berühmtem Hause[1], die sich in ihrer Jugend für Theater und Film, für Reisen, Klatsch und Abenteuer, aber nicht für Politik interessiert hatte. Der heraufziehende Nationalsozialismus, die Machtübernahme Hitlers und die Emigration machten aus der verwöhnten und verrückten Tochter eines großen Vaters eine entschiedene Kämpferin gegen die Barbarei; eine politische Rednerin und Publizistin, die im Namen von Humanität und Demokratie, aber niemals im Namen einer Partei für eine neue Weltordnung nach dem Sieg Hitlers plädierte.

Der Weg in die Politik und ans Lecture-Pult war Erika Mann nicht vorgezeichnet, er war Folge der Ereignisse in Deutschland und Europa seit 1933, und er war Produkt eines Scheiterns. Denn mit der «Pfeffermühle» war Erika Mann im Herbst 1936 nach Amerika gekommen, in der Hoffnung, mit ihrem in Europa so erfolgreichen antifaschistischen Kabarett auch in den USA Fuß fassen zu können.[2] Der Versuch mißlang gründlich. Die ins Englische übersetzten Songs und Sketches konnten ihre Wirkung nicht entfalten, die politischen Anspielungen und hintersinnigen Umdeutungen der Grimmschen Märchen, die das Programm bestimmten, wurden für das amerikanische Publikum nicht hörbar; der gesamte Duktus eines europäischen Kabaretts stieß in Amerika auf Unverständnis. Das war bitter, denn aus den Jahren des europäischen Exils war man an den Erfolg gewöhnt. «Sie machen zehnmal mehr gegen die Barbarei als wir alle Schriftsteller zusammen», hatte Joseph Roth im Frühjahr 1935 nach dem Besuch einer Vorstellung der «Pfeffermühle» in Amsterdam an Erika Mann geschrieben.[3] Thomas Mann höchstpersönlich hatte in einem Artikel für das Programmheft der amerikanischen «peppermill» prophezeit: «I think she will be a success».[4] Die Zukunft sollte den Doppelsinn dieser Formulierung erst enthüllen, denn nicht mit der «Pfeffermühle», wohl aber als Reporterin und politische Rednerin, als Kriegskorrespondentin und Buchautorin wurde Erika Mann in Amerika ungewöhnlich erfolgreich.

Dabei hatte sie ursprünglich ganz andere Pläne gehabt; keinesfalls wollte sie Schriftstellerin werden, nach ihrer Ansicht gab es in der Familie davon schon genug. Schauspielerin wollte sie werden, und Schauspielerin ist sie zunächst auch geworden. Während einer Weltreise mit dem Bruder Klaus im Jahre 1927 entstand die Idee, durch Schreiben die chronische Geldknappheit ein wenig zu lindern. Mit einer «gewissen diebischen Freude»[5] begann Erika Mann das New Yorker Nachtleben oder die amerikanischen College Girls zu glossieren. Diese ersten Arbeiten fanden zum Teil Eingang in das gemeinsam mit Klaus Mann verfaßte und 1929 im S. Fischer Verlag erschienene Buch «Rundherum. Abenteuer einer Weltreise».[6] Zuerst aber wurden sie in der 1928 gegründeten Berliner Tageszeitung «Tempo» gedruckt. Dieses flott aufgemachte Boulevardblatt aus dem Hause Ullstein war als Konkurrenzunternehmen gegen Scherls «Nachtausgabe» geplant, es erschien mit drei Ausgaben pro Tag zwischen dem 11. September 1928 und 5. August 1933. Das Feuilleton wurde von Manfred Georg(e) betreut, dem späteren Chefredakteur des New Yorker «Aufbau».

Erika Mann, die sich zunächst fest vorgenommen hatte, «nur für die Zeitung» und nur zu schreiben, weil sie von der

Schauspielerei allein nicht leben konnte, schrieb in den nächsten Jahren nicht allein für «Tempo», sondern auch für die «Münchner Neuesten Nachrichten», für den «Bayrischen Staatsanzeiger», die «Kasseler Nachrichten», die «Wiener Neuesten Nachrichten» und die «Deutsche Zeitung Bohemia». Annähernd 100 Artikel, Glossen, Reportagen, Rezensionen, Erzählungen und Gedichte lassen sich für die Zeit vom September 1928 bis Januar 1933 nachweisen – gewiß zu wenig, wenn sie davon hätte leben müssen; als Nebentätigkeit neben Bühnen-, Radio- und Kinderbuchaufträgen indes auch nicht unbeträchtlich.

Bei «Tempo» befand sie sich im übrigen in guter Gesellschaft: Robert Jungk, Stefan Großmann und Peter Panther (Kurt Tucholsky), Maria Leitner, Christa von Hatvany und Herta Pauli gehörten zu den regelmäßigen Mitarbeitern. Als Glossenschreiberinnen und Kolumnistinnen haben viele Frauen in den zwanziger Jahren und zumal in der Zeitungsstadt Berlin zu schreiben begonnen. Der Journalismus erwies sich als doppelte Chance: in der Gegenwart, um ein wenig zu verdienen und schriftstellerische Erfahrungen zu sammeln, in der Zukunft, das heißt im Exil, um überhaupt etwas arbeiten zu können. Als Gelegenheitsjournalistinnen haben Gertrud Isolani und Veza Canetti, Elisabeth Castonier und Gabriele Tergit begonnen. Eine ihrer amüsantesten «Schmonzetten» hat Erika Mann denn auch nicht zufällig dem Thema «Frau und Buch» (S. 84 f.) gewidmet.

Als Journalistin mit Bühnenerfahrung, als begeisterte Autofahrerin mit Sinn für groteske Alltagssituationen, als Schauspielerin mit Neugier auf fremde Menschen und fremde Länder entwarf Erika Mann Reiseskizzen und Berichte von Hotelbekanntschaften, Szenen vor der Premiere oder während einer Autopanne. Die Texte wollen auf knappe und intelligente Weise unterhalten, sie wollen nicht über den Tag hinaus wirken, aber doch Typisches im Alltäglichen einfangen. Ein Gespür für Inszenierungen aller Art entwickelte die Stegreifkomödiantin Erika Mann auch in ihren Glossen.

Schon vor dem Exil und schon bevor sie zwischen 1933 und 1936 mit ihren Kabarett durch die Schweiz, die Niederlande und die Tschechoslowakei, nach Belgien und Luxemburg reiste, war ihr das Reisen zur Lebens- und Arbeitsform geworden. Nicht nur als Glossenschreiberin und Journalistin, auch als Rundfunksprecherin und Kinderbuchautorin[7] hatte sie sich in den letzten Jahren der Weimarer Republik versucht. Für ihr Selbstverständnis blieb prägend, daß sie dem «Familienfluch»[8], dem Schreiben, zwar nicht entgangen war, wohl aber eine Form gefunden hatte, mit der sie sich von den anderen schreibenden Mitgliedern ihrer Familie unterschied.

Die kleine, operative Form wurde nicht zufällig im publizistischen Kampf gegen Hitler zu ihrer großen Sache; sie wurde es auch deshalb, weil sie mit ihr nach eigenem Bekunden am ehesten auszudrücken und darzustellen vermochte, worum es ihr ging und was ihr aus der Rückschau auf ihr eigenes Verhalten und das ihrer Generation während der Spätphase der Weimarer Republik am dringlichsten erschien. Es war das Eingeständnis eines schmählichen Versäumnisses, eines programmatischen Desinteresses an der Politik und an den politischen Entwicklungen, das dem Aufstieg Hitlers und der NSDAP zugute gekommen war. Viele Songs der «Pfeffermühle» und auch der im vorliegenden Band erstmals gedruckte Vortrag über die Ziele der «Pfeffermühle» vom Januar 1936 (S. 111 ff.) belegen ein Grundmotiv in Erika Manns publizistischer Arbeit: das Plädoyer für demokratisches Engagement und gegen die Dummheit, für Humanität und gegen die Barbarei.

Ihre Karriere als politische Rednerin begann in Amerika mit einem spektakulären Auftritt am 15. März 1937[9] im New Yorker Madison Square Garden. Der American Jewish Congress und das Jewish Labour Committee hatten zu einer

«Peace and Democracy Rally» eingeladen. Als einzige Frau in einer Gruppe hochrangiger Redner (darunter der New Yorker Oberbürgermeister) sprach Erika Mann vor ca. 23 000 Menschen; es war eine der ersten und folgenreichsten politischen Manifestationen in Amerika gegen Hitler und das nationalsozialistische Deutschland.

Als «exiled German playwright» war Erika Mann im Programm angekündigt worden. Sie sollte zunächst ein Grußtelegramm ihres Vaters verlesen und sodann einen eigenen fünfzehnminütigen Vortrag halten. Die Szene begann mit einem Alptraum, denn Erika Mann war von den Veranstaltern nicht – wie abgesprochen – im Hotel abgeholt worden. Sie wartete vergeblich, kam dadurch verspätet zum Ort des Geschehens, mußte sich durch Tausende von Teilnehmern zur Bühne durchkämpfen und sofort vor einer riesigen Menschenmenge sprechen.

Neben der väterlichen Botschaft ging es um das Thema «Die Frau im Dritten Reich», für das Erika Mann sich auf Selbsterlebtes, auf Berichte von dritter Seite und auf zeitgenössische Ansichten stützte. Was sie ebenso eloquent wie überzeugt vortrug, ist aus der Sicht der neueren Forschung zwar nicht recht haltbar[10], denn die Einführung des Frauenwahlrechts und eine angebliche Faszination der Frauen für Hitlers Schnurrbart und die schwarzen Stiefel der SS waren für Aufbau und Erfolg der nationalsozialistischen Diktatur in Deutschland gewiß nicht ursächlich. Aber schon diese erste Rede illustriert das argumentative und rhetorische Verfahren Erika Manns. Sie arbeitet mit dem Prinzip der Kontrastierung und der scharfen Antithese. Dem Wortlaut nationalsozialistischer Versprechungen und Parolen stellt sie die gelebte Wirklichkeit, dem behaupteten Ideal die konkrete Realität entgegen. Mit diesem Verfahren gelingt die Demontage, die satirische Entlarvung der nationalsozialistischen Politik.

So beendete Erika Mann ihren Vortrag vom 15. März 1937

mit Ausführungen über die Nürnberger Gesetze vom September 1935. Mit diesen Gesetzen und den nachfolgenden Verordnungen offenbarten nach ihrer Meinung die Nazis ihre ganze Dummheit, denn derart törichte, ja lächerliche Verlautbarungen hätten sie besser geheimhalten sollen. Die Argumentation ist zweifellos riskant, gaben doch die Gesetze und Verordnungen einer brutalen Wirklichkeit die Legitimität staatlichen Handelns. Der lächerliche Aberwitz der Gesetze konnte zwar entlarvt, die «legale» Brutalität staatlichen Handelns aber natürlich nicht verhindert werden. Und doch wurde schon in dieser Rede erkennbar, was Erika Mann bis zum Ende des Krieges publizistisch und literarisch, journalistisch und mit mehreren Büchern versuchte: die Unsäglichkeit eines Regimes durch Zitat, Collage und Kontrastierung sichtbar zu machen, seine Repräsentanten als teuflischdumme «Hausknechte» – so Alfred Kerr – zu entlarven, die prinzipiell nicht einzuhalten vermochten, was sie versprochen hatten. Die unfreiwillige Selbstkarikatur des Regimes in seinen Gesetzen und Maßnahmen, auf die hin Erika Mann viele ihrer Bücher und Texte verfaßte, barg nur scheinbar die Gefahr der Verharmlosung. Tatsächlich zielte die publizistische Strategie Erika Manns auf Aufklärung und Appell, auf die dringende Warnung des amerikanischen Publikums vor der von Hitler ausgehenden Kriegsgefahr.

Durch die Agentur William B. Feakins unter Vertrag genommen, fuhr Erika Mann seit 1937 kreuz und quer durch Amerika, um in Schulen und Volkshochschulen, in Wohltätigkeitsvereinen und women's clubs Vorträge zu halten. Viele Emigranten haben im amerikanischen Exil als Lecturer gearbeitet, kaum einer hat diesen Beruf so erfolgreich ausgeübt und die mit ihm verbundenen Strapazen über so lange Zeit ausgehalten.[11] Vier bis fünf Monate dauerte eine «Saison», vier bis fünf Termine in der Woche waren die Regel. Termine, Stationen und Honorare handelte der Agent aus, der für Werbung und Reisekosten aufkam und 50 Prozent des Honorars einbehielt. 50 bis 100 Dollar pro Abend verdiente Erika Mann in der Wintersaison 1938 / 1939; das Publikum konnte aus 200 oder auch aus 2000 Personen bestehen, jeden Abend war es anders zusammengesetzt, und jeden Abend mußte die Rednerin den Eindruck vermitteln, sie sei nur für dieses Publikum gekommen.

Das «lecturn ist der Eri Lust» schrieb sie von solch monatelangen Tourneen an die Eltern, und auch den Erfolg kommentierte sie der Mutter Katia Mann gegenüber mit der ihr eigenen Selbstironie: «In Cleveland sprach ich 5 Mal in drei Tagen, was, da ich bekanntlich weder so jung, noch so widerstandsfähig bin wie der liebe Z., mich an den Rand des Zusammenbruchs brachte. Besonders, dass ein *improvisierter* (auf englisch!!!) völlig ‹freier› speech ‹about my father› dabei war, der mich, allein wegen seiner Torheit, leicht um die Ecke hätte bringen können. Im übrigen aber war der Aufenthalt eher triumphal, und meine Erfolge als public speaker number 1 häufen sich. Meine etwas kindische Art, Geschichtchen zu erzählen, und, nur an Hand ihrer, Schlüsse zu ziehen, die ungeheuer allgemeinverständlich sind, nimmt die schlichten Amerikaner für sich ein, und wenn es mich nicht ein wenig zu sehr *langweilen* möchte, in diesen öden Städten umherzufahren, allein, – und als tapfere kleine Frau, – ich könnte gewiß davon leben und dürfte wohl auch das Gefühl haben, es nicht völlig nutzlos zu tun.»[12]

Nicht nur über ihren Vater und die Erlebnisse in München vor der sogenannten Machtergreifung sprach Erika Mann. In Hunderten von Vorträgen schilderte sie die Situation im nationalsozialistischen Deutschland, die Lage der Hitlerflüchtlinge in Europa und Amerika. Immer wieder warnte sie vor Hitlers Rüstungspolitik. Sie sprach über Frauen und Kinder im Dritten Reich, über das nationalsozialistische Erziehungswesen, über berufstätige Frauen im Exil, über ihre eigenen

Erlebnisse im Spanischen Bürgerkrieg. Sie verband Aufklärung mit Appell, Information mit Warnung, und sie vertrat nicht selten politisch brisante und strittige Positionen. Schon früh plädierte sie für den vollständigen Handelsboykott gegenüber dem nationalsozialistischen Deutschland (S. 125 ff.); nach Kriegsausbruch zögerte die Emigrantin in Amerika nicht, den sofortigen Kriegseintritt der USA auf seiten der Alliierten zu fordern. Als kriegslüstern und deutschfeindlich kritisierten sie die Emigranten; im Kongreß prangerte man sie als Ausländerin an, die das amerikanische Gastrecht mißbrauche, und das vom FBI seit 1940 über sie geführte Dossier nennt sie eine «sexuell pervers» veranlagte Agentin der Komintern.[13]

Daß Hitler trotz aller Friedensbeteuerungen Hochrüstungs- und Kriegspolitik betrieb, daß die Appeasement-Politik der westlichen Demokratien also einer gefährlichen Illusion folgte, hat Erika Mann ähnlich wie viele Emigranten immer wieder und mit Nachdruck erklärt. Eher ungewöhnlich und im linken Lager politisch «unkorrekt» war ihre 1937 anläßlich der Pariser Weltausstellung geäußerte Prophezeiung (S. 128 ff.), nicht die Gegnerschaft zwischen Faschismus und Kommunismus, sondern diejenige zwischen Demokratie und Diktatur werde den Weltkrieg entfesseln. Die Gefahr eines Bündnisses zwischen Hitler und Stalin hat sie früh gesehen; als der Pakt zwischen den Diktatoren 1939 geschlossen wurde, hat sie ihn scharf kritisiert und auch für die eher abwartende Haltung ihres Bruders Klaus wenig Verständnis gehabt. So entschieden ihre Antipathie gegenüber dem Kommunismus sowjetischer Prägung, so pathetisch war ihr Bekenntnis zu Roosevelt und der amerikanischen Demokratie. Im «Gastgeber Amerika» (S. 198 ff.), im amerikanischen politischen System, aber auch im «American Way Of Life» sah sie den Repräsentanten und Garanten von Zivilisation und Vernunft, den «Riesen», der den «Feind des Menschengeschlechts», den Nationalsozialismus, besiegen würde.

Auf diesem Hintergrund erscheint es nur folgerichtig, daß sie seit Kriegsausbruch im September 1939 nach Möglichkeiten suchte, um mit ihren Mitteln den Krieg gegen Hitler aktiv zu unterstützen. Schon als sie im Sommer 1938 für drei Wochen mit ihrem Bruder Klaus durch das schwer umkämpfte republikanische Spanien gefahren, die Interbrigadisten besucht und die Ebro-Offensive erlebt hatte, hatte sie erste Erfahrungen als Kriegskorrespondentin machen können. Sehr zur Verwunderung ihres Bruders hatte sie sich unter den Spanienkämpfern ausgesprochen wohl gefühlt[14] und in ihren Spanien-Berichten für die «Neue Volkszeitung» (S. 135 ff.) etwas von der Siegeshoffnung, der Zukunftsorientiertheit vermitteln wollen, die sie selbst gespürt hatte. Würden Österreicher und Tschechen handeln wie die Spanier in ihrem Kampf gegen Franco und für die Republik, Hitler wäre längst besiegt, so Erika Manns mehrfach geäußerte Ansicht.

Immer wieder begab sich die Journalistin und Vortragsrednerin auf gefährliches Terrain, um als Augenzeugin so unmittelbar wie möglich berichten zu können. Dabei radikalisierten sich ihre Ansichten durch Hitlers Politik, nicht aufgrund politischer Ideologien. Nach dem Münchner Abkommen reiste sie kurz entschlossen nach Prag, um sich einen Eindruck von der Situation zu verschaffen; vorher und nachher warb sie bei ihrem amerikanischen Publikum um Geldspenden für die Flüchtlinge aus Österreich und der Tschechoslowakei. Publizistisches und praktisches Engagement gingen Hand in Hand, und immer konnte die Korrespondentin und Rednerin gefährlichen Situationen etwas abgewinnen.

Zweimal – zwischen August und Oktober 1940 und in den Monaten Juni bis September 1941 – war Erika Mann auf Einladung des britischen Informationsministers Duff Cooper in London und arbeitete dort unter anderem für die BBC. Während des «Blitzkrieges» um England wurde sie selbst in London ausgebombt; dennoch kabelte sie fast täglich Berichte nach Amerika, um die Stimmung in der englischen Bevölkerung zu schildern und um den Amerikanern zu erklären, daß Hitler auch sie bedrohe. Über das Rundfunkmikrofon warnte sie die Deutschen vor einer drohenden Niederlage, und in der deutschsprachigen Londoner «Zeitung» schilderte sie die «Blitze überm Ozean» (S. 216 ff.), die die Amerikaner zur Unterstützung der europäischen Demokratien und als Demonstration ihres Engagements gegen Hitler bereits ausgesandt hatten. Insgesamt neun Sendungen für «Deutsche Hörer» der BBC hat Erika Mann im Herbst 1940 produziert, nur drei ihrer Deutschlandsendungen aus dem Jahre 1941 sowie eine von 1942 sind erhalten geblieben.

Erhalten geblieben ist auch, was in Reaktion auf Erika Manns Londoner Tätigkeit im «Völkischen Beobachter» stand: «Ist Mister Duff Cooper also schon bis zur Erika Mann hinabgestiegen? Besser als alle erlogenen Albernheiten, die er täglich über die Antennen jagt, spricht die Wahl dieser politischen Gebrauchsdirne aus dem Hause Mann. Denn nur dort, wo das Salz dumm geworden ist, wo sich die Geistlosigkeit mit dem Unrat der Gosse vermählt, da erscheint dieses Paradestück, das zu dem einst so hoch literarischen und charakterlich so verlumpten Thomas Mann ‹Vater› sagen darf.»[15]

Als Erika Mann Ende Oktober 1940 fürs erste nach Amerika zurückkehrte, wurde in Goebbels' Propagandaministerium der Presse folgende Weisung erteilt: «Die Tatsache, daß Erika Mann von England nach New York abgeflogen ist, soll dahingehend ausgewertet werden, daß sie als Musterbeispiel dafür gezeigt wird, wie gewisse Kreise erst den Krieg gegen Deutschland geschürt und ihn auf Englands Seite propagiert haben und wie diese selben Kreise nun nach Amerika zu verschwinden trachten.»[16]

Neben der Arbeit bei der BBC nutzte Erika Mann ihre Londoner Aufenthalte für vielfältige andere Aktivitäten: sie bemühte sich um die Freilassung deutscher Emigranten, die bei Kriegsausbruch als «feindliche Ausländer» auf der Isle of Man interniert worden waren; sie traf den Präsidenten der tschechischen Exilregierung Edvard Beneš; und sie besuchte den politischen Kopf der innerenglischen Opposition, den für seinen «Antigermanismus» vielgescholtenen Lord Vansittart. Zum ersten Mal gab er einer deutschen Journalistin ein Interview (S. 244 ff.). Beim Internationalen PEN-Kongreß im September 1941 in London plädierte Erika Mann zusammen mit Alfred Kerr und Wilhelm Wolfgang Schütz für eine systematische Umerziehung der Deutschen nach Kriegsende und für die rechtzeitige Vorbereitung solcher alliierten Erziehungspläne (S. 229 ff.).

Neben der Lecturer-, der Rundfunk- und der Korrespondententätigkeit, neben dem praktischen Engagement in Hilfskomitees und Flüchtlingsorganisationen hat Erika Mann in den Jahren des amerikanischen Exils entweder allein oder in Ko-Autorschaft mit Klaus Mann eine Reihe von Büchern verfaßt. Ein Bestseller, von dem binnen dreier Monate 40 000 Exemplare verkauft wurden, war «School for Barbarians» (1938), das im gleichen Jahr in deutscher Fassung («Zehn Millionen Kinder. Die Erziehung der Jugend im Dritten Reich») im Amsterdamer Querido Verlag erschien.[17] In gemeinsamer Autorschaft der Geschwister kamen 1939 «Escape to Life», ein Führer durch die «Deutsche Kultur im Exil»[18], sowie 1940 «The Other Germany» heraus. Letzteres war ein historisch-politischer Essay über deutsche Geschichte und den deutschen Nationalcharakter; ein Beitrag zur exiltypischen Diskussion über das «andere Deutschland», die Ursachen des Nationalsozialismus und die Chancen einer europäischen Zukunft nach amerikanischem Vorbild.

Den Alltag unterm Hakenkreuz schilderte Erika Mann in ihrem ebenfalls 1940 erschienenen zehnteiligen Erzählzyklus «The Lights Go Down», und ein Kinderbuch, «A Gang of Ten», 1942 erschienen [19], sollte noch im gleichen Jahr als Drehbuch für einen Film umgestaltet werden. Das Material für die Bücher sammelte sie auf ihren Reisen und während ihrer Tätigkeit als Kriegskorrespondentin; es wurde meist auch für Vorträge und öffentliche Auftritte verwendet. Auf Originalität kam es dabei weniger an als auf Authentizität; nicht für die Ewigkeit und ihren Nachruhm, sondern für den Augenblick, für die Aufklärung über die Gegenwart waren Bücher und Vorträge, Aufsätze und Rundfunkberichte gedacht. Das Konkrete, häufig das Anekdotische dominiert, erst von hier aus wird auf Grundsätzliches geschlossen. Erika Mann legt natürlich Schlußfolgerungen und politische Positionen nahe, sie deutet sie an, nimmt sie indes nicht zum Ausgangspunkt der Darstellung. Den Alltag des Exils und die alltäglichen Erfordernisse des politischen Kampfes gegen Hitler erlebt sie nicht als Aufforderung zur großen, in sich geschlossenen Form, zum politisch-philosophischen Essay oder Traktat. Sie sieht in diesem Alltag vielmehr eine Fundgrube für witzige Geschichten oder traurig-groteske Episoden; sie erzählt vom Alltag und gegen ihn. Was dabei entsteht, sind oft Geschichten, die das Leben schreibt; traurig, aber nicht verzweifelt; anrührend, aber nicht deprimierend; moralisch, aber nicht dogmatisch.

Dies gilt auch für die großen Reportagen, die sie ab 1943 als Angehörige der Ninth US Army schrieb. Als amerikanische Kriegskorrespondentin, das heißt mit Offiziersrang und in Uniform, war sie zwischen 1943 und 1945 auf zahllosen Kriegsschauplätzen: in Kairo, Marokko und Algier, in Teheran, im Irak und in Palästina. Sie erlebte die Landung der alliierten Truppen in der Normandie, die Befreiung von Paris; mit der amerikanischen Armee kam sie erstmals nach elf Jahren wieder nach Deutschland. Ihre Berichte und Interviews erschienen in englischen, kanadischen und amerikanischen Blättern; sie enthielten spektakuläre Interviews, zum Beispiel mit dem amerikanischen Kommandeur im Mittleren Osten, Major General Lewis H. Brereton (S. 281 ff.), der ihr am Ende eines aufschlußreichen Gesprächs erklärte, er halte von Frauen in Uniform gar nichts!

«Charmante Frau, trinkt Cognac und spricht schlecht deutsch» – so wurde einige Wochen später im New Yorker «Aufbau» ein Beobachter zitiert, der Erika Mann während ihres Besuchs in Jerusalem und Tel Aviv kennengelernt hatte.[20] Sie nutzte den Aufenthalt in Palästina für einen ausführlichen Bericht und grundsätzliche Überlegungen, wie der jüdisch-arabische Konflikt gelöst werden könnte (S. 290 ff.), verlor dabei indes über den Mord an den europäischen Juden kein Wort. Der großen Politik und den alltäglichen Erlebnissen an Brennpunkten des Weltgeschehens begegnete sie mit der kleinen Form: der Reportage, dem Interview. Nicht selten geriet sie dabei in schwierige Situationen; mit Temperament und Charme, mit Vitalität und Beharrlichkeit pflegte sie sie zu meistern. Dies gilt insbesondere für die Wintermonate 1944/45 und für das gesamte Jahr 1945, da sie als amerikanische Armeeangehörige durch das besiegte, befreite Deutschland fuhr und mit deutschen Kriegsgefangenen, aber auch mit der «normalen» Bevölkerung sprach, die zerstörten Städte und das zerrüttete Bewußtsein der Deutschen kennenlernte. Sie traf auf ein sie erschütterndes, ja empörendes Selbstmitleid, ein Rechtfertigungsbemühen, von dem sie nicht ohne bitteren, gelegentlich erbarmungslosen Sarkasmus berichtete.

Mit knapp 400 anderen Journalisten aus aller Welt, unter ihnen Emigranten, aber auch Vertreter der «inneren Emigration» und Freunde aus früheren Tagen, verfolgte Erika Mann die ersten Wochen der Nürnberger Prozesse im Spätherbst 1945. Wochen vorher war ihr gelungen, was sonst keiner Frau gelingen sollte: Sie verschaffte sich Zutritt bei den «großen 52», bei den Hauptkriegsverbrechern, die im luxemburgischen Mondorf-les-Bains abgeschirmt und in einem Hotel streng bewacht wurden. Sie traf auf Ley und Streicher, auf Göring und Rosenberg; ihrer Mutter Katia schickte sie einen Bericht, der zwischen Triumph und Ekel schwankt: «Meine letzte Fahrt ging nach Bad Mondorf, wo ich den ‹Big 52› einen Besuch abstattete. Ein gespenstischeres Abenteuer ist nicht vorstellbar. Göring, Papen, Rosenberg, Streicher, Ley toute l'horreur du monde (einschließlich Keitel, Dönitz, Jodl etc.) eingesperrt in einem ehemaligen Hotel, das zum Gefängnis wurde und aus dem seine Insassen ein regelrechtes Irrenhaus gemacht haben. Da ich mit den Idioten nicht selbst sprechen durfte, schickte ich hinterher Vernehmungsbeamte zu ihnen und ließ sie wissen, wer ich (die erste und einzige Frau, die je den Ort betreten hat) war. Ley schrie: ‹Assez!› und schlug die Hände vors Gesicht; Rosenberg murmelte: ‹Pfui Deubel!› Und Streicher lamentierte: ‹Du *lieber* Gott, und diese Frau ist in meinem Zimmer gewesen!› Göring war am erregtesten. Hätte ich mich doch nur vorgestellt, sagte er, dann hätte er alles erklärt; und hätte *er* den Fall Mann bearbeitet, dann hätte er die Sache anders gehandhabt. Ein Deutscher von T.M.s Format hätte dem Dritten Reich sicherlich angepaßt werden können. Ich kabelte all dies und vieles mehr an den London Evening Standard, der es auf der Titelseite groß herausbrachte.»[21]

Ungewöhnlich war, was sie erlebte, aber ungewöhnlich in Diktion und Duktus ist auch häufig, wie Erika Mann das Erlebte schilderte und auswertete. Die Berichte aus Nachkriegsdeutschland zeugen von wachsendem Zweifel an der ursprünglich auch von ihr befürworteten Entnazifizierungspolitik der Alliierten einerseits, am demokratischen Bewußtsein der Deutschen andererseits. Schon vor Kriegsende war es zu einem heftigen Streit zwischen ihr und Carl Zuckmayer (S. 302 ff.) über die Frage gekommen, wie Deutschland nach dem Kriege zu behandeln sei und welche Rolle die Emigranten in den Nachkriegsplanungen der Alliierten spielen sollten.

Zornig und bisweilen einseitig betrachtete Erika Mann die Nachkriegsentwicklung. Sie gehörte zu den frühen Kritikern des Kalten Krieges und geriet damit ins Visier der Ausschüsse für «unamerikanische Umtriebe». Ihre öffentliche Kritik an der Politik der Amerikaner gegenüber der Sowjetunion, vor allem aber ihr Versuch, die sowjetische Position in der Berlin-Frage zu verstehen[22], trugen ihr den Ruf ein, zu «Stalins fünfter Kolonne» zu gehören (S. 390ff.). Als sie 1947 nach einer entsprechenden Reise Verständnis, ja Sympathie für den polnischen Landgewinn im Osten äußerte und für die Anerkennung von Oder und Neiße als Westgrenze Polens plädierte, hatte sie sich vollends mißliebig gemacht.[23] Heftige Reaktionen löste ihre Behauptung aus, der fünfzehnminütige Applaus für Wilhelm Furtwängler nach dessen erstem Wiederauftritt im Mai 1947 und nach seiner «Entnazifizierung» sei eine politische, keine musikalische Demonstration gewesen.

Zu ihrer Zeit, Ende der vierziger Jahre, konnte Erika Mann sich keinerlei Gehör für einen Vorschlag verschaffen, der aus späterer Sicht – jener der Ost-Politik der siebziger Jahre – gleichsam visionär anmutet. Gegen den hysterischen Antikommunismus des Westens und gegen die expansiven Tendenzen des sowjetischen Imperiums entwarf Erika Mann 1950 ein politisches Zukunftsprogramm. Die Großmächte sollten einen «runden Tisch» bilden, gegenseitig ihre Interessensphären anerkennen und – dies ging besonders an die Adresse der Sowjetunion – auf eine weitere gewaltsame Ausdehnung ihres Einflußbereiches verzichten. Im Gegenzug würde der Westen durch Kredite und Wirtschaftshilfen den Wiederaufbau im Osten unterstützen und so das ökonomische Gefälle zwischen Ost und West abbauen helfen. Trotz nachdrücklicher Befürwortung durch Thomas Mann und Hermann Hesse haben deutschsprachige Blätter 1950 eine Veröffentlichung des Artikels von Erika Mann abgelehnt; er wird im vorliegenden Band (S. 395 ff.) erstmals auf deutsch gedruckt.

Die Nachkriegsentwicklung hat Erika Mann nicht nur mit äußerst kritischen Augen gesehen und folgerichtig höchst unpopuläre Ansichten vertreten, sie hat auch aus ihrer Enttäuschung über diese Entwicklung keinen Hehl gemacht. Amerika, das von ihr bewunderte Vorbild demokratischer Tugenden, das sie in zahllosen Artikeln regelrecht idealisiert hatte, wurde ihr nun zum Alptraum. Angesichts des McCarthyismus und einer auf Konfrontation angelegten Außenpolitik wandte sie sich haßerfüllt von dem einst geliebten Gastland ab; die ehemals erfolgreiche und gefeierte Vortragsrednerin mußte zudem erleben, daß man sie nicht mehr hören wollte. Ihr Einbürgerungsantrag wurde verschleppt, regelmäßig war sie Befragungen durch das FBI ausgesetzt, auch ihre Freunde wurden über sie befragt. Ihr Lecture-Agent zog sich von ihr zurück. Zweiundneunzig Vortragstermine hatte sie noch im Jahre 1946 absolviert, ein Jahr später waren es mal eben zwanzig. Seit 1949 war der Boykott perfekt; sie stand erneut vor der Notwendigkeit, einen beruflichen Neuanfang zu wagen. Persönliche Katastrophen kamen hinzu; vor allem der Selbstmord ihres Bruders am 21. Mai 1949 traf sie schwer.

In der Mitte des Jahres 1950 fiel die Entscheidung, daß Erika Mann zusammen mit ihren Eltern Amerika verlassen und sich in der Schweiz eine neue Bleibe suchen würde. Erst 1952 konnte der Entschluß verwirklicht werden; im April 1954 bezog die Familie Thomas Mann das Haus in der Kilchberger Alten Landstraße 39, das zu Erika Manns «letzter Adresse» werden sollte. Vielfältige Aktivitäten entwickelte sie auch von hier aus; als Editorin der Werke Thomas und Klaus Manns wie als Nachlaßverwalterin, als Kinderbuchautorin, als Verfasserin von Drehbüchern für die Verfilmung von Romanen Thomas Manns.[24] Als Journalistin und Publizistin hat sie sich in den fünfziger Jahren noch gelegentlich geäußert und Ansichten vertreten, die quer zum Zeitgeist standen.

Als 1958 die Diskussion um die atomare Aufrüstung und den Bau nuklearer Abschußrampen in Westeuropa hohe Wellen schlugen, als die ersten Ostermärsche stattfanden und Karl Jaspers für sein Buch «Die Atombombe und die Zukunft» den Friedenspreis des Deutschen Buchhandels erhielt, beteiligte sie sich an der Debatte mit einem «Appell an die Vernunft» (S. 432 ff.). Öffentlich äußerte sie Zweifel an der Kriegslüsternheit der Sowjetunion. Gewiß seien die Kommunisten in der UdSSR und in China keine Edelpazifisten, aber aus innen-, außen- und nicht zuletzt aus wirtschaftspolitischen Gründen könne ihnen gar nicht daran gelegen sein, dem Rest der Welt mit Hilfe von Atombomben das Glück des Kommunismus zu bescheren. Erika Mann stieß mit solchen Ansichten auf wenig Verständnis: Man nannte sie einen «fellow traveller» der Kommunisten oder empfahl ihr schlicht den Psychiater.

Letzteres geschah aus Anlaß ihres großen und heftig attackierten Beitrags über Boris Pasternak. Diesem war 1958 der Nobelpreis für Literatur verliehen worden. Die Reaktion der sowjetischen Behörden und des sowjetischen Schriftstellerverbandes veranlaßten den schwerkranken und in seinem Lande verfemten Dichter jedoch, den Preis abzulehnen. Im Westen wurde dies als neuerlicher Beweis für die Willkür des sowjetischen Regimes gewertet, während Erika Mann in der Münchner Zeitschrift «Die Kultur» eine andere Perspektive vorschlug. Sie machte unter anderem eine falsche, Moskau unnötig brüskierende Haltung in den westlichen Medien für den Eklat verantwortlich. Der «Fall Pasternak» entwickelte sich publizistisch zu einem «Fall Erika Mann», was sie zwar nicht einzuschüchtern vermochte, wohl aber alle noch verbliebenen Illusionen über eine berufliche Zukunft als Publizistin zerstreute. In ihren letzten Lebensjahren und unter dem Eindruck des Vietnamkriegs erwog sie noch einmal die Rückkehr zur Politik; dem Chefredakteur der Zeitschrift «Deutsches Panorama», Gert von Paczensky, bot sie Artikel über die amerikanische Nachkriegspolitik an. Krankheiten und andere Verpflichtungen sowie das Ende der Zeitschrift (1967) haben diese Arbeiten verhindert. Innerlich hatte sie der Politik nie abgeschworen. Noch 1968 bekannte sie in einem Fernsehinterview mit Fritz J. Raddatz, sie würde sich publizistisch gewiß wieder ins politische Geschehen einmischen, fände sie Zeit und Gelegenheit dazu.

Zeit und Gelegenheit fand Erika Mann immer, wenn es galt, alte Freunde und Weggefährten zu verteidigen oder öffentlich zu beglückwünschen. Als der Leiter des Ostberliner Aufbau-Verlags, Walter Janka, 1957 in einem spektakulären Prozeß der «Boykotthetze» angeklagt wurde, gehörten Erika und Katia Mann zu den wenigen, die im Westen zugunsten des alten Freundes die Stimme erhoben.[25] In einem Brief an den Minister für Kultur und Volksbildung der DDR, den ihr aus alten Zeiten ebenfalls gut bekannten Johannes R. Becher, warnte sie vor dem persönlichen und politischen Schaden, der aus der Kampagne gegen Janka erwachsen könnte. Sie blieb erfolglos, ließ sich jedoch nicht davon abhalten, Becher nach dessen Tod einen kurzen Text (S. 443 ff.) zu widmen. Bei aller Streitlust und trotz nicht selten erheblicher politischer Differenzen galten Erika Mann freundschaftliche Verbundenheit und Treue sehr viel. So heftig die Kontroversen waren, die sie publizistisch und persönlich auszufechten pflegte, so intensiv und beständig blieben die Verbindungen mit einzelnen Menschen und natürlich auch mit der eigenen Familie.

«Ich bin nur noch ein bleicher Nachlaßschatten»[26], pflegte sie in den sechziger Jahren zu spotten, als sie die Arbeiten für das Werk von Vater und Bruder an der Fortführung eigener Projekte hinderten. Weder ihre Autobiographie noch ein

Buch über die «Pfeffermühle» wurden fertiggestellt, auch die eigentlich von ihr geplante Thomas-Mann-Biographie kam nicht zustande.

Die in diesem Band zusammengestellte Auswahl publizistisch-literarischer Arbeiten aus rund vier Jahrzehnten hätte Erika Mann selbst wohl eher für überflüssig gehalten. Es sind Zeugnisse einer originellen und ungewöhnlich engagierten Zeitgenossin und Journalistin, die wie viele Frauen dem eigenen Tun keine über den Tag hinausreichende Bedeutung beimessen wollte. Einige dieser Zeugnisse mögen aus heutiger Sicht von nur mehr historisch-politischem Interesse sein – dennoch sind die weltpolitischen Katastrophen und Konflikte (Nationalsozialismus, Zweiter Weltkrieg, Stalinismus), auf die in diesen Texten reagiert wird, von fortdauernder Bedeutung für die Gegenwart. Von zweifellos ungebrochener Aktualität ist der aufklärerische Gestus aller dieser Arbeiten, die im Namen von Vernunft und Humanität die Barbarei zu bekämpfen und die Demokratie zu sichern versuchen. Unbeabsichtigt und bedrückend aktuell ist schließlich Erika Manns Vision einer Welt der Zukunft, die sie 1943 entworfen hat (S. 281) und von deren Verwirklichung man auch zu Beginn des 21. Jahrhunderts noch weit entfernt ist:

«Eine Welt, – eine einzige, mäßig große, die Raum hat für alle, doch nicht für alles. Und wofür nun einmal gewiß nicht? Das Wort ist flach, und wir vermieden es lieber. Es ist unvermeidlich. Was hinter ihm steht, hat die Erde in Rauch und Flammen gehüllt und muß verfemt sein, nach den Gesetzen der neuen Welt. Es heißt: *Nationalismus!*»

Anmerkungen

1 Leben und Werk Erika Manns sind ausführlich dargestellt in: Irmela von der Lühe: Erika Mann. Eine Biographie. Frankfurt a. Main ⁴1999.

2 Helga Keiser-Hayne: Erika Mann und ihr politisches Kabarett «Die Pfeffermühle» 1933–1937. Texte, Bilder, Hintergründe. Reinbek bei Hamburg 1995.

3 Erika Mann: Briefe und Antworten. Hg. von Anna Zanco Prestel. 2 Bde., München 1984/85, Bd. 1, S. 66.

4 Thomas Mann: Die Pfeffermühle. In: Ders.: Das essayistische Werk. Hg. von Hans Bürgin. Bd. Autobiographisches. Frankfurt a. M. 1968, S. 299–301; hier S. 301.

5 Erika Mann: Briefe und Antworten, a.a.O., Bd. 1, S. 15.

6 Neuausgabe (mit Originalfotos und einem Nachwort von Uwe Naumann): Reinbek bei Hamburg 1996.

7 Erika Mann: Jan's Wunderhündchen. Ein Kinderstück in sieben Bildern (illustriert von Richard Hallgarten). Berlin (Oesterheld) 1931; Erika Mann: Stoffel fliegt übers Meer. Stuttgart (Levy und Müller) 1932. Neuausgabe mit einem Nachwort von Dirk Heißerer. München 1999.

8 Klaus Mann: Der Wendepunkt. Ein Lebensbericht. München 1976, S. 219.

9 Zu den Einzelheiten vgl. Irmela von der Lühe (Anm. 1), S. 172 f.

10 Vgl. Gisela Bock: Frauen in der europäischen Geschichte. Vom Mittelalter bis zur Gegenwart. München 2000, S. 278 f.

11 Irmela von der Lühe (Anm. 1), S. 208 f.

12 Erika Mann, Briefe und Antworten, a.a.O., Bd. 1, S. 120 f., «Z.» war die in der Familie gebräuchliche Abkürzung für Thomas Mann, den «Zauberer».

13 Irmela von der Lühe (Anm. 1), S. 207 f. Vgl. außerdem: Alexander Stephan: Im Visier des FBI. Deutsche Exilschriftsteller in den Akten amerikanischer Geheimdienste. Stuttgart/Weimar 1995, S. 92–193.

14 Klaus Mann: Tagebücher 1938–1939. Hg. von Joachim Heimannsberg, Peter Laemmle und Wilfried F. Schoeller. Reinbek bei Hamburg 1995, S. 49.

15 «Völkischer Beobachter», 8. Oktober 1940.

16 Zitiert nach: Willi A. Boelcke (Hg.): Kriegspropaganda 1939–1941. Stuttgart 1966, S. 554 f.

17 Neuausgabe: Reinbek bei Hamburg 1997.

18 Neuausgabe: Reinbek bei Hamburg 1996. Die im folgenden genannten Bücher sind bisher nicht wieder aufgelegt worden.

19 Deutsche Erstausgabe (übersetzt von Elga Abramowitz) unter dem Titel «Zehn jagen Mister X». Berlin 1990.

20 «Aufbau», New York, 14. Januar 1944, S. 17.

21 Erika Mann: Briefe und Antworten, a.a.O., Bd. 1, S. 206 f.

22 Einzelheiten bei: Irmela von der Lühe (Anm. 1), S. 293 ff.

23 Erika Mann: Können die Polen ihren deutschen Landzuwachs verdauen? In: «Sie und Er», 10. Oktober 1947. Englische Fassung: The Polish Dream. In: «Colliers's Magazine», 27. Dezember 1947.

24 Erika Mann: Mein Vater, der Zauberer. Hg. von Irmela von der Lühe und Uwe Naumann, Reinbek bei Hamburg 1996.

25 Vgl. Erika Mann: Briefe und Antworten, a.a.O., Bd. 2, S. 58; sowie Walter Janka: Spuren eines Lebens. Berlin 1991, S. 309 ff., und: «Wir sind um Janka sehr besorgt.» Briefe von Katia Mann an Leonhard Frank. In «neue deutsche literatur» 44 (1996) 2, S. 42–67.

26 Zit. nach Irmela von der Lühe (Anm. 1), S. 338.

Editorische Bemerkungen

Die Textfassungen im vorliegenden Band folgen den angegebenen Erstdrucken bzw. Typoskripten oder Manuskripten. Zeichensetzung und Orthographie wurden behutsam modernisiert. Die Mehrzahl der nachgelassenen Manuskripte Erika Manns befindet sich im Literaturarchiv der Monacensia, München.

Ausgerechnet Ich. Erstveröffentlichung, nach einem englischsprachigen Typoskript in der Monacensia; Übersetzung. Ernst-Georg Richter. Originaltitel: I Of All People. Entstanden 1943. Cliveden in Buckinghamshire war der Landsitz des Barons Astor of Hever Castle; dieser Ort wurde in den späten dreißiger Jahren zum Treffpunkt von Englands Premierminister Neville Chamberlain mit anderen «Appeasement»-Politikern. Vidkun Quisling, der Vorsitzende der norwegischen Faschisten, arbeitete nach der Eroberung seines Landes eng mit den deutschen Besatzern zusammen; sein Name wurde zum Inbegriff und zur allgemeinen Bezeichnung für Kollaborateure und Landesverräter («Quislinge»). Pierre Laval übernahm in der französischen Vichy-Regierung, die mit den Deutschen kollaborierte, das Amt des Ministerpräsidenten. Das America First Committee war ein Zusammenschluß konservativer und linker Pazifisten, die strikt gegen ein Eingreifen der USA in den Krieg gegen Hitler plädierten; seit 1941 war Charles Lindbergh, der 1927 als erster Flieger den Atlantik überquert hatte, ein führender Sprecher des Komitees. In der Atlantik-Charta vom 14. August 1941 formulierten der britische Premierminister Winston Churchill und der amerikanische Präsident Franklin Delano Roosevelt die Grundsätze einer Friedensordnung nach dem Sieg über die Achsenmächte; die Moskauer Deklaration vom Oktober 1943 war eine Erklärung der alliierten Außenminister über Österreich. Der italienische Sozialist Giacomo Matteotti wurde im Juni 1924 von den italienischen Faschisten ermordet. Der Eklat um Erika Manns Auftritt bei einer pazifistischen Versammlung 1932 ist detailliert dargestellt bei Irmela von der Lühe: Erika Mann. Eine Biographie. Frankfurt a. M. 1996, S. 88 ff.

Kinder-Theater. Aus: «Tempo», Berlin, 28. September 1928. Die Geschichte des «Laienbunds Deutscher Mimiker» wird ausführlicher beschrieben in Klaus Manns erster Autobiographie: Kind dieser Zeit, Reinbek 2000, S. 98 ff.; dort ist auch die von Erika erwähnte «Kritik» Thomas Manns dokumentiert.

Das kleine Mädchen von Honolulu. Aus: «Tempo», Berlin, 11. Oktober 1928. Die Weltreise, die Erika Mann zusammen mit ihrem Bruder Klaus vom Oktober 1927 bis zum Juli 1928 unternahm, wird in dem von den Geschwistern gemeinsam verfaßten Reisebericht «Rundherum. Abenteuer einer Weltreise» (zuerst 1929; Neuausgabe: Reinbek 1996) detailliert geschildert. Erich Ebermayer (1900–1970) war ein mit Erika und Klaus Mann befreundeter Schriftsteller.

Hollywood bei Nacht. Aus: «Tempo», Berlin, 19. Oktober 1928. Erika und Klaus Mann hatten während ihrer Weltreise mehrere Wochen in Hollywood verbracht.

Student-girls und Student-boys. Aus: «Tempo», Berlin, 2. November 1928. Auch dieser Text geht auf Eindrücke und Erfahrungen der Weltreise zurück.

Ganz kleine Provinz. Aus: «Tempo», Berlin, 2. März 1929. Erika Mann, die eine Schauspielausbildung bei Max Reinhardt absolviert hatte, war in den späten zwanziger Jahren an zahlreichen deutschen Bühnen engagiert und ging häufig auf Tournee. Im Winter 1928/29 spielte sie in der «Provinz», im polnischen Bielitz, die Fiore in Thomas Manns einzigem Theaterstück «Fiorenza».

Hotels. Aus: «Tempo», Berlin, 19. März 1929.

An den Berliner. Aus: «Vogue», 8. Mai 1929. Der Text war Erika Manns Replik auf einen Artikel des Schriftstellers Franz Hessel (1880–1941) in der Zeitschrift «Vogue» vom 13. März 1929. Hessels Text, überschrieben «An die Berlinerin», hatte folgenden Wortlaut:

Schöne Berlinerin, du hast bekanntlich alle Vorzüge. Du bist tags berufstätig und abends tanzbereit. Du hast einen sportgestählten Körper, und deine herrliche Haut kann die Schminke nur noch erleuchten. In den sogenannten geistigen Dingen hast du – wie sagt man doch jetzt auf neudeutsch? – «letzten Endes» immer die richtige «Einstellung». Mit der Geschwindigkeit, in der deine Stadt aus klobiger Kleinstadt sich ins Weltstädtische mauserte, hast du Fleißige schöne Beine und die nötige Mischung von Zuverlässigkeit und Leichtsinn, von Verschwommenheit und Umriß, von Güte und Kühle erworben.

Manchmal kommst du mir gerade vor wie jene schöne Polin der alten Operette, die «von allen Reizen die exquisitesten vereint». Alle Fremden und Welterfahrenen sind sich darüber einig, daß es nirgends soviel schöne Mädchen gebe wie in Berlin. Du hast dir soviel Mühe gegeben. Bist berühmt. Nun lerne noch, anmutig auf deinen Lorbeern auszuruhen.

«Scharre» nicht. Du weißt doch, was das heißt? Wenn eine, kaum zu Besuch gekommen, schon nach der Uhr am Handgelenk späht und locker sitzt, weil sie heut noch so furchtbar viel vorhat. Lerne Gegenwart, sei nicht immer unterwegs. Es sieht ja reizend aus, wenn du beschwingten Schrittes an den noch Langsamen vorübergleitest und sicher durch die Menge zum Schaufenster steuerst, genau an die Stelle, an der du etwas Bestimmtes zu konstatieren hast. Aber mir geht der Atem aus, wenn ich deinen Knöcheln nachsehe, meine unwandelbare Verehrung für dich bekommt etwas Asthmatisches. Verweile doch ... Nicht so faustisch, Fräulein! Bitte flaniere. Das ist ein Fremdwort und wird ein fremder Begriff bleiben, bis du dich so bewegst, daß ein neues Wort von deinem schönen Gange redet. Lustwandeln ist zu langsam und kleinstädtisch. Berlinerin, schaff ein neues Wort. Mach einen Korso aus deinem westlichen Boulevard Tauentzienstraße – Kurfürstendamm. Noch ist er Stockung und Häufung, noch ist er voreilig. Schöne Berlinerin, sei gelassen!

Schöne Berlinerin, sei doch nicht so ehrgeizig! Wenn du mir auf dem Ball begegnest, erzähl nicht gleich, welche Berühmtheiten du alle schon gesprochen hast. Begrüß mich nicht gleich: «Haben Sie den C. V. gesehen? Sieht er nicht wieder himmlisch aus? Er sagte mir eben, daß die D. nicht daran denkt ...» Laß doch die armen Prominenten. Es bekommt ihnen gar nicht, daß du sie soviel ansiehst. Sie stehen wie im Käfig und laufen Spießruten.

Im Januar warst du in St. Moritz und hast lauter großes Europa kennengelernt oder wiedergesehen, die Comtesse d'O. und den Baron M. de R., mit Lady D. hast du geluncht, mit Lord C. getanzt, mit dem neuesten französischen Dichter hast du Eishockey gespielt. Beinah wärst du dem Herzog von A. vorgestellt worden. Davon mußt du nicht erzählen! Ich empfehle dir den Snobismus derer, die in der großen Welt so selbstverständlich zu Hause sind, daß sie es gar nicht mehr der Mühe für wert halten, darüber zu berichten. Im Frühjahr wirst du nach Paris gehen. Mach's da bloß nicht zu richtig. Finde nicht gleich alles zauberhaft, was anders ist als zu Hause. Die Stadt Paris wird dir viel mehr entgegenkommen, wenn du dich ein bißchen sträubst. Ängstige dich nicht vor den Leuten, die, wenn du zurückkommst und deine Erlebnisse berichtest, sagen: «Jockey? Da geht doch kein Mensch mehr hin. Waren Sie denn nicht im Jungle? Bal Musette? Fremdenfalle. Negerball? Längst überholt. Ausstellung im Teesalon der Großfürstin ... poff? War schon voriges Jahr schwach!»

Ich an deiner Stelle würde den Leuten sagen: «Ich habe alle Vormittage dazu benutzt, den Louvre und das Guimet und das Musée Cluny mit Ruhe zu durchwandern und wurde davon so müde, daß ich jeden Abend um elf Uhr todmüde ins Bett fiel.»

Junge Berlinerin, sei nachsichtig mit deinen unmündigen Eltern! Ärgere dich nicht, weil sie es so schrecklich gut mit dir meinen. Suche ihnen altväterische Reize abzugewinnen. Sei froh, wenn sie nicht «mit der Jugend mitgehn» wollen. Das wäre viel peinlicher als ihr rührender Widerstand, der dir doch ein ganz hübsches Relief gibt. Kläre die braven Leute nicht unnötig auf, teile ihnen nicht mehr mit, als sie fassen können.

Und was die Liebe betrifft ... Ich habe schon gelernt: die heimliche, von der niemand nichts weiß, ist abgekommen. Und du erzählst, die Hände am Steuer, bei hundert Kilometer Geschwindigkeit auf der Avus ganz gern beiläufig von deinem letzten Liebesweh wie von Zahnschmerzen. «Au!» sagst du, «gestern hab ich mich gräßlich verknallt, noch dazu in einen, der gar nicht mein Typ ist.» Sei doch lieber manchmal bitte ein bißchen sentimental, schon der Landschaft und uns alten Zuschauern deiner Jugend zuliebe. Nimm dich nicht gar zu sehr zusammen. Laß dich ein wenig gehen. Weine nicht all deine Tränen in das einsame Kopfkissen. Gönne uns ein Teil, laß uns zusehn, wie du weinst, und erzähle nicht. Es ist lehrreich, ein gutes Mädchen weinen zu sehn. Quäl dich nicht soviel. Es tut dir nicht gut. Vertrau auf alles, was dir auffällt und einfällt. Bist ja ein kluges Kind. Aus Schamhaftigkeit redest du manchmal frivoler, als dir zu Mute ist. Brauchst du nicht. Sei nicht so ehrgeizig, sei gelassen. Gib dich lieber einen Grad tugendhafter, als du es bist. Dann wirst du unwiderstehlich sein.

Du runzelst die Stirn? Lernst du schon wieder so schnell? Dann bitte vergiß alles, was ich da gesagt habe. Und sei, wie du bist!

Oktoberfest. Aus: «Die Wochenschau», Essen, 13. Oktober 1929.

Oberammergau mobilisiert. Aus: «Tempo», Berlin, 22. Oktober 1929.

Wie ich Auto-Monteur lernte. Aus: «Tempo», Berlin, 20. Februar 1930.

Chaud, hot, heiß, caliente. Aus: «Tempo», Berlin, 16. Juni 1930. Der Bericht geht auf eine Nordafrika-Reise zurück, die Erika Mann zusammen mit ihrem Bruder Klaus im Sommer 1930 unternahm.

Liebeserklärung an Bayern. Aus: «Münchner Neueste Nachrichten», 23. Juli 1930; dort mit dem Untertitel: Nach einer afrikanischen Reise.

Glückwunsch an den Großvater Pringsheim. Aus: «Münchner Neueste Nachrichten», 1. September 1930. Alfred Pringsheim (1850–1941), emeritierter Professor der Mathematik, und Hedwig Pringsheim (1855–1942) waren die Eltern Katia Manns. Von den Enkelkindern wurden sie ‹Ofei› und ‹Offi› genannt.

Die Briefangst des Autlers. Aus: «Tempo», Berlin, 12. September 1930.

Frau und Buch. Aus: «Tempo», Berlin, 21. März 1931.

Meckere nicht. Aus: «Tempo», Berlin, 22. Mai 1931.

Fahrt ohne Schlaf. Aus: «Tempo», Berlin, 27. Mai 1931; dort mit dem Untertitel: Erster 10 000 km-Bericht. Erika Mann nahm zusammen mit Ricki Hallgarten im Mai / Juni 1931 an einer Auto-Wettfahrt quer durch Europa teil, die vom Automobilclub von Deutschland (A.v.D.) veranstaltet wurde. Sie gewannen das Rennen, das in Berlin gestartet wurde und dort auch wieder endete.

Rom? – nur eine Waschgelegenheit. Aus: «Tempo», Berlin, 2. Juni 1931; dort mit dem Untertitel: Zweiter 10 000 km-Bericht.

Sport und Charakter. Undatierter Zeitungsausschnitt im Nachlaß Erika Manns, Monacensia; ca. 1931.

Hotel-Marmelade. Aus: «Tempo», Berlin, 1. Juli 1931.

Erste Begegnungen mit Berühmtheiten. Aus: «Deutsche Zeitung Bohemia», Prag, 4. Oktober 1931.

Geht die Kunst nach Brot? Aus: «Berliner Tageblatt», 25. Dezember 1931.

Fremdes Nordland. Aus: «Tempo», Berlin, 12. August 1932. Erika und Klaus Mann hatten gemeinsam im Sommer 1932 eine Reise durch Skandinavien unternommen; Klaus Mann berichtet darüber in seinem Essay «Nördlicher Sommer» (abgedruckt in: Klaus Mann, Die neuen Eltern. Aufsätze, Reden, Kritiken 1924–1933. Hg. von Uwe Naumann und Michael Töteberg. Reinbek bei Hamburg 1992, S. 412–435).

Vor der Premiere. Zeitungsausschnitt ohne Quellenangabe im Nachlaß Erika Manns, Monacensia; vermutlich vom 7. Oktober 1932.

Der «Dennoch»-Fasching Münchens. Aus: «Deutsche Zeitung Bohemia», Prag,

27. Januar 1933. Drei Tage nach der Veröffentlichung dieses Artikel wurde Adolf Hitler Reichskanzler in Deutschland; Mitte März 1933 ging Erika Mann in die Emigration.

Unterwegs mit der Pfeffermühle. Über Herkunft und Hoffnung des kleinen Zeittheaters. Erstveröffentlichung, nach einem Typoskript in der Monacensia. Laut einem dort aufbewahrten Einladungsbrief hielt Erika Mann den Vortrag am 13. Februar 1936 im Klub Prítomnost, Prag. Die «Pfeffermühle», das von Erika Mann geleitete Kabarett, gab in den Jahren 1933 bis 1936 über tausend Vorstellungen in verschiedenen Ländern. Die Geschichte der «Pfeffermühle» ist ausführlich dokumentiert bei Helga Keiser-Hayne: Erika Mann und ihr politisches Kabarett «Die Pfeffermühle» 1933–1937. Texte, Bilder, Hintergründe. Reinbek bei Hamburg 1995. Die Theaterleute Jiří Voskovec und Jan Werich waren ein damals in Prag äußerst populäres Schauspielerduo, das mit politisch-satirischen Revuen auftrat («Voskovec und Werich»).

Hitler: Eine Gefahr für den Weltfrieden. Deutsche Erstveröffentlichung; Übersetzung: Ernst-Georg Richter. Die englische Fassung dieser Rede wurde gedruckt in dem Band: Hitler – A Menace to World Peace. New York 1937, S. 22–30. Erika Mann hatte den Text vorgetragen am 15. März 1937 im Rahmen einer Peace and Democracy Rally im Madison Square Garden, New York. Diese Massenkundgebung mit über 20000 Teilnehmern war vom American Jewish Congress und vom Jewish Labor Committee organisiert worden. Erika Mann verlas außer ihrem Vortrag ein Telegramm ihres Vaters vom 9. März 1937: «ZU DEINEM AUFTRETEN VOR AMERICAN JEWISH KONGRESS BEGLUECKWUENSCHE ICH DICH HERZLICH STOP DU SPRICHST DORT ALS SELBSTAENDIGE PERSOEN-LICHKEIT ZUGLEICH ABER TUST DU ES GEWISSERMASSEN AN MEI-NERSTATT ALS MEINE TOCHER UND ALS MEINES GEISTES KIND STOP ES IST EINE SCHOENE GELEGENHEIT FUER DAS GUTE UND RECHTE FUER WAHRHEIT UND MENSCHENWUERDE ZU ZEUGEN GEGEN GE-WALT UND LUEGE DIE HEUTE VIELFACH SO SIEGREICH SCHEINEN UND VIELE VERFUEHREN STOP DU SPRICHST ZU AMERIKANERN UND MAGST IHNEN SAGEN DASS DIE GANZE WELT AUF DAS GROSSE AME-RIKA DAS LAND LINCOLNS WIHTMANS UND FRANKLIN ROOSE-VELTS BLICKT UND AN SEINE SENDUNG GLAUBT DER MENSCHHEIT AUF DEM WEGE DES FRIEDENS UND DER SOZIALEN GERECHTIGKEIT VORANZUGEHEN IN EINE ZUKUNFT DEREN SIE SICH NICHT ZU SCHAEMEN HAT STOP LIEBEVOLLEN GRUSS THOMAS MANN». (Vgl. Erika Mann: Mein Vater, der Zauberer. Hg. von Irmela von der Lühe und Uwe Naumann. Reinbek bei Hamburg 1996, S. 116) Das Exemplar der Nürnberger Gesetze, aus dem Erika Mann in ihrem Vortrag zitierte, ist in ihrem Nachlaß nicht erhalten; die Zitate werden darum im vorliegenden Band in deutscher Rückübersetzung abgedruckt. Zu den Gesetzen gehörte eine Fülle komplizierter Verordnungen und Erlasse, mit denen die Durchführung der Gesetze geregelt werden sollte; vgl. Wilhelm Stuckart / Hans Globke, Kommentare zur deutschen Rassengesetzgebung, Bd. 1, C. H. Beck'sche Verlagsbuchhandlung, München – Berlin 1936.

Aufruf zum Boykott deutscher Waren. Unveröffentlichtes Typoskript, Monacensia. Von dem Text existieren eine deutsche und eine englischsprachige Version (unter den Titeln «Boykott» bzw. «Boycott»); Erika Mann trug den Aufruf vermutlich im Frühjahr 1937 auf öffentlichen Versammlungen in den USA vor. Titel von den Herausgebern. Bereits 1933 war in den USA eine internationale Bewegung zum Boykott deutscher Waren und Dienstleistungen ins Leben gerufen worden. Der Joint Boycott Council hatte im Madison Square Garden schon mehrere Großveranstaltungen durchgeführt. Vgl. Dietrich Aigner: Zum politischen Debüt der Familie Mann in den USA. Das «Peace and Democracy Rally» im New Yorker Madison Square Garden vom 15. März 1937. In: «Heinrich-Mann-Mitteilungsblatt», Sonderheft, Lübeck 1981, S. 29–42.

The European Scene. Erstveröffentlichung, nach einem Vortragsmanuskript in der Monacensia. Die Pariser Weltausstellung – bei der, wie es Erika Mann beschreibt, die beiden weltpolitischen Lager einander demonstrativ gegenüberstanden – war am 26. Mai 1937 eröffnet worden. Im spanischen Pavillon wurde erstmals Pablo Picassos Gemälde «Guernica» gezeigt.

Hilfe für Österreich. Erstveröffentlichung, nach einem Typoskript in der Monacensia, beschriftet mit dem Vermerk: «Wien-Speech, Los Angeles, April 1938». Titel von den Herausgebern. Mitte März 1938 waren deutsche Truppen in Österreich einmarschiert (sogenannter Anschluß Österreichs) – Adolf Hitler konnte am 15. März 1938 auf dem Heldenplatz in Wien «den Eintritt meiner Heimat in das Deutsche Reich» verkünden. Am 16. März 1938 stürzte sich der Wiener Schriftsteller Egon Friedell aus dem Fenster in den Tod, um seiner drohenden Verhaftung durch die Nazis zu entgehen. Thomas Mann hatte im Frühjahr 1938 eine ausgedehnte Vortragstournee durch die USA absolviert, bei der ihn seine Tochter Erika begleitete; er sprach vor überfüllten Auditorien über «The Victory of Democracy».

Reisebrief aus Spanien. Aus: «Neue Volks-Zeitung», New York, 16. Juli 1938. Erika Mann reiste zusammen mit ihrem Bruder Klaus am 22. Juni 1938 nach Spanien, um von dort über den Bürgerkrieg, der seit 1936 im Lande herrschte, zu berichten. Klaus Manns Reportagen erschienen vorwiegend in der «Pariser Tageszeitung», Erika Manns Texte in der «Neuen Volks-Zeitung». Am 14. Juli 1938 verließen die Geschwister Spanien wieder.

An der spanischen Front mit ‹Hans›. Aus: «Neue Volks-Zeitung», New York, 6. August 1938. Jorge Hans hieß mit bürgerlichem Namen Hans Kahle (1889–1947) und war ein exilierter Journalist; er wurde zum ranghöchsten Militär der Interbrigadisten. Ein von Erika Mann verfaßtes «Gelegenheitsgedicht für Hans Kahle» wurde später abgedruckt im «Spanischen Kriegstagebuch» von Alfred Kantorowicz, Frankfurt a. M. 1982, S. 480f. Vgl. auch Irmela von der Lühe, Erika Mann. Eine Biographie, Frankfurt a. M. 1996, S. 195 f.

Brennpunkt Valencia. Aus: «Neue Volks-Zeitung», New York, 13. August 1938.

Schulen für Soldaten. Aus: «Neue Volks-Zeitung», New York, 20. August 1938. Der im Text erwähnte deutsche Schriftsteller Ludwig Renn (1889–1979) nahm als Offizier der Internationalen Brigaden seit 1936 am Bürgerkrieg in Spanien teil.

Spaniens Kinder. Aus: «Neue Volks-Zeitung», New York, 27. August 1938. Der Text war der fünfte und letzte von Erika Manns Spanien-Berichten für die «Neue Volks-Zeitung». Gemeinsam mit ihrem Bruder Klaus veröffentlichte sie außerdem zwei bilanzierende Texte über die Eindrücke aus dem Spanischen Bürgerkrieg: Fazit einer Spanienreise, in «Pariser Tageszeitung», 18. August 1938, und: Zurück von Spanien, in: «Das Wort», Moskau, Oktober 1938.

Frauen im Exil. Erstveröffentlichung, nach einem 1938 entstandenen deutschsprachigen Typoskript in der Monacensia. Originaltitel: «Business and Professional Women in Exile», der hier gewählte Titel stammt von den Herausgebern. Ein englischsprachiger Text Erika Manns zum selben Thema erschien unter dem Titel «Tragedy of the Homeless» in: «Independent Woman», New York, Dezember 1938.

Eine Nacht in London. Aus: «Aufbau», New York, 8. November 1940. Dort mit der folgenden redaktionellen Vorbemerkung: «Erika Mann ist vorige Woche aus London zurückgekommen, wo sie wichtige Besprechungen zur Rettung von Flüchtlingen aus Deutschland und den besetzten Ländern hatte. Sie hat dem ‹Aufbau› ihre Erinnerungen an ihren europäischen Aufenthalt zur erstmaligen Veröffentlichung in deutscher Sprache überlassen. Im englischen Original erschienen sie in der ‹Nation›.» In «The Nation» war der Text unter dem Titel «They Don't Know London» am 19. Oktober 1940 erschienen. Der deutsche Luftkrieg gegen England hatte am 13. August 1940 begonnen; am 7. September 1940 wurden die ersten nächtlichen Großangriffe der Luftwaffe auf London geflogen, die mehr als zwei Monate andauerten.

In Lissabon gestrandet. Aus: Claudia Schoppmann (Hg.), Im Fluchtgepäck die

Sprache. Deutschsprachige Schriftstellerinnen im Exil. Orlanda Frauenverlag, Berlin 1991, S. 148–160. Nach einem englischsprachigen Manuskript «Waiting for the Lifeboat» in der Monacensia; Übersetzung: Claudia Schoppmann. Der Text entstand offenbar im Spätherbst 1940.

Gastgeber Amerika. Erstveröffentlichung, nach einem englischsprachigen Typoskript («Hostess America») in der Monacensia; Übersetzung: Ernst-Georg Richter. An der durch drei Punkte in eckigen Klammern bezeichneten Stelle gegen Ende des Vortrags fehlen im Originalmanuskript zwei Textseiten. – Franklin Delano Roosevelt war am 5. November 1940 als erster und einziger Präsident der Vereinigten Staaten für eine dritte Amtszeit gewählt worden; am 20. Januar 1941 hatte seine Amtseinführung stattgefunden. «Lord Haw-Haw» war der Spitzname des in New York geborenen Faschisten William Joyce, der in Europa als Rundfunk-Propagandist in englischer Sprache für die Nazis arbeitete. Fritz Kuhn war ein Anführer der amerikanischen Nazi-Bewegung. Das Buch «Europe Going, Going, Gone!» des aus Österreich stammenden Journalisten Ferdinand Czernin erschien 1939 in London.

Der Riese ist wach. Aus: «Die Zeitung», London, 12. April 1941. Der «Lend-Lease-Act» (Leih-Pacht-Gesetz) vom 11. März 1941 war ein wichtiger Schritt Präsident Roosevelts, die Politik des Isolationismus gegenüber den Vorgängen in Europa aufzugeben und ein Eingreifen der USA in den Weltkrieg vorzubereiten; das Gesetz erlaubte es, kriegswichtige Güter an befreundete Staaten ohne Barzahlung zu liefern (zu «verpachten»).

Blitze überm Ozean. Aus: «Die Zeitung», London, 30. April 1941; dort mit dem Untertitel: «Amerikanischer Brief für ‹Die Zeitung›». Das Wort Blitzkrieg wurde ursprünglich geprägt für die überfallartige, rasch eine militärische Entscheidung suchende Strategie der Deutschen Wehrmacht in der Anfangsphase des Zweiten Weltkriegs. Als Erika Mann ihren Artikel veröffentlichte, befanden sich die USA noch nicht im Krieg mit den sogenannten Achsenmächten Deutschland, Italien und Japan. Gemäß der aus dem 19. Jahrhundert stammenden Monroe-Doktrin hielt die US-Regierung bis zum japanischen Überfall auf Pearl Harbor (7. Dezember 1941) offiziell am Prinzip der Nichteinmischung fest. Erika Mann plädierte schon früh mit Artikeln und Vorträgen gegen die Politik des Isolationismus.

In Deutschland. Rundfunkansprache Erika Manns für den German Service der British Broadcasting Corporation, 30. Juli 1941. Erstveröffentlichung, gedruckt nach einem deutschsprachigen Typoskript im Written Archives Centre der BBC, Reading. Originaltitel: «Inside Germany». Erika Mann arbeitete ab Herbst 1940 wiederholt für den Deutschen Dienst der BBC, der im Rahmen der psychologischen Kriegführung die Aufgabe hatte, die Hörer im Deutschen Reich und in den von den Nazis besetzten Gebieten über die wahre weltpolitische und militärische Situation zu informieren. Auch Thomas Mann wandte sich über die BBC an die Menschen in Deutschland; seine zwischen 1940 und 1945 gesendeten Radioansprachen wurden unter dem Titel «Deutsche Hörer!» später in Buchform veröffentlicht. Wer in Deutschland beim Abhören der sogenannten Feindsender («Radio London», «Radio Moskau» etc.) erwischt wurde, mußte mit drakonischen Strafen rechnen.

Australien. Rundfunkansprache Erika Manns für den German Service der BBC, 23. August 1941. Erstveröffentlichung, gedruckt nach einem deutschsprachigen Typoskript im Written Archives Centre der BBC, Reading. Originaltitel: «Australia».

Der Gewerkschaftskongreß. Rundfunkansprache Erika Manns für den German Service der BBC, 4. September 1941. Erstveröffentlichung, gedruckt nach einem deutschsprachigen Typoskript im Written Archives Centre der BBC, Reading. Originaltitel: «The Trade Unions Congress».

Die Zukunft Deutschlands. Rede auf dem Internationalen PEN-Kongreß. Deutsche Erstveröffentlichung; Übersetzung: Ernst-Georg Richter. Titel von den Herausgebern. Die englische Fassung ist abgedruckt in: Hermon Ould (Hg.), Writers in Freedom, London – New York – Melbourne 1941, S. 84–86. Der XVII. Internationale PEN-Kongreß fand vom 10. bis zum 13. September 1941 in London statt; im Rahmen des Arbeitsthemas «Germany Today and Tomorrow» sprachen neben Erika Mann auch Alfred Kerr und Wilhelm Wolfgang Schütz. Die von Erika Mann erwähnten Charles Lindbergh und B. C. Wheeler traten in den USA als Propagandisten der Nazi-Bewegung auf.

Rettungsboote. Deutsche Erstveröffentlichung; Übersetzung: Ernst-Georg Richter. Englisch unter dem Titel «Rescue Boat» in: «Liberty Magazine», New York, 25. Oktober 1941.

Das erste Interview mit Lord Vansittart. Deutsche Erstveröffentlichung; Übersetzung: Ernst-Georg Richter. Englisch unter dem Titel «First Interview with Lord Vansittart» in: «Vogue», New York, Januar 1942. Der britische Diplomat Robert Vansittart hatte mit seinem Buch «Black Record», in dem er alle Deutschen für Nazis erklärte, für Aufsehen gesorgt; das Schlagwort vom «Vansittartismus» diente in den folgenden Jahren zur pejorativen Kennzeichnung von angeblich deutschfeindlichen Nazi-Gegnern. Das Stichwort «München» bezieht sich auf das Münchener Abkommen vom September 1938, mit dem die Zerschlagung der Tschechoslowakei eingeleitet wurde.

Das amerikanische Wunder. Rundfunkansprache Erika Manns für den German Service der BBC, 6. Februar 1942. Erstveröffentlichung, gedruckt nach einem deutschsprachigen Typoskript in der Monacensia. Titel von den Herausgebern.

Musik in Zeiten des Krieges. Erstveröffentlichung, nach einem englischsprachigen Manuskript «Musik in War Times» in der Monacensia; Übersetzung: Ernst-Georg Richter. Am 14. März 1942 wurde der Text als Radioansprache vom Sender C.B.S. in den USA landesweit ausgestrahlt. Erika Manns in der «New York Times» veröffentlichter Leserbrief datierte vom 9. Februar 1942. Die von ihr vertretenen Ansichten waren im Familien- und Freundeskreis durchaus umstritten; vgl. Thomas Mann: Tagebücher 1940–1943. Hg. von Peter de Mendelssohn. Frankfurt a. M. 1982, S. 395.

Mein Vaterland, der Pullman-Wagen. Deutsche Erstveröffentlichung: Übersetzung; Ernst-Georg Richter. Nach einem englischsprachigen Zeitschriftenausschnitt ohne Datierung und Quellenangabe in der Monacensia; der Text entstand vermutlich ca. 1942. Originaltitel: «My Fatherland, the Pullman».

Aus dem Leben einer Vortragsreisenden. Aus: «Liberty Magazine», New York, 24. März 1945. Deutsche Erstveröffentlichung; Übersetzung: Ernst-Georg Richter. Originaltitel: «Lecturer's Lot».

Gedanken im Tee-Salon. Aus: «Die Zeitung», London, 28. März 1943. Die «Vier Freiheiten» hatte Präsident Roosevelt im Januar 1941 als Grundlage der amerikanischen Außenpolitik und einer künftigen Weltordnung proklamiert: Freiheit der Rede, Freiheit des Glaubens, Freiheit von Not und Freiheit von Furcht. Wendell Willkie war Roosevelts republikanischer Gegenkandidat bei der Präsidentenwahl 1940 gewesen.

Warten auf den General. Deutsche Erstveröffentlichung; Übersetzung: Ernst-Georg Richter. Englisch unter dem Titel «Waiting for the General» in: «Liberty Magazine», New York, 9. Oktober 1943. Der alliierte Angriff auf die rumänische Stadt Ploesti hatte am 1. August 1943 stattgefunden.

Pulverfaß Palästina. Deutsche Erstveröffentlichung; Übersetzung: Ernst-Georg Richter. Englisch unter dem Titel «The Powder Keg of Palestine» in: «Liberty Magazine», New York, 8. Januar 1944. Die Balfour-Deklaration von 1917 war eine nach dem britischen Politiker Arthur James Balfour benannte Zusicherung Großbritanniens, den Juden bei der Gründung einer «nationalen Heimstätte» in Palästina zu helfen. David Ben Gurion wurde 1948 erster Ministerpräsident des neugegründeten Staates Israel.

Eine Ablehnung. Aus: «Aufbau / Reconstruction», New York, 21. April 1944; dort veröffentlicht in der Rubrik «Aus den Free Movements».

Offene Antwort an Carl Zuckmayer. Aus: «Aufbau / Reconstruction», New

York, 12. Mai 1944. In derselben Ausgabe wurde ein offener Brief von Carl Zuckmayer (1896–1977) an Erika Mann veröffentlicht, in dem dieser auf Erika Manns
Text «Eine Ablehnung» reagierte. Der «Council for a Democratic Germany» war
ein von Paul Tillich gegründetes Komitee, das die Bildung einer deutschen Exilregierung plante und sich mit der Problematik einer Umerziehung des deutschen Volkes nach Hitlers Sturz auseinandersetzte. Vgl. Ursula Langkau-Alex, Thomas M.
Ruprecht (Hg.): Was soll aus Deutschland werden? Der Council for a Democratic
Germany in New York 1944–45. Frankfurt a. M. 1995. Zuckmayers offener Brief
hatte folgenden Wortlaut:

Liebe Erika, ich habe Deinen Artikel ‹Eine Ablehnung› mit Bedauern gelesen.
Wenn ich mich gedrängt fühle, Dir zu antworten, so vor allem deshalb, weil ich
selbst keiner Gruppe, keinem Ausschuß oder Komitee der deutschen oder österreichischen Emigranten angehöre, weil ich mich nach gründlicher Überlegung entschlossen habe, nicht an Proklamationen teilzunehmen und kein Manifest zu un-
terzeichnen.

Dieser Entschluß aber hat mit Deiner Art von Ablehnung nichts zu tun, die
einem freien Deutschland, mindestens für unsere Tage, von vornherein die bona fi-
des abspricht, und das deutsche Volk en bloc verurteilt.

Er resultiert aus ganz anderen Erwägungen, – die mich bezweifeln lassen, ob
eine politische Aktivität der Emigrationskreise heute möglich und nützlich ist, oder
ob sie eher dazu geeignet ist, verwirrende Diskussionen zu stiften und eine an sich
gute Bestrebung vorzeitig auf ein totes Gleis zu schieben. Er resultiert ferner aus
persönlicher Abneigung gegen theoretische und doktrinäre Fixierung, und aus
einer ebenso persönlichen Auffassung von der außerparteilichen und unabhängigen Stellung künstlerischen Schaffens. Er hat aber nichts gemein mit einer gene-
rellen Diskriminierung des deutschen Volkes, die mir ebenso absurd, zelotisch,
kurzsichtig –, wirklichkeitsfremd und wahrheitsfern erscheint, wie jedes moralische Gesamturteil über ein Volk oder eine ‹Rasse›.

Völker sind aus Menschen zusammengesetzt, und Menschen sind Geschöpfe,
die beide Wesenspole, den des Guten, den des Bösen, in sich tragen. Eine prinzipielle
Einteilung in ‹gute› und ‹böse› Völker, oder auch in die ‹Guten› und die ‹Bösen› in-
nerhalb der Völker, ist sinnlos. Der Kampf, der heute überall auf der Erde tobt, geht
nur darum, welche Grund-Tendenz die zukünftigen Geschicke und das Zusammenleben des Menschengeschlechtes bestimmen wird: der Geist gegenseitiger Hilfe und
Achtung, der Respekt vor freier, produktiver Gesinnung, oder der der Gewalt, der
Unterdrückung, der eigensüchtigen Sterilität. Man mag das auch Kampf gegen den
Faschismus nennen, und hier allein liegt der Schlüssel zur Verhütung eines dritten
Weltkrieges. Du weißt das ebenso gut wie ich, und Du weißt auch, daß Faschismus
etwas ist, was sich nicht auf einzelne Völker oder Nationen beschränkt, wenn er
auch bei einigen, und vor allem leider beim deutschen, zur schlimmsten Entfaltung
und Herrschaft gekommen ist. Aber wozu, um Himmels willen, würde dieser Krieg
geführt, mit all seinen furchtbaren Opfern und seinen unausdenklichen Leiden,
wenn nicht zur Ausrottung des Faschismus in allen Völkern? Macht man aber aus
dem deutschen den alleinigen Sündenbock, so verfälscht man die Wahrheit und gefährdet das Endziel dieses Krieges, das über den militärischen Sieg hinausgeht. Wir
haben keinen Grund, anzunehmen, daß nicht gerade dort, wo Terror und Gewalttat
ihr schändlichstes Gesicht gezeigt haben, eine tiefgehende und ehrliche Katharsis
möglich ist. Die Reinigung Deutschlands muß tiefgehend und gründlich sein, aber
sie kann die Welt nichts nützen, wenn sie nur eine Zwangsmaßnahme ist, wenn sie
nicht von Innen kommt, und wenn ihr die Hilfe und das Vertrauen versagt bleibt,
wie uns im Jahre 1918. Wie kann man ‹warten, daß etwas geboren wird›, und
gleichzeitig die Geburtshilfe ablehnen? Ich bin mir, weiß Gott, über die Schwächen
und Fehler unserer verschollenen Republik im klaren, und ich wünsche nichts weniger, als daß ihr Ebenbild wiederkehrt. Wenn aber jemand sagt, daß die deutsche
Demokratie, der Wunsch und die Hoffnung weitester Volkskreise nach dem letzten

Krieg, nur ein Trick oder ein Täuschungsmanöver war, so täuscht er sich selbst oder spricht die Unwahrheit.

Kein vernünftiger Mensch wird Lidice, die Geiselmorde, die Quälerei wehrloser Menschen, damit entschuldigen, daß Chamberlain seinerzeit nach Berchtesgaden flog. Kein vernünftiger Mensch wird das englische Volk verantwortlich machen für die Schwächen und Fehler seiner früheren Regierungen, für die sechs Jahre zweideutigen Packelns mit Hitler, die ihm seine Machtentfaltung und die Anzettelung dieses Krieges ermöglichten. Aber die Völker in Polizei- und Verbrechernationen einzuteilen, ist ein ebenso oberflächlicher wie hypokritischer Standpunkt. Andererseits wird kein anständiger Deutscher sich der Mitverantwortung für die Schuld entziehen wollen, in die sich Deutschland verstrickt hat, ganz gleich ob er Deutschland verlassen mußte oder nicht. Denn wir haben alle, auch Ihr, nicht genug gegen das Übel getan, als Deutschland noch unser freier Kampfplatz war. Ich sehe nichts Gutes darin, weder für Deutschland noch für die Welt, wenn als krasser Pendelausschlag gegen den Wahnwitz des Pangermanismus nun ein ebenso krasser Antigermanismus geschaffen wird, der den kleinherzigen und abergläubischen Zügen des Antisemitismus bedauerlich ähnelt. Es wird heute, manchmal von berufener, häufig von unberufener Seite, sehr viel über die Deutschen geredet und geschrieben, wobei man ihre Schuld oder Unschuld historisch, psychologisch oder gottweißwie zu belegen sucht. Ich möchte nicht um die Welt in diesen Chorus einstimmen. Eins aber muß ich sagen: je mehr mir Amerika Heimat geworden ist (und ich lebe in diesem Land nicht in einer Fremdenkolonie), je mehr ich es als etwas Lebendiges, mit seinem Hell und Dunkel, lieben lernte, – desto stärker empfand ich die unzerstörbare Verbundenheit mit dem Volk, von dem ich herkomme, und den Wunsch, ihm auch in seiner schwärzesten Stunde gerecht zu werden. Niemand versteht und respektiert diese Empfindung so sehr wie meine amerikanischen Freunde, von denen manche selbst, oder deren Brüder und Söhne, gegen das deutsche Heer kämpfen.

Ich glaube, daß Du im Grunde das gleiche meinst und willst, was ich meine – aber die Art Deines Ausdrucks führt zwangsläufig zu etwas anderem: nämlich zur Schaffung neuer, ungesunder Vorurteile, statt gesunder und rechtschaffener Urteile. Ich schreibe Dir nicht als ein ‹politischer Gegner› oder von einem anderen ‹politischen Lager›, das ich nicht zu beziehen gedenke, – sondern als ein alter Freund, weil mir der Ton Deiner ‹Ablehnung› zutiefst mißfällt. Es ist kein guter Ton. Er weckt traurige Assoziationen.

Ich hoffe, auf dieses Schreiben keine Antwort zu bekommen, es hat nicht den Zweck, eine Diskussion zu beginnen, die zu nichts führen kann, sondern es möchte nur Dich und andere, die sich in der gleichen apodiktischen Weise äußern, für einen Augenblick vielleicht zum Anhalten des Atems bringen. Ich selbst werde diese Korrespondenz bestimmt nicht fortsetzen, denn ich bin keines Besseren zu belehren, als daß die Welt, weit über die Erde hinaus, ein Ganzes ist, jedes Volk und jeder Einzelne ein Teil vom Ganzen, und daß auch Deutschland – noch in der Nacht – zu jener Menschenwelt gehört, die einem neuen Glauben und einer neuen Gestaltung entgegen lebt.

Ich beschließe diesen Brief mit einer Bitte: bleibt auch in den leidenschaftlichen Auseinandersetzungen dieser kämpferischen Tage auf jener Plattform, zu der Euch Abstammung, Erziehung, menschliches Niveau verpflichtet.

Paris heute. Deutsche Erstveröffentlichung; Übersetzung: Ernst-Georg Richter. Englisch unter dem Titel: «Paris Now» in: «Liberty Magazine», New York, 2. Dezember 1944. Die französische Hauptstadt war im August 1944 befreit worden; Erika Mann hielt sich Ende August, Anfang September 1944 in Paris auf (vgl. den Brief an ihren Bruder Klaus vom 4. September 1944, in: Erika Mann, Briefe und Antworten, hg. von Anna Zanco Prestel, Bd. I: 1922–1950, München 1984, S. 198 ff.). Die Abkürzung F.F.I. steht für «Forces Françaises de l'Interieur» (Französische Streitkräfte des Innern), den im Juni 1944 vollzogenen Zusammenschluß der im Lande aktiven bewaffneten Widerstandskämpfer.

Zwei Welten. Deutsche Erstveröffentlichung; Übersetzung: Ernst-Georg Richter. Englisch unter dem Titel «Two Worlds» in: They Were There. The Story of World War II and How It Came About. By America's Foremost Correspondents. Hg. von Curt Riess. New York 1944, S. 547–551.

Warum die Deutschen weiterkämpfen. Deutsche Erstveröffentlichung; Übersetzung: Ernst-Georg Richter. Zuerst englisch unter dem Titel «Why the Germans Fight on» in: «Prevent World War III», New York, März / April 1945. Die Zeitschrift war das Monatsorgan der «Society for Prevention of World War III», als deren Präsident der Schriftsteller Rex Stout fungierte. Verantwortlicher Redakteur der Zeitschrift war der amerikanische Journalist Eugene Tillinger; jedem Heft war eine Grundsatzerklärung vorangestellt, die mit den Worten begann: «The widespread habit of setting the Nazis apart from the German people results from an inadequate knowledge of German history.» Fritz Sternberg war ein emigrierter deutscher Soziologe und Nationalökonom, der sich in der US-Presse wiederholt zu den Fragen der alliierten Politik äußerte; sein einflußreiches Buch «Der Faschismus an der Macht» hatte er 1935 in Amsterdam publiziert. Der «Morgenthau-Plan» war ein im August 1944 verfaßtes Konzept für die amerikanische Politik gegenüber einem besiegten Deutschland; der nach dem US-Finanzminister Henry Morgenthau Jr. benannte Plan sah eine ‹harte› Linie gegenüber Deutschland vor (faktische Umwandlung des Landes in einen Agrarstaat etc.) und wurde deshalb von den Nazis bei ihrer Durchhalte-Propaganda immer wieder als Schreckensvision mißbraucht.

Das befreite Berlin. Erstveröffentlichung, nach einem englischsprachigen Typoskript (Titel: «Berlin») in der Monacensia; Übersetzung: Ernst-Georg Richter. Titel von den Herausgebern. Der Text entstand ca. Juli / August 1945. Die von Erika Mann befragten Gesprächspartner: Johannes R. Becher, Dichter, seit 1919 Mitglied der KPD, 1935–1945 im Moskauer Exil, im Juni 1945 Rückkehr nach Deutschland, Mitbegründer und Präsident des Kulturbunds zur demokratischen Erneuerung Deutschlands, 1954–1958 erster Minister für Kultur der DDR. Hans Mahle, Politiker und Journalist, 1936–1945 im sowjetischen Exil, 1945 Rückkehr mit der ‹Gruppe Ulbricht› nach Deutschland, ab Mai 1945 Intendant des Berliner Rundfunks, 1947–1951 Generalintendant des «Deutschen demokratischen Rundfunks», 1959–1981 Chefredakteur der Westberliner Zeitung «Die Wahrheit». Otto Winzer, Schriftsetzer und politischer Redakteur, ab 1935 in der Emigration, 1945 Rückkehr mit der ‹Gruppe Ulbricht› nach Deutschland, 1945 / 46 Leiter der Abteilung Volksbildung des Berliner Magistrats, 1946–1949 stellvertretender Chefredakteur des «Neuen Deutschland», 1965–1975 Außenminister der DDR.

Wer das Schwert nimmt ... Deutsche Erstveröffentlichung; Übersetzung: Ernst-Georg Richter. Zuerst englisch unter dem Titel «They Who Live by the Sword ...» in: «Liberty Magazine», New York, 27. Oktober 1945. Der Titel ist ein Bibelzitat: «Wer das Schwert nimmt, der soll durch das Schwert umkommen.» (Matthäus 26, Vers 52) Erika Mann schilderte ihre Eindrücke aus Mondorf auch in einem Brief an ihre Mutter vom 22. August 1945 (vgl. Erika Mann: Briefe und Antworten. Hg. von Anna Zanco Prestel. Bd. I: 1922–1950, S. 206 f.). Sie verfolgte ab dem 20. November 1945 als akkreditierte Korrespondentin die ersten Prozeßwochen des vor dem Internationalen Militärtribunal in Nürnberg stattfindenden Verfahrens gegen die Hauptkriegsverbrecher des Nationalsozialismus (dem ersten und wichtigsten der «Nürnberger Prozesse»).

KZ-Filme. Erstveröffentlichung, nach einem englischsprachigen Manuskript in der Monacensia, datiert: 29. November 1945. Übersetzung: Ernst-Georg Richter. Der Text gehört zu den zahlreichen für den Londoner «Evening Standard» geschriebenen Berichten Erika Manns über die Nürnberger Prozesse, von denen jedoch nur wenige (und diese meist in stark redigierter Version) gedruckt wurden. Originaltitel des Textes: «K.Z.-Films».

Die Nürnberger Prozesse. Ein Gespräch. Erstveröffentlichung. Transkription eines Rundfunkinterviews mit einem unbekannten Gesprächspartner, aufgenommen in Nürnberg am 19. Dezember 1945. Titel von den Herausgebern. Eine Tonaufzeichnung des Gesprächs ist archiviert im Deutschen Rundfunkarchiv, Frankfurt a. M.

Besuch bei Karl Haushofer. Erstveröffentlichung; Übersetzung: Ernst-Georg Richter, Titel von den Herausgebern. Das englischsprachige Original war als 11. Kapitel vorgesehen für ein Fragment gebliebenes Buch «Alien Homeland», in dem Erika Mann 1945/46 versuchte, ihre Eindrücke aus dem befreiten Europa zu beschreiben. Der Besuch beim Ehepaar Haushofer hatte am 16. September 1945 stattgefunden. USFET war die Abkürzung für U.S. Forces, European Theater. – Erika Mann trug den Haushofer-Text am 2. August 1946 im Familienkreis vor, wie ihr Vater im Tagebuch festhielt: «Abends las Erika aus ihrem Buch das eindrucksvolle Kapitel über Haushofer. Welche Verwirrung, welch Elend!» (Thomas Mann: Tagebücher 1946–1948. Hg. von Inge Jens. Frankfurt a. M. 1989, S. 26.) Katia Manns Eltern, Alfred und Hedwig Pringsheim, waren – wie es Erika beschreibt – mit Karl Haushofer gut bekannt gewesen. Haushofers seit den zwanziger Jahren entwickelte «Geopolitik» lieferte der nationalsozialistischen Ideologie und den «Lebensraum»-Konzepten Hitlers wichtige Grundlagen. Haushofer selbst trat nie der NSDAP bei, wurde aber im Dritten Reich als «Volkserzieher» gefeiert. Nach dem Krieg verzichteten die Alliierten nach eingehenden Ermittlungen auf eine Strafverfolgung Karl Haushofers. Am 13. März 1946 beging er gemeinsam mit seiner Frau Selbstmord. – Ihr Sohn Albrecht Haushofer wurde wegen angeblicher Beteiligung an den Vorbereitungen für den Flug von Hitlers Stellvertreter Rudolf Hess nach England 1941 unter Gestapo-Aufsicht gestellt. Er fand Kontakt zu Widerstandskreisen und wurde im Dezember 1944 wegen Beteiligung an der Verschwörung vom 20. Juli 1944 verhaftet. Im Gefängnis entstanden seine (1946 postum veröffentlichten) «Moabiter Sonette». Von denen Erika Mann angeführten Zitate entstammen den Sonetten XXXVII («Der Vater») und XXXIX («Schuld»). Am 23. April 1945 wurde Albrecht Haushofer im bereits umkämpften Berlin von einem SS-Kommando durch Genickschuß ermordet. – Erika Manns Überlegung, ob sie sich dem Ehepaar Haushofer lieber als ‹Mildred› vorstellen solle, beruhen darauf, daß sie sich bei ihren Recherchen bisweilen als amerikanische Journalistin dieses Namens ausgab, um unbeeinträchtigt mit Deutschen reden zu können.

Deutsche Zustände. Erstveröffentlichung, nach einem englischsprachigen Typoskript in der Monacensia, entstanden im Frühjahr 1946; Übersetzung: Ernst-Georg Richter. Originaltitel: «The German State of Mind». Werner Bergengruens Gedichtband «Dies Irae» war 1945 im Zinnen-Verlag Kurt Desch erschienen.

Die «Innere Emigration». Erstveröffentlichung, nach einem englischsprachigen Typoskript in der Monacensia, entstanden ca. Oktober 1946; Übersetzung: Ernst-Georg Richter. Titel von den Herausgebern. Ernst Wiecherts Bericht «Der Totenwald» war 1946 bei Kurt Desch erschienen. Max Frischs Aufsatz «Stimmen eines anderen Deutschland? Zu den Zeugnissen von Wiechert und Bergengruen» wird hier zitiert nach dem Abdruck in «Gesammelte Werke in zeitlicher Folge», Bd. 3, Frankfurt a. M. 1976, S. 297 ff. Der Schriftsteller Frank Thiess hatte im August 1945 einen vielbeachteten Artikel in der «Münchner Zeitung» veröffentlicht, in dem er Thomas Mann persönlich attackierte und unter anderem behauptete, die aus dem Dritten Reich geflüchteten Exilierten hätten von «den Logen und Parterreplätzen des Auslands der deutschen Tragödie» lediglich zugeschaut. Vgl. dazu J. F. G. Grosser (Hg.): Die große Kontroverse. Ein Briefwechsel um Deutschland. Hamburg 1963.

Die Ovationen für Furtwängler. Zuerst englisch unter dem Titel «The Furtwaengler Ovation» als Leserbrief in: «New York Herald Tribune», 13. Juni 1947. Deutsche Erstveröffentlichung in diesem Band; Übersetzung: Ernst-Georg Richter. Die Abkürzung «AMG» steht für American Military Government.

Beispiel einer Verleumdung. Aus: «Aufbau/Reconstruction», New York, 11.

März 1949. Der Artikel, für den Erika Mann und Klaus Mann gemeinsam als Autoren zeichneten, erschien in der Rubrik «Letters to the Editor». Erika Mann hatte den Text am 2. März 1949 mit einem Begleitbrief an den «Aufbau»-Chefredakteur Manfred George geschickt; dem Brief von Erika hatte Thomas Mann, der zum Advisory Board des «Aufbau» gehörte, handschriftlich hinzugefügt: «Lieber Herr Manfred George, ich habe Ihnen als Mitglied des Advisory Board noch nie einen Rat gegeben: Diesmal gebe ich Ihnen einen dringenden. Veröffentlichen Sie den Brief von Klaus! Jener Skribent DARF im ‹Aufbau› nicht gelobt werden. Es ist vielmehr wichtig, daß er dort richtig gekennzeichnet wird. Schlimm genug überhaupt, daß deutsche Blätter unter frechem Mißbrauch ihrer Lizenz britische und amerikanische Staatsangehörige bei ihren Regierungen als Kommunisten denunzieren dürfen. Ihr Thomas Mann.» (Erika Mann: Briefe und Antworten. Hg. von Anna Zanco Prestel. Bd. I: 1922–1950. München 1984, S. 253 f.) Der Versuch von Erika Mann und Klaus Mann, Schulze-Wilde gerichtlich zu belangen, verlief allerdings im Sande. Näheres hierzu und zum Hintergrund der Affäre bei Irmela von der Lühe: Erika Mann. Eine Biographie. Frankfurt a. M. 1996, S. 293–299.

Der Fall John Peet. Deutsche Erstveröffentlichung, nach einem Typoskript in der Monacensia; Titel von den Herausgebern. Eine dänische Fassung des Textes erschien in: «Information», Kopenhagen, 9. August 1950, eine holländische Fassung unter dem Titel «Rondom het geval – John Peet» in: «Vrij Nederland», Amsterdam, 30. September 1950. Die von Erika Mann erwähnte Polen-Reportage war unter dem Titel «The Polish Dream» am 27. Dezember 1947 in der amerikanischen Zeitschrift «Collier's» publiziert worden; eine deutschsprachige Fassung erschien unter dem Titel «Können die Polen ihren deutschen Landzuwachs verkraften?» in der Zeitschrift «Sie und Er», 10. Oktober 1947. Der letzte Essay Klaus Manns, «Die Heimsuchung des europäischen Geistes», wurde im Juli 1949 in der «Neuen Schweizer Rundschau», Zürich, veröffentlicht. Erika Manns Wunsch, ihren John-Peet-Aufsatz in derselben Zeitschrift veröffentlicht zu sehen, wurde nicht erfüllt – der Herausgeber der «Neuen Schweizer Rundschau» erklärte unverblümt, ihre Ansichten liefen den seinen so restlos zuwider, daß er eine Sondernummer seiner Zeitschrift herausbringen müßte, um alle Einwände darzulegen. Der Aufsatz blieb in deutscher Sprache zu Erika Manns Lebzeiten ungedruckt, obwohl sich Hermann Hesse persönlich für seine Veröffentlichung einsetzte (vgl. Erika Mann: Briefe und Antworten. Hg. von Anna Zanco Prestel. Bd. 1: 1922–1950. München 1984, S. 272 ff.).

Das Wort im Gebirge. Zur Rektoratsfeier von Max Horkheimer. Erstveröffentlichung, nach einer Tonaufnahme im Deutschen Rundfunkarchiv, Frankfurt a. M. Untertitel von den Herausgebern. Erika Mann hatte die fiktive Radiostation «Das Wort im Gebirge» Anfang der fünfziger Jahre erfunden; sie produzierte auf Tonbändern eine Reihe von satirischen ‹Sendungen›, die sie im Familien- und Freundeskreis vorspielte (vgl. auch die Parodie zum achtzigsten Geburtstag von Thomas Mann, abgedruckt in: Erika Mann: Mein Vater, der Zauberer. Hg. von Irmela von der Lühe und Uwe Naumann. Reinbek bei Hamburg 1996, S. 280 ff.). Die Sketche bestanden stets aus Dialogen zwischen Herrn Roßgoderer und Frau Motzknödel – zwei offenkundig von Karl Valentin und Liesl Karlstadt inspirierten Figuren. Bei den Tonaufnahmen sprach Erika Mann selbst beide Rollen. Thomas Mann erwähnt das Anhören der Horkheimer-‹Sendung› am 17. und 22. März und 21. Mai 1952 in seinem Tagebuch («große Freude», «große Heiterkeit»); vgl. Thomas Mann: Tagebücher 1951–1952. Hg. von Inge Jens. Frankfurt a. M. 1993, S. 190, 192 und 217.

Der Sozialwissenschaftler Max Horkheimer (1895–1973) war 1949 aus dem amerikanischen Exil nach Deutschland zurückgekehrt und hatte einen Ruf an die Universität Frankfurt erhalten. Das von den Nazis 1933 zerschlagene Frankfurter Institut für Sozialforschung wurde ab 1950 unter Horkheimers Leitung wiedererrichtet; am 14. November 1951 fand die Einweihung des neuen Institutsgebäudes in Frankfurt, Senckenberganlage 23, statt. Eine Woche später wurde Horkheimer feierlich in das Amt des Rektors der Universität Frankfurt eingeführt. Friedrich Pollock und Theodor Wiesengrund Adorno (in Erika Manns Sketch: Attorno Wiesen-grün) gehörten zu den wichtigsten Mitarbeitern des Instituts für Sozialforschung; beide kehrten ebenfalls 1949 nach Frankfurt zurück.

Der Dirigent Bruno Walter. Aus: «Die Weltwoche», Zürich, 15. April 1954. Dort gezeichnet mit dem Namenskürzel E.A. (= Erika Auden), in der Rubrik «Der Kopf der Woche». Hier gedruckt nach einer von Erika Mann handschriftlich korri-gierten Version des Zeitungsabdrucks, Monacensia. Dem Dirigenten Bruno Walter (1876–1962) hatte Erika Mann schon 1944 in der Zeitschrift «Tomorrow» einen Artikel anläßlich seines fünfzigjährigen Dirigentenjubiläums gewidmet.

Herr über alle Musik. Aus: «Stuttgarter Zeitung», 15. September 1956. Zuerst unter dem Titel «Zum 80. Geburtstag» in: «Aufbau / Reconstruction», New York, 14. September 1956.

«Ist das schon Herbst?» Hermann Hesse zum 80. Geburtstag. Aus: «Neue Zür-cher Zeitung», 30. Juni 1957. Der Schriftsteller Hermann Hesse (1877–1962) fei-erte am 2. Juli 1957 seinen achtzigsten Geburtstag. Der Untertitel des Beitrags stammt von den Herausgebern.

An die Vernunft appellieren ... Aus: «Das Schönste», München, Oktober 1958. Neben Erika Manns Beitrag erschienen dort Texte von Robert Jungk, Heinrich Schirmbeck, Fritz Lempp und Ernst Krebs; die Redaktion stellte diesen Stellung-nahmen folgende Vorbemerkung voran: «Thema der Diskussion in unserem Sep-tember-Heft war das Buch ‹Die Atombombe und die Zukunft des Menschen› von Prof. Karl Jaspers, der den Friedenspreis des Deutschen Buchhandels für 1958 er-hielt. Das sachliche und das persönliche Echo auf unseren Diskussionsbeitrag waren ebenso zwiespältig wie das Buch selbst.»

Der Fall Pasternak. Aus: «Die Kultur», Zürich, 1. Dezember 1958. Der Schrift-steller Boris Pasternak (1890–1960) hatte 1958 den Nobelpreis für Literatur erhal-ten. Er lehnte – den Preis ab; ein selben Jahr 1958 wurde er aus dem sowjetischen Schriftstellerverband ausgeschlossen. Erika Manns Artikel provo-zierte heftige Reaktionen – unter anderem in der Zeitung «Die Tat», Zürich, die eine Polemik («Erika und die ‹Katastrophe› Pasternak») am 10. Januar 1959 als Leit-artikel auf der Titelseite (!) plazierte. Erika Mann antwortete mit einem ausführ-lichen Leserbrief, den «Die Tat» am 17. Januar 1959 veröffentlichte. Zustimmende Briefe zu ihrer Stellungnahme erhielt Erika Mann unter anderem von L. L. Mat-thias und Marta Feuchtwanger (Originale in der Monacensia).

Über Johannes R. Becher. Aus: «Sinn und Form», Berlin (Ost), Sonderheft ‹Jo-hannes R. Becher – Stimmen der Freunde›, 1959. Titel von den Herausgebern des vorliegenden Bandes. Erika Manns im Text erwähnte Schrift «Das letzte Jahr» ist wiederveröffentlicht in ihrem Buch «Mein Vater, der Zauberer», hg. von Irmela von der Lühe und Uwe Naumann, Reinbek bei Hamburg 1996.

Bruno Frank – ein liebenswerter Mensch. Erinnerungsbild eines Dichters. Aus: «Kölnische Rundschau», 22. Mai 1960. Der Schriftsteller Bruno Frank (1887–1945) und seine Frau Liesl gehörten zu den engen Freunden der Familie von Thomas und Katia Mann – in den Jahren bis 1933 in München wie auch später im kalifornischen Exil.

Therese Giehse zum 70. Geburtstag. Erstveröffentlichung, nach einem Manu-skript des Bayerischen Rundfunks, München. Dort im 2. Programm (Hörfunk) ge-sendet am 5. März 1968, einen Tag vor Therese Giehses 70. Geburtstag. (Ein vom hier gedruckten Text stark abweichender Artikel Erika Manns zum Giehse-Ge-burtstag erschien in der «Süddeutschen Zeitung», München, 2. / 3. März 1968, und in der «Weltwoche», Zürich, 8. März 1968.) Das im Text erwähnte Stück «Geschwi-ster» von Klaus Mann war am 12. November 1930 an den Münchner Kammerspie-len uraufgeführt worden; vgl. Uwe Naumann (Hg.), «Ruhe gibt es nicht, bis zum Schluß». Klaus Mann (1906–1949). Bilder und Dokumente. Reinbek bei Hamburg 1999, S. 108 ff.

Der Neuerwerb. Liebeserklärung an Bayern. Aus: «Abendzeitung», München

22. März 1968; dort unter dem (vermutlich von der Redaktion gewählten) Titel «Bunt, barock und katholisch». Titel nach dem Manuskript Erika Manns, Monacensia.

Der kleine Bruder und der große. Zum 60. Geburtstag Golo Manns. Aus: «Süddeutsche Zeitung», München, 22. / 23. März 1969. Der Artikel war von Erika Mann und ihrem jüngsten Bruder Michael gemeinsam gezeichnet. Offenbar stammte der erste Teil des Textes (bis: «... in den Besitz Deiner Neffen überging.») aus Erika Manns Feder, außerdem vermutlich die Schlußabsätze des Textes.

Danksagung

Bei der Entstehung des vorliegenden Buches haben viele Menschen mit Rat und Tat geholfen. Nachdrücklich bedanken möchten sich die Herausgeber vor allem bei den Mitarbeiterinnen und Mitarbeitern der Monacensia, München, wo der Nachlaß Erika Manns archiviert ist, besonders bei Ursula Hummel und Gabriele Weber. Ohne ihre allzeit freundliche und sachkundige Kooperation wäre dieses Buch nicht zustande gekommen.

Dank gilt auch dem Deutschen Exilarchiv der Deutschen Bibliothek, Frankfurt a. M., dem Deutschen Rundfunkarchiv, Frankfurt a. M., dem Written Archives Centre der BBC, Reading, sowie dem Thomas-Mann-Archiv der Eidgenössischen Technischen Hochschule, Zürich.

Für praktische Hilfe und sachlichen Rat sei außerdem Jürg Altwegg (Genf), Michaela Beckmann (Göttingen), Gisela Gaebel (Göttingen/Berlin), Helga Keiser-Hayne (Prata/Grosseto), Alan Posener (Berlin), Romana Weiershausen (Göttingen) und Birte Werner (Göttingen) von Herzen Dank gesagt.

Namenregister

Die kursiv gesetzten Zahlen bezeichnen die editorischen Bemerkungen

Heinrich Mann

Heinrich Mann, der ältere Bruder Thomas Manns, wurde am 27. März 1871 als Sohn eines Lübecker Senators, Großkaufmanns und Reeders geboren. Dem genialen Spötter seiner Zeit, dem radikalen Demokraten und geschworenen Feind aller Diktatur, wurde, wie vielen anderen führenden Männern der deutschen Literatur, 1933 das bittere Schicksal der Emigration zuteil, in der er noch vor einer erhofften Rückkehr in die Heimt am 12. März 1950 in Los Angeles starb.

Professor Unrat *Roman*
(rororo 10035)
Der vorliegende Roman gilt als eine der besten Schöpfungen aus der Frühzeit des Dichters. Er erschien erstmalig im Jahre 1905 und schildert die makabere Geschichte eines professoralen Gymnasiastenschrecks, einer Spießerexistenz, die in später Leidenschaft einer Kleinstadtkurtisane verfällt und aus den gewohnten bürgerlichen Bahnen entgleist. Der Roman wurde unter dem Titel «Der blaue Engel» mit Marlene Dietrich und Emil Jannings verfilmt und zu einem der wenigen wirklichen Welterfolge des deutschen Films.

Die Jugend des Königs Henri Quatre *Roman*
(rororo 13487)
Die Vollendung des Königs Henri Quartre *Roman*
(rororo 13488)
In dem zweiteiligen Roman greift Heinrich Mann im Exil, während in Deutschland der nationalsozialistische Terror herrscht, vorsätzlich auf die in Frankreich noch immer lebendige Legende vom «guten König Henri» zurück. Die Romane gehören zu den größten Meisterwerken historischer Romanliteratur.

«Wunderbare Ermutigung, leibhaftig zu sehen: Ein Mächtiger kann auch lieben, wie dieser König seine Menschen.»
Heinrich Mann

rororo Literatur

Thorsten Becker

Der Untertan
steigt auf den Zauberberg

Roman

320 Seiten. Gebunden

Thorsten Becker zieht einen Strich unter die Nachkriegsliteratur. Er hebt das von seinen Vorgängern und Mitstreitern verhängte Embargo gegen Thomas Mann auf. Mit glänzend gespielter Unbefangenheit lädt er den Lübecker und die Seinen zum Stelldichein. Ort dieser Begegnung ist Orbeswenden, einst Künstlerkolonie, inzwischen Standort eines psychiatrischen Großbetriebs. «Der Untertan steigt auf den Zauberberg» ist eine ausgedehnte Promenade auf dem Grat von Wahnsinn und Genie, so genüsslich wie schwindelfrei. Die großen Themen des «Zauberers»: Tod, Kunst und Künstlertum, Thorsten Becker eignet sie sich an, indem er ihn zur Figur macht und die ausgefeilten Mittel seiner Ironie auf Thomas Mann selber anwendet.

«Man kann nicht immer interessant bleiben. Man geht an seiner Interessantheit zugrunde oder man wird ein Meister.»
Thomas Mann

Rowohlt